全国高等法律职业教育系列教材

合 同 法

（第二版）

司法部法学教材编辑部　编审

主　编◎吴　弘　李集合

副主编◎陈年冰　张　影

撰稿人◎（以撰写章节先后为序）

　　　　吴　弘　钱婷婷　李集合

　　　　张　影　陈年冰　隋洪明

　　　　王瑞洲　张晓飞　黄　萍

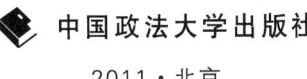
中国政法大学出版社

2011·北京

出 版 说 明

　　进入 21 世纪，我国法律职业岗位的设置日趋科学合理，经改革、改制建立起来的法学学科教育与高等法律职业教育并存并举、协调发展的法学教育体系已逐步完善，高等法律职业教育在全国已形成一定规模。为加强对高等法律职业教育的指导，进一步推动高等法律职业教育的顺利发展，司法部组织部分专家、学者编写了这套全国高等法律职业教育系列教材，供有关院校使用。

　　本套教材根据教育部"高等职业技术教育应有别于学科教育，应具有更加鲜明的职业性、实践性和岗位针对性，应更加注重知识的有效传播"的要求，在编写过程中以实用性和指导性为原则，在强化基础知识、基础理论教育，突出职业能力和职业技能训练的前提下，重组课程结构，更新教学内容，突出了高等法律职业教育的办学特色，并力求切实起到帮助学生灵活运用知识、提高完成本职工作能力的作用，力求使其成为面向法院、检察院、律师事务所等法律实践部门应用型法律人才的必备读物。

　　本套教材调动了全国有关院校，包括中国政法大学、南京大学、山东大学、四川大学、苏州大学、云南大学、西南政法大学、中南财经政法大学、江西财经大学、华东政法学院、西北政法学院、广东商学院、北京政法管理干部学院、上海政法管理干部学院、河北政法管理干部学院、山东政法管理干部学院、黑龙江政法管理干部学院、浙江政法管理干部学院、陕西政法管理干部学院、贵州政法管理干部学院、天津政法管理干部学院、福建政法管理干部学院、广西政法管理干部学院、湖南政法管理干部学院、辽宁公安司法管理干部学院、广东司法警官职业学院、安徽警官职业学院、江西司法警官学校、山西司法学校、福建司法学校、湖北司法学

校、江苏公安司法学校、武汉司法学校、内蒙古司法学校等数十个单位的资深力量参与编写，并将分批陆续出版。现第一批、第二批教材已相继出版，本书为第三批出版的教材之一。由于编写时间仓促，不足之处在所难免，欢迎广大读者批评指正。

司法部法学教材编辑部

第二版说明

　　自《合同法》出版以来，承蒙有关院校师生和社会各界厚爱，发挥了专业教材的应有作用。为适应我国市场经济快速发展的新形势和人才培养的新需要，我们在中国政法大学出版社的大力支持下，进行了修订再版。

　　本次修订在保持体系、结构基本稳定的前提下，主要对部分内容进行修改：一是体现最新立法司法情况，根据法律法规、司法解释的新发展新变化更新相关内容；二是反映合同法最新理论与实践成果，介绍新的观点与探索，在每章后列推荐书目；三是适当强化实训操作，除调整补充思考题、案例习题外，还新增各章的案例分析，以方便教学。希望教材的修订能进一步适合高等法律职业教育的特点，加强理论联系实际，更好地培养学以致用的人才。

　　本次修订由4位主编、副主编分工修订，其中第三至五章和第十三章由李集合负责，第六、七章由张影负责，第八至十一章由陈年冰负责，其余由吴弘负责修订，最后由吴弘统稿。研究生宋姗姗、马婷、黄丽娜、吕志强、王潇、邓文娟、杜恩斌、徐朦、李欣建帮助整理了案例和资料等。欢迎使用者提出意见建议，我们愿为本教材的不断完善而持续努力。

编　者

2010 年 12 月

前 言

　　合同，亦称契约，是市场经济条件下自然人、法人以及其他主体之间设定、变更或终止民事权利和民事义务的基本方式。现代经济学实际上将所有的市场交易都看成一种契约关系[1]。市场经济是一种主体独立、自由竞争、优胜劣汰的经济，但同时又是讲求规则、推崇契约、秩序井然的经济。通过缔结契约，可以约定各方权利义务、规范人们交易行为；通过履约规则和违约制裁，可以促使各方信守和约、公平竞争，进而维护市场秩序和社会稳定。人们依赖、借助、运用合同，从事生产经营和生活消费，满足物质与文化需求。无数的合同关系，构成交易关系总汇，因此，市场经济也是契约经济。

　　合同法，是规范与合同相关的权利义务关系的法律体系的总称。合同法以社会公正为价值目标，以一般基本原则为指导思想，以合约规则为核心内容，以责任体系为基本保障，规范着各类合同的财产移转、工作完成、劳务提供等全过程。合同法体现了市场运行客观规律，凝聚了人类自交易经验中积累的智慧，融和了与市场相协调的经济、哲学、伦理思想，反映了社会实践的现实需要。人们依据合同法判断合同合法与违法、有效与无效；依据合同法订立、履行、变更、终止、转让合同；依据合同法追究或承担违约责任。因此，合同法也是规范市场交易的基本法律。

　　世界各国无不重视合同立法，不但确保合同成为维护私权的基本工具，还根据现代社会发展中对公共利益的关注，不断调整完善了合同规范内容。现代合同法，不仅是联系人们生产生活、促进合同自由、保障交易

---

　　[1]　[美]科斯、哈特等：《契约经济学》，李风圣主译，经济科学出版社1999年版，第3页。

安全的基本私法，也是倡导社会信用、协调个体利益与公共利益关系的重要民事法律。

我国改革开放以来，国家十分重视合同立法。20世纪80年代，先后在《民法通则》中规定了合同原理，在《经济合同法》、《涉外经济合同法》和《技术合同法》中规定了主要合同制度，并有一系列配套法规出台，有力地促进和保障了经济体制改革的深化和对外开放的发展。随着建立社会主义市场经济体制目标的提出，经济活动更趋活跃，市场交易更频繁，新的交易形式不断涌现，需要一部新的合同法律统一规范合同行为，《中华人民共和国合同法》于世纪末应运而生。我国《合同法》以建设中国特色社会主义理论为指导，以依法治国、依法经营、依法维权为己任，充分借鉴国际通行规范，从我国实际出发，总结经验、补充完善，对于保护合同当事人合法权益，维护社会经济秩序，促进社会主义现代化建设，具有十分重大的意义。

合同法学，是以合同法律规范与合同法律现象为研究对象的法律科学。合同法学不仅研究交易规律的认识和利用，规范体系的健全和完善，合同立法技术的掌握和提高，还要研究增强人们执行合同法自觉性的方法和措施，普及合同法制、优化交易环境的渠道与途径。合同法学对于人们学习、理解和应用合同法律制度，对于鼓励交易、保障交易安全，都是重要的理论基础。

合同法的学习，是法学学习的重要环节。首先必须掌握基本法律，重点把握好我国《合同法》的精神实质和基本内容；还要注意对整个合同法律法规体系的学习掌握。为保障合同法的顺利实施，针对市场实践的现实需要，一系列的相关法律及配套法规、规章、自律性规范以及司法解释等相继出台，有的是《合同法》原则的具体化、制度的细化，有的是在不同领域里的合同操作规则，对此都应有所熟悉。其次要联系实际学法用法，学法不能走过场，要按照每一章的重点，结合理论学习，弄清法律制度的内容，了解法定权利义务，并能融会贯通。合同法是门实践性很强的法，学习合同法重在应用。可以结合本书各章所附的案例，对照法条，加深对基本原理、基本概念和基本制度的理解；也可以联系社会现象和工作实践中的相关问题，尝试运用合同法予以分析、解决。再次，理解掌握合同法要与学习市场相关知识相结合。合同法作为交易的基本工具，与经济活动、市场紧密相关，作为法律制度基础的许多特有的概念、规则及知识是我们以前所不熟悉的，因此，我们要准确把握合同法律制度，就必须要学习市场经济的知识，要关注市场的热点问题和经济理论的动向。最后，要追踪合同法的立法、司法和执法动态。我国社会主义市场经济以前所未有的速度迅猛发展，市场中不断出现新的法律问题需要解决，也促使合同法制加速发展，这就需要在学习合同法的时候随时关注立法新动态，及时更新学习的内容，学习掌握新的合同规范；同时在司法执法领域，也会不断有新的司法解释或判例、新的规章出台，需要我们及时地、自动地充实到学习的内容中来。

编　者

2004 年 12 月

目录CONTENTS

第一章　合同与合同法

 **第一节** 合同概述

一、合同的概念与特征

合同，是当事人之间确立一定权利义务关系的协议。广义的合同，泛指一切能发生某种权利义务关系的协议；本书所称的合同是狭义的，即平等主体的自然人、法人、其他组织之间设立、变更、终止民事权利义务关系的协议。

合同是一种协议，协议就是当事人之间的合意，能产生法律后果的合意就是合同，不产生法律后果的合意，一般不称为合同。

合同又称契约，在我国日常生活中，二者可通用。历史上，合同只是验证契约的一种标记。我国早在西周时期的《周礼》中就有书面协议的记载，借贷关系为"傅别"，取予关系为"书契"，买卖、抵押、典当关系为"质剂"。在汉代，买卖关系应立"拳约"。后来就有了合成词"契约"来表示协议。汉代纸张的发明，使契约改为纸上书写，一式两份，两契分别由协议双方分别收执，为便于在争议时检验"合券为证"，便在两契的合并处大书一"同"字，各方所持契约各有半个同字，两契相合，则"同"字齐合，合同契由此而出。但在外国和我国历史上的立法和理论中，合同和契约曾是两个不同的概念。曾有人认为合同是依当事人同一内容的并行的意思表示一致而成立的，而契约是依据当事人双方内容不同但相互对应的意思表示一致而成立的。我国现代立法中，都只使用合同概念，而不再使用契约一词。

合同大量地发生和存在于我们的生活中，如人们到商店购物时一手交钱、一手交货的买卖合同；委托工匠打制家具，并支付报酬的加工合同；购票上车，由运输部门送到一定地点的旅客运送合同，等等，不论人们是否意识到这些合同的订立和履行，但他们确确实实受到了这些合同的约束和保护。至于生产经营中，企业、其他组织、个体户、农民之间各种经

济、技术协作以及他们与境外的经济、技术交易都无一不是合同关系。

合同具有以下法律特征：

（一）合同是一种民事法律行为

民事法律行为，是能够引起当事人所希望的民事法律关系产生、变更、消灭的合法行为，合同正是当事人设立、变更、终止民事权利义务的行为，所以是法律行为。

合同能引起当事人预期的法律后果。人们在社会生活中的行为多种多样，起床、睡觉、读书、看报是既无预期目的又无法律后果的行为，未获承诺的要约是有预期目的而未引起法律后果的行为，损害赔偿是有法律后果而非事先预期目的的行为，这些行为都不是法律行为，也不是合同。合同当事人的行为既是主观上为了引起法律后果而有意识地进行，又因此而产生所希求的权利义务，所以是法律行为。如买方付出了价款后取得商品、卖方交付了商品后取得价款，双方都是有意识地进行买卖，而买卖行为给双方带来所追求的法律后果，买卖合同就是法律行为。

合同是合法的。当事人的行为是否能产生预期的法律后果，就要看该行为是否合法，只有当事人的行为从形式到内容都不违背法律的规定，其行为才构成法律行为，才产生行为人所希望的法律后果。违法的行为，不仅不能产生预期后果，还要受到法律制裁。合同作为一种法律行为，应具备民事法律行为的有效条件，才具有法律约束力，才受到国家承认和法律保护，否则就成了无效的或可撤销的民事行为。

（二）合同是两个以上的意思表示相一致的法律行为

由于民事法律行为是人们有意识、有目的、有预期后果的行为，因此人的意志就成了产生法律行为的前提。而人的意志是内在的，若不以一定形式表现出来，就无法律意义。将内在意志表现于外部，并为他人所了解的活动，就称为意思表示。凡有当事人一方的意思表示法律行为就能成立的，称单方法律行为，如遗嘱；必须有双方或多方意思表示一致法律行为才能成立的，称双方或多方的法律行为。因此，合同至少有双方当事人参加，所以，合同就是双方或多方的法律行为。合同的各方当事人必须作出自己的意思表示，而且各方当事人的意思表示必须一致，即内容是相同的，合同才能成立。

（三）合同是以设立、变更、终止民事关系为目的的协议

合同是两个以上意思表示一致的法律行为，也就是双方或多方当事人协商一致的结果，因此它是一种协议。而这一协议的目的，是产生、变更

或消灭民事权利义务关系，这就将合同与其他协议相区别。

合同所确定的当事人的权利义务，在大多数情况下既对应又对等，各方当事人的权利义务对等，一方当事人的权利即为对方当事人的义务，同时一方当事人的义务又恰好为对方当事人的权利。如买方付出 100 元现款，即得到价值 100 元的商品；卖方交付 100 元商品，获得 100 元现款。但有时，合同当事人的权利义务只有对应关系而不一定对价，如赠与合同中，赠与人只有交付的义务而无权利，受赠人只有取得的权利而无义务。

（四）合同当事人的法律地位平等

合同当事人要形成意思表示一致，达成协商一致的协议，就必须进行充分地、自愿地协商，自由地表达自己的意志，其前提是当事人之间的法律地位平等。

合同当事人各方，不论是组织或是个人，不论实力强弱、级别高低、条件好坏，也不论所有制形式或行政上有无隶属关系，都是平等的当事人。合同关系中没有领导与被领导、命令与服从的关系。作为平等的民事主体的法人、非法人组织、自然人都可作为合同当事人。

二、合同的作用

合同是商品交换的产物和法律形式，在现代社会中，其适用范围不断扩展，其作用也更加突出。

首先，合同是市场经济活动的基本工具。在社会主义市场经济条件下，经济主体将自觉运用价值规律、根据市场需要，安排生产经营、优化资源配置，而合同直接反映市场供求情况，为企业生产经营和国家宏观调控提供了切实可靠的信息。同时，市场经济是法制经济、规范化经济，各单位、个体户、专业户之间经济联系以合同形式固定下来，经济活动受到合同约束，有利于专业化协作的稳固和市场秩序的稳定。

其次，合同是满足公民消费需要的有力保障。一方面，公民可以通过合同这一法律形式介入市场，取得自己需要的商品和服务，满足日益增长的物质文化生活的需求；另一方面，公民也可借助于合同，对提供商品和服务的经营者进行监督，行使消费者权利，维护消费者权益。

再次，合同是扩大对外经济技术交流的重要渠道。合同是国际经济技术中普遍采用的法律形式。在我国发展对外贸易、引进外资、引进先进技术与管理、劳务输出、国际金融活动等方面，合同发挥着不可替代的作用。依法订立和履行合同，也成为维护国家和中方当事人利益、保护外商合法权益、优化投资环境的重要环节。

最后，合同是人民群众团结互助的有效方式。我国人民群众历来有互帮互助的传统，通过明确借贷、赠与、互易等合同关系的权利、义务、责任，可使有关当事人在受道德规范制约外，又受到法律的约束，更好地发扬优良传统，巩固正常民事交往，维护社会安定团结。

三、合同与债

合同是债的一种形式。债是按照合同的约定或依照法律的规定，在当事人之间产生的特定的权利和义务关系，享有权利的人是债权人，负有义务的人是债务人[1]。债具有期限性，任何债的关系都有一定的存续期限限制。债的发生通常有两种情形，一是由当事人约定，如合同之债；二是由法律直接规定，如侵权之债、不当得利之债、无因管理之债等。

债的关系的要素及其特征如下：

1. 债的主体具有特定性与相对性[2]。债的主体是指参与债的关系的当事人，其中，有权请求他人为特定行为的是债权人，有义务实施特定行为的是债务人。在同一个债的关系中，债权人或债务人都可以是单数，也可以是复数，但债权人和债务人都必须是具体的、确定的，即债的关系只发生在特定的当事人之间。债的关系也主要对特定的当事人产生拘束力，只有债务人才应履行义务，也只有债权人才能向对方提出请求和提起诉讼。

2. 债的客体统称为给付。因为债权人的请求权指向债务人的特定行为，债务人的义务也为实施特定行为，这种特定行为就称为给付[3]。给付的标的可以是物，也可以是劳务或工作成果，给付本身是行为。

3. 债的内容是债权与债务。债权是请求权，是债权人请求债务人为特定行为的权利，其权能包括给付请求权、给付受领权和债权保护请求权。债务是债务人根据约定或法定所担负的为特定行为的义务。特定行为包括作为与不作为。债权与债务是对应的，即在债的关系中，债权人与债务人处于利益互相对立的地位，债权人利益的实现有赖于债务的履行，而债务的履行又使债务人失去既有利益。

因合同发生的债是最常见和最重要的一类债。合同之债由双方当事人

---

〔1〕 见《民法通则》第84条。

〔2〕 参见王利明、崔建远：《合同法新论·总则》，中国政法大学出版社1996年版，第14页。

〔3〕 参见王家福主编：《民法债权》，法律出版社1991年版，第5页。

的法律行为引起，具有任意性。合同当事人的权利义务，就是债权债务。在大多数合同之债中，双方当事人互为债权人和债务人，既享有债权，又承担债务，在获得债权利益的同时，又因履行债务而不利益，这就是"对价"。这种通过对待给付而实现的利益交换关系，是合同之债区别于其它债的特点。

四、合同的分类

由合同法调整的合同关系，呈现出数量众多、情况复杂、发展变化快的特点，按一定的标准对其作科学的分类，在理论上和实践中都具有重要意义。

首先，合同分类具有立法上的意义。在社会主义市场经济条件下，合同所反映的社会经济关系内容复杂、形式多样，涉及各经济部门和各种当事人的各种民事活动。正确划分合同种类，认识不同合同的特点，为每一种类合同的立法提供科学的理论和现实依据，是我们完善合同法体系的必要基础。

其次，合同分类具有合同实践上的意义。不同合同体现不同的权利义务关系，当事人在订立和履行合同时，要充分注意到不同合同特点和要求，根据自己的经营或生活需要，正确选择合同种类，切实按照合同履行权利义务，才能实现自己的合同目的，维护自身合法权益。

最后，合同分类具有司法和执法意义。社会经济生活纷繁复杂，反映到合同关系中也千差万别，合同司法和执法中，就必须认真考察不同合同的实际情况，掌握不同合同的分类特点，有针对性地、正确地适用法律，才能及时妥善处理合同纠纷，依法监督合同的订立和履行，严肃查处合同中的违法行为。

合同可以根据不同的标准，从不同的角度进行分类：

（一）双务合同和单务合同

根据当事人双方是否负有对价义务，合同可分为双务合同和单务合同。所谓对价是指合同当事人有无法律上的对应的报偿关系，并不是指价值、金额相等。当事人双方相互享有权利和相互负有义务的就是双务合同，如买卖、互易合同中，甲方的权利就是乙方的义务，乙方的权利也是甲方的义务；当事人双方没有相互的权利义务，或只有一方当事人负担义务的就是单务合同，如无偿借用合同，出借人享有到期收回出借物的权利而无义务，而借用人负有按约定使用并按期归还借用物义务。

区分双务合同和单务合同，意义在于前者可以适用抗辩权，后者不可

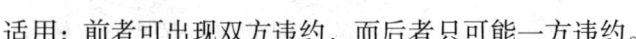

适用；前者可出现双方违约，而后者只可能一方违约。

（二）有偿合同和无偿合同

根据当事人享有权利是否支付代价，合同可分为有偿合同和无偿合同。有偿合同是指合同当事人双方都因给予他人相应利益而取得自己的利益的合同，即从对方取得权利必须偿付一定的代价，如给付货币而得到实物；无偿合同是指当事人一方从对方取得利益而不必给对方相应的报偿，如赠与合同。

区分有偿合同和无偿合同，意义在于可据此确定一些合同的属性，进而确定义务的程度、法律的适用。

（三）诺成合同和实践合同

根据合同成立是否以交付标的为要件，合同可分为诺成合同和实践合同。诺成合同是指当事人意思表示一致即可成立的合同，所谓"一诺即成"，如买卖合同经双方协商一致即成立，交付标的是在履行合同义务；实践合同又称要物合同，在当事人意思表示之外，还需增加交付这个条件，即当事人达成协议后还要交付标的，合同才成立，如一般保管合同，要至一方交付保管物时，合同才成立。

区分诺成合同和实践合同，意义在于合同成立的时间不同，从而可据此判断履行义务是否发生、违约有无存在。

（四）主合同和从合同

根据两个合同的相互关系，合同可分为主合同和从合同。主合同是不依赖其它合同而独立存在的合同，从合同为依附于主合同、以主合同的有效存在而有效的合同。如借款合同为主合同，借款保证合同为从合同。

区分主合同和从合同，意义在于前者的成立与效力将直接影响后者的成立与效力，而后者的存在、生效与否对前者不产生影响。

（五）有名合同和无名合同

根据法律有无规定，合同可分为有名合同和无名合同。凡合同的名称由法律法规直接规定的，即为有名合同，有名合同较为典型、较为普遍，法律法规对其作具体规定，如买卖、赠与合同；凡法律法规未赋予一定名称、未作具体规定的合同就是无名合同，无名合同是社会经济生活发展变化的必然产物，将随着其内容的固定、数量的增加而成为有名合同。

区分有名合同和无名合同，意义在于两者适用的法律规则不同，有名合同直接适用法律法规的专门规定，无名合同则适用《合同法》总则的规

定，并可以参照《合同法》分则或者其他法律最相类似的规定〔1〕。

（六）要式合同和非要式合同

根据合同成立是否需要一定的形式要件，合同可分为要式合同和非要式合同。要式合同是法律法规必须采用一定形式的合同，不用法定形式不能成立生效；非要式合同当事人可自主决定采用任何一种合同形式，合同形式不影响其成立。

区分要式合同和非要式合同，意义在于确定合同成立或生效是否要以一定的形式作为条件。

（七）为自己订立的合同和为第三人利益订立的合同

根据订约人订立合同是否为自己取得利益，合同可分为为自己订立的合同和为第三人利益订立的合同。一般合同都是当事人为自己直接享有或取得某种利益而订立的；但也有时订约人是为了他人利益而订立合同的，如托运人为收货人利益而订立货运合同，出口商为进口商利益而订立运输保险合同，第三人只是受益人，不承担合同义务。

区分为自己订立的合同和为第三人利益订立的合同，意义在于前者只在当事人之间履行义务，而后者涉及当事人向第三人履行义务的问题。

（八）转移财产权合同、完成工作合同和提供劳务合同

根据合同标的性质，合同可分为转移财产权的合同、完成工作的合同和提供劳务的合同等。转移财产权的合同是指当事人一方将财产权（所有权、使用权等）转移给另一方的合同，如买卖、租赁合同；完成工作的合同是指当事人一方承担风险、完成另一方交给一定工作任务，如承揽、建筑工程合同；提供劳务的合同是指当事人一方按约定的条件为另一方当事人提供服务，如运输、保管、委托、行纪、居间合同等。

区分转移财产权合同、完成工作合同和提供劳务合同，意义在于当事人依据具体标的的不同情况和法律的不同要求行使权利、履行义务。

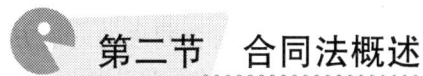 **第二节 合同法概述**

一、合同法的概念与体系

合同法是调整平等民事主体之间合同关系的法律规范的总称。国家为

---

〔1〕 见《合同法》第124条。

了建立合同领域的法律秩序，制定了一系列法律规范，规定合同主体应具备的资格，规定合同标的范围，规定订立和履行合同的准则与程序，规定合同的有效与无效，规定合同变更、解除和终止的条件，规定对违反合同的制裁和补救方法，规定合同争议的解决途径等，目的是在尊重当事人意思自治、保护当事人合法权益的同时，维护全体人民的根本利益。

合同法的调整对象是合同关系，包括合同当事人（法人、非法人组织、公民个人）在订立、履行、变更、终止、转让合同中发生的关系，合同当事人与司法、仲裁、调解机构因解决合同争议发生的关系，以及国家机关在法定范围内监督处理利用合同违法犯罪行为而发生的关系，等等。其主要部分是当事人之间的合同关系。

合同法在法律体系中的归属，有不同的认识。有的观点认为合同法是民法的一个组成部分，是债法的重要内容；有的认为合同法按具体内容分属民法和商法。

在国外，大陆法系国家一般由民法典规定合同的一般规范，由商法规范具体商事合同。如德国、日本等国的《民法典》中均有合同的一般规定，而在其《商法典》的"商行为"篇中，又具体规定了买卖、寄售、行纪、居间、运输合同等商业债。英美法系国家有关合同的法律规范是独立的体系，既有成文法，也有判例法，如《美国统一商法典》中主要是商业买卖合同的规范。

在我国，一方面民法典在短期内尚不具备出台条件，另一方面多数人主张民商合一，遂使合同法自成体系、富有特色。1986年4月12日六届人大四次会议通过的《中华人民共和国民法通则》中，第五章"民事权利"第二节"债权"，第六章"民事责任"第一节"一般规定"、第二节"违反合同的民事责任"等直接规定合同的条款有20多条。1999年3月15日九届人大二次会议通过的《中华人民共和国合同法》，共428条，是一部统一的、较为完备的合同法律规范，其总则部分规定了合同法的原则和基本制度，其分则部分则具体规定了15类民商合同。在合同法的立法方面，不仅包括合同法律，还包括国务院制定颁布或批准的行政法规，省、自治区、直辖市人大及其常委制定和认可的地方性法规，国务院主管部门和地方省级人民政府依法制定的行政规章，以及最高人民法院依法对审判工作适用《合同法》作出的司法解释，如最高人民法院法释［1999］19号《关于适用〈中华人民共和国合同法〉若干问题的解释（一）》（以下简称《合同法解释（一）》）。我国缔结或参加的国际条约（如《联合国国际货物买卖合同公约》）以及国际惯例，也是合同法的组成部分。

作为一门学科的合同法学，是以合同法律规范为对象，研究合同意义和本质，合同与合同法的历史发展，合同制度的完善与实际运用等问题的科学。

二、合同法的意义

合同法的首要意义在于鼓励交易。

有市场就有交易，交易越活跃，市场就越繁荣，要发展，就必须鼓励交易。有交易必有合同，合同关系主要就是交易关系，因为在市场条件下，一切交易都是通过合同的订立和履行来完成的。如果说市场是由无数个交易构成，那么可以说市场经济的基本关系就是合同关系。合同法对合同关系的调整，就是顺应市场规律的要求，鼓励交易。鼓励交易是有效利用资源、充分调动市场主体积极性、开展公平竞争的必然选择，也是积累社会财实、提高经济效益、以至增强综合国力的有效途径。

合同法鼓励交易，表现在维护合同自由，尊重当事人参与交易、追求物质利益的意志。合同法以制度保障当事人能自主自愿不受干扰地开展交易，为当事人创设宽松的交易环境。

合同法鼓励交易，也表现在为当事人提供便捷的交易方式。合同法将交易中需不断重复的行为及不断积累的经验以共同的规则固定下来，使当事人的交易活动各环节都有所参照，减少了不必要的探索过程，既方便了当事人开展交易，又降低了交易成本。

合同法鼓励交易，还表现在努力促使合同目的的实现。合同法赋予当事人对效力待定合同的追认权、可撤销合同的请求权，以尽可能地使交易有效；合同法又规定在特定条件下通过对合同条款的补充、解释、推定，来寻求当事人真实意思，以确保交易顺利完成。

合同法的另一个重要意义在于保障交易安全。

交易安全可靠、交易秩序稳定，是交易完成并实现当事人所追求目的的前提。合同法通过国家的干预、指导，促使当事人合法交易、公平交易，努力预防和消除合同订立与履行中的瑕疵行为，维护交易安全、保障各方合法利益。

合同法保障交易安全，首先体现在维护公平与公正，防范欺诈。限制格式合同，重视当事人的意思表示一致，目的在于建立公平交易关系；赋予当事人抗辩权、解除权和采取债权保全措施，使当事人可遇险自救，目的在于履行公平；催告权、撤销权和表见代理制，重在公平地保护善意的相对交易人；而严格的违约责任，程序化的争议处理，则意在公平地解决交易利益受损后果和交易纠纷。

合同法保障交易安全，还体现为对国家、社会整体利益的维护。合同法要求交易各方从社会正义的需要出发，不违反国家利益、社会公共利益，遵守社会公德和社会秩序，否则就是无效的交易，不受法律保护。重视对整体利益的保护，实际上就是对全体交易关系和全体当事人安全的保障。

合同法保障交易安全，不仅使当事人之间产生债的效果，还使合同在当事人之间产生强制效力；不仅使合同当事人的履行置于安全保障之下，还通过先合同义务、后合同义务和附随义务，使交易缔结过程、交易终止以后等也置于安全保障之下。

鼓励交易和保障交易安全，相辅相成地体现着合同法的价值。

三、合同法的适用范围

（一）适合合同法的主体范围

合同法的适用范围，通常包括对主体的适用范围和对合同的适用范围。就主体而言，合同法主要适用于合同当事人，但广义上也适用于当事人的代理人、法定代表人，合同纠纷的调解人，以及第三人等。

合同当事人又称合同主体，是指为了实现一定目的，以自己名义签订合同，享有合同权利、承担合同义务的组织或个人。《中华人民共和国合同法》第 2 条规定："本法所称合同是平等主体的自然人、法人和其他组织之间设立、变更、终止民事权利义务关系的协议。"由此可见，我国的合同当事人是指具有平等民事主体资格的自然人、法人和其他组织。

自然人，即个人，包括中国公民、外国公民和无国籍人，他们具有相应的民事权利能力和民事行为能力，可以成为合同主体。

法人是具有民事权利能力和民事行为能力，依法独立享有民事权利和承担民事义务的组织。根据我国《民法通则》第 37 条的规定，法人必须依法成立、有必要的财产、有自己的名称、组织机构和场所、能够独立承担民事责任。作为合同主体的法人，可以是企业法人，也可以是机关、事业单位或社会团体法人；可以是中国法人，也可以是外国法人。

其他组织是指依法设立的、不具备法人资格的组织或组织的内部机构。其中，包括具有非法人企业资格的合伙企业、个人独资企业，也包括具有相应独立经营资格的法人分支机构，还包括不进行独立经营活动的法人内部单位等。

（二）适用合同法的合同范围

合同是人类生活中的普遍现象，合同的种类繁多，关系复杂，不可能也没必要仅凭一部合同法调整所有的合同关系。我国《合同法》第2条明确规定，适用合同法的合同是指"设立、变更、终止民事权利义务关系的协议"。由此，可对适用合同法的合同范围作以下分析。

首先，合同法适用于涉及民事权利义务关系的合同。从广义上讲，一切确定权利义务的协议都是合同，不仅有民事合同，还有行政合同、劳动合同、国家合同等。因为不同的合同关系特征不同，所以需由不同的法律部门调整。合同法本质上属民法，只能调整属于平等民事主体间民事关系的民事合同；行政合同源于政府的管理活动，属于行政管理关系，不能适用合同法；企业单位内部责任制合同属于内部上下级之间的管理关系，不是平等主体之间的关系，也不适用合同法；其他如劳动合同应适用劳动法，国家合同应适用国际法等等。

其次，在民事权利义务关系中，合同法主要适用于涉及财产关系的合同。民事关系总体上分为财产关系和人身关系，不仅财产关系中普遍存在合同，就是在人身关系中也大量存在合同，如婚约、离婚协议、分家析产、遗赠扶养及收养、监护协议等。由于人身关系中的合同一般不涉及交易，更多的要遵循婚姻家庭法及人身权法的原则与基本制度，所以我国《合同法》第2条第2款规定："婚姻、收养、监护等有关身份关系的协议，适用其他法律的规定。"当然，诸如名称权转让、肖像权许可使用等人格权合同，涉及交易与财产的内容，可以适用合同法的基本制度。

再次，在财产关系中，合同法主要适用于债权债务关系。除债权债务关系外，其他财产关系也产生众多合同。如抵押、质押、国有土地使用权出让等物权合同，专利实施、商标转让、著作权许可使用等知识产权合同，其中不仅含债权内容，更含其他民事权利内容，因此，不仅要适用合同法的原则、基本制度，还更多地适用物权法、知识产权法的规定。而平等主体间因贸易与财产、劳务往来发生的合同关系，是纯粹的债权债务关系，则完全适用合同法。我国《合同法》规定的买卖、供用能源、赠与、贷款、租赁、融资租赁、承揽、建设工程、运输、技术、保管、仓储、委托、行纪、居间等15类合同均属此类。

最后，有些合同本应属合同法适用范围，但其他法律已作专门规定的（如保险合同），仍可在不冲突的情况下适用合同法的原则和基本制度，而"其他法律对合同另有规定的，依照其规定"（《合同法》第123条）。有

些合同属合同法适用范围，但因条件不成熟而未作具体规定的（如信托合同），则按《合同法》第124条处理："本法分则或者其他法律没有明文规定的合同，适用本法总则的规定，并可以参照本法分则或者其他法律最相类似的规定。"

四、合同法的产生发展

（一）外国合同法的产生和发展

合同是商品生产和交换的产物，合同法是随着合同关系产生、发展而产生、发展的。

在人类的古代社会，自给自足的自然经济占主导地位，但也需进行一些少量的交换以满足生产和生活的需要，为了保证交换的安全可靠性，合同就成为一种提供保证的方式获得大家的认可。在古代的成文法里，就有不少合同的规范，如《汉谟拉比法典》和罗马法，都有大量的记载，其中《汉谟拉比法典》中直接规定合同关系的条文达120条之多。当然，此时的合同规范是较原始的，如对主体资格的限制与等级制相联系，对违约的制裁又采用刑罚手段等。

资本主义社会商品生产和交换高度发展，进入了市场经济时期，合同被社会生活广泛采用，合同法律制度得到了空前的发展。就在自由竞争时期，契约自由被确定为法律原则，受到普遍欢迎。契约自由强调当事人的意思自治，签订合同随其所欲，法律不予干涉；合同内容自由商定，合同形式自由决定，均无严格的限制与要求。契约自由原则保护了竞争，促进了经济与科技的发展。

在市场经济进入当代后，生产力、商品交换和大企业都有高度的发展，出现了国际规模的交换和垄断。资本主义国家为缓和矛盾和利益冲突，克服垄断和经济危机，维护社会秩序，在经济上程度不同地进了国家干预，在合同领域里也对契约自由原则作了适当限制或附加条件，还扩大了公司干涉的范围。在合同法里出现了诚实信用、公序良俗和情势变更等原则，强调了当事人对社会和对对方当事人应承担的义务，使合同更适合于当代市场中的交往特点。

随着国际贸易的发达和经济全球化的趋势，合同法统一化、国际化日益为人们所重视。联合国《国际货物销售合同公约》（1980年）和国际统一私法协会的《国际商事合同通则》成为具有较强国际效力和广泛国际影响的合同规范。

（二）我国合同法的产生发展与完善

我国社会主义合同法产生于新中国建立以后，早在 1950 年 9 月，政务院就批准发布了《机关、国营企业、合作社签订合同契约暂行办法》，规定"凡机关、国营企业、合作社之间有主要业务行为不能即时清结者，如借贷、代理收付、货物买卖、定制货物、以货易货、委托收售、委托加工、委托贷放款项或实物、委托运输、修缮建筑、租让经营、合资经营等，必须签定合同"。《暂行办法》以法规的形式，对合同的签定、履行、监督和合同担保以及违反合同的责任等，作了原则规定。以后，政务院有关部门发布了一些规范性文件，这些规范性的文件主要有：1950 年 10 月 30 日，贸易部发布的《关于认真订立与严格执行合同的决定》；1954 年 10 月 20 日，铁道部发布的《关于签订运输合同的基本规定》等，这些规范性的文件对当时我国国民经济的恢复和发展，起到了促进作用。

1957 年以后，在党内"左"倾错误思想指导下，把发展社会主义商品经济的商品交换的种种正确措施当作"资本主义"，合同制的推行受到了影响，把合同制度放到国家计划的补充和从属的地位，适用范围也被限制在较窄小的领域。

1960 年初至 1966 年 5 月中，党和政府吸取了过去"左"的错误教训，重新尊重客观事实，强调了商品、货币、价值规律的作用，重视合同制度在发展社会主义经济中的作用。中共中央和国务院以及有关部门相继发布了一系列具有规范性质的决定、办法和条例，例如，1963 年 8 月国家经济委员会《关于工矿产品订货合同基本条款的暂行规定》等，这些规范性文件尽管具有浓厚的高度集中的计划经济色彩，但对促进当时企业之间、公民之间的经济联系和经济协作，促进经济的发展起了积极的作用。

1966 年 5 月至 1978 年底党的十一届三中全会前，由于林彪、"四人帮"的严重破坏，合同制度处于名存实亡的状况。

中共十一届三中全会以来，随着改革开放和社会主义法制建设的深入，我国合同法制也迈入了一个新的历史阶段。1981 年 12 月 13 日五届人大四次会议通过了《经济合同法》，1985 年 3 月 21 日六届人大常委会十次会议通过了《涉外经济合同法》，1987 年 6 月 23 日六届人大常委会二十一次会议通过了《技术合同法》。为保证三大合同的实施，国务院依法制定发布或批准了一批行政法规，如《工矿产品购销合同条例》、《农副产品购销合同条例》、《建设工程勘察设计合同条例》、《建筑安装工程承包合同条例》、《加工承揽合同条例》、《借款合同条例》、《财产保险合同条例》、

《航空货物运输合同实施细则》、《公路货物运输合同实施细则》、《铁路货物运输合同实施细则》、《水路货物运输合同实施细则》、《仓储保管合同实施细则》、《经济合同仲裁条例》、《技术合同法实施条例》、《技术引进合同管理条例》等。国务院主管部门就主管范围内的合同有关问题制定了一批行政规章，如交通部的《交通企业合同管理规定》、建设部的《建设工程施工合同管理办法》、国家工商行政管理局《关于确认和处理无效经济合同的暂行规定》等。

同时，合同执法得到加强，合同仲裁、诉讼制度日趋完备，人们在日常生活中的合同观念日益强化，合同作用与合同法原理为越来越多的人们所重视。三大合同法对于保护当事人的合法权益、维护社会经济秩序、促进国内经济建设和对外经济交往，起到了不可替代的作用。

但随着改革开放的深化，特别是中共十四大确定了建立社会主义市场经济体制的目标后，合同法与市场实践的要求显得很不适应。八届全国人大常委第三次会议于1993年9月2日通过《关于修改〈中华人民共和国经济合同法〉的决定》，对原条文中的36条进行修改或删除，修正了一些已明显不适应发展社会主义市场经济需要的规定。此次修改的特点是：①明确了保障社会主义市场经济健康发展的指导思想，依靠合同法制规范微观经济行为；②淡化指令性计划对经济合同的强制性关系，将企业必须按指令性计划签订合同，改为企业按法定权利、义务和程序，签订与指令性计划有关的经济合同，确保了企业的自主权；③扩大了经济合同主体的范围，确认非法人经济组织、个体工商户、农村承包经营户与法人一样，具备成为经济合同当事人的资格；④减少国家直接干预、承认当事人的意思自治，如对除国家规定必须执行国定价以外的产品价格，由当事人自行协商议定，又如无效合同的确认权归为法院和仲裁机构，根据当事人的请求加以确认而不主动确认，还如将国家机关对合同的直接管理职能改为监督职能，等等；⑤简化纠纷解决程序，将合同纠纷的"一裁两审"制改为"或裁或审"制。

尽管作了个别修改，但我国合同法律制度的问题还是客观存在的：①三大合同法分别适用于不同的合同，不利于法的实施，而且有些共性的问题规定不统一，同样的概念所作的定义也不一致，这都不利于统一市场的形成和完善；②原有的不少规定比较原则，缺乏操作性，在市场实践或司法实践中易被曲解，也不利于法制的严肃性；③在经济发展中，新的经济关系、新的合同新的问题大量涌现，出现了许多法律规范的"盲区"，急需作出相应规范，使市场经济中的基本活动均有法可依；④近年来市场交易中利用合同形式搞欺诈的情况较为突出，损害了国家、集体和他人利益，在防范合同欺诈、维护社会经济秩序方面，需要更严密的规范。综上所述，我国需要制定一部新的统一的合同法。

根据全国人大常委的立法规划，1993年起正式开展了统一合同法的立法起草工作。立法工作中，以邓小平理论和党的基本路线为指导，立法部门与专家相结合，走群众路线，经反复论证、修改，先后于1997年5月形成了征求意见稿，1998年8月提交了草案，经公布草案广泛征求意见，又经九届人大常委会连续四次审议修改，最后由九届人大第二次会议于1999年3月15日正式通过《中华人民共和国合同法》，并于同年10月1日起在全国施行。

《中华人民共和国合同法》（下称《合同法》）的颁布实施，是我国合同法制建设的划时代。这部《合同法》具有以下特点：①坚持市场经济基本导向，制定了一部统一的、较为完备的合同法。《合同法》根据市场经济规律，确定合同基本原则和具体制度的基本精神，对合同的共性问题作出统一规定，将市场活动中主要的合同关系纳入一个法中调整。②法的稳定性与创新性的有机结合，既注重经验总结，尽可能地吸收三大合同法及十多年来有关合同的行政法规、司法解释中的合理内容，以利于法的实施的连贯性；又按实际需要，设计规定了大量新制度、新规则，以利于改革开放的深化。③注意现实性与前瞻性的结合。既尊重客观实际，不脱离当前的现实条件、环境，对一些制度忍痛割爱；又适当超前，特别是充分考虑高科技对合同的影响，引导实践、指导实际。④充分借鉴国外的有益经验，为我所用。一方面大量吸收国际公约的具体规则，另一方面打传统法系隔阂，采纳了不少英美法的制度。总之，这部《合同法》非常市场化，有利于各类市场行为的规范。

第三节　合同法的基本原则

合同法的基本原则是贯穿于合同立法中的指导思想，也是合同司法、执法及当事人合同活动都必须遵守的基本准则。

一、合同平等原则

平等原则是指凡从事合同活动的各方当事人的法律地位一律平等。由于合同法调整的是平等主体之间的合同关系，因此平等原则是合同关系产生的前提，所以也是放在首位的原则。《合同法》第3条规定："合同当事人的法律地位平等，一方不得将自己的意志强加给另一方。"

合同当事人地位平等，就意味着当事人之间没有命令与服从、管理与被管理的关系。主体之间不论级别高低、实力强弱、规模大小，也不管所有制性质或从属关系如何，都是以平等主体资格参与合同关系。这也反映了市场条件下交易或财产、劳务往来对主体地位的基本要求。

合同当事人地位平等，也意味着当事人在相互关系上享有平等的民事权利，承担平等的民事义务。合同关系中的权利义务是一致的，即当事人相互间的权利义务相对应，每一方享有的权利与付出的义务大致相当。

合同当事人地位平等，还意味着当事人享有的合同权利都平等地受法律保护，合同主体不论是法人还是个人，是中国人还是外国人，其合法权益都同样受到保护。

贯彻平等原则，要求当事人相互尊重、充分协商、互利互让，在形成一致意见的基础上成立合同。任何一方都不得强迫对方接受自己的意志，不允许任何人拥有特权、居高临下，也不允许以大欺小或以强凌弱。

二、合同自愿原则

自愿原则是指当事人有权依照自己的真实意志参与合同活动。自愿原则是民事活动自愿性多于强制性的体现，也是民事法律关系区别于行政、刑事法律关系的标志，更是发展社会主义市场经济的客观要求，所以，自愿原则是反映合同本质的原则。《合同法》第4条规定："当事人依法享有自愿订立合同的权利，任何单位和个人不得非法干预。"

自愿原则首先是订立合同的自愿。当事人有权决定是否订立合同，即有是否与他人订立合同的自愿；有权选择相对人，即有与谁订立合同的自愿；有权依法决定合同的内容，即有约定合同条款的自愿；有权选择合同的方式，即有采用何种合同形式的自愿。

自愿原则也贯彻于合同活动的其他阶段。合同履行中，当事人可自愿协商，补充、变更合同内容，或解除合同关系，权利人可自愿转让权利、自愿放弃权利；争议发生时，当事人可自愿选择争议解决方式，包括自愿协商解决。

自愿原则是对当事人真实意志的尊重。当事人是否进行合同活动，取决于当事人的自愿和双方意思表示一致，相互间不得将自己意志强加于人；只要当事人的意思表示是真实和合法的，任何单位或个人都不得干涉。国家机关及其工作人员只是依法保护当事人之间的合法民事关系，而不是以自己意志来任意改变当事人之间的合法意愿。如果当事人所表示的意愿与其真实意志不相符合，而是因对方欺诈、胁迫或自己的重大误解等造成的，则法律要依据其真实意志，认定已成立的合同无效或予以撤销。

自愿原则是社会主义市场经济对"契约自由"的合理取舍。契约自由是源于罗马法、兴盛于资本主义自由竞争时期的合同理念，崇尚个人意志、促进自由交易，至今仍是大陆法系民法的三大原则之一。但在当代市场中没有绝对的自由，西方各国也分别从国家利益、公序良俗、社会正义等角度，对契约自由作出不同程度的限制。社会主义市场经济以公有制为基础，以共同富裕为目标，既鼓励每一主体的主动性、积极性和创造性，以活跃市场、提高效率；又要求个体的意志服从全体人民的意志，合同当事人的自由意志只能限制在法律、法规和社会公公利益的范围内，这就是法定范围内的自愿。违法的合同，特别是违反强制性规范的，即使当事人双方自愿，也是无效的。

三、合同公平原则

合同法中的公平原则是指当事人必须按照公道、合理、平衡的要求从事合同活动。公平交易、童叟无欺，不允许一方强迫另一方做显失公平的交易，禁止利用合同损人利己。《合同法》第 5 条规定："当事人应当遵循公平原则确定各方的权利义务。"公平原则是当事人平等地位的体现，也是社会公德和商业道德基本要求的反映。公平原则有利于防止当事人滥用权利，并协调、平衡当事人之间的利益关系。

公平原则为当事人合理确定权利义务创造了公平的环境，即公平的条件、公平的地位、公平的规则、公平的竞争、公平的监管和公平的司法。但当事人权利义务的具体内容，则只能大体上的平衡，交易双方的给付应尽可能等值，而不可能绝对等价。

根据公平原则，当事人在订立合同时，应公平确定各自权利义务，互惠互利，不得欺诈、胁迫，任何显失公平的合同，当事人有权请求人民法院或仲裁机构变更或撤销；不公平的格式条款将被宣布无效或作出不利于提供格式条款一方的解释；当事人在合同履行中，应公平合理分担风险；在违约发生后，亦应产生公平责任，采取合理的减少损失、补救赔偿措施。

四、诚实信用原则

诚实信用原则是指当事人在合同活动中应讲诚实守信用，履行诺言，既不辜负对方的信赖，又不损害社会或他人的利益。诚实，就是实事求是、心怀善意、坦诚待人、开诚布公，不弄虚作假、投机行骗，不以次充好、短斤缺两；信用，就是坚持信誉第一，信守合同，自觉履行义务，自觉维护社会与他人的权益。《合同法》第6条规定："当事人行使权利、履行义务应当遵循诚实信用原则。"由于诚实信用原则体现了法律所追求的社会正义的基本观念，又在财产流转关系中具有特殊的意义，所以成为世界各国合同立法和学说所公认的一项基本原则，有人将其称为合同法的最高原则。

诚实信用原则使合同的法律约束力扩张，当事人的义务增加。在合同订立时，当事人负有先合同义务，不得假借订立合同以恶意磋商、欺诈或其他违背诚信的行为侵犯对方的利益；在合同履行中，当事人应同时履行附随义务，即遵循诚信原则并根据合同性质、目的和交易习惯，协助对方履行、保守对方秘密等义务；在合同终止后，当事人又负有后合同义务，即遵循诚信原则履行通知、协助和保密义务。

诚实信用原则贯穿于合同活动始终。诚信既是合同订立的基本准则，又是履行合同的基本依据，还是合同司法的必要凭据。在合同没有约定或约定不明，或当事人对合同条款的理解有争议时，就可根据诚实信用原则对合同进行补充、解释。合同法针对合同履行或责任追究等所作的"合理时间"、"合理方式"的规定，也需要遵循诚信原则和交易惯例作出确定。

诚实信用原则禁止当事人滥用权利，追求当事人双方与社会三者利益的平衡。当事人恶意串通，损害国家、集体或第三人利益的合同，以欺诈、胁迫手段损害国家利益的合同，一律无效。

诚实信用原则是伦理道德的法律化，依靠法的强制力维护着当事人之间的利益平衡。

五、遵守法律原则

遵守法律原则是指当事人从事合同活动，不得与强制性规范和社会公共利益相抵触。《合同法》第7条规定："当事人订立、履行合同，应当遵守法律、行政法规，尊重社会公德、不得扰乱社会经济秩序，损害社会公共利益。"

现代市场经济，从一定意义上讲是法制经济。合同当事人在法律规范的范围内有充分地自由，但没有绝对的自由。合同不仅关系到当事人双方，还会涉及他人、影响社会，就需要国家适当干预，依法规范合同行为。

在我国，法律和行政法规是全体人民意志即国家意志的体现。人民群众的自觉守法，是社会主义法制的基本要求和法律实施的基本方法。合同当事人的权利义务关系，是法律确定或允许的，也只有符合法律规范的合同，才具有有效性。当然，合同法的法律规范一般具有一定的任意性，即法律规定了多种可能性，允许当事人任意选择，但是凡为法律所强制规范的，则不允许当事人以约定的方式来排除适用。

由法律强制性规定所规范的合同活动，都涉及社会公德、社会公共利益，以及社会经济秩序。遵守社会公德是精神文明的具体要求，也是物质文明的必然取向，现代社会不认可有悖公德的合同行为，更不能容忍利用合同从事道德沦丧的丑恶活动；社会公共利益实际是全体人民的共同利益，高于其他一切利益，合同当事人不得以自己的利益损害公共利益；正常、稳定的社会经济秩序，不仅是经济建设、人民生活的必要保障，也是合同当事人实现合法权益的必要前提，决不可以利用合同破坏社会经济秩序。所以，我国《合同法》规定，违反法律、法规强制性规定的合同，以合法形式掩盖非法目的合同，侵犯社会公共利益的合同均为无效。在西方市场经济国家，尊重社会公德、维护社会秩序和社会公共利益，被表述为"公序良俗"的合同法原则，违反这一原则的同样无效。

案例分析

（一）好意施惠关系

【案情介绍】在一个大雪纷飞的傍晚，行人甲急于回城，恰遇乙开私车经过，甲奔上前去，请求搭乘。乙说："搭乘回城可以，但天气不好，下大雪，路比较滑，如果发生什么意外，我可不承担责任。"甲同意。在回城途中，因路太滑，致使该车撞向路边大树，甲右胳膊骨折，花去医药费1万元，为此双方引起纠纷。甲要求乙赔偿其损失1万元，而乙认为自己与甲之间并不存在合同，没有将其安全送到目的地的义务，并且发生意外是由于路面过滑，并非出于故意或重大过失，因此拒绝承担责任。

【问题】本案的关键问题在于甲与乙之间是否存在合同关系？

【分析】《合同法》第2条规定，合同是平等主体的自然人、法人、其他组织间设立、变更、终止民事权利义务关系的协议。而好意施惠关系，是指当事人之间无意设定法律上的权利义务关系，而由当事人一方基于良好的道德风尚实施的使另一方受有恩惠的关系。可以看出，合同与好意施惠是不同的，在好意施惠关系中当事人之间是不存在法律上的权利义务关系的。而在本案中，当事人甲乙之间为好意施惠关系而非合同关系，甲乙之间不存在设立、变更、终止民事权利义务的合意。因此，乙对于甲不存在合同义务，甲不享有请求乙将其拉至目的地的权利，甲也不能依违约责任请求乙承担违约责任。

（二）合同的相对性

【案情介绍】甲公司与乙公司订立一项粮食购销合同，合同中规定双方在北京某粮库交货，另外，合同的附则规定："有关交货事宜由丙公司出面协调解决。"后来，甲公司认为交货地点及交货时间不合适，便与丙公司达成一份补充协议，协议中将交货地点变更为天津，将交货时间由2010年10月提前到2010年8月。补充协议订立后，甲公司将该协议送交给乙公司，要求乙公司于2010年10月将货物发往天津某粮库。乙公司收到该协议以后，提出因交货时间提前而无法准备货源，并提出交货地点变更，使其费用增加，甲公司必须为此提供补偿。双方不能达成协议，甲公司便以乙公司构成违约为由，向法院提起诉讼。

【问题】本案主要问题在于乙公司是否受甲公司与丙公司签订的补充协议的约束。

【分析】《合同法》第2条规定："本法所称合同是平等主体的自然人、法人、其他组织之间设立、变更、终止民事权利义务关系的协议。"合同是特定当事人之间订立的，一般只能约束合同双方。本案中粮食购销合同的当事人为甲公司和乙公司，丙公司为合同关系以外的第三人。

在本案中，丙公司虽然与甲公司订立了补充协议，但在讨论该补充协议是否对乙公司有效力之前，我们应先解决另一个问题，即丙公司是否具有乙公司的有效授权。若无授权，该补充协议仅在丙公司和甲公司之间发生效力，对乙公司不具有任何拘束力。因此，本案处理的焦点就在于合同附则中规定的"有关交货事宜由丙公司出面协调解决"是否意味着丙公司具有有效授权，从而使补充协议在甲公司与乙公司之间发生效力。

其一，合同的附则规定："有关交货事宜由丙公司出面协调解决。"此处只是规定由丙协调解决有关交货事宜，即丙公司本身不能认为包含某种授权的意思。其二，如果把协调理解为包含了双方的授权，显然构成了双方代理，不符合代理的基本规则，应当被认定无效。其三，本案中丙公司与甲公司达成的补充协议涉及到对交货时间和地点的变更问题，这些都是买卖合同的重要条款，它不仅影响到履行费用的增加，而且关系到因时间提前是否能够履行的问题，修改必须要取得乙公司的明确同意。从本案中看，乙公司显然没有对丙公司作出上述授权，所以不能认为丙公司有权代理乙公司订立上述补充协议。

因此，由于丙公司并没有获得乙的授权，所以无权代理乙变更合同。甲公司以其与丙公司签订的补充合同要求乙公司承担违约责任的请求不能成立。

 思考题

1. 简述合同的概念与特征。
2. 如何理解合同与债权的关系？
3. 合同有哪些主要分类？
4. 试述合同自愿原则。
5. 诚实信用原则在合同法中有哪些体现？

案例分析题

王俊和李仁是好朋友，平常在日常生活中关系密切。王俊长期赌博，为筹集赌资向李仁借款10 000元，李仁多次催款，王俊无力偿还，李仁担心王俊赖账，于是要求王俊写下一份借条，保证3个月内偿还。之后，王俊未能偿还，李仁遂起诉至法院，请求法院判令被告清偿。被告辩称，自己向原告借钱10 000元是事实，但是这10 000元是用来偿还赌资的，而且原告也是知道的，现在自己无力偿还。后经法院查明，被告确实曾向原告借款10 000元，并且有相关证据证明，原告明确知道借给被告的钱是用以赌博。

问：

1. 该案件中，法院是否应当判决被告偿还原告10 000元？为什么？说明理由。

2. 如果该案件中，李仁不知道借给王俊10 000元是用来赌博的，李仁的诉讼请求能否得到法院的支持？说明理由。

3. 如果该案件中，王俊由于生活困难而向李仁借款10 000元，李仁出于同情将钱借给王俊，李仁的诉讼请求能否得到法院的支持？说明理由。

推荐书目

1. 全国人大常委法制工作委员会：《中华人民共和国合同法释义》，法律出版社 2009 年版。

2. 王利明等：《合同法》（第三版），中国人民大学出版社 2009 年版。

3. 崔建远主编：《合同法》，法律出版社 2010 年版。

4. 郭明瑞、房绍坤主编：《合同法学》，复旦大学出版社 2009 年版。

5. 胡康生主编：《〈中华人民共和国合同法〉释义》，法律出版社 1999 年版。

6. 史尚宽：《债法总论》，中国政法大学出版社 2000 年版。

7. 王泽鉴：《债法原理》，中国政法大学出版社 2001 年版。

8. 林诚二：《民法债编总论：体系化解脱》，中国人民大学出版社 2003 年版。

9. 周林彬主编：《比较合同法》，兰州大学出版社 1989 年版。

10. 杨桢：《英美契约法论》，北京大学出版社 1997 年版。

11. 王军：《美国合同法》，中国政法大学出版社 1996 年版。

12. 尹田：《法国现代合同法》，法律出版社 1995 年版。

13. ［英］A. G. 盖斯特：《英国合同法与案例》，张文镇等译，中国大百科全书出版社 1998 年版。

14. ［美］A. L. 科宾：《科宾论合同》，王卫国等译，中国大百科全书出版社 1997 年版。

15. ［美］史蒂文·L. 伊曼纽尔：《合同法》，中信出版社 2003 年版。

16. ［德］海因·克茨：《欧洲合同法》，周忠海等译，法律出版社 2001 年版。

17. 对外贸易经济合作部条约法律司编译：《国际统一私法协会国际商事合同通则》，法律出版社 1996 年版。

第二章　合同的订立

第一节　订立合同的主体与合同客体

一、订立合同的主体

合同订立的主体是指订立合同的当事人。我国《合同法》第 2 条规定"本法所称合同是平等主体的自然人、法人、其他组织之间设立、变更、终止民事权利义务关系的协议"。第 9 条规定"当事人订立合同，应当具有相应的民事权利能力和民事行为能力"。这些条款规定了合同订立主体的资格和条件。

（一）主体的范围

1. 自然人。自然人是因出生而取得民事主体资格的人，是相对于法人的民事主体。自然人在社会中以一个独立人格的形式存在，具有独立的法律地位，可以自由地参与民事活动，享受权利和承担义务。因此，自然人是订立合同的主要当事人之一。所谓自然人，一般是指具有自然的生理机能的人类成员，即一切生物学上的人。所以，自然人包括内国公民与外国公民及无国籍人。同时，法律并没有对自然人成为合同订立主体的身份予以限制，可以包括个体工商户、农村承包经营户等个体经营者，也可以是其他个人。

对于自然人能否成为合同订立的主体，我国新旧合同法对此有较大的差别。原来的合同法规定，我国公民可以成为订立技术合同的主体，但不能成为订立经济合同和涉外合同的主体；个体工商户不能成为订立涉外经济合同的主体，但却可以成为订立经济合同和技术合同的主体。新合同法对此作出了统一规定，是对"身份制"合同法的否定，是立法技术的重要进步。

2. 法人。《民法通则》第 36 条规定，"法人是具有民事权利能力和民事行为能力，依法独立享有民事权利和承担民事义务的组织"。法人是与自然人相对称的另一类合同订立主体，它包括企业法人、机关法人、事业单位法人、社会团体法人等。

法人虽然并不是以生命存在为特征的自然人，但法律赋予了它一定的民事权利能力和民事行为能力，它具有法律上拟制的人格，它同自然人一样，可以广泛的参与民事活动，享有民事权利，承担民事义务。法人虽然是社会组织，但并不是任何社会组织都是法人，它的成立需要一定的条件：①法人必须依法成立；②有必要的财产或经费；③有自己的名称、组织机构和场所；④必须能够独立承担民事责任。法人以其全部资产对外承担有限的民事责任，这是法人与个人合伙的重要区别。

3. 其他组织。其他组织是指依法成立的从事生产经营活动或者其他专门活动，但不能独立承担民事责任的非法人组织。主要包括企业法人的分支机构、合伙组织等。它们虽然不具有法人资格，但也是具有相对独立性的社会组织，可以在一定范围从事相关的活动，并由他人或者与他人共同承担行为的后果。其他组织被法律赋予了合同订立的主体资格，与法人、自然人一起共同组成了合同订立的主体范围。作为其他组织，从范围上看，不仅包括在中国登记注册的其他组织，也包括在国外登记注册的其他组织。

（二）主体的条件

订立合同首先需要满足当事人的资格，只有符合条件具备相应资格的当事人才能成为订立合同的主体。《合同法》第9条规定"当事人订立合同，应当具有相应的民事权利能力和民事行为能力"。这一条款明确规定了合同订立主体必须具有相应的民事权利能力和民事行为能力。

1. 自然人的民事权利能力和民事行为能力。自然人的民事权利能力是指自然人享有民事权利和承担民事义务的资格。只有具备了权利能力，才具备了法律上的主体资格，才能作为主体广泛的参加各类民事活动。《民法通则》第9条规定"公民从出生时起到死亡时止，具有民事权利能力，依法享有民事权利，承担民事义务"。自然人的民事权利能力是法律赋予的，除法律另有规定以外，任何社会组织和个人都不得限制和剥夺自然人的民事权利能力。自然人也不得转让自己的民事权利能力。自然人无论其年龄大小、精神状态是否正常，都可以成为合同订立主体。但并非所有自然人都可以亲自订立合同，那是因为受行为能力的限制。民事行为能力是指自然人能够通过自己的行为取得民事权利、承担民事义务的资格。有民事权利能力的人却不一定都具有民事行为能力。民事行为能力与自然人的年龄、智力和精神健康状况密切相关。《民法通则》根据年龄、智力和精神健康状况的不同，把自然人按其行为能力的不同划分为三类，即无民事行为能力人、限制民事行为能力人和完全民事行为能力人。无民事行为能力人不能自己订立合同，只能由其法定代理人代为订立合同；限制民事行为能力人订立的合同，只有经过法定代理人追认后，该合同有效，但纯获利益的合同或与其年龄、智力、精神健康状况相适应而订立的合同，不需要经法定代理人追认；完全民事行为能力人可以自行订立合同。

2. 法人和其他组织的民事权利能力和民事行为能力。法人、其他组织的民事权利能力，其性质与自然人的民事权利能力是一致的，但在内容上具有特殊性。法人、其他组织的民事权利能力因法人、其他组织的性质不同而受限制，公民的某些权利能力，法人、其他组织不可能享有。法人、其他组织的民事权利能力因经营目的不同而有所不同，法人、其他组织只能在核准登记的范围内从事民事活动。法人、其他组织只能在社会组织的宗旨或者章程所规定的范围订立合同，是与它们各自具有的民事权利能力相一致的。因此，不同的法人、其他组织因为受其自身性质、目的以及有关法律、规章等多方面的限制，所具有的权利能力不尽相同，在取得合同的主体资格方面也表现出一定的差异。

法人、其他组织的民事行为能力，与自然人的民事行为能力相比，存在着很大的区别。法人、其他组织的民事行为能力与民事权利能力同时发生，同时消灭。法人、其他组织的民事行为能力在范围上同其他民事权利能力相一致，而拥有民事权利能力的自然人却不一定拥有民事行为能力。法人、其他组织的民事行为能力一般是通过其法定代表人或者其代理人来实现的。由于不同的法人、其他组织在订立合同方面具有不同的民事权利能力，因此，它们所具有的民事行为能力同样存在一定的差别。

（三）订立合同主体与合同主体的关系

当事人订立合同，是为了设立、变更、终止相互之间的民事权利义务关系；而合同主体地位的取得，则是通过当事人之间协商达成合意而实现的。由此，在合同订立过程中会出现两个层次的主体，即合同的订立主体和合同主体。合同的订立主体是实际进行订立合同的当事人，即订约人；而合同主体则是合同权利义务的承受者。

合同订立主体与合同主体之间既有联系又有区别。合同订立主体与合同主体都是合同关系的参与人，只不过合同订立主体更强调从动态行为的角度，仅参与于合同订立阶段，而合同主体则承担达成合意的静态协议的法律后果。有学者将两者之间的关系分为三个类型：①合同订立主体与合同主体合一。其优点在于当事人亲自为意思表示，不易产生纠纷，但在市场经济条件下．可能受各种主客观因素的限制，影响交易成本、质量和速度。②合同订立主体与合同主体积极分离。由代理人代订合同，实质上拓展了交易空间范围，充分利用交易时间。③合同订立主体与合同主体消极分离。表见代理则属于这种情况，这种分离非依行为人的意愿，是法律基于保护第三人利益，维护交易安全而作的规定。

二、代理人代理订立合同

《民法通则》第63条规定"公民、法人可以通过代理人实施民事法律行为"。《合同法》第9条规定"当事人依法可以委托代理人订立合同"。代理，是一种重要的民事法律行为和制度，是指代理人根据被代理人的委托或者授权，以被代理人的名义并为被代理人的利益而与第三人进行民事活动的法律制度。

代理具有以下几个特征：①代理是代理人以被代理人名义从事民事活动，这一点是代理同有关行纪活动相区别；②代理人必须在代理权限内进行活动；③代理人可以在代理权限内独立地为意思表示，这一特征，可以把代理人与证人、居间人和传话人区别开来；④代理活动直接对被代理人产生权利和义务；⑤代理只能是单方的代理，而且必须是与第三人进行民事活动。禁止代理人从事双方代理。

《合同法》第9条，确定了合同代理制度，其一种是委托代理。合同代理除符合代理制度的一般规定外，还有其自身的特点：①代理事项单一，只是为以被代理人名义与第三人订立合同。②代理权产生途径单一，合同代理权仅产生于委托授权。代理制度保证了自然人、法人等可以在更广泛的范围内从事民事活动，而且委托代理人代替自己从事民事活动还可以克服自己专业知识、精力和能力不足的缺陷。代理制度也是开展国际贸易的必要工具。国际贸易涉及的义务范围广泛，法律问题复杂，在加上语言上、习惯上、地理上的障碍，离开代理人的活动十分困难。合同代理制度在合同订立过程中发挥着重要作用，维护合同当事人意志，促成合同交易实现等。

作为委托代理性质的合同代理制度，应当满足以下几方面的要求：①代理人必须取得委托人的授权。代理人接受委托人的委托而享有代理权，才可以为委托人代定合同，而委托人应当向代理人提供委托证明，明确代理权的授予。委托证明主要是代理委托书，它是国家认可的具有法律效力的文书，内容一般包括委托人和受托人姓名、委托事项、委托范围、委托权限、委托期限等。代理委托书制度，可以证明代理人的身份，也可以防止无权代理的人不负责任的代签合同。②代理人应当在授权范围内以委托人的名义订立合同。代理人只有在代理权限内行使代理权，代理行为才能对被代理人产生约束力。代理人如果超越代理权或者代理权终止后订立合同的行为，对被代理人不产生任何法律约束力。但是，如果被代理人事后对无权代理行为明确追认的，就可以使无权代理变为有权代理，由被代理人承担合同的法律后果。对于表见代理行为，即行为人没有代理权、超越代理权或者代理权终止后以被代理人名义订立合同，行对人有理由相信行为人有代理权的，该代理行为有效。通常代理人代为订立合同的法律后果由委托人承担，对委托人直接产生权利和义务。但在委托合同中，"受托人以自己的名义，在委托人的授权范围内与第三人订立的合同，第三人在订立合同时知道受托人与委托人之间的代理关系，该合同直接约束委托人和第三人，但有确切证据证明该合同只约束受托人和第三人的除外"。③代理人应当具有合同资格或者承担相应的民事责任的能力。代理人代为订立合同，其代理行为对被代理人直接产生权利和义务，从保护被代理人和交易相对人的权益，保障整个交易秩序的规范、安全，必须对代理人的资格和能力作出限制。如果代理人是公民要具有权利能力和行为能力；如是法人应有企业法人的营业执照，如是其他经济组织应有营业执照。只有代理人具备合同订立主体资格或者具有承担责任能力的前提下，才能有效防止代理人滥用代理权损害他人利益。在代理订立合同中，涉及到代理人、被代理人和第三人，在这三方当事人中，其中的某两方当事人共同侵犯另一方当事人利益的时候，就会产生连带责任问题，即代理关系的三方当事人中，其中的两方当事人因共同侵犯了另一方当事人的利益而共同向另一方当事人承担民事责任，并且其中的任何一方的当事人都负有承担全部责任的义务。

三、合同的客体

合同的客体一般认为是订立合同的双方当事人权利与义务指向的对象，又称合同的标的。从合同法理论来看，合同的客体是债务人应为的行为。而这种行为内容因合同性质不同而不同，即作为合同标的的行为可分为各种不同的形态．这种不同行为形态的划分，不仅是为了理论上的体系需要，更重要的是对债务人的履行具有不同的要求，在债务违反的构成要件及其责任的承担上，也各不相同。作为合同的客体有如下形态：

1. 交付财物。交付财物就是合同债务人，按照合同约定将财物交付债权人。如买卖、租赁等合同标的为交付货物、租赁物的行为。交付与给付是不同的，其区别在于：①给付包括物品交付、价金支付、劳务提供、权利移转等，而交付只是给付的一种形态；②给付可具有财产内容，用金钱价格计算，也可以不具有财产内容，而交付的对象均具有财产内容；③在许多合同关系中，给付要有一定过程，而交付一般在短时间内完成。按法律规定，交付财物中的财物必须是法律允许自由流通的物。限制流通物只能在特定的范围内交付。禁止流通物则不能作为交付对象。

2. 支付金钱。支付金钱是指合同债务人，按照合同的约定将一定数额的货币支付给债权人。由于支付金钱与交付财物相比，有自身的特点，故可将其作为合同标的的行为的一个独立形态，如买卖合同、借款合同、融资租赁合同等。支付金钱有时还包括利息的支付，如储蓄合同中银行给付即为一次还本付息。需要注意的是在同一合同中，可能既有交付财物，又有支付金钱，两者共同构成合同标的，如买卖合同等。

3. 提供劳务。提供劳务是指合同债务人，按合同约定向债务人提供一定的劳动服务，如运输合同、保管合同、雇佣合同、技术服务合同等。有的合同提供劳务的方式为完成特定的工作，如加工承揽合同、建设工程合同等，实际上是一种特殊的劳动服务。

4. 权利转让。权利转让是指合同债务人，按合同约定将特定的权利转让给债权人。这种特定的权利指不伴随物而单独作为转让对象的权利，如知识产权、股权、债权等。知识产权的转让通过使用许可合同或知识产权转让合同进行；股权的转让要经过转让合同通过登记而转让；债权的转让也要通过转让合同来实现。

5. 提供智力成果。提供智力成果是指合同债务人，按合同约定将一定的智力成果提供给债权人，如技术转让台同、技术开发合同。

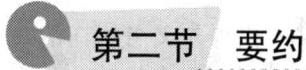 **第二节 要约**

一、要约的概念

当事人订立合同的过程就是对合同内容进行协商的过程。当事人无论采用哪种具体方式，一般都要经过要约与承诺的过程，要约与承诺理论是对商事交易过程中订约行为的高度、抽象概括。我国《合同法》第13条规定"当事人订立合同，采取要约、承诺方式"。

对于要约和承诺，我国过去的三部合同法都没有明确的规定，在这次合同法的修改中，借鉴国际上的一般做法，对要约和承诺作了具体规定，标志着我国合同立法的进一步完善。

要约是希望和他人订立合同的意思表示。要约也称发盘、报价等。发出要约者称为要约人，接受要约的人称为受要约人。关于要约的含义，各国立法规定和学理解释也不相同。在大陆法国家，合同法学者一般将要约纳入法律行为的范畴，视要约为当事人订立合同的意思表示。英国学者认为，"要约，实际上是要约人做什么事或不做什么事的一种许诺"。在美国合同法中，认为"要约是对即时进行交易的愿望的表达"。但无论含义的表述如何不同，要约作为订立合同的一种方式均在立法中作了规定，要约是合同订立实质阶段的开始。

关于要约的法律性质上的争议主要在于，要约是一种意思表示，还是法律行为。我国学者大都采纳了大陆法系关于要约属于意思表示的传统观点。但也有一些学者认为要约在性质上属于附条件的法律行为。我国《合同法》第14条规定"要约是希望和他人订立合同的意思表示，该意思表示应当符合下列规定：①内容具体确定；②表明经受要约人承诺，要约人即受该意思表示约束。"这一规定，显然是采用和借鉴了大陆法的观点。

二、要约的构成要件

要约发生法律效力，必须具有特定的有效条件，不具备这些条件，要约在法律上就不能成立，也不能产生法律效力。关于要约的构成要件，我国学者们的认识并非一致，有的认为应具备5个要件：①必须是特定人所为的意思表示；②必须具有订立合同的意图；③必须向受要约人发出；④内容必须确定和完整；⑤要约必须送到受要约人[1] 有的学者认为应具备4个要件：①必须是特定人所为的意思表示；②必须向相对人发出；③必须具有缔结合同的目的；④内容必须确定和完整[2] 还有学者认为应具备3个要件：①是特定当事人以缔结合同为目的的意思表示；②应包含在被接受时就受其约束的意旨；③内容应当确定，能够在当事人之间建立

---

〔1〕　王利民、崔建远：《合同法新论·总则》，中国政法大学出版社1996年版，第142～147页。

〔2〕　崔建远：《合同法》，法律出版社1998年版，第41～42页。

起债权债务关系。[1] 我们认为应把要约的构成要件和要约的生效要件分开，我们这里论述的是要约的构成要件，上述观点中，要约是特定人的意思表示和要向受约人或相对人发出，这一般是既成事实，也只能如此，因此，不必要作为要件论述。至于要约必须送到受要约人，则是要约生效的要件。[2] 我国《合同法》规定要约的意思表示，必须符合两个要件：

（一）要约的内容具体确定

要约的内容必须确定，是指要约的内容必须明确，而非含糊不清。不如此，受要约人便不能了解要约的真实含义，难以承诺。要约的内容必须完整，是指要约的内容必须具有合同的条件，至少是主要条件。要约内容必须包括订立合同的主要条款。一般情况下，应当包括合同成立的必要条款，如标的等，除必要条款外，要约还可能包括其他条款。如果要约不能反映合同的条款，或者其内容不具体确定，受要约人就无法表示承诺，即使作出同意的所谓承诺，也会因要约欠缺而无法成立合同。这一要件也是要约与要约邀请的主要区别之一，因为要约邀请不具备合同的全部要件。

（二）表明经受要约人承诺，要约人即受该意思表示约束

要约的目的是成立合同，因此，要约人发出的要约应当表明，该要约经相对人承诺，要约人即受该意思表示的约束。也就是说，要约人在要约有效期间要受自己要约的约束，并负有与作出承诺的受要约人订立合同的义务，要约一经要约人发出，并经受要约人承诺，合同即告成立。在实践中，由于许多订立合同的意思表示往往不一定以固定的词语直截了当地表达这一内容，所以被要约人应当仔细分析该意思表示中是否含有一经承诺即受约束的意旨。

三、要约的形式

要约属于意思表示，具有外在表现形式，具体表现形式可以由要约人自己选择。

（一）口头要约和书面要约

根据要约的表达方式的不同，可分为口头要约和书面要约。口头形式就是要约人直接以对话或者电话等方式向被要约人进行要约。所谓书面形式就是采取交换信函、电报、电传和传真等文字形式来进行要约。当事人

---

〔1〕 隋彭生：《合同法论》，法律出版社1997年版，第40页。

〔2〕 柴振国、何秉群等：《合同法研究》，警官教育出版社1999年版，第65页。

选择要约形式时，要根据具体情况决定。一般来说，合同是即时清结的或涉及金额较小的，可选择采用口头形式或书面形式的要约；合同是非即时清结的或涉及金额较大的，则须采书面形式的要约。

（二）特殊要约

市场交易的复杂性、多样性，必然造成了要约形式的多重性，除了比较典型的形式，如向相对人发出订货单，有时要约也会采用非典型的口头或书面形式，这就是特殊要约，如悬赏广告、商品标价陈列等。

悬赏广告是广告主以广告的方式，对完成特定行为的人给予一定报酬的意思表示。这种广告的目的在于唤起并非特定的相对人响应，促使其完成特定的行为。该广告内容具体、确定，相对人只要完成广告中规定的特定行为，双方的合同关系即为成立。因此，悬赏广告是一种特殊的要约。对于这种特殊的要约，最高人民法院在 2009 年公布的《合同法》司法解释第 3 条中作了特别规定："悬赏人以公开方式声明对完成一定行为的人支付报酬，完成特定行为的人请求悬赏人支付报酬的，人民法院依法予以支持。但悬赏有《合同法》第 52 条（合同无效的法定情形）规定情形的除外。"

（三）反要约

要约到达受要约人之后，如果受要约人对要约的内容作了实质性的变更，并将其意思表示回复给要约人，那么受要约人的这一答复并非属于承诺，而是又一新要约。这种对要约主要内容的变更意思表示，就是反要约，或者称为新要约。

（四）交叉要约

交叉要约即当事人偶然地相互为要约，而其内容却完全吻合的现象。对于交叉要约的效力，即交叉要约能否成立合同，意见不一。英美法系讲求双方当事人之间的合意为缔结合同的最基本条件，而合意是要约人的要约加上受要约人的承诺。仅有要约而无承诺能构成合同，不但不合常理，而且会导致商业上的诸多不便。所以许多判例不承认交叉要约成立合同。我国台湾地区民法学者从实质说的角度认为，从主观方面说，双方当事人皆有缔约的意思，从客观角度而言，内容又属于一致，故无理由阻止合同成立。

四、要约与要约邀请的区别

《合同法》第 15 条规定："要约邀请是希望他人向自己发出要约的意思表示。寄送的价目表、拍卖公告、招标公告、招股说明书、商业广告等为要约邀请。商业广告的内容符合要约规定的，视为要约。"要约和要约邀

请是《合同法》中以法律条文形式列出的两个性质完全不同的概念，两者在法学理论上有很多不同之处，但合同当事人在实际操作过程中，往往不易区分。要约和要约邀请虽然都是一方当事人的意思表示，但两者的目的、内容、效力、后果却大相径庭：

1. 两者的目的不同。要约是要约人以订立合同为目的，希望受要约人接受自己的意思表示，作出承诺而使合同成立，因而要约一般是向特定的相对人发出，在特殊场合下，受要约人也可以是不特定人。而要约邀请的意图是要唤起他人向自己发出要约，自己再对他人的要约作出承诺方才能成立合同，因而要约邀请通常向不特定的相对人发出。

2. 两者的内容不同。作为要约的意思表示必须具备两个条件：内容具体明确，含有足以使合同成立的主要条款，以供受要约人确认要约人的意思表示，并考虑是否作出承诺；要约人表明经受要约人承诺，自己即受该意思表示约束。而要约邀请一般比较抽象笼统，不含有合同所必须的主要条款，有的要约邀请虽然也可能做到内容具体明确，但缺少要约邀请发出者受自己意思表示约束的内容。

3. 两者的效力不同。要约人发出要约后，受要约人只要承诺，合同即告成立。因此，要约对要约人具有一定的法律约束力，是一种导致合同关系产生的法律行为。而要约邀请则不同，当事人向他人发出要约邀请后，如果他人愿意接受要约邀请，则必须按照当事人在该要约邀请中提出的要求，作出具体而明确的意思表示，这种意思表示才是要约邀请接受者向要约邀请发出者提出的正式要约，故要约邀请是一种不能必然导致合同关系产生的事实行为，而只能诱导他人向自己发出要约。要约邀请处于合同的准备阶段，没有法律约束力，

4. 两者的后果不同。要约发出后，要约人即负有与对方订立合同的义务，受要约人即取得承诺的权利。而要约邀请只是处于订立合同的准备阶段，其本身并不发生必须与对方订立合同的效力，即使对方完全同意，对发出者也无法律上的约束力。但要约邀请发出者如果违背诚实信用的原则，假借订立合同，恶意进行磋商；或者故意隐瞒与订立合同有关的主要事实；或者提供虚假情况，而给要约邀请接受者造成损失的，则应当依法承担损害赔偿责任。

五、要约的法律效力

要约一经生效，就产生了一定的法律效力，在要约人和要约相对人之间产生了一定的法律关系，其包括对要约人的效力和对相对人的效力两

方面：

（一）要约的生效时间

要约开始生效的时间。通常有两种观点：一是发信主义；二是到达主义。发信主义即要约人发出要约后，只要要约已处于要约人控制范围之外，要约即产生效力。到达主义又称受信主义，是指要约必须到达受要约人之时才能产生法律效力。现代各国学者大都认为采用到达主义。到达是指要约送达到受要约人所能够控制的地方。在要约到达受要约人之前，要约人有权宣告取消要约，称之为要约的撤回。任何一项要约都可以撤回。只要撤回的通知先于或同时与要约到达受要约人，就可以产生撤回的效力。

对于口头要约，由于要约人作出要约意思表示的同时，相对人完全了解要约的内容，无需送到的过程，因此，口头要约与要约作出同时生效。以非对话方式作出要约，应分两种情况，以书面形式作出要约，要约自到达受要约人时生效；以行为形式或其他形式作出要约的，要约为受要约人了解时生效。对于要约人采用数据电文形式订立合同的，收件人指定特定系统接收数据电文的，该数据电文进入该特定系统的时间，视为要约到达时间；未指定特定系统的，该数据电文进入收件人的任何系统的首次时间，视为要约到达时间。

（二）要约的期限

要约的有效期间，即要约可在多长时间内发生法律效力。应分两种情况：一是要约本身规定了承诺期限；二是要约本身未规定承诺期限。第一种情况，要约有效至期限届满；第二种情况要根据实际情况确定合理期限。合理期限一般包括三个方面的内容：①要约到达受要约人的时间；②作出承诺必要的时间；③承诺通知到达要约人所必需的时间。

（三）要约法律效力的原因

要约这一要约人的行为之所以具有法律效力，完全是由于法律上的规定。那么，法律为什么要赋予要约以法律效力呢？要约是一种单方行为，体现了要约人对自己权利义务的处分及对受要约人权利义务处分的建议。这一单方行为的目的是要使要约和承诺二个单方行为目的一致，形成为一个双方行为。因此，要约既是单方行为，又是指向对方的。赋予要约以法律效力正是这一系列行为得以完成的保障。要约人若可以随时撤回要约，则受要约人若相信要约内容就要产生相当的风险，如此不利于交易进行。

（四）要约的法律拘束力

通常认为，要约的效力包括要约对要约人的效力和要约对受要约人的效力，分别称之为要约形式拘束力和要约实质拘束力。所谓实质拘束力是指要约一经受要约人承认，合同即告成立的效力；所谓形式拘束力是指要约生效后，在要约存续期间内，要约人不得撤销或者变更要约的效力，实际上是受要约人是否取得了不可撤销的承诺权的问题。

在要约效力中，实质拘束力是要约的性质之当然，而形式拘束力并非要约必具之性质。实质拘束力的基础在于要约人的意思，要约行为本身含有对方可以表示对要约的同意，对方一表示同意，合同即成立的意思。对方可以同意而成立合同，体现为一种自由，一种选择的权利，该权利即为承诺权。要约人有期待受要约人作出承诺以成立合同的目的，如不授予受要约人以承诺权，则无法实现其要约的目的。

对于形式拘束力的基础何在，学者认为，相对人相信在要约期限内一经承诺即成立合同，固然可能拒绝他人之要约、不另向他人发出要约甚或因为要约而为一定的准备，此时要约人对要约的撤销、变更、扩张，会使相对人受损，为确保交易安全，而使要约有形式拘束力，而且形式拘束力的赋予，也与要约人的意思相符。笔者认为，其第一个理由实质上是在强调对相对人信赖利益的保护，而该利益是否应当受保护，还须看相对人的信赖是否合理。至于要约人是否有接受形式拘束力的意思，也并非必然。

要约的形式拘束力之有无，各国观点不同。罗马法不承认要约的拘束力。德国在制定民法典时对此争论甚烈，最后认为为保护相对人之信赖利益以及促进交易之便捷，要约宜具有拘束力。英美法中，要约对要约人没有拘束力，只要还没有承诺，那么要约人就可以随时撤销之。英美法中要约人可自由撤销要约的原则，在很多场合下容易导致受要约人遭受不当信赖利益的损失，对此法院设定了许多例外，认为要约为不可撤销，为受要约人提供救济。

我国《合同法》第18条规定："要约可以撤销。撤销要约的通知应当在受要约人发出承诺通知之前到达受要约人。"该条规定了要约无形式拘束力的原则，其撤销要约的通知应当在受要约人发出承诺通知之前到达受要约人的要求。基于受要约人发出承诺后的信赖是合理的、应当受到保护的这样一个判断，《合同法》第19条规定："有下列情形之一的，要约不得撤销：①要约人确定了承诺期限或者以其他形式明示要约不可撤销；

②受要约人有理由认为要约是不可撤销的，并已经为履行合同作了准备工作。"该条规定中，立法者是将要约人确定承诺期限视作要约人表示要约不可撤销的方式之一的，这从法条"或者以其他形式明示"的表述中可以看到。这样作为要约可撤销的一个例外，实质上是基于要约人的意思的，要约人愿受约束，约束即发生，这符合意思自治原则。该条设定的第二个例外，旨在保护要约人的合理信赖，何谓"有理由认为"，需根据个案加以判断，这是一个富有弹性的条款。该款规定与现代法加强对当事人信赖利益保护的趋势相吻合。上述可见，我国对要约形式拘束力的问题的态度可表述为：要约原则上无形式拘束力，但要约人可选择受拘束，此种选择可采取确定承诺期限的方式，或者其他明示的方式。此外，为保护受要约人合理信赖，在受要约人发出承诺后或者受要约人有理由认为要约不可撤销并为合同履行作了准备的情况下，要约不可撤销。我国的现行规则与国际立法统一。实际上，在要约中未确定承诺期限且受要约人未明确要约是不可撤销、受要约人未发出承诺、而且受要约人无正当理由认为要约不可撤销的情况下，要约人可自由地撤销要约。此外，要约中未确定承诺期限，承诺应在合理的期限内到达要约人，但要约人的要约撤销权不受此合理期限的约束。

六、要约的撤回和撤销

要约的撤回是指在要约发生法律效力之前，要约人使要约不发生效力的行为。要约可以撤回，但撤回要约的通知应当在要约到达受要约人之前或者同时到达受要约人，否则不得撤回。实际上，要约的撤回是对尚未生效的要约予以取消，与要约未发出的后果是一致的。明确要约人享有要约撤回权，有利于充分保护要约人的利益，同时又不影响相对人的利益。

要约的撤销是指要约在发生法律效力之后、受要约人承诺之前，要约人使要约的法律效力归于消灭的意思表示。要约能否撤销，大陆法系基本上持否定态度，法国民法典虽未对禁止撤销问题作出规定，但有关的立法和司法实践都明确规定了要约对要约人所产生的拘束力，如果要约人在要约生效后撤销要约，就要承担损害赔偿责任，法院甚至有可能因宣告撤销无效而确认合同成立。英美法系一般持肯定态度，认为"作为一项一般规则，要约人在其要约被承诺之前可以撤销其要约，从而终止受要约人的承诺权"。我国《合同法》规定，要约可以撤销，但撤销要约的通知应当在受要约人发出承诺通知之前到达受要约人。但有下列之一的不得撤销要约：①要约中确定了承诺期限或者以其他形式明示要约不可撤销；②受要约人有理由认为要约是不可撤销的，并且已经为履行合同作了准备工作。上述规定既有利于保障受要约人根据市场等要素的变化灵活从事交易活动，又有利于保障受要约人的利益不受损害，同时也维护了要约的约束力。

七、要约的失效

关于要约失效问题，关系到受要约人的承诺能力是否丧失、合同是否能成立的问题，因此，认定要约失效问题就显得尤为重要。要约失效是指要约丧失了法律拘束力。要约失效以后，受要约人也丧失了其承诺的能力，即使其向要约人表示了承诺，也不能导致合同的成立。根据我国《合同法》第20条的规定，以下几种情况导致要约失效：

1. 拒绝要约的通知到达要约人。拒绝要约是指受要约人没有接受要约的条件。拒绝要约具有多种形式，既可以明确表示拒绝接受要约，也可以是对要约的主要内容作出变更而构成反要约。我国《合同法》将实质性变更作为一种单独的事由，此处不包括在内。

2. 要约被依法撤销。有人认为，要约的撤回也是构成要约失效的事由，实际上被撤回的要约还是尚未生效的要约，不存在失效问题。

3. 要约期限已满。要约规定承诺期限的，受要约人在此期限内未予以承诺的，要约失效。

4. 受要约人对要约的内容作出实质性变更。要约的实质性变更，为新要约。所谓"实质性变更"主要包括以下内容：标的、数量、质量、价款或者报酬、履行期限、地点和方式、违约责任、解决争议的方法。

第三节　承诺

一、承诺的概念

承诺，又称接盘，是指受要约人同意要约的条件，从而与要约人缔结合同的意思表示。与要约一样，承诺也属于意思表示而非民事法律行为。《合同法》第21条规定，承诺是受要约人同意要约的意思表示。

二、承诺的构成要件

在交易实践中，当事人之间可能会进行多次的讨价还价，也许要约人会对自己的要约进行调整，由于承诺一旦生效，将导致合同的成立，因此，承诺必须符合一定的条件。

（一）承诺必须由受要约人作出

承诺人应为受要约人。一般而言，要约都是向特定受要约人发出的，承诺由该特定人作出。受要约人以外的任何人不具有承诺的资格，无权作出承诺。对于一些特殊的要约，如悬赏广告，受要约人为不特定人时，承诺由不特定人中任何人作出。受要约人的承诺行为，可以由其本人或其授权的代理人作出。

（二）承诺必须向要约人作出

承诺是对要约内容的同意，承诺只有向要约人作出，才能成立合同。如果承诺向要约人以外的其他人作出，就改变了该意思表示的法律意义，就不是承诺。其法律性质只能是向其他人发出的新要约，不能产生承诺的效力。

（三）承诺的内容应当和要约的内容一致

我国传统的合同法理论中，将要约与承诺内容的"一致"理解为"完全一致"，认为承诺和要约的结合，二者的内容只有完全一致才能使合同成立。即认为承诺是对要约的同意，其同意内容须与要约完全一致。在承诺中的任何添加、限制或更改的条件，都会导致拒绝要约的后果。而我国现行合同法理论与立法则将要约与承诺内容的"一致"理解为"基本一致"，即只要承诺未对要约内容作出实质性变更，就是与要约内容一致。

关于承诺与要约的内容一致性问题，在英美法当中，也认为"承诺人对要约人之同意，必须系无保留的对所有条件之同意。任何对要约内容条件作出增加或减少、限制或修改，均应视为对要约之拒绝而为反要约，只要要约人不同意，双方间之契约即不能有效成立"。[1] 英美法称这种一致为"镜像原则"，即要求承诺如同照镜子一般找出要约的内容，合同才能成立，否则要约充其量只能算作是一项反要约。

实践中，要求承诺与要约内容完全一致是不切实际的。只要承诺对要约没有作出实质性内容的改变，合同即告成立，这样做有利于鼓励交易，提高交易效率，促进经济发展。因此，《联合国国际货物销售合同公约》一方面规定承诺的内容必须与要约一致，另一方面承认附加条件的承诺符合下列条件者也构成有效承诺：一是承诺的附加条件没有在实质上改变要

---

〔1〕　杨桢：《英美契约法论》，北京大学出版社 1997 年版，第 70 页。

约的条件；二是要约人在不过分迟延的时间内没有表示反对承诺的附加条件。

我国《合同法》基本采纳上述主张，第30、31条的规定，包含三个层次：①原则性规定，即规定承诺的内容应当和要约的内容一致；②允许承诺对要约的内容作出非实质性变更，除要约人及时表示反对或者要约表明承诺不得对要约内容作出任何变更的以外，该承诺有效，合同的内容以承诺的内容为准；③承诺对要约的内容作出实质性变更的，为新要约。承诺的性质改变，合同不能成立。关于实质性变更与非实质性变更的区别，《合同法》进行了具体规定，即有关合同标的、数量、质量、价款或者报酬、履行期限、履行地点和方式、违约责任和解决争议方法的变更，是对要约内容的实质性变更，其他都是非实质性变更。非实质性变更，通常包括以下情况：①承诺人在要约的实质内容的基础上增加了一些说明性条款；②承诺人在承诺中增加了一些建议、希望性的条款，这些条款对于要约人来说，是否接受与原合同无关；③承诺人在承诺中增加了一些法律本来就规定的义务；④承诺人在要约的授权范围内，对要约的实质性内容作出变更。[1]

（四）承诺必须在要约的有效期限内作出

要约发生法律效力的时间也就是承诺期限。《合同法》将承诺的作出分为两种情况：第一种情况，要约人在要约中确定承诺期限的，承诺应当在要约确定的期限内到达要约人。第二种情况，要约没有确定承诺期限的，承诺应当按下列规则到达：①要约以对话方式作出的，应当即时作出承诺，但当事人另有约定的除外；②要约以非对话方式作出的，承诺应当在合理期限内到达要约人。合理期限一般包括三个要素：①要约到达受要约人的时间；②受要约人考虑是否作出承诺必要的时间；③承诺通知到达要约人所必需的时间。该期限应当根据交易的性质、习惯及要约所采用的传递方式予以确定。

根据《合同法》第24条规定，承诺期限的起始点根据以下规则予以确定：①要约以信件或者电报作出的，承诺期限自信件载明的日期或者电报交发之日开始计算；②信件未载明日期的，自投寄该信件的邮戳日期开始计算；③要约以电话、传真等快速通讯方式作出的，承诺期限自要约到达受要约人时开始计算。

---

〔1〕 姜振颖、贾小刚、王亦平：《合同法》，人民法院出版社2000年版，第78页。

受要约人超过承诺期限发出承诺的，除要约人及时通知受要约人该承诺有效的以外，为新要约。

三、承诺的形式

承诺的方式，是指承诺人采用何种方式将承诺通知送达要约人。英美法系讲承诺分为指定方式的承诺与未指定方式的承诺，如果要约中严格规定承诺须依照一定方式为承诺，否则不产生效力，那么，承诺的方式为承诺的构成要件，承诺人必须依此方式为承诺。《联合国国际货物销售合同公约》第18条第1款和第3款规定，根据要约的规定以及当事人之间确立的习惯做法或惯例，受约人可以作出某种行为（如发货或支付价款）表示同意而无须向要约人发出通知，该行为又是在规定的期间内或合理的期间内作出的，那么该行为视为承诺并于该行为作出时生效。

我国《合同法》第22条规定："承诺应当以通知的方式作出，但根据交易习惯或者要约表明可以通过行为作出承诺的除外。"由此可见，承诺的通知方式，可以根据要约的要求采用口头或书面的形式或其他合理方式。有时候，受要约人还可以通过实施一定的行为或者默示表示承诺，当然采用这种特殊的形式必须有交易习惯或者要约表明为前提。我国《合同法》允许以行为方式承诺，但这里的行为仅指积极行为，排除了以缄默方式承诺，即缄默或不作为不构成承诺。

四、承诺的效力

承诺的效力，是指承诺所产生的法律后果，依我国《合同法》规定，承诺到达时生效，承诺生效标志着合同成立，因而承诺生效的时间和承诺生效的内容，是十分重要的法律问题。

（一）承诺生效的时间

承诺生效的时间，是指承诺在什么时候产生法律约束力。对于承诺何时生效，两大法系存在着截然不同的规定。从世界各国的合同法理论与实践全面观察，有三种不同的立法主义：①发信主义。承诺以发出时生效的，在美国又称为"邮筒规则"。在英美法系，对于承诺的意思以邮件、电报表示者，除非要约人和承诺人另有约定，一般承诺人将信件投入邮筒或电报交付电信局即生效力。②到信主义，也称到达主义。在大陆法系，承诺的意思表示于到达要约人支配的范围内时生效。如《德国民法典》规定，在相对人以非对话方式向其为意思表示时，意思表示以通知到达相对人时发生效力。《联合国国际货物销售合同公约》第18条第2款规定：接受发价于表示同意的通知到达发价人时生效。这与大陆法规定相一致。

③了解主义。即承诺的意思表示到达后，须要约人了解后，才能生效。如《意大利民法典》规定，承诺须于要约人了解其内容时，才生效力，法律推定承诺到达时，即已知悉其内容，所以要约人欲主张合同不成立时，将必先证明其未能知悉且并无过失。[1]

比较而言，发信主义与到达主义各有利弊。发信主义合同成立的时间较早，有利于促进交易迅速达成，侧重于强调交易的效率。但发信主义对要约人的要求过高，不利于维护要约人的利益。到达主义兼顾了要约人和受要约人的双方利益，侧重于强调交易的安全。

我国《合同法》采用的也是到达主义，第26条规定，承诺以通知方式的，通知到达要约人时生效。承诺不需要通知的，以某种行为作出的，根据交易习惯或者要约的要求作出承诺的行为时生效。对于承诺采用数据电文形式订立合同的，承诺到达的时间适用《合同法》第16条第2款的规定。

（二）承诺生效的内容

承诺生效的内容，直接表现就是合同的成立。《合同法》第25条规定，承诺生效时合同成立。当合同成立时，作为合同的当事人就受合同的约束，在享有合同权利的同时，还承担履行合同义务的法律责任。任何一方不可以随意地解除合同或不履行合同，否则要承担相应的法律后果。

五、承诺的撤回

承诺的撤回，是指承诺人阻止已发出承诺发生法律效力的意思表示。承诺人发出承诺后，可能由于市场的变化、履约能力的变化等原因，希望修改或者废止承诺。从充分实现承诺人的愿望及保护承诺人的利益的角度，法律提供了补救机制——承诺的撤回。

与要约的撤回一样，承诺的撤回也是有条件的。《合同法》第27条规定："承诺可以撤回。撤回承诺的通知应当在承诺通知到达要约人之前或者与承诺通知同时到达要约人。"因此，承诺能被撤回，仅限于通知方式，对以行为方式承诺的，承诺人一经作出相应的行为，承诺即生效，合同成立，不存在承诺撤回的可能性。对于以对话形式作出承诺的，作出承诺的时间与到达要约人的时间是同时完成的，承诺即刻生效。承诺人也无法撤回承诺。对于书面承诺的，承诺人可以撤回承诺，条件是必须以通知的方式作出，同时承诺通知到达要约人之前或者与承诺通知同时到达要约人，

---

〔1〕 柴振国、何秉群等：《合同法研究》，警官教育出版社1999年版，第71页。

否则不产生承诺撤回的效力。

六、承诺迟延

承诺超过约定期限的，视为无效承诺，不导致合同成立。承诺还有迟延的承诺、迟到的承诺之分。迟到的承诺，又称为一般迟延的承诺，是指受要约人超过承诺期限而发出的承诺。迟到的承诺和迟延的承诺存在本质区别，迟到的承诺，对于要约人来说不是一项承诺，而是一项新的要约，不具有承诺的效力。当然，如果要约人对迟到的承诺予以认可，可以承认迟到的承诺的效力。

承诺迟延即迟延的承诺，又称为意外迟延的承诺，是指受要约人在有效期限内发出承诺，按照通常情况下可以适时到达，却因为某些意外故障而超过承诺期限到达要约人的承诺。这里的迟延是由于诸如自然灾害、邮局工作人员的工作过失等传达故障引起的，这种传达故障必须是与要约人和受要约人没有任何关系的外界因素。对此，我国《合同法》第29条规定："受要约人在承诺期限内发出承诺，按照通常情形能够及时到达要约人，但因其他原因承诺到达要约人时超过承诺期限的，除要约人及时通知受要约人因承诺超过期限不接受该承诺的以外，该承诺有效。"所以，按照诚实信用原则，要约人负有及时通知受要约人承诺迟延而不接受该承诺的义务，要约人若怠于履行此义务，承诺视为有效，合同仍告成立。

第四节 合同的成立

一、合同成立概述

合同成立是指因合同当事人的意思表示一致而达成协议的状态。合同的成立表明当事人对合同的内容达成一致，当事人之间的权利义务关系已经明确。合同成立具有重要意义，它旨在解决合同是否存在的问题，是确定合同生效的前提，是合同履行的前提条件。

（一）合同成立的条件

合同的成立必须具备以下几个条件：

1. 必须有两个或两个以上的当事人。合同反映两个或两个以上当事人的意志，没有具体的当事人或者仅有一方当事人，都无法成立合同。至于当事人是否具有权利能力和行为能力，是否有订立合同资格在所不问，属于合同效力问题，影响合同是否生效。

2. 必须由当事人各方意思表示一致。当事人达成合意是合同成立的基础。大陆法认为当事人达成意思一致是合同成立的基础，而英美传统普通法并不刻意探求当事人的真实意图，认为合同的成立并不基于双方的合意，而在于一方的允诺。一方的允诺经当事人另一方对价支持，合同即告成立。我国法律体系更靠近大陆法系，因此强调合同成立的基础是当事人意思表示一致。

3. 必须由当事人就合同主要条款达成合意。这是合同内容方面的要求，主要条款是设立合同必不可少的内容，缺少这些内容，就无法确定合同当事人的主要权利义务，就无法成立合同。当事人对合同主要条款协商一致是合同成立的主要标志。

（二）合同成立与合同订立的关系

合同的订立，是指两个或两个以上的当事人进行协商并达成一致，旨在设立相互之间的民事权利义务关系的民事行为。有学者认为，合同的订立是动态行为与静态协议的统一体。动态行为包括缔约各方的接触和洽谈，该阶段由要约邀请、要约、反要约等项法律规范约束，同时在该阶段产生先合同义务及缔约过失责任。静态协议是指经动态协商而达成一致意见，即当事人就合同的主要条款达成一致，形成一个缔约方均认可的合同。该阶段由承诺、合同成立的要件及合同条款等法律规范约束。而合同成立则是在经过订立阶段之后，合同已存在的一种状态，二者有联系，亦有区别。

（三）合同成立与合同生效的关系

合同成立制度与合同效力制度是各自独立又相互联系的两个概念，它们各自有独特、内在的规定性。合同成立是指合同订立过程的结束。合同的生效是指已经成立的合同具有法律约束力。一方面，二者之间存在密切的联系，因为当事人订立合同旨在实现合同所能产生的权利和利益，这就要求合同应当对当事人具有约束力，以满足当事人的利益需求。特别是对那些依法成立且符合法定生效条件的合同而言，一旦成立就已产生法律效力。二者之间的这种密切的联系，常使人认为合同成立即为合同生效。《合同法》第44条规定："依法成立的合同，自成立时生效。"另一方面，二者又是不同的。合同的成立是合同订立的完结，而合同生效旨在说明业已形成的合同是否具有法律约束力问题，二者的具体区别将在下章阐述。

在某些情况下，合同成立和合同生效在时间上可能存在不一致，根据

《合同法》第 44 条规定"法律、行政法规规定应当办理批准、登记等手续生效的，依照其规定"。《合同法》第 45、46 条规定"当事人对合同的效力可以约定附条件。附生效条件的合同，自条件成就时生效。附解除条件的合同，自条件成就时失效"；"当事人对合同的效力可以约定附期限。附生效期限的合同，自期限届至时生效。附终止期限的合同，自期限届满时失效"。

二、合同成立的时间和地点

（一）合同成立的时间

合同成立的时间，是指当事人就合同条款达成一致意见所成就的时间。通常，在承诺生效时合同即告成立。但是，由于合同形式的多样性，具体约定不同，在有些特殊情况下，承诺生效后，合同也不成立。对于要式合同与非要式合同，书面合同与口头合同，在合同成立的时间上具有不同的特点。

如果当事人采用合同书形式订立合同的，根据《合同法》第 32 条规定，"自双方当事人签字或者盖章时合同成立"。如果当事人约定签订确认书的，第 33 条规定："当事人采用信件、数据电文等形式订立合同的，可以在合同成立之前要求签订确认书。签订确认书时合同成立。"同时《合同法》第 36 条和 37 条规定："法律、行政法规规定或者当事人约定采用书面形式订立合同，当事人未采用书面形式但一方已经履行主要义务，对方接受的，该合同成立。""采用合同书形式订立合同，在签字或者盖章之前，当事人一方已经履行主要义务，对方接受的，该合同成立。"这两条条款充分尊重了当事人双方的一致的意思表示，不去干涉、否定合同的成立，体现了合同自由原则。将合同形式由生效主义转变为证据主义，扩大了有效合同的范围，起到了鼓励交易的作用。

（二）合同成立的地点

合同成立的地点，是指完成合同订立过程的地点。合同成立的地点也是一个非常重要的问题。当合同发生争议，而当事人又未就解决争议的法律适用及裁判机构达成一致时，合同成立的地点往往可能成为选择法律适用及裁判机构的最密切联系地。根据国际私法的最密切联系原则，合同成立地点的法院有可能成为受理争议的裁判机构，而合同成立地的法律也可能被法院选定为准据法。众所周知，准据法的选择对于合同争议的解决往往是决定性的，它直接影响到当事人的利益，因此合同成立地是一个不容忽视的问题。

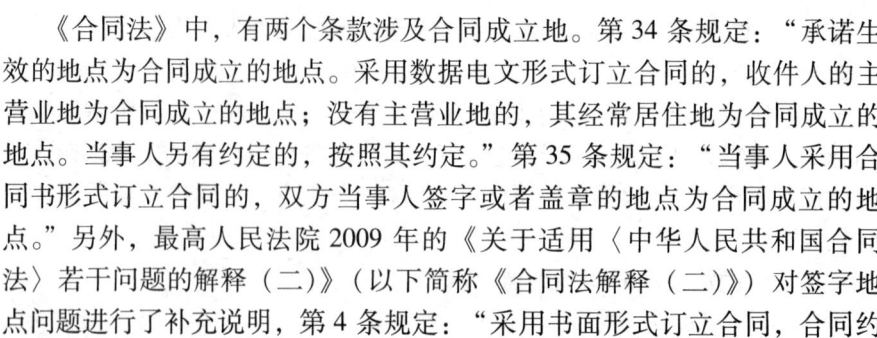

《合同法》中，有两个条款涉及合同成立地。第34条规定："承诺生效的地点为合同成立的地点。采用数据电文形式订立合同的，收件人的主营业地为合同成立的地点；没有主营业地的，其经常居住地为合同成立的地点。当事人另有约定的，按照其约定。"第35条规定："当事人采用合同书形式订立合同的，双方当事人签字或者盖章的地点为合同成立的地点。"另外，最高人民法院2009年的《关于适用〈中华人民共和国合同法〉若干问题的解释（二）》（以下简称《合同法解释（二）》）对签字地点问题进行了补充说明，第4条规定："采用书面形式订立合同，合同约定的签订地与实际签字或者盖章地点不符的，人民法院应当认定约定的签订地为合同签订地；合同没有约定签订地，双方当事人签字或者盖章不在同一地点的，人民法院应当认定最后签字或者盖章的地点为合同签订地。"

三、成立合同的特殊方式

（一）竞争缔约

竞争缔约是指在合同的订立过程中引入竞争机制，以使合同订立得更公平、更有效。拍卖和招标投标是比较典型得两种竞争缔约形式。

1. 拍卖。拍卖是买卖的一种特殊程序，指以公开竞价的方式，将特定物品或者财产权利转让给竞价者的买卖方式。拍卖也体现了以要约、承诺方式订立合同的过程。拍卖当事人包括拍卖人、委托人、竞买人和买受人。拍卖人是委托人与竞买人的中介人，是依照《拍卖法》和《公司法》设立的从事拍卖活动的企业法人。委托人是指委托拍卖人拍卖物品或者财产权利的公民、法人或者其他组织。竞买人是指参加竞购拍卖标的物的公民、法人或者其他组织。买受人是指以最高应价购得拍卖标的的竞买人。

按照我国《拍卖法》的规定，拍卖的程序是：①委托人与拍卖人签订委托拍卖合同。②拍卖人于拍卖日7日前发布拍卖公告，并在拍卖前展示拍卖标的，提供查看拍卖标的的条件及有关资料。拍卖标的的展示时间不得少于2日。我国《合同法》将这个过程称之为要约邀请。③竞买。竞买是以应价的方式向拍卖人作出应买的意思表示。我国学者一致认为其为要约。④拍定。它是拍卖人在竞买人的众多应价中选择最高者予以接受的意思表示。我国学者一般认为这种行为在性质上属于承诺。拍卖成交后，买受人和拍卖人当签署成交确认书。

2. 招标投标。招标投标，是由招标人向数个相对人或不特定的人发出招标邀请，并在诸投标者中选择最优者与其订立合同的行为。其分为招标、投标、定标三个阶段。

招标阶段。招标是订立合同的一方当事人采取招标通知或招标公告的形式，向不特定主体发出的，以吸引或邀请相对方发出要约为目的意思表示。关于招标的性质，我国《合同法》将招标公告列为要约邀请。无论是向特定的数人发出招标通知，还是向公众发出招标公告，都应是公开透明的。

投标阶段。投标是投标人按照招标人提出的要求，在规定的期间内向招标人发出的以订立合同为目的，包括合同全部条款的意思表示。拟投标人必须在招标通知或招标公告规定的期限内，到指定的地点索取招标文件，作好招标准备工作。投标书制好并密封后投入标箱。投标的法律性质为要约。

定标阶段。定标指招标人从众多投标中选定中标人。定标的程序一般包括开标、验标、评标和定标。招标人在投标人会议上，公开标书内容，然后对投标是否符合要求进行检验。对检验合格的标书进行评审，最后选定中标人。定标的性质属于承诺。中标人在接到中标通知书后，在指定期间与地点同招标人签订合同。

（二）强制缔约

强制缔约是合同订立的一种特殊方式，指个人或企业负有应对方请求与其订立合同的义务。强制缔约仍采用要约和承诺的程序，只是一方当事人负有必须承诺的义务。强制缔约一般涉及到公共事业单位，如邮政、电信、电业、煤气、天然气、自来水、铁路、公共汽车等单位，没有正当理由，不得拒绝用户缔约请求。关于缔约的内容，有国家标准的按该标准签订，《合同法》有特殊规定的，适用特殊规定。我国《合同法》第十章，对供用电、水、气、热力合同，作了专门规定。

强制缔约主要表现为以下几种情况：

第一，相对的强制缔约，是指取消了当事人不订立合同的自由，但保留了当事人选择合同相对方当事人的自由；或者相反，保留了当事人的不订立合同的自由，但不允许当事人对相对方当事人进行选择。前者例如，法律强制某些特殊人群实施责任保险，这些当事人可以在一定期限内，选择保险合同的相对方（即保险人）。后者如，承租人对出租人房屋享有优先购买权，出租人如果决定将其房屋出卖，在同等条件下，其必须将房屋出售给愿意购买该房屋的承租人。

第二，绝对的强制缔约，是指当事人不订立合同的自由与选择相对方当事人的自由的双重消灭，即当事人不仅必须订立合同，而且只能与特定当事人订立。例如，在紧急情况下，医生不得拒绝为病人治疗，出租车司机非有正当理由，不得拒载。

绝对强制缔约主要有以下几种原因引起：①由立法和司法解释所确定的原则引起；②由法律规定引起；③由于当事人违反法律规定而受到的法律制裁所引起。绝对强制缔约的规定，是对当事人意思自由的限制，如果当事人违反法律规定不订立合同或不与特定人订立合同，将会受到法律的严厉制裁。

第五节　合同的形式与内容

一、合同的形式

（一）合同形式的概念

合同的形式，又称合同方式，是当事人意思表示一致的外部表现形式，是合同内容的载体。合同的不同形式对当事人双方具有重要意义，它既反映了当事人双方合意的合同内容，又证明合同的客观存在合同内容才能为外界所知晓。

（二）合同形式的种类

合同形式与社会经济的发展有着密切的关系。在不同的历史时期、不同的法系、不同的国家的法律中，合同形式的确认、运用有着不尽相同的历史发展轨迹。合同形式的演变大体上由繁到简，由重形式到重意思。现代合同法则更强调兼顾交易安全与交易便捷两项价值，一般将选择合同形式的权利交与合同当事人，采取何种合同形式，由当事人自己决定；同时从交易安全和证据学的角度考虑，为避免发生合同纠纷时举证困难、断案困难，又制定了某些合同形式的强制规则，当事人必须遵守，否则合同不成立或无效。

我国《民法通则》第56条规定："民事法律行为可以采取书面形式、口头形式或者其他形式。法律规定用特定形式的，应当依照法律规定。"可见，我国法律关于合同形式是兼采要式和不要式的原则。

对于合同形式的规定，我国原来三部合同法都强调采用书面形式。要求合同一律采用书面形式，否则合同不成立或者无效的立法理念，显然不适应现代市场经济条件下经济活动频繁、趋向简易快捷的要求，不利于鼓励交易，在实践中也难以行得通。因此，《合同法》本着既强调交易便捷，又保障交易安全，借鉴国际上通行的做法，对合同形式采取更加宽容的态度。《合同法》第10条规定："当事人订立合同，有书面形式、口头形式和其他形式。法律、行政法规规定采用书面形式的，应当采用书面形式。当事人约定采用书面形式的，应当采用书面形式。"第36条规定："法律、行政法规规定或者当事人约定采用书面形式订立合同，当事人未采用书面形式但一方已经履行主要义务，对方接受的，该合同成立。"第37条规定："采用合同书形式订立合同，在签字或者盖章之前，当事人一方已经履行主要义务，对方接受的，该合同成立。"从上述规定，我们可以看出《合同法》关于合同形式有三重原则：①一般规则。即当事人对合同形式可以自由选择，或采用口头形式，或采用书面形式，也可采用其他形式。一般规则充分体现了合同自由的理念和交易便捷的要求。②特别规则。即法律、法规规定或当事人约定合同采用书面形式，应当采用书面形式。否则合同不成立。特别规定是考虑到不同种类的合同需要不同的形式，旨在维护交易的安全。③例外规则。即书面形式不完备的合同不一定就不成立，只要符合法定例外条件，法律赋予合同的效力。例外规则旨在维护交易和保护当事人的利益。这些立法符合我国经济的快速发展，创造了一个稳定健康的合同环境，有利于保护当事人的合法利益。

根据合同当事人对合同外在表现方式的不同，合同形式可以分为书面形式、口头形式和其他形式。

1. 口头形式。口头形式的合同，是指当事人双方用语言就合同内容协商一致达成的口头协议。

口头合同可以促使交易简便迅速，且缔约成本低，便利生活等等。但它同时存在发生合同争议时不易取证，不易确定当事人之间的权利义务，不易分清是非和责任的弱点。

我国《合同法》虽未明文对口头形式加以限制，允许当事人自由选择合同形式，但通过制定书面强制规则，实际上对口头形式进行了一定程度的限制。在订约实践中，鉴于口头形式的特点，一般来说，对于标的数额不大的、订立与履行同时完成的即时清结的合同，多采用口头形式；而对于标的数额较大的合同，宜采用书面形式，以保护交易安全。

采用口头形式的合同，并不意味着不能产生任何文字凭证。例如，买方可以向卖方索要购物发票或凭证。这类文字材料虽然在性质上不能作为合同成立的形式要件，不影响口头形式合同的成立，但它可以作为一种证明材料，证明买卖双方的口头形式的合同成立，证明当事人之间存在着一定的债权债务关系。

2. 书面形式。书面形式的合同，是指当事人以书面文字形式就合同内容达成合意的合同。

书面形式的合同能够确定合同当事人的权利义务，发生争议时，书面合同具有证据的作用，便于分清是非和责任，有利于保证交易安全。但是由于订立书面合同较为繁琐，会影响交易的便捷。

《合同法》第 11 条规定："书面形式是指合同书、信件和数据电文（包括电报、电传、传真、电子数据交换和电子邮件）等可以有形地表现所载内容的形式。"与我国原来的三部合同法相比，书面形式增加了电子数据交换和电子邮件。数据电文形式的合同的特点是，通过电讯信号表示，没有书面原件，故有人称为电子合同、无纸合同。数据电文的最大优点在于迅捷，国际商务已普遍采用。随着电讯业特别是计算机技术的运用和发展，采用数据电文形式订立合同，在我国商业领域已成为平常事情了。

某些书面形式的合同往往有主体和附件之分。主体是指载明合同主要条款和一般条款的合同书或者信件、电报、电传等。附件是指说明合同主要条款的图表或者文字，如与履行合同有关的可行性论证报告、操作规范以及有关图表、表格、照片等，附件也是合同的重要组成部分。

当事人采用合同书形式订立合同的，自当事人双方签字或盖章时合同成立。当事人是法人或是其他组织的，应在合同上加盖单位公章或者合同专用章，并由法人的法定代表人、其他组织的负责人或者他们授权的其他人签字；当事人是自然人的，应当由其本人或者其代理人在合同上签名。2009 年最高院的司法解释第 5 条规定："当事人采用合同书形式订立合同的，应当签字或者盖章。当事人在合同书上摁手印的，人民法院应当认定其具有与签字或者盖章同等的法律效力。"

我国法律、行政法规对有些合同明确规定应当采用书面形式，如建设工程合同、借款合同（公民之间借款另有约定的除外）、6 个月以上租赁合同等。对于法律、行政法规规定和当事人约定采用书面形式的，当事人必须以书面形式订立合同。

关于合同的公证、鉴定、登记、批准是属于合同的书面形式范畴，还是属于合同的生效要件，《合同法》以前的法律态度不一：有时视其为书面形式，规定为成立要件，有时规定为生效要件。《合同法》将其纳入了合同效力范畴，第44条规定："法律、行政法规规定应当办理批准、登记等手续生效的，依照其规定。"合同形式一般由当事人选择，公证、鉴定、登记、批准皆为当事人各方合意以外的因素，不应属于成立要件的范畴，而应属于效力评价的范畴。

3. 其他形式。其他形式，是指当事人并非或者不完全以书面文字表述或者以语言对话方式为意思表示，而是通过其他方式确定相互之间权利义务关系的协议。《合同法解释（二）》第2条规定："当事人未以书面形式或者口头形式订立合同，但从双方从事的民事行为能够推定双方有订立合同意愿的，人民法院可以认定是以《合同法》第10条第1款中的'其他形式'订立的合同。但法律另有规定的除外。"

其他形式主要是指默示形式。默示形式，亦称推定形式、行为形式，是指当事人以行为表示意思而成立合同。法律上的行为包括作为和不作为两种方式。《最高人民法院关于贯彻执行〈中华人民共和国民法通则〉若干问题的意见（试行）》第66条规定："一方当事人向对方当事人提出民事权利的要求，对方未用语言或者文字明确表示意见，但其行为表明已接受的，可以认定为默示。不作为的默示只有在法律有规定或者当事人双方有约定的情况下，才可以视为意思表示。"默示合同是明示合同的对应概念。明示合同是以语言、文字为意思表示的合同，包括口头合同和书面合同，默示合同与明示合同都是当事人双方合意的产物，在合同的约束力方面并无不同，不同的只是达成合意的方式不同。

默示合同与合同的默示条款有所区别。默示条款依存于明示合同，是对明示合同条款的补充，是在明示条款的基础上，基于当事人的行为、交易习惯或法律规定推定其存在和应有的内容。默示合同则是独立存在的，是与明示合同并行的合同形式。

二、合同的一般条款

合同条款，即合同的内容，是对合同当事人权利义务的具体规定。合同条款的重要意义在于确定当事人各方权利义务的质和量。

（一）合同条款的的类型

我国的传统民法理论以及《经济合同法》将合同条款区分为主要条款和普通条款。

合同的主要条款，是指合同必须具备的条款，缺少主要条款则导致合同的不成立。如原《经济合同法》第12条规定："经济合同应具备以下主要条款：标的（指货物、劳务、工程项目等）；数量和质量；价款或者酬金；履行的期限、地点和方式；违约责任。根据法律规定的或按经济合同性质必须具备的条款，以及当事人一方要求必须规定的条款，也是经济合同的主要条款。"合同主要条款可分为三类：①法律直接规定的条款，如《经济合同法》第12条规定的条款；②根据合同的性质必须具备的条款；③当事人约定的条款。

普通条款是指合同的主要条款以外的条款，分为两类：一种是当事人并未写入合同中，甚至从未协商过，但基于当事人的行为，或基于合同的明示条款，或基于法律的规定，理应存在的合同条款，这在英美法系称为默示条款；另一类为后协商条款或者根据具体情况确定的条款。

默示条款是源自英美法系的称谓。依据产生的原因，默示条款可以分为行为默示条款、交易习惯默示条款、法定默示条款。

行为默示条款，是指双方当事人的行为所表达的意思一致，构成合意而形成默示条款。例如，双方未约定交易方式，一方履行合同，另一方接受履行，那么双方当事人以自己的行为对交易方式达成合意，构成默示条款。

交易习惯默示条款，是指在某个地区或行业通行的交易惯例被推定为默示条款。当然这种交易惯例必须是公认的，固定的并且是合理的。当合同的明示条款与交易习惯相冲突时，明示条款优于交易习惯。

法定默示条款，是指根据法律直接规定而形成的合同默示条款。这种默示条款的效力直接来自于法律的直接规定。

我国《合同法》对上述三种默示条款均予以肯定态度。第36、37条的规定是对行为默示条款的认可；第62条第1款第1、2项确认了交易习惯默示条款；第62条第1款第3项则属于法定默示条款。

1999年出台的《合同法》并没有按照这种分类方法对合同的条款进行划分，而只是要求合同具备一般条款即告成立。《合同法》第12条规定："合同的内容由当事人约定，一般包括以下条款：①当事人的名称或者姓名和住所；②标的；③数量；④质量；⑤价款或者报酬；⑥履行期限、地点和方式；⑦违约责任；⑧解决争议的方法。"这种列举方式能有效的防止合同因为缺少个别条款，而造成合同无效的机率，促进交易的成功率。

由于经济交易的多样性，当事人缺乏经验，订立的合同易发生纠纷。我国《合同法》提倡当事人采用合同范本订立合同，该法第12条规定"当事人可以参照各类合同的示范文本订立合同"。采用示范文本订立合同，能促进当事人更好地规范自己的权利义务，发生较少合同纠纷。但是，我们在理解该条款时，必须明确这里的"示范文本"不是某单位自己制定的格式条款，而是一定的部门主持，在公平、公正、公开基础上，按照一定程序形成的。同时示范文本仅供当事人参考，没有任何约束力。

（二）合同一般条款的内容

根据《合同法》第12条规定，合同的一般条款包括：

1. 当事人的名称或者姓名和住所。名称是指法人或者其他非法人组织在登记机关登记的正式称谓；姓名系自然人在身份证或户口簿上所载明的正式称谓。明确当事人的名称或者姓名，这是确定合同主体，从而确定合同权利的享有者、合同义务的承担者的需要。

住所是一个法律术语，根据《民事诉讼法》规定，对于自然人，通常以户籍所在地为其住所，若其经常居住地与住所不一致的，经常居住地视为住所；而法人或其他非法人组织的住所地是指其主要营业地或者主要办事机构所在地。明确当事人的住所，有利于确定各类文书的送达地，确定债务的履行地以及发生合同纠纷时的法院诉讼管辖地等。

2. 标的。标的，是合同法律关系的客体，是合同双方当事人权利和义务指向的对象。合同没有标的，权利和义务就无所指向，所以标的是合同得以成立的必须具备的条款。从合同法理论来看，合同订立的客体是债务人应为的行为。关于合同的标的，本书在上面订立合同的客体已经详细叙述，这里就不再赘述了。

由于标的是其他合同条款的基础和前提，所以标的必须明确、具体。当事人应使用有效的手段、方法使合同标的得以确定。以标的物为例，对标的物的品种、规格、花色、型号、商标，必要的时候连生产地、生产商、生产日期等都要有具体规定。

3. 数量。数量，是指标的的计量，是由数字和计量单位组成。没有数量的约定，当事人的权利和义务大小就不能确定，合同无法履行，也失去了计算价金的主要依据。因此，合同必须有数量条款，否则合同不能成立。

合同标的的种类不同，确定数量的方法也不尽相同。当事人在确定数量时，计量单位应采用法定计量单位，不宜使用英制、市制等计量单位，尤其应避免使用不属于任何计量单位的概念，使数量条款做到合法、准确、具体。同时对某些易损耗的货物，宜规定合理的溢短装条款，即规定合理的磅差和在途自然减（增）量及计算方法。

4. 质量。质量，是指标的物的内在素质和外观形态的综合。通常认为，质量一般包括五个方面：①标的的物理和化学成分；②标的的规格；③标的的性能；④标的的款式；⑤标的的感觉要素。[1]

当事人在订立合同时，应当明确合同标的的质量标准或者质量要求。对于当事人协商确定质量要求不明确的，可以按照国家标准、行业标准履行；没有国家标准、行业标准的，按照通常标准或者符合合同目的的特定标准履行。当事人订立的质量条款，必须符合国家法律、行政法规规定和标准化要求，同时规定要明确、具体、确定。在不违背国家有关规定的前提下，应当约定质量的验收、检疫方法。实行抽样检验质量的，应注明抽样标准或抽样方法和比例，必要时也可以在合同中约定质量检验部门。此外，当事人应在合同中约定提出质量异议的条件和时间。在买卖合同中，出卖人应按照约定的质量要求交付标的物。但如果出卖人提供有关的物质量说明的，交付的标的物应当符合该说明的质量要求。

5. 价款或者报酬。价款和报酬统称为价金，是指当事人取得合同标的所付出的货币代价。价金作为合同标的的货币表现形式，在标的是物的合同中被称为价款，在标的是行为的合同中被称为报酬。价款，取得标的物的一方当事人向对方支付的代价。价款在以不同财物为标的的合同中有不同的具体称谓，如货款、租金等。报酬是获得服务的一方当事人向对方支付的代价。报酬在提供劳务或完成一定工作的不同合同中也有具体的不同称谓，如运费、保管费、加工费等。

价金一般由当事人在订立合同时自由约定，但如果与国民经济发展和人民生活关系重大的少数商品价格、资源稀缺的少数商品价格、自然垄断经营的商品价格、重要的公用事业价格等，必须执行政府定价或政府指导价。

为了避免或减少纠纷，除了约定合同标的的价金外，有关费用及其计算、负担的条款亦应予以明确。为了顺利实现价格的支付，还应约定有关结算条款，如结算方式、开会银行、帐户名称、帐号、结算单位等。

6. 履行期限、地点和方式。履行期限，是指合同中享有权利的一方当事人要求对方履行义务的请求权发生的时间界限。履行期限，涉及当事人的期限利益，是判断合同是否已经得到履行、合同是否逾期履行的客观标准。约定履行期限对当事人顺利地实现缔约目的十分重要。履行期限，既

---

〔1〕　王利明、崔建远：《合同法新论·总则》，中国政法大学出版社1996年版，第206页。

可以是一段持续的时间，即履行期限，也可以是某个固定的期日，即履行期日。考虑到合同标的的具体性质、特点，也可以对履行期限作灵活的约定。

履行地点，是指合同约定的一方当事人履行义务和对方接受该义务的地点。合同的履行地点直接关系到履行合同的义务和运费、风险的负担，有时又是确定标的物所有权转移的依据，同时，它对于确定处理合同纠纷案件的诉讼管辖地及涉外合同中所适用的准据法具有重要的意义。所以，当事人必须根据合同的性质和内容，对合同履行地点作出明确、具体的约定。

履行方式，是指当事人履行合同义务的具体方式和要求。履行方式依合同的内容不同而有所区别。有的合同需要分期分批履行，如何分批履行；有的要供方送货，有的要需方自取，运费如何分担，等等。当事人应当根据合同的性质和内容，对合同的履行方式作出约定。

7. 违约责任。违约责任，是指合同当事人不履行或不完全履行合同约定的义务所引起的法律后果。合同中约定违约责任条款的目的是为了通过预先警示告诫的方式，督促当事人履约，在发生违约时能够迅速具体地确定责任的归属与承担。

当事人约定违约责任条款时，约定的内容必须合法。如《合同法》第53 条规定："合同中的下列免责条款无效：①造成对方人身伤害的；②因故意或者重大过失造成对方财产损失的。"

值得注意的是，违约者之所以要承担违约责任，并不是基于合同的约定，而是由合同的法律效力决定的。所以，即使合同中没有约定违约责任条款，如果一方当事人违约，另一方当事人仍可以请求对方承担违约责任。在某些情况下，当事人是否约定违约责任条款，可以决定违约者所应承担责任的范围和程度。

8. 解决争议的方法。合同在履行过程中，由于各种原因，当事人可能会对合同履行的情况或者合同不履行的后果产生争议，对此应当及时、妥善地加以解决。为使将来一旦发生的合同纠纷能够达到尽快而合理的解决，合同当事人往往在订立合同时，对解决争议的方法作出明确规定。解决争议的方法，包括和解、调解、仲裁与诉讼。虽然和解与调解的结果不具有强制执行效力，但可以视为当事人对原合同的变更，如果其并不违背法律禁止性规定，又不损害国家利益或社会公共利益，受理纠纷的仲裁机构或人民法院应予以尊重。

三、格式条款

(一) 格式条款的概念

格式条款，德国法称为一般交易条款，英国法称为标准合同条款，我国台湾地区称为定型化约款，我国《合同法》则称为格式条款。虽然名称不同，但内容并无差异。所谓格式条款，是指合同的一方当事人为了与不特定的多数相对人缔结合同而预先单方拟定的可以重复使用的合同条款。对方当事人如欲订立合同，对之只有概括地接受或拒绝，而没有任何协商余地。因此，凡是经过合同双方当事人个别协商而订立的合同条款，不是格式条款。格式条款只有经过对方当事人的接受或者同意，才能成为合同的内容，而对双方当事人产生相应的法律效力。此处所称的格式条款，是指经过对方当事人接受或者同意，从而成为合同的全部或者部分内容的格式条款。而如果某一合同的全部或者部分条款是由格式条款构成，则称之为格式合同、定式合同、标准合同或者附从合同。

早在19世纪初期，适应自由资本主义阶段经济发展的迫切需求，合同自由原则便与所有权神圣原则和过失责任原则被确立为资产阶级民法三大原则。合同自由原则包含三个方面的内容，即是否缔结合同的自由，选择对方当事人的自由以及决定合同内容的自由。但是，随着商品生产和商品交换的高速发展，商品交易日益频繁、复杂，其中绝大部分都是通过合同进行的，因交易量大、重复发生，提供商品或者服务的公用事业或者企业一方，不可能也无必要与每一个消费者就合同条款逐一进行协商。因此，在这种条件下，就可以将双方都关注的交易条件格式化，从而格式条款出现并在现代社会中得到广泛应用。格式条款可使双方当事人在缔结合同过程中减少不必要的协商过程，从而得以节省时间，减少交易费用。格式条款的标准性及书面明示性特征，使得缔结合同的双方当事人，尤其是格式条款制定方，可以预先估计交易风险并进行合理分配。此外格式条款还便于国家干预经济生活，弥补合同法的不足。正是格式条款的积极功能，其从十九世纪初出现到现在，适用范围日益广泛，已从最初的铁路、邮电等公用事业领域逐渐扩充到保险、银行、通信、航空、乃至制造等行业。

格式条款违背了合同自由原则，同时制定方在制定格式条款时，为了追求自己单方面的最大利益，往往极少甚或完全不顾及相对方之利益，从而使得格式条款常含有不公平的内容。不公平的格式条款，损害了对方当事人的利益，危及社会交易的公平与安全，违背了诚实信用、公平自愿、等价有偿、公序良俗等原则，是以形式上的合同自由掩盖了实质上的合同不自由，是对合同原则的滥用。所以，如何在合同自由原则之下对格式条款予以规制，保护广大消费者的利益，维护社会公平正义，乃是现代合同法所面临的一项艰巨任务。

（二）格式条款的特点

一般而言，格式条款具有以下几个特征：

1. 格式条款拟定的单方性。格式条款均是由一方当事人（多为居于垄断地位的提供商品或服务的生产经营者）事先拟定的，并将其直接订入合同，在拟定时并没有征求对方当事人的意见，在合同订立的过程中也不与对方进行协商，其合同相对人显然处于从属地位。

2. 格式条款适用对象的广泛性。格式条款是一方当事人为了重复使用而予以拟定的，亦即其适用于所有与该当事人进行同类交易的对象，其相对人是不特定的公众。

3. 格式条款适用时间的持续性和内容的稳定性。格式条款的拟定往往是为了在一定的期限内多次使用，而不是专门针对某次或几次交易的，因而其总是在一段较长的时间内发生效力，而且，除非提供方的经营环境及策略发生重大变化，为反复利用，格式条款的内容也会在较长的时间内保持稳定。

4. 格式条款具有明示性，即格式条款需以明确的书面形式向公众表达，这是由其适用对象的广泛性和内容的稳定性决定的。

（三）格式条款的一般规则

由于格式条款是由一方当事人借助某一行业的垄断地位事先拟定条款内容，未与相对人协商，往往损害相对人的利益。因此，采用格式条款签订合同还有许多不足。为保护合同相对人的合法权益，我国《合同法》对采用格式条款签订合同作了以下限制。

1. 提供格式条款当事人的义务。《合同法》第39条规定："采用格式条款订立合同的，提供格式条款的一方应当遵循公平原则确定当事人之间的权利和义务，并采取合理的方式提请对方注意免除或者限制其责任的条款，按照对方的要求，对该条款予以说明。"2009年最高院的司法解释也规定："提供格式条款的一方对格式条款中免除或者限制其责任的内容，在合同订立时采用足以引起对方注意的文字、符号、字体等特别标识，并按照对方的要求对该格式条款予以说明的，人民法院应当认定符合《合同法》第39条所称'采取合理的方式'。提供格式条款一方对已尽合理提示及说明义务承担举证责任。"从该条内容看，提供格式条款的当事人负有三项义务。

（1）确定当事人的权利和义务应当遵循公平原则。按照公平原则确定当事人的权利和义务，是《合同法》的基本原则之一。要求格式条款的提供者在拟定格式条款时，应将双方当事人在合同中享有的权利和承担的义务规定的大体对等，不能一方只享有权利，而另一方只承担义务，或者一方多享有权利不承担义务，而另一方多承担义务少享受权利。根据《合同法》第54规定，显失公平的合同可以变更或撤销，也就是说，合同即使签订，受害人可请求人民法院或仲裁机构予以变更或者撤销。

（2）提请相对人注意的义务。在经济生活中，一些格式条款的拟定者，为引诱相对人订立合同，损害相对人的利益，不提请相对人注意那些条款内容。《合同法》第39条明确规定，采用格式条款订立合同的，提供格式条款的一方应采取合理的方式提请相对人注意免除或者限制其责任的条款。因此，格式条款提供者在订立合同时，必须以合理的方式提请相对人注意免除或者限制其责任的条款。如果提供格式条款的一方未尽提示义务，让相对人注意该条款的内容，该条款无效。

（3）应相对人要求对条款予以说明的义务。《合同法》第39条规定，格式条款的拟定方，按照相对人的要求，有对条款予以说明的义务。也就是说，相对人有权要求拟定格式条款的一方就格式条款的有关问题做出说明，以便相对人了解该条款的真实含义及订立该条款的目的等。对于相对人提出的要求，提供格式条款的一方应按要求作出说明。

2. 格式条款的效力。格式条款中含有法律禁止的内容，或者在订立合同时违反法律规定而导致格式条款无效的情况。《合同法》要求格式条款的提供者在拟定格式条款时，应按公平原则确定双方当事人的权利义务。但在实际生活中，格式条款的提供方为了自身利益，往往不遵循公平原则确定双方当事人的权利和义务，甚至明显免除自己责任、加重对方责任、排除对方主要权利，严重损害对方当事人的合法权益。为抑制这种情况，我国《合同法》对格式条款的无效问题作了规定。

（1）格式条款具有《合同法》第52条规定："有下列情形之一的，合同无效：①一方以欺诈、胁迫的手段订立合同，损害国家利益；②恶意串通，损害国家、集体或者第三人利益；③以合法形式掩盖非法目的；④损害社会公共利益；⑤违反法律、行政法规的强制性规定。"

（2）格式条款具有《合同法》的第53条规定情形之一的无效。①免除造成对方人身伤害责任的。即合同履行过程中比较危险，可能导致一方的人身伤亡事故，格式条款拟定人为减轻自己的责任，以某种条件要挟相对人在合同中规定，一旦发生人身伤亡与自己无关，或者免除自己的责任。②免除因故意或者重大过失造成对方财产损失责任的。即格式条款拟定人主观上有故意希望造成对方财产损失或本来可以防止而由于自己粗心而造成对方财产损失，这样的责任本应由格式条款拟定人承担，但往往因其占据一定的有利地位而将自己的意志强加给对方，严重违反了公平原则，该条款无效。

（3）提供格式条款的一方免除其责任、加重对方责任、排除对方主要权利的格式条款无效。也就是格式条款中，含有免除格式条款提供者在通常情形下应当承担的责任；含有排除相对人在通常情形下应当享有的主要权利；含有相对人在通常情形下不应承担的责任，或者不应承担条款规定那么重的责任。

另外，我国最高人民法院2009年颁布的《合同法解释（二）》对该问题进行了更进一步的说明，第9条规定："提供格式条款的一方当事人违反《合同法》第39条第1款关于提示和说明义务的规定，导致对方没有注意免除或者限制其责任的条款，对方当事人申请撤销该格式条款的，人民法院应当支持。"第10条规定："提供格式条款的一方当事人违反《合同法》第39条第1款的规定，并具有《合同法》第40条规定的情形之一的，人民法院应当认定该格式条款无效。"

3. 格式条款的解释规则。《合同法》第41条规定："对格式条款的理解发生争议的，应当按照通常理解予以解释。对格式条款有两种以上解释的，应当作出不利于提供格式条款一方的解释。格式条款和非格式条款不一致的，应当采用非格式条款。"由此可见，格式条款的三种解释规则：

（1）按通常理解予以解释。由于有效的格式条款已成为合同的有效组成部分，因此，合同的解释原则也适用于格式条款的解释。关于合同解释的原则和规则，通常认为，包括不拘泥于文字的客观性原则、合法性原则、整体性原则、参照习惯或惯例的原则、符合合同目的性原则、诚实信用原则等等。

（2）采用不利于提供方的解释。对限制格式条款最具意义的是第二种，即不利解释规则。从各国的规定来看，对格式条款大多采用了不利于提供方的解释规则，如德国《一般契约条款法》第5条规定："一般契约条款的内容有疑义时，条款利用者承受其不利益"。《意大利民法典》第137条规定："在对添加于契约一般条件内的条款或者由缔约一方准备的格式化契约中条款有疑问的情况下，对这些条款要作有利于非条款提出方的解释。"英国法院也确立了所谓不利解释规则，免责条款如有任何含糊不清之处，法院就将作出不利于提出它的一方当事人的解释。不利解释规则的确立的原因，在于格式条款多是大企业或一个行业的合同范本，是经其有关专家精心研究起草的，其内容，尤其是免责条款，必定是经过深思熟虑抒细推敲的，且总是从维护提供方的利益出发，因而在双方当事人对格式条款的理解不一致而发生争议时，法院应当作出对提供方不利的解释，以维护对方当事人的利益。

（3）采用非格式条款进行解释。当格式条款于非格式条款不一致时，由于非格式条款是双方协商确定的，较好的体现了双方当事人的意思自由，而格式条款是由提供方单方预先制定的，因此，当两者相冲突时，应当优先采用非格式条款。

第六节　缔约过失责任

一、缔约过失责任的概念与性质

缔约过失责任，是指在订立合同过程中，一方或双方当事人违反了根据诚实信用原则而负有的先合同义务，导致合同不成立，或合同虽然成立，但因不符合法定的生效条件而被确认无效或被撤销，给对方当事人造成信赖利益的损失时所应当承担的民事赔偿责任。

缔约过失责任理论是由耶林最早提出的。1861年，耶林在其主编的《耶林学报年报》第4卷发表了"缔约上过失，契约无效与不成立时之损害赔偿"一文，开始了缔约过失责任在理论上的深入探讨。《德国民法典》首先确认了缔约过失责任。此后，很多国家通过理论或判例等不同方式相继接受了缔约过失责任理论。缔约过失责任制度的产生和发展是19世纪下半叶尤其是20世纪以来债法发展的一个重要表现。缔约过失责任制度是我国新合同法中确立的一项崭新的法律制度，对完善我国债法制度体系，完善交易原则，弘扬商业道德具有重要意义。

合同的订立是一个逐步发展的过程：要约人发出要约，承诺人作出承诺。要约发出之后，承诺作出之前，合同当事人必然要进行磋商。在磋商的过程中，随着当事人之间信用关系的增强，先合同义务逐渐产生。如果当事人不把这种义务视为义务，任由自己的意志而不考虑相对方，则可能违背诚实信用原则，损害对方当事人的利益。如果运用侵权行为责任理论来寻求救济，则可能由于侵权行为的成立条件较为严格而难以达到目的。适用缔约过失责任则有利于保护当事人的利益。缔约过失责任制度的建立就是为了促成交易，维护交易的安全。

缔约过失制度的法律性质即依据何种法理确立和追究缔约过失人的法律责任，大陆法系学者对此争议较多，大致分以下四种学说：

1. 侵权行为说。该说认为，除法定情形外，因缔约上的过失而发生的损害，属于侵权行为法调整的范围，应按侵权行为法的规定追究行为人的责任。

2. 法律行为说。该说认为，缔约过失责任的法律基础在于当事人之间存在的法律行为，该说详细分成目的契约说和默示责任契约说。目的契约说认为，缔约过失责任的基础在于当事人之间后来订立的契约；默示责任契约说认为，缔约过失责任的基础在于当事人于从事缔约行为之际，默示缔结了责任契约。

3. 法律规定说。该说认为，缔约过失责任的法律基础既不是侵权行为，也不是法律行为，而是法律的直接规定。

4. 诚实信用原则说。该说认为，缔约过失责任的法律基础在于诚实信用原则。按照诚实信用原则，从事缔约磋商的人，应尽交易上的必要注意，以维护相对人的利益。如果当事人违反了应尽的注意义务，如协力、通知、保护、保密等，造成相对人损害的，应负赔偿责任。当前德国通说即认为缔约过失责任的基础就是诚实信用原则。

二、缔约过失责任的构成要件

一般认为，缔约过失责任有四个构成要件：

（一）缔约一方违反先合同义务

缔约过失责任作为一种责任形态，与违约责任不同之处在于它违反的不是合同义务，而是先合同义务。先合同义务不同于合同义务，其产生的基础是诚实信用原则。

先合同义务具有如下法律特征：

1. 先合同义务是法定义务。该义务是法律基于诚实信用原则，为了维护交易安全，保护缔约当事人在缔约阶段不受损害而设定，是法律强加给当事人的义务。

2. 先合同义务是附随义务。该义务并非独立存在的法律义务，而是附随于合同义务而存在。只有缔约当事人尽到了先合同义务，合同才能有效成立。

3. 先合同义务是消极义务。该义务是合同成立之前缔约方所负的义务，不具有给付性。因此，它不同于合同义务，在合同未成立之前，当事人之间不承担给付义务。

（二）违反先合同义务一方主观上须有过错

这里的过错，既可以是故意，也可以是过失，二者都可以表现为对缔约注意义务的违反。在契约缔结阶段，缔约人正由一般人逐渐向合同当事人转化，相应地其注意义务也由一般人的消极义务范畴（如不得干扰、阻扰契约的缔结）进入了契约上的积极义务范畴（如协助义务、告知义务、保护义务等）。缔约人应以信赖关系为基础，互相负以必要的注意义务，以保障交易的顺利进行和对方利益不受损害。对上述义务的违反，均可能构成缔约过失责任的主观过错。

（三）缔约上的过失给对方当事人造成信赖利益的损害

民事责任的发生一般以损害事实的存在为要件，即无损害无责任。缔约过失责任的成立，就在于损害事实的发生。但与一般民事责任不同的是，作为缔约过失责任构成要件的损害是信赖利益的损害，是指因违反先合同义务一方的缔约过失行为而使合同不能有效成立，导致相信合同能够有效成立的缔约相对人所支付的各种费用和遭受的其他损失。信赖利益是信赖关系所产生的利益，也是信赖关系所保护的利益，缔约过失责任是建立在对信赖利益保护的基础上产生的。没有信赖利益，就没有缔约过失责任产生的基础，没有信赖利益的损失便没有缔约过失责任适用的前提。当然，缔约相对人相信合同能够有效成立应当有充分的理由，是基于合理的信赖。如果根据客观情况缔约相对人不应对合同的有效成立产生信赖，即在一般人看来合同显然不能成立而当事人依然为合同的订立或履行作准备的，则不能适用缔约过失责任。

此外，缔约过失行为所侵害的对象是信赖利益。只有在缔约相对人遭受信赖利益的损害，且这种损害是直接由缔约过失行为所导致，相对人才能依据缔约过失责任请求损害赔偿。

（四）违反先合同义务与信赖利益的损失之间存在因果关系

因果关系是一个哲学概念，即引起某种现象产生的现象称之为原因，被某种现象引起的现象称之为结果。客观现象之间的这种引起与被引起的关系就是因果关系。侵权民事责任中的因果关系是特殊的因果关系，它是哲学上因果关系范畴在民事法律上的运用。缔约过失责任中的因果关系，既包括必然的因果关系，也包括偶然的因果关系；既存在直接的因果关系，也存在间接的因果关系。只有违反先合同义务与信赖利益的损失之间存在因果关系，相关当事人就应当对自己过失承担缔约过失责任。

三、缔约过失责任的承担

（一）缔约过失责任的类型

关于缔约过失责任的类型，世界各国都有规定。缔约过失责任的基础在于违反了互相协助、互相保护、互相保密等先合同义务，根据这些义务的内容及缔约人是否存在过错，可以将缔约过失责任分为不同类型。我国《合同法》第 42 条规定："当事人在订立合同过程中有下列情形之一，给对方造成损失的，应当承担损害赔偿责任：①假借订立合同，恶意进行磋商；②故意隐瞒与订立合同有关的重要事实或者提供虚假情况；③有其他违背诚实信用原则的行为。"

1. 假借订立合同，恶意进行磋商。指当事人根本没有订立合同的目的，假借订立合同而损害相对人利益的行为。显然这种缔约过失行为出于故意。《国际商事合同通则》规定："如果一方当事人以恶意进行谈判或者恶意中止谈判，则该方当事人应对由此给另一方所造成的损失承担责任。所谓恶意，特别是指一方当事人在无意与对方达成协议的情况下，开始或继续进行谈判。"为保障当事人的权利，法律应对这种缔约过失进行相应规制。

2. 故意隐瞒与订立合同有关的重要事实或者提供虚假情况。在订立合同过程中，当事人负有如实告知义务。当事人故意隐瞒与订立合同有关的重要事实或者提供虚假情况，如故意隐瞒其自身履行能力以及故意隐瞒出卖标的物的缺陷等。从而给对方造成财产损失的，就应承担缔约过失责任。

3. 有其他违背诚实信用原则的行为。在合同订立过程中，当事人之间应基于诚实信用原则履行协力、通知、保护、保密等义务。由于违背诚实信用原则造成对方利益损失的，应承担缔约过失责任。包括：因一方过错造成合同无效的；因一方过错导致合同被撤销的；因一方过错导致合同不成立的；无权代理行为。

（二）缔约过失责任承担的方式及赔偿范围

承担缔约过失责任的方式是赔偿损失。对于赔偿损失的范围，我国《合同法》并未明确规定。有学者认为可将损失分为直接损失和间接损失，直接损失计有缔约费用、准备履行所支出的费用、受害人支出上述费用所失去的利息。间接损失为丧失与第三人订立合同的机会所产生的损失。这是一个比较棘手的问题，因为在我国目前，法律还没有对间接损失的赔偿作出明确的规定。有些学者借鉴《合同法》中关于违约责任的有关规定，主张在合同不成立、无效或被撤销的情况下，有过错一方所赔偿的信赖利益不应超过当事人在订立合同时所应当预见到的因合同不成立、无效或被撤销可能造成的损失，也不得超过合同有效或成立时的履行利益。一般认为，在赔偿的范围上，缔约过失责任要小于合同履行之后所产生利益。

四、缔约过失责任与违约责任、侵权责任的关系

（一）缔约过失责任与违约责任

缔约过失责任产生于合同订立阶段，是在因当事人不存在合同关系难以适用违约责任的情况下所产生的责任。缔约过失责任与违约责任之间存在以下区别：

1. 形成前提不同。缔约过失责任的产生是基于民法或合同法的直接规定，而非有效成立的合同，无论合同有效成立或存在与否，只要违反先合同义务，就要追究缔约过失责任。而违约责任是违反有效合同而产生的责任，它以合同关系的存在为前提，如果存在的是有效的合同关系，则应适用违约责任，如果不存在有效的合同关系，则应考虑适用缔约过失责任。

2. 责任性质不同。缔约过失责任违反了先合同义务，是一种法定义务。而违约责任是违反了合同义务，是一种约定义务。这两种责任在性质上存在显著差别。

3. 责任承担方式不同。缔约过失责任是一种法定责任，不能由当事人约定，它的责任形式只有一种，即损害赔偿。而违约责任可以由当事人约定承担责任的形式，如约定违约金的金额，约定违约金的比例等多种方式。

4. 赔偿范围不同。缔约过失责任的赔偿主要指信赖利益的赔偿，对信赖利益保护旨在使受损一方当事人处于合同尚未订立之前的状态。而违约责任通常指履行利益的赔偿，旨在使受损一方当事人的利益达到合同如期履行的状态。

（二）缔约过失责任与侵权责任

缔约过失责任与侵权责任违反的都是法定义务，均以行为人的过失为构成要件。两者之间不乏相似点，但也存在着明显的区别，主要表现在：

1. 责任前提不同。缔约过失责任产生于为缔约而进行接触磋商的当事人之间，双方在缔约过程中，产生了以缔结合同为目的的特殊信赖关系。侵权责任产生于一般的社交活动中，并不需要当事人之间存在任何关系，侵权人与受害人只有在侵权行为发生时，才产生损害赔偿等法律关系。

2. 责任义务性质不同。缔约过失行为在本质上都是违反了依诚实信用原则而产生的附随义务，而侵权行为则违反了不得侵害他人财产和人身的一般义务，因违反这些义务而使侵权行为具有不法性。

3. 赔偿范围不同。缔约过失的赔偿范围是信赖利益的损失，此种利益的损失不是现有财产的毁损灭失，也不是履行利益的丧失，而是因为相信合同的有效成立导致的信赖利益的损失。而侵权责任的损害赔偿范围包括现有财产的灭失和可得利益的丧失，而且依法享有所谓精神损害赔偿问题。

4. 归责原则不同。缔约过失责任适用的是过错责任原则，而侵权责任除可适用过错责任外，还可以适用无过错责任与公平责任原则。

案例分析

（一）要约与要约邀请

【案情介绍】某建筑公司盖楼急需水泥，因施工期紧迫，又时值旺季，建筑公司怕施工过程中水泥紧缺，便向水泥A厂、水泥B厂发函，函件中称："我公司急需150号水泥100吨，如贵厂有货，请于5日内来函，我公司愿派人前来验货并购买。"水泥A厂与水泥B厂接到函电后先后发函表示有货，且告知了水泥的价格。水泥A厂在发函的同时派人将水泥运往建筑公司工地。在该批水泥送达建筑公司工地之前，建筑公司得知水泥B厂生产的水泥质量较好，且价格合理，遂向新华水泥厂发去函电，函中约定了价格、包装、运输方式等。函电发出后第二天，水泥B厂发函称已准备发货。次日，水泥A厂将100吨水泥送到，建筑公司告知他们已决定购买水泥B厂的水泥，不可能再接受水泥A厂送来的水泥。水泥A厂认为建筑公司向自己发出了要约，自己也在约定的期限内做出了承诺，合同已成立并生效，建筑公司应遵守合同，收货并付款。而建筑公司认为自己发出的只是购买水泥的意向书，并非要约，双方并未订立合同，自己无须承担违约责任。双方协商不成，水泥A厂遂向法院起诉，要求建筑公司支付货款，被法院驳回。

【问题】本案中建筑公司向水泥A厂与B厂发出的函件究竟属于要约还是要约邀请？若为要约，则水泥A厂的回函属于承诺，应认为双方已达成合意，订立合同，合同生效。建筑公司违约，应承担相应的违约责任，支付货款于水泥A厂。若为要约邀请，则双方未达成合意，建筑公司不存在违约问题。

【分析】《合同法》第14条规定："要约是希望和他人订立合同的意思表示。该意思表示应当符合下列规定：①内容具体确定；②表明经受要约人承诺，要约人即受该意思表示约束。"《合同法》第15条对要约邀请作了规定："要约邀请是希望他人向自己发出要约的意思表示。"要约与要约邀请的区别通常在于内容是否具体确定，若具备了当事人、标的、数量、价格等主要条款的即达到内容具体确定的要求。

本案中，建筑公司向水泥A厂与水泥B厂发送的函件中明确了标的，也表明了受要约人约束的意思，但是，并未明确价格这一重要条款，因此其性质为要约邀请。水泥A厂并未与建筑公司之间达成合意，建筑公司不存在违约行为。

（二）交货行为是否构成承诺、承诺迟到

【案情介绍】A销售公司与B玩具公司有长期的业务合作关系。2009年5月10日，A销售公司向B玩具公司发出一份要约，提出购买其新研发的玩具1000个，价格按照B玩具公司的出场价格确定，要约从发出之日起20天内答复有效。

B玩具公司接到A销售公司的要约后，即依照A销售公司的要求组织生产，并于2009年5月27日发货，发货单上载明了货物的名称、数量以及价格等。

由于运输过程中发生了不可抗力，货物于2009年6月30日才到达A销售公司，比通常到货时间晚了一个月。由于A销售公司在通常时间内未收到B玩具公司发出的货物，已与C玩具公司订立了合同，并已履行完毕。收到B玩具公司的货物后，A销售公司告知其未在要约规定的有效期内作出承诺，不可能接受其货物。而B玩具公司认为，其在要约规定的有效期内发货，该交货行为构成承诺，未及时到达是由于不可抗力，因此双方此时已达成有效合同。为此双方发生争执，B玩具公司向法院起诉，要求法院判决A销售公司接收货物并支付货款，法院支持了B玩具公司的诉求。

【问题】该案例中B玩具公司的交货行为是否构成承诺？B玩具公司

的交货时间是否在要约规定的有效期间内?

【分析】《合同法》第 21 条规定:"承诺是受要约人同意要约的意思表示。"《合同法》第 26 条规定:"承诺不需要通知的,根据交易习惯或者要约的要求作出承诺的行为时生效。"本案例中,B 玩具公司虽然没有以函件或电话的方式通知 A 销售公司,但其发货的行为是依据之前的交易习惯,应当认为该交货行为构成承诺。

《合同法》第 29 条规定:"受要约人在承诺期限内发出承诺,按照通常情形能够及时到达要约人,但因其他原因承诺到达要约人时超过承诺期限的,除要约人及时通知受要约人因承诺超过期限不接受该承诺的以外。该承诺有效。"在本案中,虽然 A 销售公司在接到货物后立即通知 B 玩具公司其承诺超过期限,但 B 玩具公司是依据交易习惯以发货的方式作出承诺的,承诺一经作出立即生效,双方的买卖合同即为成立。因此,在本案中,B 玩具公司的承诺有效,双方已达成合意,买卖合同成立并生效,A 销售公司应接收货物并支付货款。

思考题

1. 合同法对合同当事人资格有何要求?
2. 代理人代订合同应符合哪些要求?
3. 试述要约承诺的形式与生效的规则。
4. 如何区别要约与要约邀请?
5. 简述要约的要件与效力。
6. 要约的撤回与撤销有何异同?
7. 简述承诺的构成要件。
8. 合同形式与合同成立的时间、地点有何联系?
9. 格式条款有哪些限制规则?
10. 试述缔约过失责任的要件与承担方式。

 案例分析题

5 月 10 日,某商场为买进一批日光灯,分别向甲厂和乙厂发出了信函,内容如下:我商场急需 A 型号的日光灯 1500 支,如果你厂有货,请来函告知,具体价格面议。甲厂收到该信后,给商场回了一封信,内容

是：你商场所需的 A 型号日光灯我厂有现货，每支价格 50 元，如果需要的话，请先预付货款 5000 元，余款货到后支付。如果我厂在 5 月 20 日没有收到贵公司的回信的，即表示你公司同意我厂提出的条件，我厂将径直发货至你商场。该商场收到甲厂的回信后，认为甲厂提供的货款支付方式可以接受，但是希望每支价格为 45 元，于是在 5 月 19 日，甲日光灯厂收到该商场发出了第二封信，内容是：我商场愿意和你厂达成这笔交易，但每支价格为 50 元太贵了，能否降低为每支 45 元，货款支付方式我商场都接受，但是希望你厂能送货上门，并在 6 月 1 日之前给予答复。该商场于 5 月 20 收到乙厂报价信函，内容为：我厂有你商场需要的日光灯，价格为 40 元，如果同意购买，请在 5 月 30 日之前给予答复。该商场认为乙厂的价格合理，于是 5 月 27 日向乙厂发出表示同意乙厂的条件的信函。5 月 29 日，乙厂收到该商场发出的同意信函。

问：

1. 该商场给甲厂和乙厂的信函在合同法上被称为什么？

2. 该案例中哪些信件属于要约？为什么？

3. 如果甲厂未能在 5 月 20 日前收到商场给甲厂的回信，该买卖合同是否成立？可否径直发货？为什么？

4. 如果甲厂收到该商场的第二封信后，积极备货，并准备了与送货有关的事宜，但是没有在商场规定的时间内给予答复的。商场以已与乙厂订立了买卖合同为由，拒绝与甲厂订立合同的。甲是否有权要求该商场赔偿损失？为什么？

5. 如果甲厂在 6 月 1 日给予该商场答复，表示同意的，可商场发给甲厂表示不购买该厂的日光灯的信函于 6 月 2 日到达甲日光灯厂的，甲厂与商场之间的合同是否成立，商场可否以发出拒绝的信函为由否认合同的成立？请说明理由。

6. 如果商场发给乙厂的信由于邮局的原因而没能在 5 月 30 日送达给乙厂的，乙厂并没有表示是否接受这封迟到的信函。该商场和乙厂的买卖合同是否成立？请说明理由。

7. 如果另有一家丙工厂与乙工厂是竞争对手，知道乙工厂正与商场商讨购买日光灯事宜，向商场表示愿意与其订立合同，并且每支日光灯价格只有 30 元，其目的就是阻止乙工厂与商场达成合同，而后在商场与丙工厂商量购买事宜时，丙工厂又不同意以 30 元价格出卖。致使商场错过时机，没法购买 A 型号的日光灯。商场可否要求丙承担责任？承担何种责任？

（说明理由）

推荐书目

1. 王培韧：《缔约过失责任研究》，人民法院出版社 2010 年版。
2. 刘永章：《合同签订与实施》，金盾出版社 2004 年版。
3. 李先波：《合同有效成立比较研究》，湖南教育出版社 2000 年版。

第三章 合同的效力

第一节 合同效力概述

一、合同效力的概念

合同的效力，又称合同的法律效力，是指合同有效成立后，为实现当事人的合同目的，法律赋予该依法成立的合同具有拘束当事人各方乃至第三人的强制力。

（一）合同效力的根源

我国《民法通则》第57条规定："民事法律行为从成立时起具有法律约束力。行为人非依法律规定或者取得对方同意，不得擅自变更或者解除。"《合同法》第8条规定："依法成立的合同，对当事人具有法律约束力。当事人应当按照约定履行自己的义务，不得擅自变更或者解除合同。依法成立的合同，受法律保护。"可见，合同效力的根源在于法律，是《民法通则》、《合同法》等法律赋予合同的，是由国家的强制力保障的，在债务人违约时，法律依守约方的请求强制违约方实际履行或承担其他不利后果。所以说，名誉的力量、友谊的纽带和道德的约束与合同的效力是不同的。

（二）合同效力的本质

合同效力的本质就是看其反映的意志，是法律评价当事人各方合意的表现，是国家意志的反映；同时是当事人各方为满足其需要须寻找法律的依据和支持，将自己的意志符合于已上升为法律的国家意志的结果。在合同所蕴涵的当事人各方的合意与法律所体现的国家意志有机统一的状态中，最大限度地体现着当事人的要求，最充分地体现着意思自治的原则。比如，允许当事人依其意思限制合同效力的范围，允许当事人选择给付，允许当事人变更合同和转让合同权利义务，允许当事人对债权的处分和解除，允许当事人约定违约金等。这一切都表明合同的效力只是法律效力的具体化，并非法律效力本身。

（三）合同效力的评价

合同的效力，作为《民法通则》、《合同法》等法律评价当事人各方合意的表现呈多样化的特点，当法律对当事人各方的合意予以全面肯定的评价时，将发生当事人预期的法律效果，合同即为有效，当事人各方承受约定的权利义务；当法律对当事人各方的合意予以彻底否定的评价时，发生合同无效的法律后果，当事人各方承受法定的权利义务；当法律对当事人各方的合意予以相对否定的评价时，发生合同可变更、可撤销或效力待定的法律效果，法律把决定权有条件地、有限度地交给权利人或其代理人，由其权衡利弊后决定是否变更合同或者是否撤销合同或者是否追认合同。我们通常使用合同的效力概念是针对有效合同而言的。

（四）合同效力的表现

合同的法律效力主要表现为两方面即对内的效力和例外情况下的对外效力，前者实际上就是对合同当事人产生的效力，后者实际上就是对合同当事人以外的第三人产生的效力。合同对第三人的效力表现为对第三人的保护力和对第三人的拘束力。

1. 合同对当事人的拘束力。合同本质上是当事人各方合意的产物，合同对当事人各方具有拘束力是由合同的相对性原则决定的。当事人依法订立的合同应当受法律保护。任何一方在享有合同权利的同时都应适当履行合同义务。《合同法》第 60 条规定："当事人应当按照约定全面履行自己的义务。"《合同法》第 107 条规定："当事人一方不履行合同义务或者履行合同义务不符合约定的，应当承担继续履行、采取补救措施或者赔偿损失等违约责任。"违约责任原则上是违约方向守约方承担的民事责任，只有守约方对违约方享有请求强制履行、要求承担违约责任的权利。具体讲合同对当事人各方的拘束力包括：①当事人享有全面适当履行合同的义务；②违约方依法承担违约责任；③当事人任何一方不得擅自变更、解除合同，不得擅自转让合同权利义务；④当事人享有请求给付的权利、保有给付的权利、依法自我实现合同债权的权利、处分债权的权利、同时履行抗辩权、不安抗辩权、保全债权的代位权和撤销权、担保权等；⑤法律、行政法规规定的附随义务同样成为合同效力的内容。

2. 合同对第三人的拘束力。根据合同的相对性原理，合同的当事人不能向第三人请求履行合同义务，或请求第三人承担合同责任。但合同的履行往往受第三人行为的影响。如果第三人引诱合同债务人违反自己所承担的债务，并因此而导致合同债权人遭受了损失，第三人应当就合同债权人所遭受的损失承担责任。因此，合同作为一种债权，对第三人也具有法律上的约束力。关于合同对第三人的拘束力，本书将在第五章第二节作出适当介绍。

3. 合同对第三人的保护力。《合同法》第64条规定："当事人约定由债务人向第三人履行债务的，债务人未向第三人履行债务或者履行债务不符合约定，应当向债权人承担违约责任。"该条实际上就是为第三人利益的合同制度的规定。我国《合同法》第304、309、272条之规定均充分体现了为第三人利益。这些规定要说是合同对第三人的保护力还是不够的，只能说是为第三人利益的合同。《民法通则》、《合同法》针对此类合同均未规定第三人利益受到损害时，第三人可以直接提起诉讼的问题。在某些情况下，合同当事人所订立的合同也对与合同有关联的第三人提供法律保护，当合同债务人违反合同所规定的义务时，合同债权人以外的第三人也可以直接提起诉讼，要求合同债务人对自己承担违约责任，这才是合同对第三人的保护力。合同对第三人的保护力，本书将在第五章第二节予以适当介绍。

二、合同成立与合同效力的区别

合同成立与合同效力密切联系，但合同成立与合同的效力是两个完全不同的概念，两者有重大区别。

（一）两者的性质不同

合同成立是一种事实判断，而合同效力是一种价值判断。合同成立是关于当事人订立合同时要约承诺这一客观事实，而合同效力是关于已经成立的合同是否产生当事人预期的法律效果，这是法律上的价值判断。当事人只要就合同的主要条款达成一致意见，即达成合意，合同则成立，但成立的合同并非都具有效力。比如，违法合同、无效合同都是合同，都是成立的，但其不具有法律效力，不会产生当事人预期的法律效果。

（二）两者的构成要件不同

合同成立的要件有二个：①有明确的当事人。订立合同时作为主体的当事人必须明确，至于当事人是否适当、是否具有相应的民事行为能力有所不同。当事人是否具有相应的民事行为能力是决定合同效力的要件，而不是合同成立的要件。②当事人必须对合同的主要条款达成合意。当事人要约承诺的意思表示必须一致，否则合同不成立。对于要物合同，其成立的要件还须实际交付标的物。

合同有效要件主要包括：①当事人必须具有相应的民事行为能力。若

当事人不具有相应的民事行为能力，则合同的效力即有欠缺，如未成年人订立的合同须经其法定代理人追认才有效；无权处分人与相对人订立了处分他人财产权的合同，经权利人追认或无权处分人于缔约后取得处分权时，合同才自始有效。②当事人意思表示真实。若当事人订立合同时具有欺诈、胁迫、重大误解等情形，合同的效力则具有瑕疵。合同的成立只考查当事人的意思表示是否一致，合同的效力则需要进一步考查当事人的意思表示是否真实。③合同标的合法性。即当事人订立的合同不违反法律和社会公共利益。④合同标的须确定和可能。

（三）两者的法律后果不同

合同不成立的法律后果是由于当事人违反了先合同义务而会导致缔约过失责任。合同有效的法律后果有两种：①合同得到全面正确履行，实现了合同当事人预期的目的，使当事人享有合同上的权利与利益；②当事人未按约定履行合同，则产生违约责任。合同无效的法律后果则是导致缔约过失责任和不当得利返还责任。在附条件或附期限的合同中，合同成立之时尚未生效，此时此刻当事人负有最大努力促使合同生效的义务，若因当事人的过失导致合同不生效，则应承担缔约过失责任。

第二节 合同的有效要件

在合同的效力方面，法律评价当事人各方的合意，是通过规定合同的有效要件作为评价标准。对符合有效要件的合同，按当事人各方的合意赋予法律效果；对不符合有效要件的合同，根据不同情况，分别按合同的无效、合同的可撤销或效力待定予以处理。

根据《民法通则》第 55 条之规定，合同的有效要件应包括：行为人具有相应的民事行为能力；意思表示真实；不违反法律或者社会公共利益。有学说认为，除前三项要件外，还须具备合同标的须确定、可能与合法这一要件，从而共同构成合同的一般有效要件。许多特殊合同也可能有一些特殊的有效要件，如技术引进合同、对外合作开采石油合同等需要经过国家有关部门的批准才能生效。下面仅介绍合同的一般有效要件：

一、行为人具有相应的民事行为能力

我国《合同法》第 9 条规定："当事人订立合同，应当具有相应的民事权利能力和民事行为能力。"这一规定是指当事人订立合同时应当具有相应的缔约能力。缔约能力是指当事人订立合同的行为能力，它是合同当事人享有合同权利承担合同义务的资格，也是当事人履行合同义务的前提。这一要件要求当事人能够了解合同的状况和法律效果，对保护当事人的合同权益和减少纠纷均具有重大的实践意义。所以说，行为人具有相应的民事行为能力的要件，在学理上又被称为有行为能力原则或主体合格原则。

自然人依其民事行为能力享有相应的缔约能力。根据自然人的年龄、智力、精神状况的不同，自然人分为完全民事行为能力人（18周岁以上）、限制民事行为能力人（10周岁以上18周岁以下的儿童）、无民事行为能力人（10周岁以下的儿童），无民事行为能力人没有缔约能力，限制民事行为能力人有相应的缔约能力，完全民事行为能力人有完全的缔约能力。我国《民法通则》还规定，年满16周岁且以自己的劳动收入作为主要生活来源的，视为具有完全民事行为能力人。这种情况的行为人亦具有完全的缔约能力。我国《合同法》第47条规定："限制民事行为能力人订立合同，经法定代理人追认后，该合同有效，但纯获利益的合同或者与其年龄、智力、精神健康状况相适应而订立的合同，不必经法定代理人追认。"精神病人没有意识能力，不能分辨自己行为的性质与后果，因而精神病人无缔约能力，属于无民事行为能力人，不得亲自缔约。对于间歇性精神病人，在其精神正常时仍有缔约能力，但在其精神不正常时无缔约能力。酗酒者在其心神丧失时无缔约能力。总而言之，自然人签订合同，原则上须有完全行为能力，限制行为能力人和无民事行为能力人不得亲自缔约，由其法定代理人代为签订，但有以下例外：①可独立签订接受奖励、赠与、报酬等纯获利益或被免除义务的合同；②限制民事行为能力人可以签订与其年龄、智力和精神健康状况相适应的合同；③可独立签订日常生活中的事实合同，如利用自动售货机，乘坐交通工具，进入公园、游乐场所；④其他征得法定代理人同意的合同。

法人是具有民事权利能力和民事行为能力，依法独立享有民事权利和承担民事义务的组织。取得法人资格的企业有资格独立签订合同。

《合同法解释（一）》第10条规定："当事人超越经营范围订立合同，人民法院不因此认定合同无效。但违反国家限制经营、特许经营以及法律、行政法规禁止经营规定的除外。"这一规定实际上否定了我国原来的法律规定及其理论所认为的：法人签订合同严格地受其宗旨、目的、章程及经营范围的制约，超越经营范围的合同无效。近几年来，在司法实践中已有相当数量的判决也已转变立场，认定在合同内容不违反强行性规范时合同有效。不过，专为特定目的而设立的法人签订合同，仍不得越过其营业执照上规定的经营范围及其辐射的合理范围，否则，合同无效。法人越权理论改进的目的是为了保护善意第三人和促进交易便捷与安全，实现鼓励交易的原则与精神。

法人分支机构，在得到法人书面授权后，可以以自己的名义独立签订合同。

法人的筹备组织有资格独立签订合同。

非法人组织是指不具备法人资格的社会组织。它包括合伙企业、独资企业、分公司、派出机构等组织，还包括从事经营活动的非法人事业单位和科技性社会团体、事业单位和科技性社会团体设立的经营单位、外商投资企业设立的从事经营活动的分支机构等。根据《合同法》第2条在关于合同的定义中承认非法人组织订立的合同可受法律保护的精神，上述组织应具有以自己的名义独立签订合同的资格。

二、意思表示真实

合同是当事人意思表示的产物。订立合同的意思表示是指当事人将订立合同的意思以客观行为表示出来的法律事实。意思表示贯穿于合同的成立、有效、生效及履行。合同成立要求当事人就合同的主要条款意思表示一致；合同有效并生效则必须要求当事人意思表示真实。意思表示须由效果意思与表示行为两个要素构成：①效果意思。它是指行为人期望发生一定法律效果的意思。当事人订立合同都是为了实现合同上的权利与利益。当事人对于合同上的期望若能被法律认可即成为效果意思，相反，则不会构成效果意思。②表示行为。它是指行为人将其效果意思以一定的方式表示于外部的行为。效果意思须借助表示行为来实现，效果意思与表示行为相辅相成。

意思表示真实。是指缔约人的表示行为应当真实地反映其内心的效果意思，即其效果意思与表示行为相一致。它作为合同的有效要件，是意思自治原则的必然要求。合同本质上是当事人之间的合意，该种合意若符合法律规定，则可依法产生拘束力。此拘束力来源于当事人真实的意思表示。

意思表示不真实，对合同效力的影响应视具体情况而论定。在一般误解等情况下，合同仍为有效。在重大误解时，合同则可被变更或被撤销。

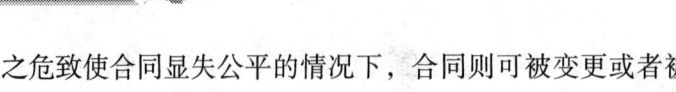

在乘人之危致使合同显失公平的情况下，合同则可被变更或者被撤销。在因欺诈、胁迫而成立合同的状态下，若损害国家利益，合同无效；若未损害国家利益，合同则可被变更或者被撤销。

三、不违反法律或者社会公共利益

这里的法律，一方面应作扩大解释，既包括全国人大及其常务委员会通过的法律，又包括国务院颁布的行政法规；另一方面还应作缩小解释，仅指其中的强行性规范，不包括任意性规范。合同不得违反强行性规范，是由合同制度的目的所决定。我国《合同法》第 52 条规定，违反法律、行政法规的强行性规定的合同无效。《合同法》的这一规定具有一定的进步意义，但还不是很完善，我们知道，强行性规范分为义务性规范和禁止性规范，义务性规范是指当事人应当履行某种行为的法律规定，禁止性规范是禁止当事人为某种行为的法律规范。根据《合同法》第 52 条这一规定，合同无论违反义务性规范还是禁止性规范都是无效的。从法理和司法实践上讲应该是：当事人违反法律禁止性的规定则其行为无效，如买卖黄金的合同。当事人若违反了法律关于义务性的规定则其行为不生效但并非无效，如法律规定须登记生效的合同，当事人没有登记，则合同不生效但合同并非无效。这时，当事人须继续办理登记手续，否则当事人须接受国家相关职能部门的处罚，其反映的是一种行政法律关系，不能因此影响合同的有效，只能说该合同尚未生效。这样亦是符合鼓励交易原则的。

《合同法》第 7 条规定："当事人订立、履行合同，应当遵守法律、行政法规，尊重社会公德，不得扰乱社会经济秩序，损害社会公共利益。"该规定中的"不得扰乱社会经济秩序，损害社会公共利益"，是从禁止性规范的角度规定了合同法中的公共利益原则，既合同当事人在订立和履行合同中，在考虑个人利益的同时，不得扰乱社会经济秩序，不得损害社会公共利益。《合同法》把合同不得违反社会公共利益作为最后一道防线，若合同违反了社会公共利益则合同无效。需要注意的是，"社会公共利益"是一个不确定的概念，通常指不特定的多数人的利益，凡是我国社会生活的政治基础、公共秩序、道德准则和公序良俗、风俗习惯等，均可列入公共利益当中。违反它的合同严重背离合同制度的目的，危害特大，坚决不能允许。将不违反社会公共利益作为合同的有效要件，一方面可弥补社会发展使法律调整出现漏洞和脱节等不足；另一方面，有利于醇化社会道德伦理和转化社会风气，促进社会全面健康的发展，实现社会文明。

四、合同标的须具备确定性、可能性与合法性

合同的标的是指合同当事人通过合同所要达到的目的，实际上就是合同当事人所享有的权利，所承担的义务和责任。所以说，合同标的也就是合同内容。合同标的不同于合同标的物，合同标的物是指合同权利、义务所共同指向的物，如买卖合同的标的是买卖合同当事人所享有的权利和所承担的义务，其标的物则是买方通过合同所要得到的货物。合同的标的物在合同中占有重要地位，合同标的决定着合同权利义务的质和量，没有它，合同便失去目的和方向，失去积极的意义，应归于无效。

（一）合同标的的确定性

合同标的的确定性是指当事人对合同行为性质、当事人权利义务已明确或可以明确、能够明确，即合同标的自始确定或可得确定。标的确定性包括标的已经确定与标的可以确定。所谓标的已经确定是指当事人订立合同时对合同的标的已明确，当事人的权利义务已得到具体规定。所谓标的可以确定是指当事人订立合同时对合同的标的尚未明确，但在合同履行时对此内容可以明确。合同标的的确定性的界限是在合同履行之时，在此时当事人能够将合同模糊条款明确具体化即可使合同标的确定；若还不能确定，则合同难以履行，当事人的权利即难以实现，当事人订立的合同就无任何实际意义了。合同法认为：即便行为人在缔结合同之际没有确定当事人的权利、义务和责任，只要在合同履行之际可以确定该种合同的内容，则该种合同仍然是有效合同，只是在通过法律所规定的途径无法确定该种合同的内容时，该合同才是无效合同。

我国《合同法》第 61 条和第 62 条规定了确定合同标的的四种方法：①通过当事人事后达成补充协议的方式加以确定；②不能达成补充协议确定其标的，则可以按照对合同有关条款加以解释的方式确定，即通过合同解释的方式加以确定；③不能达成补充协议确定其合同标的的，亦可以通过当事人或当事人之间所为的交易习惯确定；④依照《合同法》第 61 条规定的三种方法仍不能确定的，适用下列规定（即《合同法》第 62 条之规定）：质量要求不明确的，按照国家标准、行业标准履行；没有国家标准、行业标准的，按照通常标准或者符合合同目的的特定标准履行。价款或者报酬不明确的，按照订立合同时履行地的市场价格履行；依法应当执行政府定价或者政府指导价的，按照规定履行。履行地点不明确，给付货币的，在接受货币一方所在地履行；交付不动产的，在不动产所在地履行；其他标的，在履行义务一方所在地履行。履行期限不明确的，债务人

可以随时履行，债权人也可以随时要求履行，但应当给对方必要的准备时间。履行方式不明确的，按照有利于实现合同目的的方式履行。履行费用的负担不明确的，由履行义务一方负担。

（二）合同标的的可能性

合同标的的可能性是指当事人订立的合同能够履行，合同的目的能够实现，即合同给付可能实现。合同标的不能是指当事人订立的合同内容不能实现。合同标的不能分为以下情况：①根据原因不同，标的不能可分为事实上不能和法律上不能。事实不能是依据社会一般观念合同标的不能实现的情况，事实不能一般导致合同无效。法律不能是指因国家法律的禁止性规定导致合同目的不能实现。②根据发生的时间不同，标的不能可分为自始不能与嗣后不能。自始不能是指当事人在订立合同之际，合同标的已不存在，合同的内容即不能实现，合同应认定为无效。嗣后不能指当事人在订立合同之时，合同标的尚属可能，只是在合同履行过程中，由于其他原因导致合同标的履行不能，嗣后不能产生的法律后果是使合同履行不能，但并不导致合同无效。③根据与当事人的关系不同，标的不能可分为主观不能和客观不能。主观不能是由于当事人自身原因而使合同目的不能实现的情况，如订立演出合同后演员生病而不能演出，出卖他人之物等主观不能的合同一般有效，当事人应承担违约责任。客观不能是指由于事物本身原因依物理属性来看，合同目的不能实现的情况，客观不能的法律后果是合同无效。④根据标的不能的程度不同，可分为全部不能与部分不能。全部不能是指合同完全不能履行，合同目的完全不能实现的情况，合同标的全部不能的法律后果是合同无效与合同解除。部分不能是指当事人订立的合同有部分不能够实现，当事人的目的不能完全实现，部分不能的法律后果是合同部分无效或合同部分不能履行。⑤根据标的不能的期限不同，标的不能可分为永久不能与一时不能。永久不能是指合同的标的无法生效，合同的目的永远不能实现的情况，永久不能一般导致合同无效。一时不能是指合同的履行出现障碍，合同目的暂时不能实现的情形，一时不能并不导致合同无效，只导致当事人违约和合同的解除。

（三）合同标的的合法性

合同标的合法性是指合同的内容与目的符合法律规定。如果合同内容违反国家强制性的法律规定或违反公共秩序、善良风俗，则合同无效。因合同的合法性问题在前一个要件已叙述，故不再论。

关于合同的形式是否为有效要件，学界存在着争论。第一种观点认为，在要式合同场合，法律要求的形式为有效要件之一，合同欠缺法定形式无效。第二种认为，合同欠缺法律要求的形式时，只要能够及时补正，合同仍应有效。现行《合同法》显然没有采纳第一种观点，在合同形式问题上持一种比较宽松的态度。《合同法》第10条规定："当事人订立合同，有书面形式、口头形式和其他形式。法律、行政法规规定采用书面形式的，应当采用书面形式。当事人约定采用书面形式的，应当采用书面形式。"另第36条规定："法律、行政法规规定或者当事人约定采用书面形式订立合同，当事人未采用书面形式但一方已经履行主要义务，对方接受的，该合同成立。"这一规定表明：合同的形式作为构成合同有效要件之一是不适当的。构成要件往往是同时具备、缺一不可的。以上四个要件为合同的有效要件，同时具备、缺一不可，它们之间相辅相成，是一个有机的统一体。

第三节　合同的无效

一、合同无效的概念和特征

合同无效，也称无效合同，是指合同虽然已经成立，但因其在内容上违反了法律、行政法规的强制性规定或其内容损害了社会公共利益，而自始、当然、确定地不发生法律效力的合同。即合同无效是合同严重欠缺有效要件，绝对不允许按照当事人合意的内容赋予法律效果。合同无效的特征如下：

（一）合同无效是针对已经成立的合同

合同成立是指合同订立的结果，即双方当事人完成合意的客观状态。合同无效是指已成立的合同严重欠缺有效要件，但该合同在客观上是存在的。《合同法》第44条明确规定："依法成立的合同，自成立时生效。"因此合同成立与合同生效是两个不同的概念，同样合同不成立与合同无效亦是两个不同的概念。合同不成立是指在要约、承诺过程中不具备法定的成立要件，合同无效是指合同已经成立但合同严重欠缺有效要件。总之，合同无效是针对已经成立的合同而言。

（二）无效合同具有违法性

所谓违法性是指合同在内容上违反了法律和行政法规的强制性规定或

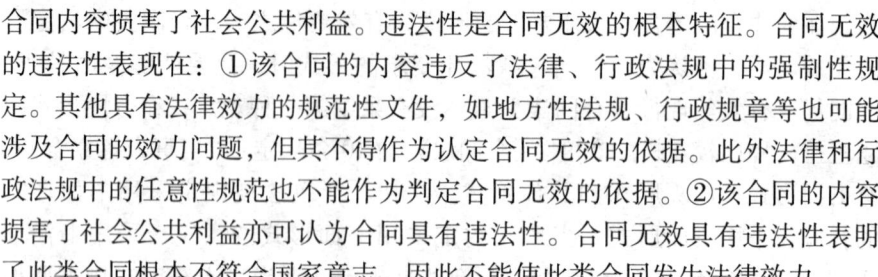

合同内容损害了社会公共利益。违法性是合同无效的根本特征。合同无效的违法性表现在：①该合同的内容违反了法律、行政法规中的强制性规定。其他具有法律效力的规范性文件，如地方性法规、行政规章等也可能涉及合同的效力问题，但其不得作为认定合同无效的依据。此外法律和行政法规中的任意性规范也不能作为判定合同无效的依据。②该合同的内容损害了社会公共利益亦可认为合同具有违法性。合同无效具有违法性表明了此类合同根本不符合国家意志，因此不能使此类合同发生法律效力。

（三）合同无效是自始无效

《民法通则》第58条规定："无效的民事行为，从行为开始起就没有法律拘束力。"对于合同的无效，因其从本质上违反了法律，因此国家不承认此类合同的法律效力。合同一旦确认无效，就将产生溯及力，使合同自订立之时起就不具有法律拘束力，以后亦不能转化为有效合同。对已经履行的，应当通过返还财产、赔偿损失等方式使当事人的财产恢复到合同订立之前的状态。当事人不能基于无效的合同请求对方履行或者要求对方承担违约责任。

《合同法解释（一）》第3条规定："人民法院确认合同效力时，对《合同法》实施以前成立的合同，适用当时的法律合同无效而适用《合同法》合同有效的，则适用《合同法》。"这一规定充分体现了鼓励交易原则和对私法自治原则的维护。如果在合同成立时依据当时法律的强制性规定该合同应当被认定无效，而在合同被依法宣告无效前由于法律的修改该合同又有效的，应当基于鼓励交易原则认为该合同有效。这是应该关注的问题。

（四）合同无效是当然无效

合同的无效即无效的合同具有违法性，任何人都可以主张该合同无效。而且对于无效合同，无须任何人主张，其当然不发生效力。因此，在合同纠纷处理中，法院或仲裁庭可以依职权主动对合同效力加以审查，而无须当事人主张。

（五）合同无效是确定无效

无效的合同自成立时起即没有法律效力。由于其违法性，即使当事人缔约时不知道该合同违法，或者当事人依照该合同各自履行了其合同义务，也不能发生效力，其是确定的无效。如果当事人通过协商一致对违法的内容加以修改变更，使之合法，则应当认为当事人重新订立了一个合同。总之，合同无效是确定的无效。

（六）对合同无效实行国家干预

由于合同的无效即无效的合同具有违法性，因此对此类合同应实行国家干预，这种干预主要表现在：①由法院和仲裁机构不待当事人请求合同无效，便可以主动审查合同是否具有无效的因素，如发现合同属于无效合同，便应主动地确认合同无效。正是从此意义上讲，无效合同是当然无效的。②有关国家行政机关可以对一部分无效合同予以查处，追究有关无效合同当事人的行政责任，即合同无效可产生追缴财产、罚款等行政处罚。

请求确认合同无效是否应受诉讼时效的限制？这是一个应该关注的问题。由于无效合同本质上具有违法性，对此类合同实行国家干预的原则，故法院和仲裁机构不应当考虑时效的限制而应主动宣告合同无效。只有这样才能够维护法律的实施和合法的程序。如果认为确认合同无效应受时效的限制，则在经过一定的时间以后，违法的合同将变成合法的合同，违法的行为将变成合法的行为，违法的利益将变成合法的利益，这显然是不符合立法的宗旨和目的的，亦与法律秩序的形成相矛盾。

（七）合同无效即无效合同具有不得履行性

所谓无效合同的不得履行性，是指当事人在订立无效合同以后，不得依据合同实际履行，也不承担不履行合同的违约责任。即使当事人在订立合同时不知该合同的内容违法，当事人也不得履行无效合同。若允许履行，则意味着允许当事人实施不法行为。尽管当事人不能实际履行无效合同，但当事人可以依据法律的规定，对无效合同予以修正，删去违法的合同条款，使合同的内容完全合法，则该合同已转化为有效合同，这时，如同当事人订立一个新的有效合同一样。

二、合同无效的原因

关于合同无效的原因，我国《民法通则》第 58 条列举了下面几项："下列民事行为无效：①无民事行为能力人实施的；②限制民事行为能力人依法不能独立实施的；③一方以欺诈、胁迫的手段或者乘人之危使对方在违背真实意思的情况下所为的；④恶意串通，损害国家、集体或者第三人利益的；⑤违反法律或者社会公共利益的；⑥经济合同违反国家指令性计划的；⑦以合法形式掩盖非法目的的。"《合同法》对这一范围进行了严格限制，以充分尊重当事人的合同自由，维护合同的效力，鼓励交易。《合同法》第 52 条规定："①一方以欺诈、胁迫的手段订立合同，损害国家利益；②恶意串通，损害国家、集体或第三人利益；③以合法形式掩盖非法目的；④损害社会公共利益；⑤违反法律、行政法规的强制性规定。"

可见,《合同法》将欠缺相应的民事行为能力、意思表示不真实而又没有损害国家利益的情况不再视为绝对无效,而是分别规定为效力待定和可撤销;将"违反法律"(当时所指的法律是一个广义的概念,包括现在所说的法律、行政法规、地方性法规、行政规章)限制为"违反法律、行政法规的强制性规定",《合同法解释(二)》将"违反法律、行政法规的强制性规定"进一步限缩为"违反效力性强制性规定",这一变动再次体现了鼓励交易原则,严格限制无效合同的价值取向。

根据我国《合同法》第 52 条的规定,导致合同无效的原因包括:

(一)一方以欺诈、胁迫的手段订立合同,损害国家利益

一般情况下,当事人一方以欺诈、胁迫的手段订立合同,只是损害相对人的利益。为了尊重受欺诈、胁迫一方的意志和利益,法律赋予受欺诈、胁迫人撤销权,自行决定是维持合同效力还是撤销或变更。但在损害国家利益的情况下,由于该合同实际上具有违法性,故应当作无效合同处理。按《民法通则》第 58 条第 1 款规定,因欺诈、胁迫而成立的合同在损害国家利益时无效(第 52 条),其余的可以撤销(第 54 条)。这些规定充分说明了上述观点。

这里的欺诈是指一方当事人以使他人陷入错误并因而为意思表示为目的,故意陈述虚伪事实或者隐瞒真实情况的行为。最高人民法院《民法通则意见》第 68 条规定:"一方当事人故意告知对方虚伪情况,或者故意隐瞒真实情况,诱使对方当事人作出错误意思表示的,可以认定为欺诈行为。"这是对欺诈所作出的准确定义。因欺诈行为而导致合同无效,须具备以下条件:①欺诈方具有欺诈的故意。所谓欺诈的故意是指欺诈的一方明知自己告知对方的情况是虚假的且会使被欺诈人陷于错误认识,而希望或者放任这种结果的发生。②欺诈方实施了欺诈行为。所谓欺诈行为,是指欺诈方将其欺诈故意表示于外部的行为。在现实中表现为故意陈述虚伪事实或故意隐瞒真实情况使他人陷入错误的行为。所谓故意告知虚假情况是指虚伪陈述;所谓故意隐瞒真实情况是指行为人有义务向他方如实告知某种真实的情况而故意不告知。③被欺诈方因欺诈而陷入错误。在此,应注意两点:一是欺诈人提供的虚假情况与合同内容有密切关系;二是受害人基于虚假的情况而对合同内容发生了错误认识。如果欺诈人实施欺诈行为以后,受欺诈人未陷入错误或者发生了错误内容并不是欺诈造成的,则不构成欺诈。④被欺诈人因错误而作出了意思表示。被欺诈人在因欺诈发生了错误认识以后,基于错误的认识作出了意思表示而订立了合同。这说

明欺诈行为与受害人的不真实的意思表示之间具有因果关系。⑤欺诈行为损害了国家利益。欺诈行为必须损害了国家利益，才能使因欺诈而订立的合同被宣告无效。

这里的胁迫是指当事人一方向对方当事人表示施加危害，使其发生恐惧，并基于这种恐惧而为一定意思表示的行为。因胁迫行为而导致合同无效，须符合以下几个要件：①胁迫人具有胁迫的故意。所谓胁迫的故意，是指胁迫者意识到自己的行为将造成受胁迫者心理上的恐惧而故意进行威胁，或者胁迫者希望通过胁迫行为使受胁迫者作出某种意思表示。②胁迫者实施了胁迫行为。胁迫行为包括以将要发生的损害相威胁或直接施加损害威胁他人。胁迫者既可以给公民及其亲友造成损害相威胁，也可以给法人造成损害进行要挟。所谓将要发生的损害是指涉及生命、身体、财产、健康、自由、名誉、信用等方面的损害。所谓直接施加的损害是指胁迫者通过实施某种不法行为而直接形成对对方当事人及其亲友的损害和财产的损害，而迫使对方订立合同。如对对方施行殴打、肉体折磨、非法拘禁等暴力或散布谣言毁人名誉等。胁迫行为通常是在合同订立时为强制对方订立合同而实施的。③受胁迫者因胁迫而订立了合同。其含义是指由于一方实施胁迫行为使另一方在心理上产生恐惧，在此心理状态的支配下，使受胁迫人被迫订立了合同。因此其意思表示是不真实的。④胁迫行为是非法的。胁迫行为给对方施加了一种强制和威胁，该威胁须是非法的，没有法律依据的，不受法律保护的。⑤胁迫行为损害了国家利益。胁迫行为须损害了国家利益，才使因胁迫而订立的合同被宣告无效。此类合同无论当事人是否提出无效的请求，法院和仲裁机构都应当宣告合同无效。若此类合同未损害国家利益，应作为可撤销合同对待。

这里的国家利益主要是指国家在涉及国家主权、国家安全、国家宏观经济等方面的利益。实践中，有人认为损害国有银行、企业利益即损害国家利益，这种认识是不合适的。因为国有或国家控股的企业其性质上为独立的法人，其独立承担责任，其利益不宜认为是国家利益。

（二）恶意串通，损害国家、集体或第三人利益

"当事人恶意串通，损害国家、集体或第三人利益的"，是指合同当事人在明知或者应当知道某种行为将会损害国家、集体或者第三人利益的情况下而故意共同实施该行为。在当事人恶意串通订立的合同中，当事人存在共同的过错，而且是故意的，故此类合同因明显违法而为无效合同，导致合同无效的当事人应受到制裁。恶意串通，损害国家、集体或者第三人

利益的合同无效应具备以下要件：

1. 当事人在主观上具有恶意。恶意串通行为在主观上的最主要的特征就是共同故意。表现在主体上，应该是双方当事人都要具有恶意，而不是只有一方当事人具有恶意。表现在内容上，是当事人都具有牟取非法利益的意图，至于对损害国家、集体、第三人利益的后果，则可以是希望、追求或放任。只有共同故意牟取非法利益才能构成恶意串通，过失不能构成恶意串通。

2. 当事人之间互相串通。串通是指当事人为实现共同的非法目的、非法利益，相互串连、勾通，使当事人之间在行为的目的、动机、行为以及行为的结果上达成一致。在实现非法目的、非法利益的意思表示达成一致后，当事人约定相互配合或者共同实施该种合同行为。在实践中的具体表现为：可以是通过串通，双方当事人共同达成一个协议，也可以是一方当事人提出某种实现非法目的的意思表示，另一方当事人明知其恶意而默示予以接受。这些都是当事人之间互相串通的内容所在。

3. 合同履行的结果会损害国家、集体或者第三人的利益。恶意串通而订立的合同，其履行的结果是使国家、集体或者第三人利益受到损害。在通常情况下，当事人订立合同总是各自谋求自己所能实现的利益，法律予以支持。但是如果当事人在谋求自己的利益的同时而损害了国家、集体或者第三人利益时，法律就须进行干预并给予否定性评价。

这里的国家利益可以是国家在涉及国家主权、国家安全、国家宏观经济等方面的利益，也可以是国家作为被代理人所享有的普通的民事利益。即受到损害的国家利益，应是公法上的国家利益，但应当作从宽的解释。如某国有大企业将自己下属的一个资产总额 3 亿元的开发部，以极不合理的 300 万元的低价，出让给了对方当事人，双方当事人均得到好处，但其损害了资产所有者即国家的利益。这样的行为，就应该认定为是恶意串通损害了国家利益。

这里的第三人，应当是指合同实际订立人之外的第三人，其可能是合同外的第三人，也可能是被代理人等合同当事人。

恶意串通，损害国家、集体或者第三人利益的合同，是绝对无效的合同，应按照《合同法》第 59 条之规定，将双方当事人因该合同所取得的财产，收归国有或者返还给集体或者个人。

（三）以合法形式掩盖非法目的

以合法形式掩盖非法目的是指当事人实施的行为在形式上是合法的，

但在内容上和目的上是非法的,这种行为又叫作隐匿行为。在实施这种行为中,当事人故意表示出来的形式或故意实施的行为并不是其要达成的目的,也不是其真实意思,而只是希望通过这种表面上看起来合法的形式和行为掩盖和达到其非法目的。如订立赠与合同,目的在于逃避法院的强制执行,以逃避债务;订立联营合同,目的在于非法拆借资金;以合作的形式变相移转划拨土地的使用权等。因被掩盖的目的非法,在后果上损害了国家、集体或者第三人的利益,故该类合同应为无效。应该注意的问题是:如果当事人所掩盖的真实目的并不违法,这样的合同不是无效合同,而是有效合同。例如两公民的本意是要租赁私有房屋,但是为了掩盖其租赁的事实,却订立了一个借用合同。这样的合同不是无效合同,应按照行为人的真实意图处理,使被掩盖的行为生效,即应按有效的租赁合同处理。相反,如租用的房屋本来就是租用的公有房屋,由于公有房屋禁止非法转租,当事人以借用合同掩盖非法转租的事实,这样的合同就是无效的合同。

总而言之,以合法形式掩盖非法目的的合同具有以下特点:①当事人在合同中表示的意思并非其真实意思,合同中的当事人故意表示出来的意思或故意实施的行为并不是其要达到的目的,而只是希望通过这种形式或行为掩盖其所要实现的非法目的。在此应与规避法律的行为相区别,规避法律的行为只是通过实施某种规避行为以达到违法的目的,而没有实施掩盖的行为。②合同的双方当事人明知其表示的并非真意,而故意进行虚伪表示。③被掩盖的行为在性质上是非法的。这种非法既可以是该行为违反了法律、行政法规强制性规定,也可能是侵害了国家、集体或者第三人利益以及社会公共利益、社会公德。在被掩盖的行为并不违法的情况下,则应当按照当事人的真实意思认为当事人之间签订了被掩盖的合同,适用该合同的有关法律规定和双方的约定来调整双方当事人之间的权利义务关系。

(四)损害社会公共利益

我国现行民事立法确定的社会公共利益原则相当于国外民法的公共秩序和善良风俗原则。这一原则起源于罗马法,之后被大陆法系国家的民法所借鉴。《法国民法典》第 6 条规定:"个人不得以特别约定违反有关公共秩序和善良风俗的法律。"《德国民法典》第 138 条规定:"违反善良风俗的行为无效。"《日本民法典》第 91 条同样规定:"以违反公共秩序或善良风俗的事项为标的的法律行为为无效。"我国《合同法》第 52 条第 4 款规定，损害社会公共利益的合同无效。公共秩序和善良风俗原则对于维护国家、社会一般利益及社会道德观念具有重要价值，并被视为现代民法至高无上的基本原则。

社会公共利益体现了全体社会成员的最高利益，违反社会公共利益或公序良俗的合同无效。根据梁慧星教授的观点，此类合同包括十种：①危害国家公共秩序的行为，如将从事犯罪或者帮助犯罪的行为作为内容的合同，以及规避课税的合同；②危害家庭关系的行为，如约定断绝亲子关系的合同，婚姻家庭关系中的违约金的约定等；③违反性道德的合同，如对婚外同居人所作出的赠与和遗赠的合同等；④非法射幸合同，如押赌合同；⑤违反人格或者人格尊严的合同，如以债务人的人身为抵押的条款，规定企业有权对顾客或雇员搜身搜查的标准合同条款；⑥限制经济自由的行为，如限制职业自由的条款；⑦违反公平竞争的行为，如拍卖或招标中的串通行为，以贿赂方式诱使对方的雇员或代理人与自己订立的合同等；⑧违反消费者保护的行为，如利用欺诈性的交易方法致消费者重大损害等；⑨违反劳动者保护的行为，如规定"工伤概不负责"的合同，以及规定如雇员一旦结婚立即辞退的合同；⑩暴利行为。

在司法实践中确定损害社会公共利益的合同，可以参见上述学者意见判断。构成损害社会公共利益的合同一律绝对无效，严格按照《合同法》第58条规定处理。

（五）违反法律、行政法规的强制性规定

违反法律、行政法规的强制性规定的合同是指当事人在订约目的、具体内容以及在形式上都违反法律、行政法规的强制性规定的合同。

从违反法律的类型来看，此处的法律、法规应当包括两种：一是全国人大及其常委会颁布的法律；二是由国务院颁布的行政法规。此处所谓的法律、法规不包括地方性法规、行政规章和司法解释。

从违反法律的内容看，合同无效是指其违反了法律和行政法规中的强制性规定，而不是任意性规定。依照《合同法解释（二）》第14条就强制性规定的限制来看，只有对"效力性强制性规定"的违反才会导致合同无效，强制性规定中不是涉及效力方面的内容，即使违反了，也不一定会导致合同无效。

从违反法律的原因看，当事人在主观上可以是故意所为，也可以是过失所致。故意所为是指明知合同违法，却坚决订立这样的合同。过失所致是指不明合同违法，但是所订立的合同在客观上违反法律或者行政法规的强制性规定。就是指即使当事人在订立合同时根本不知道所订立的合同条款是法律所禁止的，亦应确认合同无效。若以当事人不懂法律为由而确认合同有效，则等于放纵并支持当事人违法，将必然导致对法治原则和法律秩序的严重破坏。当然，因立法的变更而致合同非法，则应根据新法是否具有溯及力来认定。若无溯及力，则过去的法律认为有效的合同仍然应确定合同有效，按有效合同处理；若在新法颁布生效并实施以后，合同仍在履行，则已经履行的部分按有效处理，而对未履行的部分当事人可按合同的解除去处理或将无效的部分经过当事人修改成合法的内容再去履行。若有溯及力，则按无效合同处理。在无效合同成立后而被宣告无效前，新法生效，按新法该合同有效，则应根据新法的规定，按有效处理。

三、部分无效

《合同法》第 53 条规定："合同中的下列免责条款无效：①造成对方人身伤害的；②因故意或者重大过失造成对方财产损失的。"第 56 条规定："无效的合同或者被撤销的合同自始没有法律拘束力。合同部分无效，不影响其他部分效力的，其他部分仍然有效。"第 57 条规定："合同无效、被撤销或者终止的，不影响合同中独立存在的有关解决争议方法的条款的效力。"以上规定均为合同部分无效的法律规定。合同作为一种双方法律行为，当事人之间的权利义务关系往往以条款方式加以列举确定，合同条款是合同内容的相对独立结构。如果合同的部分内容无效，而该部分与其他部分合同内容有牵连关系，其无效将影响其他部分效力的，则应当认定整个合同无效。但如果无效的部分并不影响其他部分效力的，则其他部分仍然有效。

 第四节 合同的撤销

一、合同撤销的概念和特征

合同的撤销又称为可撤销合同或可变更、可撤销的合同，指当事人在订立合同时，因意思表示不真实，法律允许撤销权人通过行使撤销权而使已经生效的合同归于消灭。存在撤销原因的合同叫可撤销合同或可变更、可撤销合同。在可撤销合同中，拥有撤销权的一方当事人行使撤销权之前，合同对当事人仍有效力；只有在该当事人行使撤销权，法院或仲裁机构同意撤销该合同后，该合同效力才消灭，且溯及合同成立之时。

合同的撤销具有如下法律特征：

1. 撤销因意思表示不真实而产生的。我国《合同法》将因欺诈、胁迫、乘人之危、重大误解、显失公平而成立的合同归入可撤销的合同范围，这就实际上将撤销的对象限定为意思表示不真实的合同。我国《合同法》把因欺诈、胁迫而成立的合同一分为二，将其中具有"损害国家利益"特点的作为无效的对象，相对于传统民法而言，缩小了可撤销的范围。

2. 合同的撤销须由撤销权人主动行使撤销权来实现。由于合同的撤销主要涉及当事人意思表示不真实的问题，而当事人意思表示是否真实，合同以外的人常常难以判断，即使合同以外的人已经得知一方当事人因意思表示不真实而受到利益上的损害，然而当事人不主动提出撤消而自愿承担损害的后果，法律也应允许这种行为有效存在。故法律将是否主张撤销的权利留给撤销权人，由其决定是否撤销合同。对此类合同的撤销问题，法院或仲裁机构应采取不告不理的态度。如果当事人不主张提出撤销，法院不能主动地宣告合同被撤销。这是它与合同无效的不同点。总之，合同的撤销只能通过撤销权人行使撤销权来实现。

3. 撤销权不行使，合同继续有效；撤销权行使，合同自始归于无效。这是其不同于合同的无效与效力待定的又一个显著区别。

对于合同的撤销，撤销权人有权决定是否提出撤销。如果撤销权人未在规定的期限内行使撤销权，或者撤销权人在规定的期限内明显表示或者以自己的行为放弃撤销权的，或者撤销权人仅仅要求变更合同条款，并不要求撤销合同，则可撤销合同仍然有效，当事人仍应依合同规定履行义务。任何一方不得以合同具有可撤销的因素为由而拒不履行其合同义务。如果撤销权人行使撤销权，法院或仲裁机构依法撤销该合同后，该合同自始归于无效。

4. 可撤销合同中的撤销权人可以变更或撤销合同。我国《民法通则》、《合同法》称可撤销合同为可变更、可撤销合同，意思是指对此类合同，撤销权人有权请求予以撤销，也可以不要求撤销而仅要求变更合同的内容。所谓变更，是指当事人之间通过协商改变合同的某些内容，或请求法院或仲裁机构变更合同的某些内容，通过变更使当事人之间的权利义务趋于公平合理，在变更的情况下，合同仍然是合法有效的。《合同法》主张先变更、后撤销，即变更不成时再行使撤销权，这是鼓励交易原则的要求。

二、可撤销合同产生的原因

《合同法》第 54 条规定，可撤销合同产生的原因包括因重大误解而订立的合同、显失公平的合同、因欺诈而订立的不损害国家利益的合同、因胁迫订立的不损害国家利益的合同以及因乘人之危而订立的合同。即将这些合同作为可撤销的对象。

（一）因欺诈、胁迫而订立的合同

《民法通则》规定欺诈、胁迫是合同无效的原因，《合同法》除了将导致损害国家利益的欺诈、胁迫规定为无效的原因外，其余的均作为可撤销的原因。在合同系欺诈、胁迫而成立的情况下，《合同法》的规定优先适用。《合同法》第 54 条第 2 款的规定为什么学说赞成优先适用呢？其学说理由如下：①《合同法》以意思自治为原则，承认合同权利为自治权，意思自治是合同权利的本质属性。根据此，法律宜尽可能承认已成立的合同有效，把欺诈、胁迫作为可撤销的原因，充分尊重受欺诈人、胁迫人的意思，体现了意思自治原则的要求。②《合同法》将此类合同作为可撤销合同给予了受害人更多的选择机会，这对于保护受害人是极为有利的。如受害人认为合同继续有效对其有利，可要求变更合同；如认为违约责任的适用对其更为有利，可要求在确认合同有效的情况下，责令欺诈、胁迫行为人承担违约责任；若认为合同继续有效对其不利，可请求法院或仲裁机构撤销该合同，在合同被撤销后，将发生同合同被宣告无效后同样的后果。③在某些情况下，欺诈、胁迫可能产生认识上的错误，致使合同未损害受欺诈人、受胁迫人的利益或者损害轻微，甚至欺诈人、胁迫人自身受损。于此场合，把欺诈、胁迫作为可撤销的原因，受欺诈人、受胁迫人可不行使撤销权，让合同生效履行，更有效益或惩罚了恶意之人。④合同是否存在欺诈、胁迫因素，当事人若不提出，外人难以知晓。把欺诈、胁迫作为合同无效的原因，在合同存有欺诈、胁迫因素，当事人并不披露，双方均按合同履行时，法律的权威便受到损伤，显得法律无能。故把欺诈、胁迫作为可撤销的原因，则不存在这个问题。由于因欺诈、胁迫而产生的可撤销合同与因欺诈、胁迫而产生的无效合同的构成要件基本相同，故在此不再论述，请参见合同无效一节的相关内容。

（二）乘人之危的合同

所谓乘人之危是指一方当事人故意利用他人的危难处境或紧迫需要，迫使他方接受某种明显不公平的条件并作出违背其真实意思的意思表示，

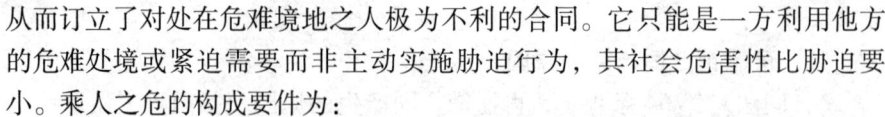

从而订立了对处在危难境地之人极为不利的合同。它只能是一方利用他方的危难处境或紧迫需要而非主动实施胁迫行为，其社会危害性比胁迫要小。乘人之危的构成要件为：

1. 他方陷于危难处境或紧迫需要。所谓危难，除了经济上的窘迫外，也包括生命、健康、名誉等危难。不过，危难并非因行为人的不法行为造成，而是由于受害人自己的主观原因造成的。所谓紧迫，是指因情况比较紧急，迫切需要对方提供某种财务、劳务、金钱等。紧迫主要包括经济上、生活上各种紧迫的需要，而不包括政治上、外交上、文化上等方面的紧迫需要。这是一方乘他方危难或紧迫而要求对方订立合同的前提条件。

2. 一方当事人故意利用该他方的危难处境或紧迫需要。由于乘人之危的合同是一方乘他方危难或紧迫而要求对方订立的合同，故不法行为人主观上具有乘人之危的故意。在这里，不法行为人不得有积极的胁迫行为，只是故意利用他方处于困境的消极行为。

3. 该他方迫于自己的危难处境或紧迫需要接受了极为苛刻的条件，不得已地与利用危难处境或紧迫需要的一方订立了合同。即受害人出于危难或紧迫而订立了合同。不法行为人乘人之危要求受害人订立合同，受害人明知对方在利用自己的危难或紧迫而获得利益，但陷于危难或紧迫需要而订立了合同。例如，因经济上十分困难而借高利贷；迫于停水的威胁而与供水单位订立了不公平的买卖合同。

4. 该合同显失公平。乘人之危的行为，往往使受害人被迫无奈地接受对自己十分不利的合同条件，订立了使自己遭受重大损失的合同。而不法行为人则取得了在通常条件下不可能取得的重大利益，并明显违背了公平原则，超出了法律所允许的限度。乘人之危的结果常常导致双方当事人利益的显著不公平，因此，乘人之危的合同也是显失公平的合同，但二者不可等同。

乘人之危与胁迫很相似，都涉及到一方危难而被迫作出违背真意的意思表示。但胁迫是行为人通过实施一定的不法行为威胁对方，迫其接受自己提出的合同条件；乘人之危是受害人自己的原因陷于危急之境况，与行为人无关，行为人不过是乘机利用而已。

《民法通则》将乘人之危作为无效的原因（第 58 条第 1 款第 3 项），《合同法》改为可撤销的原因（第 54 条第 2 款），在合同系因乘人之危而成立的情况下，《合同法》的规定优先适用，其学说理由同欺诈、胁迫。

（三）因重大误解订立的合同

所谓重大误解是指当事人为意思表示时，因自己的过失导致对涉及合同法律效果的重大事项发生认识上的显著错误，而使自己遭受重大不利，甚至根本达不到缔约目的的法律事实。重大误解的构成要件为：

1. 误解的一方当事人因为误解作出了意思表示并成立了合同。没有意思表示或未成立合同，就无所谓误解。如果仅有认识上或理解上的错误，而没有其意思表示，则不成其为误解，即有意思表示的成立是其要件之一。同时误解人的错误认识与其作出意思表示之间具有因果关系。在误解人因误解作出了意思表示之后，另一方当事人知道对方已经发生了误解并利用此种误解订立了合同。

2. 误解是由误解方自己的过失造成的。误解完全是由误解一方自己的行为所造成的，而不是因为受他人的欺骗或不良影响造成的。在通常情况，误解都是由误解人的过失造成的，即因其不注意、不谨慎、不知、不懂或误认造成的。若误解人具有故意或重大过失，如误解人对于对方提交的合同草案根本不看就签字盖章，则误解人无权要求撤销。法律不允许当事人在自己具有故意或重大过失的情况下，借因误解而订立了对自己不利的合同，而随时提出撤销。

3. 误解人对合同的主要内容、合同的法律效果等发生了重大误解。误解作为可撤销的原因，是法律为误解人提供救济机会的表现。由于误解一般是可归责于误解人的，对方当事人对此一般无责任，故对误解人的保护应是有限度的，不能不问误解的程度一律允许误解人撤销合同。正因为这样，法律只承认重大误解为可撤销的原因。我国司法实践同样认为，只有对合同的主要内容等发生误解，才构成重大误解。因为只有在对合同的主要内容发生误解的情况下，才有可能影响当事人的权利和义务并可能使误解的一方的订约目的不能实现。若仅对合同的非主要条款发生误解且不影响当事人的权利义务，就不应作为重大误解。根据《最高人民法院关于贯彻执行〈中华人民共和国民法通则〉若干问题的意见（试行）》（以下简称为《民法通则意见》）第 71 条规定："行为人因行为的性质、对方当事人、标的物的品质、质量、规格和数量等的错误认识，使行为的后果与自己的意思相悖，并造成较大损失的，可以认定为重大误解。"除此之外，我国司法实践表明，对合同的价款、报酬、履行期限、履行地点、履行方式、违约责任和解决争议方案等内容的误解，给误解人造成重大损失的，同样构成重大误解。

4. 误解是误解一方的非故意行为。如果误解人在订立合同时故意保留其真实的意思，或者明知自己已对合同主要内容发生误解而仍然与对方订立合同，则表明误解人希望并追求其意思表示所产生的效果。在此情形下，并不存在其意思表示不真实的问题，故不能按重大误解处理。

（四）显失公平的合同

所谓显示公平是指一方当事人在紧迫或者缺乏经验的情况下而订立的明显对自己有重大不利的合同的行为。《民法通则意见》第 72 条规定："一方当事人利用优势或者利用对方没有经验，致使双方的权利与义务明显违反公平、等价有偿原则的，可以认定为显失公平。"显失公平的构成要件包括：

1. 此类合同一般是有偿合同，无偿合同一般不会发生显失公平的问题。

2. 此类合同在订立时对双方当事人明显不公平。根据我国民事立法的相关规定，合同尤其是双务合同应充分体现平等、等价和公平的原则，只有这样才能真正实现合同正义。但显失公平的合同则是：一方要承担更多的义务而享受较少的权利或者在经济利益上要遭受重大损失，而另一方则以较少的代价获得较大的利益，承担极少的合同义务而获得更多的合同权利。这种利益的不公平是在合同订立时已经形成的，而不是在合同订立以后形成的。若合同订立后，发生了不可归责于双方当事人的原因使合同履行的基础动摇或丧失，按此合同履行，则会出现显失公平，此时就属于情事变更的范畴了，而不应该按可撤销合同对待。

3. 一方获得的利益超过了法律所允许的限度，这种明显的不对等，违反了公平原则。以显失公平作为合同可撤销的原因，是为了禁止或限制一方当事人获得超过法律允许的利益。而且一方获得的利益与另一方获得的利益在主观上，特别是在客观上出现了明显的不对等、不公平，而这种不对等、不公平超过了法律允许的限度，严重违反了公平原则。如某人投资额占全部投资的大半，但利润的分配比例仅占 5% 等，其承担的风险却又是一大半，与投资额相当。此种情况就违背了民法的等价、公平原则，也违反了当事人的自主、自愿，则构成了显失公平的合同。

4. 受害的一方在订立合同时缺乏经验或情况紧迫，而另一方有在订立合同时具有利用优势或利用对方轻率、无经验等与受害方订立显失公平合同的故意。在订立合同时受害人因无经验，对行为的内容缺乏正当认识的能力，或者因某种急需或其他的急迫情况而接受了对方提出的条件。故显失公平的合同对于利益受损失的一方而言，并不是其自愿接受的。由于显失公平的合同在订立时具有瑕疵，利益受到损害的一方并未充分表达其意思，故从这个意义上讲，显失公平的合同可以说是一方意思表示不真实的合同。当然这种意思表示不真实确与利益受损失的一方的过失有某种不可分的联系。

由于显失公平的合同在订立时，在客观上的表现是当事人在给付与对待给付之间失衡或造成利益不平衡。在主观上则是一方具有利用优势或利用对方轻率、无经验等与受害方订立显失公平合同的故意。此种利用他人的主观状态已表明行为人背离了诚实信用原则的要求。显失公平的合同正是由主观与客观两个方面构成的。所以说，如果受害人不能证明对方具有此种主观上的故意而仅能证明自己在订立合同时缺乏经验和技能、不了解市场行情、草率等，从而订立于己不利的合同，则不能认定对方符合显失公平的主观要件。在这样的情况下，不利的一方应承担由此造成的不利后果。

三、撤销权及其行使

撤销权是指撤销权人依其单方的意思表示使合同等法律行为溯及既往地消灭的权利。撤销权以其性质上讲属于形成权。撤销权通常是由意思表示不真实而受损害的一方当事人享有，如因欺诈、胁迫而成立的合同中为受欺诈人、受胁迫人，在因重大误解而成立的合同中为误解人，在显失公平场合为受到重大不利之人，在乘人之危场合为处于危难境地之人。把他们统称为撤销权人。撤销权的行使，不一定必须通过诉讼的方式。若撤销权人向对方作出撤销的意思表示，而对方未表示异议，则可以直接发生撤销合同的后果；如对撤销问题，双方发生争议，则必须提起诉讼或仲裁，依法要求法院或仲裁机构予以裁决。

根据《民法通则》第 59 条第 1 款和《合同法》第 54 条第 2 款之规定，撤销权人通过诉讼方式，请求人民法院或仲裁机构予以变更或撤销；根据《合同法》第 54 条第 3 款和《民法通则意见》第 73 条第 1 款规定，当事人请求变更的，人民法院或者仲裁机构应当予以变更，不得撤销；根据《民法通则意见》第 73 条第 1 款规定，当事人请求撤销的，人民法院可以酌情予以变更或者撤销。从以上规定来看，我国现行法要求撤销权人通过诉讼方式予以变更或撤销合同。从理论上讲，合同的变更涉及双方当事人权利义务的改变，不经过当事人的协商同意，直接由法院或者仲裁机构决定，即涉及到与意思自治原则之间的关系，又容易出现不合理的结

果。因此，我国现行法要求撤销权人只能通过诉讼方式请求人民法院或仲裁机构予以变更或者撤销合同的规定存在着不科学、不全面、不协调的问题。

撤销权须在除斥期间内行使。该除斥期间为 1 年（这是《合同法》第 55 条第 1 项之规定）。但对该除斥期间的起算点，现行法的规定却不尽一致。《合同法》第 55 条第 1 项规定，撤销权自撤销权人知道或应当知道撤销事由之日起开始计算。《民法通则意见》第 73 条第 2 款规定，撤销权自民事行为成立时起算。在法律效力的位阶上，《合同法》高于最高人民法院的司法解释，在合同的撤销上，《合同法》又是民法的特别法，所以，适用于合同撤销权的除斥期间，其起算点为自撤销权人知道或应当知道撤销事由之日。

根据《合同法》第 55 条和《民法通则意见》第 73 条第 2 款之规定，撤销权消灭的事由是：一是具有撤销权的当事人自知道或应当知道撤销事由之日起 1 年内没有行使撤销权；二是具有撤销权的当事人知道撤销事由后明确表示或以自己的行为放弃撤销权的。

根据《民法通则》第 59 条第 2 款和《合同法》第 56 条前段之规定，撤销权行使的效力是使合同自其成立时起无效，即被撤销的合同自始没有法律拘束力。

第五节 效力待定合同

一、效力待定合同的概念和特征

效力待定合同又称效力未定合同或合同效力的补正，指已经成立的合同因合同当事人或实际订立人欠缺一定的权限或能力，即合同欠缺主体资格这一有效要件，能否发生当事人预期的法律效力尚未确定，只有经过有权人的追认，才能化欠缺有效要件为符合有效要件，发生当事人预期的法律效力；有权人在一定期间内不予追认，合同归于无效。由于这类合同在有权人追认以前处于有效或无效不确定的状态，因而称为效力待定合同或者叫作效力未定的合同或者叫作合同效力的补正。其法律特征如下：

（一）合同已经成立

根据《合同法》第 47、48、51 条之规定，效力待定合同包括限制行为能力人依法不能独立订立的合同；无权代理人订立的合同；无处分权人订立的合同三类。该三类合同已经订立，只不过欠缺合同的主体资格而效力处在待定状态，即合同已经成立是效力待定合同的特征之一。

（二）因当事人或实际订立人欠缺主体资格而使合同的效力尚未确定

合同虽已成立，但因其实际订立人或合同当事人欠缺一定的权限或能力而发生效力的瑕疵，具体而言包括：合同当事人欠缺相应的民事权利能力或者民事行为能力、合同当事人欠缺对合同标的相应的处分能力以及合同的实际订立人欠缺相应的代理权。这些权限或能力的欠缺一般并不涉及国家利益或者社会公共利益，也不违反法律、行政法规的强制性规定，与合同制度的目的并无根本冲突，故法律对其否定性评价是相对的，允许有权人通过追认消除这些权限或能力的欠缺。但在存在此种欠缺的情况下，往往会损害当事人或合同外特定第三人的利益，因而法律不允许其成立后即发生效力，而是将该合同是否有效的判断权交给可能因之受损或者负有某种保护义务的人，由其通过行使追认权来使合同溯及既往的生效，或者拒绝追认而使合同确定无效。

（三）合同发生效力须经权利人追认

所谓追认是指权利人明确作出同意或承认的意思表示。追认必须是明示的，沉默不构成追认；追认必须是无条件的，对合同全部条款的同意，附条件的同意或只同意部分条款属于提出新的要约，必须相对方同意方可有效。

合同成立后，其效力尚未确定，即效力尚不发生，须待有权人追认后方可溯及合同成立时发生效力。在权利人未追认前，合同效力尚不发生，当事人亦不能履行该合同。这与无效合同是不同的，无效合同中即使当事人事后承认也确定无效；与可撤销合同的不同之处是，可撤销合同合同成立后即发生效力，但在撤销权人行使撤销权后其效力溯及既往地消灭。

（四）效力待定合同的范围应由法律明确规定

根据《合同法》第47、48、51条之规定，效力待定合同包括：限制行为能力人依法不能独立订立的合同；无权代理人订立的合同；无处分权人订立的合同三类。

二、效力待定合同产生的原因

（一）限制民事行为能力人依法不能独立订立的合同

1. 限制民事行为能力人订立的合同。根据《合同法》第 47 条第 1 款的规定，限制民事行为能力人原则上由其法定代理人代其订立合同，若独立订立合同，须经其法定代理人追认，方为有效。当然，限制行为能力人订立纯获利益的合同或者与其年龄、智力、精神健康状况相适应而订立的合同，不需要法定代理人追认。根据《民法通则意见》第3条和第4条的规定，判断合同与其年龄、智力、精神健康状况是否相适应，应当从行为与本人生活相关联的程度、本人的智力或精神健康状况能否理解其行为并预见相应的行为后果，以及行为标的的数额等方面来认定。

需要关注的问题是，《合同法》第9条规定："当事人订立合同，应当具有相应的民事权利能力和民事行为能力。"既然欠缺相应的民事行为能力将导致合同效力待定，则欠缺相应的民事权利能力而订立的合同效力又如何？由于公民的民事权利能力自出生时开始，即自然人不存在订立合同时欠缺相应的民事权利能力的问题，故这一问题主要体现在法人和其他组织上。法人和其他组织的民事权利能力即其经营范围，《合同法解释（一）》第10条规定："当事人超越经营范围订立合同，人民法院不因此认定合同无效。但违反国家限制经营、特许经营以及法律、行政法规禁止经营规定的除外。"因此可见，法人和其他组织欠缺相应的民事权利能力而订立合同的情况下，如无其他合同效力上的瑕疵，合同原则上有效，但在违反国家限制经营、特许经营以及法律、行政法规禁止经营的情况下，应当依据《合同法》第52条第5项的规定，以合同违反法律、行政法规的强制性规定为由宣告合同无效。

2. 法定代理人的追认权、否认权。所谓"追认"是指权利人事后同意或者承认，在效力待定的合同中，追认是有权人对无权人订立的合同予以承认的一种单方意思表示。

该追认权，属于形成权，由限制民事行为能力人的法定代理人享有和行使。限制民事行为能力人取得民事行为能力后，也有权追认合同。该追认权的行使，由限制行为能力人的法定代理人以意思表示的方式向合同相对人行使，追认的意思表示到达相对人时生效，合同自订立时起生效。追认权具有溯及既往的效力。（《合同法解释（二）》第11条）如果法定代理人拒绝追认，则合同确定地不生效力，即该合同从成立时无效。拒绝既可以直接以明示向相对人为之，亦可以对相对人的催告保持沉默，从而默示拒绝。该拒绝追认便是法定代理人享有的否认权。

该追认权、否定权同样有除斥期间的限制。该除斥期间在《合同法》上为1个月（见《合同法》第47条第2款）。其起算点，《合同

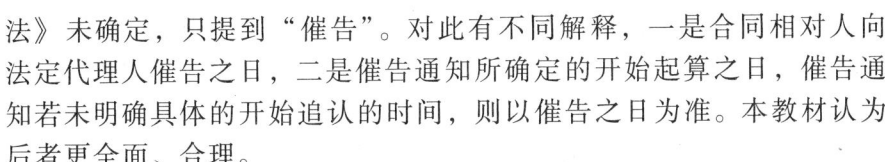

法》未确定，只提到"催告"。对此有不同解释，一是合同相对人向法定代理人催告之日，二是催告通知所确定的开始起算之日，催告通知若未明确具体的开始追认的时间，则以催告之日为准。本教材认为后者更全面、合理。

3. 相对人的催告权和撤销权。追认权制度旨在保护限制民事行为能力人及其法定代理人，但相对人的利益也不得漠视。根据《合同法》第47条第2款之规定："相对人可以催告法定代理人在1个月内予以追认。法定代理人未作表示的，视为拒绝追认。合同被追认之前，善意相对人有撤销的权利。撤销应当以通知的方式作出。"这就是说，为求得平衡，法律赋予相对人两项权利，即催告权与撤销权。相对人在订立合同后的一定期间内，有权催告法定代理人在1个月内是否追认。

相对人行使催告权应当注意以下几点：①催告权的行使以法定代理人尚未追认为前提，若已经追认，则合同已溯及既往生效，无须再行催告；②催告应当向法定代理人作出，不能向限制行为能力人作出，否则不能发生效力；③催告中应当为法定代理人确定1个月以内的期限进行追认，该期限为除斥期间，在期间内法定代理人未作表示，则为不作为的默示，视为拒绝追认。追认权不会永远存续。法定代理人在自催告通知所确定的开始起算点之日起1个月内不作追认，限制行为能力人与相对人之间的合同归于消灭，追认权也不复存在。依据诚信原则，催告权也应当在合理期间内行使。

为了维护当事人之间的利益均衡，法律还允许善意相对人行使撤销权，在认为该合同的生效对自己不利或为尽快消除法律关系不稳定状态，其可以通过撤销权使合同确定地不生效力。善意相对人行使撤销权须应注意以下几点：①撤销权必须在法定代理人作出追认之前行使，否则合同已经溯及既往的生效；②撤销权只能由善意的相对人行使，如相对人明知对方欠缺相应的行为能力或明知其法定代理人不同意而缔约，则等于其自愿接受了合同效力待定的后果，自然不能行使该项权利；③撤销权的行使方式为合同相对人向法定代理人发出撤销通知，该通知到达法定代理人处发生撤销的效力（其根据是《合同法》第47条第2款）。

（二）无权代理人订立的合同

无权代理人代订的合同又称无权代理合同，是指无权代理人以被代理人名义与相对人订立的合同。无权代理人代订的合同对被代理人产生效力，有两种途径：①无权代理人的代理行为经被代理人追认。被代理人的追认包括以通知方式所作的明示追认，也包括以自己实际开始履行合同义务的行为的默示追认；（《合同法解释（二）》第12条）②无权代理人的代理行为构成表见代理。被代理人基于表见代理承担有效代理行为所产生的责任后，可以向无权代理人追偿因代理行为而遭受的损失。（《合同法解释（二）》第13条）

根据《合同法》第48条第2款之规定，相对人可以催告被代理人在1个月内予以追认。被代理人未作表示的，视为拒绝追认。合同被追认之前，善意相对人有撤销的权利。撤销应当以通知的方式作出。这说明，在无权代理合同中，相对人享有对被代理人的催告权，相对人为善意时还享有撤销权，其与欠缺相应的民事行为能力合同中相对人享有的这两项权利是基本相同的。故无权代理人代订的合同中涉及的追认权、催告权、撤销权、除斥期间，在基本原理上相同于限制民事行为能力人订立的合同场合的相关叙述，在此不再论之。

（三）无权处分的合同

无权处分人订立的合同又称无权处分合同，是指无权处分人与相对人订立了处分他人财产权的合同。无权处分行为违反了法律关于禁止处分的规定，并可能会损害真正权利人的利益。如甲将某物借给乙使用，乙将该物非法转让给丙，乙、丙之间的买卖合同属于因无权处分而订立的合同。《合同法》第51条规定："无处分权的人处分他人财产，经权利人追认或者无处分权的人订立合同后取得处分权的，该合同有效。"这一规定表明，无处分权的人处分他人财产的行为，须经权利人追认或无处分权的人于缔约后取得处分权时，合同自始有效。无处分权的人于履行期限届满前未取得处分权，权利人又不予追认的，合同无效。该无效处分具有以下特点：①行为人实施了法律上的处分行为。这种处分主要是指处分财产所有权或债权的行为。②行为人没有法律上的处分权而处分了他人的财产。由于无权处分行为包括了行为人处分他人财产的行为和行为人与相对人之间所订立的合同，所以无权处分涉及到行为人与权利人之间的关系问题，尤其是涉及到此种行为是否符合权利人的意志和利益，是否构成对权利人所有权的侵害等问题，又涉及到对善意的相对人如何保护，如何维护交易的安全与秩序的问题。③因行为人处分财产的行为而使行为人与相对人订立了合同。④行为人是以自己的名义实施处分行为。正因为行为人是以自己的名义从事处分行为，因此，无权处分合同的当事人是行为人和相对人,真正的权利人并不是当事人,即使权利人事后追认了无权处分合同,也不会发生合同主体的变更,向相对人履行合同义务的主体仍然是处分人。

因无权处分行为而订立的合同在以下两种情况下是有效的:①经权利人追认。"权利人"是对财产享有处分权的人,一般是财产的所有权人。"追认"是权利人同意无权处分行为的意思表示,即权利人同意无处分权人处分他的财产。追认是一种单方的意思表示,目的在于使无权处分行为具有法律效力。追认须明确地作出意思表示。追认的意思表示可以直接向相对人作出,也可以向无权处分人作出。②无处分权人订立合同后取得处分权。无处分权人订立合同后取得处分权是无处分权人在订立合同时对某财产无处分权,但在订立合同后,由于继承、买受、受赠等原因取得了该项财产的处分权。无处分权人事后取得处分权也只能从原权利人处取得处分权,因此,无处分权人取得处分权是符合原权利人的意愿的,从而消除了导致合同无效的因素,使合同有效。

因无效处分而订立的合同在权利人拒绝追认和处分人事后未取得权利的情况下是无效的。在权利人追认和处分人事后取得权利之前,该合同的效力处于待定状态。

在无权处分的情况下,权利人拒绝追认和处分权人事后未取得权利的情况下,该无权处分合同无效。但该无效不能对抗善意第三人。因为相对人在与无权处分人进行交易时,主观上可能是善意的、无过失的,如果因权利人拒绝追认,而宣告该行为无效,则相对人只能在合同被宣告无效后请求返还财产,并基于无权处分人的过错请求赔偿损失,但显然不能要求无权处分人承担违约责任。而违约的损害赔偿与无效情况下缔约过失责任的损害赔偿相比较,显然是要求处分人承担违约的损害赔偿对相对人更为有利。如果承认合同有效,即使无权处分人根本没有财产可供交付,也构成违反合同,应负权利瑕疵担保的责任。若转让财产后该财产受到第三人的追索,转让人应当向受让人承担合同责任,受让人虽然难以要求转让人实际履行,但可以要求转让人承担支付违约金并赔偿损失的责任。但合同因权利人不予追认而被宣告无效,则转让人只承担无效后的赔偿责任,这对受让人来讲是不利的。故权利人拒绝追认无权处分行为而导致的合同无效,不得对抗善意第三人。若因权利人拒绝追认而使无权处分合同无效,权利人则可基于物上请求权而对无权处分人提出返还原物、赔偿损失等请求。或者权利人请求无权处分人返还不当得利,甚至再要求无权处分人承担侵权损害赔偿的责任。这里的侵权行为是一般侵权行为，权利人举证责任重。

此时的追认权属于形成权，应在一定期间内行使；逾此期间，追认权消灭。追认的表示可以直接向受让人作出，也可以向无权处分人作出。《合同法》未明文规定该追认权的除斥期间及其起算点的确定标准，也未规定受让人是否享有催告权和撤销权，构成法律漏洞，需要填补，以使《合同法》更加完善。

三、表见代理与表见代表

（一）表见代理

《合同法》第49条规定："行为人没有代理权、超越代理权或者代理权终止后以被代理人名义订立合同，相对人有理由相信行为人有代理权的，该代理行为有效。"这就表明了在表见代理的情况下，代理行为有效，合同不因欠缺代理权而影响其效力。表见代理制度的意义在于保护交易中善意第三人合理的信赖利益，以维护交易的安全。在因表见代理而订立的合同中，表见代理制度的设立是为了保护善意相对人的信赖利益和交易的安全。表见代理具有以下要件：①无权代理人并没有获得被代理人的明确授权。表见代理属于广义上的无权代理。但与狭义的无权代理不同，狭义的无权代理非经被代理人追认不发生代理的效果，而在表见代理情况下，将直接发生代理的效果。②客观上存在使善意相对人相信无权代理人拥有代理权的理由。③相对人为善意而且无过失。需要指出的是，是否构成表见代理，应当由相对人主张。因此，善意的相对人可以根据自己的利益来选择是主张表见代理从而消除因无权代理引起的合同的效力瑕疵，还是不主张表见代理而直接行使其撤销权。

（二）表见代表

《合同法》第50条规定："法人或者其他组织的法定代表人、负责人超越权限订立的合同，除相对人知道或者应当知道其超越权限的以外，该代表行为有效。"这一规定的越权行为属于效力确定的行为，相对人不知亦不应知法定代表人超越其权限时，它们之间订立的合同为有效，否则，一般情况下为无效，因为法律不宜保护恶意之人。但有学者认为，在该合同不违反强行性规范，对法人、相对人均为有利时，应该承认该合同为有效。

第六节 合同无效或被撤销的法律后果

《合同法》第 56 条规定："无效的合同或者被撤销的合同自始没有法律拘束力。"可见，无效的合同和被撤销的合同都是自始无效。"自始无效"是指合同一旦被确认为无效或者被撤销，就将产生溯及力，使合同从订立之时起就不具有法律拘束力，以后也不能转化为有效合同。不被追认的合同，仍为自始无效，即合同自始不能发生效力。

合同不能发生效力只是说合同不能产生当事人所预期的法律效果，并不意味着合同被确认无效或被撤销或不被追认后就不发生任何法律后果。《合同法》第 58 条规定："合同无效或者被撤销后，因该合同取得的财产，应当予以返还；不能返还或者没有必要返还的，应当折价补偿。有过错的一方应当赔偿对方因此所受到的损失，双方都有过错的，应当各自承担相应的责任。"根据这一规定，当事人应当将对方的财产状况恢复到合同订立以前的状态，具体而言，合同被确认无效或被撤销或不被追认将发生下列法律后果，这些法律后果不是合同当事人订立合同时所期望发生的结果。

一、返还财产

合同被确认无效或被撤销或不被追认，自始归于消灭，当事人一方或双方基于合同所为之给付，失去法律上存在的依据，应予返还。该给付为财产交付时，发生返还财产的效果。财产返还有单方返还和双方返还两种方式。如果双方当事人都取得了对方支付的财产，则应该双方返还财产；如果只有一方当事人取得了财产，则只存在单方返还财产的问题。返还财产应以恢复原状为原则。所谓恢复原状即回复到当事人订立合同前的财产状况。在该给付物为动产的情况下，其所有权重新复归给付人享有。在该给付物已经办理了过户登记手续场合，受领人负有注销权属登记的义务，给付人享有请求权属登记的权利。这样，返还财产实际上是所有物的返还、所有权的复归，具有物权的效力。

返还财产具有物权效力，即优先于普通债权的效力。当受领人的财产不足以清偿数个并存的债权时，给付人能够优先于其他人而获得财产的返还。当原物不存在时，即无此优先效力。

二、折价补偿

如果已经交付的财产不能返还或者没有必要返还，应当折价补偿。所谓不能返还有事实上的不能返还和法律上的不能返还两种情形。事实上不能返还是由于某种客观事实而导致财产无法返还，如原物灭失而且无替代品，或原物客观上已经损毁灭失，难以恢复原状；或者依财产性质不能返还，如一方依照合同约定提供了一定的服务。法律上的不能返还是法律规定因合同取得的某种财产不能返还，如已给付的财产已由取得财产的当事人转让给了善意第三人，第三人已经依法取得了所有权；如果返还财产将在经济上极不合理，如交付的机器已经被安装使用，如果将其拆卸并予返还，因此发生的费用以及工厂停产停工所受的损失将远远大于机器本身的价款；或者该财产的返还对给付的一方并无利益或者造成较大负担。在如此情况下，根据《合同法》第 58 条之规定，应予以折价补偿。该折价补偿一般认为属于不当得利的请求权，不以当事人的过错为前提。只要一方当事人按照合同约定交付了财产，且该财产不能返还或者没有必要返还，其给付人就有权请求对方折价补偿，而无须考虑自己或对方对该合同被确认无效或被撤销或不被追认是否存在过错的问题。

当原物不存在时，给付人可基于不当得利请求返还，该"返还财产"仅具有债权的效力。返还财产为所有物返还时，返还范围应为受领给付时的价值额。返还财产因原物不存在而变为不当得利返还时，返还范围以现存利益为限，除非受领人为恶意。

三、赔偿损失

合同无效、被撤销或不被追认，通过返还财产、折价补偿两种方法返还之后，如果当事人一方因此还受有损失的，对方当事人对此有过错时，应赔偿受害人的损失。这种损失包括当事人为缔约而支付的谈判费用、丧失的缔约机会的损失，为受领进行准备的费用以及返还财产、折价补偿所发生的费用等。这些费用是当事人合法、合理相信该合同将有效成立而支出的费用，属于信赖利益的损失。这种有过错的当事人承担的赔偿损失的责任，在性质上应属于缔约过失责任。

缔约过失责任的成立需要具备以下构成要件：①当事人一方违反先合同义务。所谓先合同义务是指当事人双方为签订合同而相互接触洽谈磋商开始逐渐产生的注意义务，而非合同有效成立而产生的给付义务，包括相互协助、互相照顾、互相保护、互相通知、互相保密、诚实信用等义务。由于这一系列义务均以诚实信用原则为基础，随着双方债的关系的发展而逐渐产生的，故学说上又称附随义务。它从要约生效开始产生。②对方当事人受有损失。该损失仅为财产损失，不包括精神损失。该损失为信赖利益的损失，而非履行利益的损失。③违反先合同义务与该项损失之间存在因果关系，即该损失是由违反先合同义务引起的。④违反先合同义务者有过错。这里的过错是指对形成合同无效、被撤销、不被追认的原因的过错。

根据《合同法》第42条第1～3项，第43、58条等规定，缔约过失责任具有如下几种类型：①假借订立合同，以损害对方利益为目的，恶意进行磋商。②有"故意隐瞒与订立合同有关的重要事实或者提供虚假情况"的欺诈行为。③违反人格和人格尊严等违背诚实信用原则的缔约。④擅自撤销要约时的缔约过失责任。⑤缔约之际一方未尽通知、协助、告知、照顾、保护、保密等项义务给对方造成损失时的缔约过失责任。如甲、乙双方约定某日订立合同，乙因故不能去而没有通知甲，造成甲为订约往返的费用损失，在这种情况下，乙就要承担缔约过失责任；又如一下雪天，某顾客去一大酒店吃饭，在踏上饭店台阶时，因台阶没有采取防滑措施而突然摔倒在地引起骨折，此时饭店应承担未尽照顾、保护义务而给顾客造成的人身伤害损失。⑥合同不成立时的缔约过失责任（类推适用《合同法》第58条）。⑦合同无效时的缔约过失责任（《合同法》第58条）。⑧合同被变更或撤销时的缔约过失责任（《合同法》第58条）。⑨合同不被追认时的缔约过失责任（《合同法》第58条）。⑩无权代理情况下的缔约过失责任（见《民法通则》第66条第1款、《合同法》第48条及《合同法解释（一）》的相关规定）。

当然，在双方当事人对合同无效都有过错的情况下，如以合法形式掩盖非法目的的合同、双方明知违法而从事某种禁止流通物的买卖等，应当各自承担因合同无效给自己造成的损失（见《合同法》第58条的规定）。

四、行政处罚

《民法通则》第61条第2款规定："双方恶意串通，实施民事行为损害国家的、集体的或者第三人的利益的，应当追缴双方取得的财产，收归国家、集体所有或者返还第三人。"《合同法》第59条规定："当事人恶意串通，实施民事行为损害国家、集体或者第三人利益的，因此取得的财产收归国家所有或返还集体、第三人。"根据这些规定，合同无效可产生追缴财产、罚款、行政处罚。关于追缴财产的条件为双方恶意串通，实施民事行为损害国家、集体的或者第三人的利益的。所谓"当事人恶意串通，损害国家、集体或者第三人利益的"是指合同当事人在明知或者应当知道某种行为将会损害国家、集体或第三人利益的情况下而故意共同实施该行为。在当事人恶意串通订立的合同中，当事人存在共同的过错，而且是故意的，所以此类合同因明显违法而为无效合同，导致合同无效的当事人理应受到制裁。对损害国家利益的无效合同，当事人一方或者双方取得的财产都应当收缴而归于国库。对因损害集体利益的无效合同而取得的财产应当返还给集体。对因损害第三人利益的无效合同而取得的财产应当返还给第三人。

学说认为，不必强求双方恶意串通，当事人一方或双方在主观上是故意的，无效合同违反国家利益或者社会公共利益即可追缴财产。因为追缴财产作为行政处罚，是对损害国家利益或者社会公共利益的行为的处罚，至于这种损害是一方故意还是双方故意造成的，并不重要。追缴谁的财产？应追缴故意一方当事人的财产，不论是已经交付的还是约定交付的。双方当事人均为故意时，追缴双方当事人的财产。此时此刻的追缴财产排斥返还财产。

五、关于解决争议条款

《合同法》第57条规定："合同无效、被撤销或者终止的，不影响合同中独立存在的有关解决争议方法的条款的效力。"解决争议方法的条款主要是指仲裁条款，对管辖法院的选择条款，涉外合同关系中对准据法的选择条款等。这些条款是独立存在的，不受其他条款效力的影响。故合同无效或被撤销或不被追认后，虽然合同不具有履行效力，当事人之间不能依合同确定相互间的权利义务和责任，但只要关于争议解决方法的条款不违法，则该条款仍然是有效的，对于当事人之间的争议仍应按合同中约定的方法解决。合同当事人依法自由约定合同纠纷的解决方法是合同自由原则的重要体现。我国《合同法》明确允许当事人在合同中就此进行约定。总之，这些条款具有独立性，不因合同无效或者被撤销或者不被追认而影响其效力。

案例分析

（一）欺诈

【案情介绍】2003年，房地产开发商A公司向B银行申请"××小区"公寓楼按揭贷款支持。经协商一致，2004年1月16日双方签订了《楼宇按揭项目合作协议》，协议约定：B银行向符合贷款条件的"××小区"公寓楼购房人提供按揭贷款支持；双方同时签订了《最高额保证合同》，确定 A 公司为该楼盘的购房人向 B 银行借款提供连带责任担保。2004 年 3 月 31 日，A 公司与 C 签订了虚假的《商品房买卖合同》，并持虚假的首期付款收据及收入证明等相关证件，与 C 到 B 银行办理按揭贷款手续。当日，B 银行与 C 签订了《楼宇抵押借款合同》，贷款 85 000 元。同日，B 银行依合同约定将 85 000 元转入"××小区"的开发商户头上。此后，B 银行从 C 在该行的活期普通存折中逐月扣划应归还和支付的贷款本息。抵押物已在县房地产管理所办理了在建工程贷款抵押登记手续，明确了抵押权人为 B 银行。截至 2006 年 4 月 30 日止，C 尚欠 B 银行借款本金 76 808. 30 元及利息 643. 19 元。2005 年 7 月 4 日×县人民法院查封了上述抵押物（××小区 8 - 603 号房）。B 银行由此得知 A 公司与 C 之间签订的是虚假的商品房买卖合同，遂引发纠纷。

【问题】 本案借款合同是否为有效合同？

【评析】 认定主合同有效与否，对债权人担保权利的实现具有重要意义，即认定主合同有效，除非担保合同本身存在瑕疵，则担保合同也应认定有效，担保人应承担担保责任。而如果被认定无效，从合同也应认定无效，担保方不承担担保责任。担保方有过错的，其只承担缔约过失责任，且其承担责任的范围不超过债务人不能清偿部分的 1/3。

A 公司在开发"××小区"公寓楼项目过程中，为套取 B 银行的楼宇按揭贷款，与 C 协商签订了虚假的《商品房买卖合同》，并伪造 C 的个人资信证明等相关资料，以 C 的名义申请按揭贷款，经审查同意 B 与 C 签订了《楼宇抵押借款合同》。然而该贷款并没有由 C 用于按揭购房，而是被 A 公司使用。因此，C 与 A 公司之间恶意串通，对 B 银行进行欺诈，违反了诚实信用原则。对以欺诈手段订立的合同的效力，《民法通则》第 58 条第 3 项规定为无效合同，但《合同法》规定以欺诈手段订立合同，损害国家利益的，方为无效合同，否则为可撤销合同。根据后法优于前法原则，本案应适用《合同法》的规定。因此，根据《合同法》，本案的《楼宇抵押借款合同》因存在欺诈行为而属于可撤销合同，享有合同撤销权的主体是合同相对方 B 银行，非经当事人申请，人民法院不主动认定合同无效。本案中，B 在知道撤销事由后并没有向人民法院提出撤销合同的请求，而是主张合同有效，根据《合同法》第 55 条的规定，其撤销权消灭，本案的《楼宇抵押借款合同》为有效合同。

（二）转租合同的效力

【案情介绍】 A 为经营需要，与 B 签订《房屋转租协议》，B 将××路的一间门面房转租给 A 使用，双方约定 A 一次性交给 B 转租金 8 万元，每年租金 4 万，租赁期限 7 年。A 支付转租费用后经多方了解 B 对此房并不享有转租的权利，双方签订《转租协议》时，B 表示有权转租该房屋、并且保证 A 享有 7 年的承租权。A 认为 B 的该表示属于欺诈行为，使 A 的经营处于不安全状态，为保护其合法权益，现诉至法院，请求撤销《转租协议》，判令 B 退还 A 支付的 73 000 元转让费，并赔偿 A 因此而耽误的 2 个月误工损失 1980 元。

【问题】本案中，转租合同签订时是否存在欺诈事实？转租合同的效力状态如何？

【案情分析】欺诈系指一方当事人故意告知对方虚假情况，或者故意隐瞒真实情况，诱使对方当事人作出错误意思表示的行为。本案中，双方签订《转租协议》时，A 并没有考查 B 对房屋所享有的权利状态，B 也并没有明确自己是否享有转租权，但因双方所签合同是转租合同，A 在同意承租并签字的情况下可以认定 A 对 B 享有转租权的承认。再者，即使 B 并不享有转租权，根据《合同法》第 224 条第 2 款规定可知，承租人未经出租人同意转租的，出租人可以解除合同。可见，转租人无转租权并不是欺诈的事由，无权转租的后果是出租人解除权的行使，未对承租人和次承租人之间的转租合同效力作出规定，所以其效力应该从合同无效事由、合同可变更可撤销事由和合同效力待定事由来分析。在本案中，未经出租人同意的转租合同不存在《合同法》第 52 条规定的五种无效情形，同时也存在合同成立的要件，故该合同不属于无效合同，且合同签订时并不存在欺诈、胁迫、显失公平等可变更可撤销事由，该合同亦不属于可变更可撤销合同。

关于效力待定的合同，《合同法》第 51 条规定："无处分权的人处分他人财产，经权利人追认或者无处分权的人订立合同后取得处分权的，该合同有效。"该案中的 B 所享有的是租赁合同赋予的占有、使用和收益的权利，而其把租赁物转租给次承租人，是占有权和使用权的转移，是在自己权利范围内的转移和限制，而不是以物权行为为内涵的处分行为，所以该转租合同的效力不属于效力待定。

从以上分析可以得出，该案中的转租合同是有效的，A 的主张不能成立，其只能在合同约定的期限内继续使用房屋。

思考题

1. 合同的效力有哪些?
2. 合同的有效要件有哪些? 并加以论述。
3. 试述无效合同的特点。
4. 合同的无效和不成立有何区别?
5. 试述无效合同产生的原因。
6. 试述可撤销合同产生的原因。
7. 什么是可撤销合同的撤销权及如何行使?
8. 试述效力待定合同产生的原因。
9. 如何理解效力待定合同的概念? 其法律特征是什么?
10. 试述效力待定合同与可撤销合同的区别。
11. 合同无效的法律后果是什么?

 案例分析题

某钢铁公司与某机床厂于 3 月签订了一价买卖钢材合同, 约定钢铁公司在 6 月底前, 供给机床厂钢材 400 吨, 单价每吨 5000 元, 总价款 200 万元; 机床厂向钢铁公司按总价款 5% 支付定金 10 万元, 如果机床厂违约、无权要求返还定金, 如果钢铁公司违约则应双倍返还定金。此外, 合同还规定了违约金的比例。合同签订后, 机床厂向钢铁公司汇出了 10 万元的定金。6 月, 钢铁公司的经理调离该公司, 新上任的经理看到钢材价格上涨, 不少厂家向钢铁公司承购钢铁, 于是就打算把钢材卖与其他厂家。7 月份, 机床厂多次要求钢铁公司发货, 钢铁公司均搪塞而拒绝发货, 一直到 8 月中旬, 钢铁公司突然电告机床厂要求解除合同, 理由是合同是原任经理签订的, 该人已调离, 签订的合同随之解除。机床厂据理力争, 要求钢铁公司履行合同。但钢铁公司置之不理, 拒不履行合同义务。当机床厂要求双倍返还定金时, 钢铁公司仍以各种借口推托。同年 10 月, 机床厂向法院提起诉讼, 要求保护其利益。

问: 钢铁公司拒绝履行原任经理签订的合同是否合法? 本案纠纷应如何处理?

◈ 推荐书目

1. 耿林：《强制规范与合同效力：以合同法 52 条第 5 项为中心》，中国民主法制出版社 2009 年版。

2. 李仁玉：《合同效力研究》，北京大学出版社 2006 年版。

3. 黄忠：《违法合同效力论》，法律出版社 2010 年版。

4. 徐涤宇：《原因理论研究：关于合同（法律行为）效力正当性的一种说明模式》，中国政法大学出版社 2005 年版。

第四章　合同的履行

第一节　合同履行概述

一、合同履行的概念

《合同法》第 60 条规定："当事人应当按照约定全面履行自己的义务。"可见，合同的履行是指债务人按照合同的约定或法律的规定全面地、适当地履行自己所承担的义务，债权人的合同债权得到完全实现，如交付约定的标的物、标的物所有权的移转、标的物使用权的移转、劳务的提供、完成约定的工作并支付工作成果等。

合同的履行不仅是合同效力的必然结果、合同效力的主要内容，而且是整个合同法的核心。我们知道，合同的成立是合同履行的前提，合同的效力既含合同履行之意，又是合同履行的动力所在和依据。合同的担保是促使债务人履行债务、保障债权实现的法律制度。合同的保全从某种程度上起到了间接强制债务人履行合同义务的重大作用。合同债权债务的移转只不过是履行主体的变更，并不是对合同履行的否定。合同的解除虽与合同的履行方相对立，但在尽可能地保护当事人的合法利益、将合同损失降到最低限度上，两者又目标一致、目的相同。违约责任既是违约的补救手段，又是促使债务人履行合同的法律措施。所以说，合同的履行是整个合同法的核心。

二、合同履行的意义

（一）合同的履行是合同效力的必然结果

合同依法成立后，即在当事人之间产生了法律拘束力，当事人必须遵守合同的约定，否则，便应承担违约责任。合同的履行又是合同效力的主要内容。合同履行之初是合同发生效力的开始，合同履行的过程是合同效力的表现过程，合同履行结束是合同效力的终止。在合同的法律效力中，合同的履行是基本的法律效力，合同的其他法律效力都是围绕合同的履行而展开的。如合同约定权利义务的目的在于履行义务实现权利，合同的担

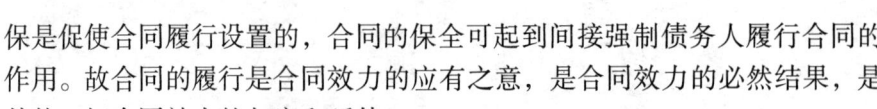
保是促使合同履行设置的，合同的保全可起到间接强制债务人履行合同的作用。故合同的履行是合同效力的应有之意，是合同效力的必然结果，是其他一切合同效力的归宿和延伸。

（二）合同的履行是债务人全面地、适当地完成其合同义务的特定行为

合同的履行是债务人完成合同债务的行为，是债务人依照合同的约定所为的特定的给付行为。这种特定的给付行为一般是特定的积极的给付行为，如给付标的物、支付价款、提供完整的服务等。债务人的特定的给付行为有时也可以是消极的给付行为，如出租人应允许承租人修缮租赁物等。总之，债务人所为的特定给付行为是合同目的的基本要求。没有债务人全面而适当地完成合同债务的行为，就不会有债权人达到成立合同目的的结果。但是，债务人履行合同债务的行为未必总能使债权人达到成立合同的目的，未必总能使债权人完全实现其债权。只有债务人全面、适当、正确地为给付行为，即全面、适当地履行合同义务，包括主给付义务、从给付义务、附随义务和不真正义务，合同目的才能得到实现，债权人的利益才能得到最佳满足。

（三）合同的履行是一系列给付行为和给付结果的总和

合同的履行是债务人全面、适当地履行合同义务的行为，这种行为的目的在于使债权人的债权得到满足，债权人得到给付的结果。故合同的履行是使债权人实现合同债权的给付行为和给付结果的统一，是完成合同义务的整个过程。我们知道合同关系存在的法律目的，乃是将合同债权转变成物权或与物权具有相等价值的权利，乃是债务人履行给付使债权人获得满足、获得给付结果。合同履行不仅指债务人的给付行为，更重要的是履行的结果，给付行为仅系履行之手段，债权人实际获得给付结果，才是合同的履行中"履行"应有之意。

在多数情况下，如建筑工程合同、劳动合同、承揽合同、运输合同等，其履行并非指最后的给付行为，而是一系列给付行为和给付结果的总和。合同履行这一特征的法律意义在于：①它能够使合同当事人从合同依法成立之时起，就关注并把握自己与对方履行合同义务的概括，确保合同义务得到全面、正确地履行；②它能使当事人提前发现对方不能履行或不能完全履行合同义务的情况，以便立即采取相应的法律补救措施，避免使自己陷入履行合同中的被动和不利状态，防止损失的发生与扩大。

（四）合同的履行是合同关系消灭的原因

从合同关系消灭的角度观察，债务人全面而适当地履行了合同义务，

合同债权即达到成立合同的目的而得到满足，合同关系即归于消灭。故合同的履行是债消灭的一种原因，而且是一种正常的消灭原因。从这个意义上讲，合同的履行又称作债的清偿。

 ## 第二节 合同履行的原则

合同履行的原则，是当事人在履行合同债务时所应遵循的基本准则。在这些基本准则中，有的是民法、合同法的基本原则，如诚实信用原则、公平原则、平等原则、合同自由原则、合同正义原则、鼓励交易原则等；有的则是专属于合同履行的原则，如全面适当履行原则、协作履行原则、经济合理原则、情事变更原则等。这些原则贯彻于合同履行的全过程，是当事人履行合同的基本要求。

一、全面适当履行原则

《合同法》第60条规定："当事人应当按照约定全面履行自己的义务。"这便确立了合同履行中的全面履行原则。全面履行原则又称全面适当履行原则、正确履行原则、约定必须信守原则，是指当事人按照合同规定的标的、质量、数量、价款，由适当的主体在适当的履行期限、履行地点，以适当的履行方式，全面完成合同义务的履行原则。这一原则是合同效力的集中体现。当事人之间通过自由、真实的意思表示达成的合意，通过法律的效力评价获得了法律效力。合同一经生效，当事人即负有信守诺言、履行合同的义务。

根据全面适当履行原则，合同当事人应当按照约定全面适当履行其合同义务。即合同当事人必须按照合同约定的履行主体、标的、质量、数量、履行方法、时间、地点及方式等全面、正确、适当地实际履行其合同义务。除非有法律的特别规定或者当事人之间的另行规定，当事人不得对合同义务进行变更。其中，全面履行是指当事人应按照合同的约定不折不扣地履行合同的全部义务；正确履行是指履行的结果应达到合同所约定的目的；适当履行是指当事人履行合同应照顾对方的活动，应尽量给对方带来方便。适当履行既要求债务人实际履行，如交付约定的标的物或提供服务，也要求这些交付的标的物、提供的服务符合法律和合同的规定，使对方当事人完全实现合同债权。而实际履行强调债务人按照合同约定交付标的物或提供服务，至于交付的标的物或提供服务是否适当、是否给对方带来方便，则无办法顾及。可见，适当履行与实际履行是不同的：适当履行必然是实际履行，而实际履行未必是适当履行；适当履行场合不会产生违约责任，实际履行不适当时则会发生违约责任。

全面适当履行原则所要求的履行主体适当、履行标的适当、履行期限适当、履行方式适当等将在本章第三节中论之。

二、协作履行原则

《合同法》第60条第2款规定："当事人应当遵循诚实信用原则，根据合同的性质、目的和交易习惯履行通知、协助、保密等义务。"这一规定体现了协作履行原则。协作履行原则是诚实信用原则在合同履行方面的具体体现。故协作履行原则亦称诚实信用原则，是指当事人在履行合同过程中不仅应当适当履行自己的合同债务，而且应基于诚实信用原则的要求，在必要的限度内，协助对方当事人履行债务的履行原则。合同具有相对性，合同的履行需要当事人相互配合，如果只有债务人的履行行为，而没有债权人的受领行为，则合同的内容、目的就难以实现。履行合同，不仅是债务人的事，也是债权人的事，协助履行往往是债权人的义务，只不过该义务有时表现为给付义务，有时表现为不真正义务。只有双方当事人在合同履行过程中积极地相互配合、相互协作，合同才会得到全面适当履行。

协作履行原则含有如下内容：①债务人履行合同债务，债权人应适当受领给付；②债务人履行合同债务，时常要求债权人创造必要的条件，提供方便；③因故不能履行或不能完全履行时，应积极采取措施，避免或减少损失，否则就扩大的损失自负其责；④发生合同纠纷时，各自应主动承担责任，不得推诿。需要指出的是协作履行原则并不漠视当事人的各自独立的合同利益，不降低债务人所负债务的力度。某种以协作履行为借口，加重债权人负担，逃避自己义务的行为，是与协作履行原则相悖的，是诚实信用原则所不允许的。协作履行原则的基础是诚实信用原则。

（一）通知义务

通知义务是指合同当事人应将自己履行义务的情况及时通知对方，以使对方采取适当行为顺利地履行合同。在合同履行过程中如遇到意外情事或不可抗力，致使当事人难以履行合同或无法履行合同，债务人应及时通知对方以免造成不必要的损失。如当合同债权人将其债权转让给他人时应及时通知债务人，否则，债权人应承担债务人不必要的增加的履行费用。

又如，在房屋租赁合同中，出租人负有维修房屋的义务，若房屋出现损坏，承租人应及时通知出租人，以免造成损失的扩大。至于通知的事项则需根据合同的性质、目的和交易习惯来确定。

（二）协助义务

协助义务是指合同债权人应协助对方履行合同义务，以使合同目的顺利实现。协助主要是债权人对于债务人的履行给予的协助，因此，它主要是债权人所应遵守的义务。而且，协助义务是履行合同过程中产生的义务，与合同履行无关的义务不应要求债权人协助。协助义务的目的是当事人相互给对方提供方便，使合同的权利义务完全得以实现。

（三）减损义务

《合同法》第119条规定："当事人一方违约后，对方应当采取适当措施防止损失的扩大；没有采取适当措施致使损失扩大的，不得就扩大的损失要求赔偿。"这就是关于减损义务的规定。减损义务即减小损失扩大义务，是指在合同履行过程中，一方使对方遭受损失，遭受损失一方应采取必要措施以防止损失进一步扩大的义务。债务人在履行合同过程中，不可抗力、意外情事或一方违约都可能使对方遭受损失。损失产生时，遭受损失的一方最有条件控制损失，若其以自己没有责任为由听之任之，使损失进一步扩大或使可避免的损失发生，那么遭受损失一方便违反了减损义务。

（四）保密义务

《合同法》第43条规定："当事人在订立合同过程中知悉的商业秘密，无论合同是否成立，不得泄露或者不正当地使用。泄露或不正当地使用该商业秘密给对方造成损失的，应当承担损害赔偿责任。"这便是《合同法》关于保密义务的规定。所谓保密义务是指合同当事人负有将通过缔结合同而了解到的对方的秘密予以保守的义务。该秘密对于知悉的一方来说，很可能一文不值，但对于持有秘密的一方来说却很重要，一旦公开或泄露或被他人不正当使用，则会带来巨大损失。故合同履行中知悉秘密的当事人应当保守该秘密。

综上所述，协作履行原则不仅是基于商业道德而要求当事人在履行合同中相互提供方便，共同实现合同目的，而且这些义务已上升为法定义务。也就是说，即使当事人在合同中未约定协作义务，如通知、协助、减损、保密等义务，也要遵循这些法定义务。若违反则应承担违约责任。

三、经济合理原则

经济合理原则是指当事人履行合同时，要追求经济效益，通过付出最小的履行成本以取得最佳的合同利益。在履行合同中贯彻这一原则，表现在诸多方面：①履行合同债务体现经济合理原则；②选择履行期限、地点、方式体现经济合理原则；③变更合同体现经济合理原则；④对违约进行补救体现经济合理原则。《民法通则》第114条和《合同法》第119条均体现了这一精神。

四、情事变更原则

（一）情事变更原则的概念

情事变更原则实际是诚实信用原则在合同履行中的应用。当事人订立合同时都是在一定的客观环境下进行的，当客观环境发生异常变动时，当事人订立合同的基础就已丧失，合同继续履行就会出现明显的不公平，法律基于维护交易的公平，遂确立了情事变更原则。那么什么是情事变更原则呢？所谓情事变更原则是指合同依法成立后，因不可归责于双方当事人的原因发生了不可预见的客观的情事变更，致使合同的基础丧失或严重动摇，若继续履行合同则显失公平，允许变更或解除合同的制度。

情事变更原则有其存在的合理性。法律一经生效实施，就应具有相对稳定性，否则，人们无所遵循，导致社会秩序的紊乱；法律是一定社会物质生活条件的反映并为之服务，当社会物质生活条件发生改变后，法律也应随之修正，以适应变化了的情况，这便是法律的适应性。据此，合同依法成立之时，有其信赖的客观环境，当事人在合同中约定的权利义务应与这种客观环境相适应。权利义务的对等和双方的对价关系是就该环境而言的。在合同依法成立之后，随着合同关系的发展变化，该客观环境发生改变或不复存在，原来约定的权利义务与新形势下形成的客观环境即不适应，不再公平合理。只有将合同变更甚至解除才符合新的客观环境，符合适应性原理，符合诚实信用原则的要求，从而实现实质的公平。

（二）情事变更原则的构成要件

1. 须有情事变更的事实。所谓情事是指作为合同成立的基础或环境的客观情况，包括订立合同时的法制环境、政策环境及经济环境（如合同订立时的供求关系）等。这里的情事变更是指上述客观情况发生了异常变动。如战争引起严重的通货膨胀。具体判断是否构成情事变更，应以是否导致合同基础丧失、是否致使合同目的落空、是否造成对价关系严重失调作为衡量判断之标准。学说认为，情事应限于国家法律法规的变化、国家经济政策的变化、社会发生了经济危机和金融危机等。

2. 情事变更须发生在合同成立以后，履行完毕之前。之所以要求情事变更原则须发生在合同成立以后，是因为若情事变更在合同订立之时或之前即已发生，当事人就应当预见到行为的后果，就应自担风险，而不应变更或解除合同。之所以适用情事变更原则要求情事变更发生在履行完毕之前，是因为合同因履行完毕而消灭，其后发生情事变更与合同无关。

3. 须情事变更的发生不可归责于当事人，即由不可抗力及其他意外事故引起。若可归责于当事人，则应由其承担风险或违约责任，而不适用情事变更原则。

4. 须情事变更是当事人所不可预见的。如果当事人在缔约时能够预见情事变更，则表明他承担了该风险，不再适用情事变更原则。

5. 须情事变更使履行合同显失公平。在合同订立时当事人都有合理的预期利益，由于情事变更的出现，使一方当事人的预期利益丧失。当事人在合同上的权利义务显失公平，出现明显的不对等，因而合同可变更或解除。

（三）情事变更原则的法律效力

情事变更原则的法律效力表现为两个方面：一是合同的变更；二是合同的解除。情事变更原则的法律效力侧重于变更合同，当无法变更合同时才考虑解除合同。

1. 变更合同。变更合同的目的是通过改变合同的某些条款使合同的履行公平合理，从而最大限度地实现当事人的利益。变更合同的方式主要表现为：①增减给付数量。这一方法是通过增加或减少履行标的的数额使当事人利益达到平衡，以促使合同得以履行。增减给付数额的请求权因由情事变更而遭受损失的一方享有时，其可向对方主张变更合同给付数额，若对方同意，则合同即可变更；若对方不同意给付数额，则可请求法院或仲裁机构予以裁决，法院或仲裁机构应衡量当事人的利益作出公平裁决。如果当事人一方提出变更合同，一方提出解除合同，则不可变更合同而应解除合同。②延期或分期履行。这种方式实际上是指履行期限的变更，主要适用于合同履行期限内发生了情事变更而阻碍合同如期履行时，当事人希望在情事变更消除后继续履行合同的情况。这一情况充分体现了鼓励交易原则。③变更合同标的物。因情事变更致使当事人一方不能交付合同的标的物，如果是种类物，应当允许当事人以同种类的其他标的物代替原标的物。如果是不能交付特定物，由于特定物不能由其他物代替，故不采取变更合同标的物方法，除非当事人另有约定。

2. 解除合同。如果变更合同仍不能消除显失公平的结果，就允许解除合同。因情事变更导致解除合同，当事人双方或一方都不存在违约行为，不能追究任何一方的违约责任。

第三节 合同履行的规则

一、履行主体

（一）债务人亲自履行

债务人亲自履行是指合同义务要由合同债务人亲自向合同债权人履行，不得由第三人代替。这包括两方面含义：①合同义务只能由合同债务人亲自履行；②履行的对象只能是向合同的债权人。这里的债务人，包括单独债务人、连带债务人、不可分债务人、保证债务人。债务人履行时是否必须有行为能力，依履行行为的性质决定。履行行为系事实行为时，不要求债务人有行为能力；是法律行为时，需债务人有行为能力。若债务人通过移转财产权利来履行时，需要他有对财产的处分权。

债务人亲自履行是合同履行的基本要求。当事人订立合同往往是基于彼此之间的信任和对对方的履约能力、履约条件、履约信誉等的了解。既然债务人已经承诺履行合同中约定的义务，同时受到债权人的信任，故债务人就应亲自实现这一承诺，亲自履行而不能随意转托他人。从合同债权人的角度讲，既然债权人接受了债务人的承诺，并对其信任，只有债务人亲自履行，才能实现合同目的，此时，债权人应当亲自接受履行。

除法律规定、当事人约定或者依据合同性质必须由债务人亲自履行的债务以外，履行可由债务人的代理人进行。其代理规则只有在履行行为是法律行为时方可适用。总之，债务人指定的人代为履行，只要债权人同意且不违反法律规定的，均是可以的。

（二）第三人履行

第三人履行是指当事人约定由第三人履行合同义务的情形。当代社会，交易频繁，当事人往往难以亲自履行所有合同，由第三人代为履行已成为现实需要。这既可以扩大当事人的行为空间，又可以促进交易的快捷，因此，现代各国的合同法均认可第三人履行。第三人履行包括第三人代为履行和第三人直接履行。

第三人代为履行是指第三人以债务人的名义向合同债权人履行，而合同的权利义务与责任仍由债务人承担的合同履行方式。第三人与合同的债权人无直接的法律关系，第三人亦不受合同效力的约束。此时，由于第三人代为履行合同而增加的费用仍由债务人承担。总之，第三人代为履行适用民法的代理制度。

第三人直接履行是指当事人约定由债务人向第三人履行债务或由第三人向债权人履行债务的方式。《合同法》第64条规定："当事人约定由债务人向第三人履行债务，债务人未向第三人履行债务或者履行债务不符合约定，应当向债权人承担违约责任。"第65条规定："当事人约定由第三人向债权人履行债务的，第三人不履行债务或履行债务不符合约定，债务人应当向债权人承担违约责任。"因此，第三人直接履行的情况下，合同效力仍拘束合同债权人与债务人，这是合同相对性原则的直接表现。但合同的对外效力在某种程度上已突破了合同的相对性原则，合同对第三人既有拘束力又有保护力。

（三）债权人受领履行

履行合同只有在债权人受领时才能顺利进行和完成。债权人享有给付请求权和受领权，当然有权受领履行，但有如下例外：①债权人的债权经强制执行，禁止向债权人为履行的；②债权人受破产宣告的；③债权人无行为能力或限制行为能力，履行行为系法律行为的。

债权人的代理人可以代为受领履行；收据的持有人可以受领履行；债权的准占有人有足以使人认其为真实的债权人的表征时，同样可以受领履行；合同约定由第三人受领履行的，按照合同约定。

二、履行标的

履行标的是指债务人应为履行的内容。履行标的因合同关系不同而不同，如交付财物、移转权利、支付货币、提供劳务、完成一定的工作并交付工作成果等。债务人应当按照合同的标的履行并必须适当，即应当符合当事人的约定。

债务人以财物履行合同债务的，履行标的应符合当事人约定或法律规定的规格、型号、数量、质量。标的物的数量，应按法定或约定的数量和计算方法确定。标的物的质量，应按当事人约定的质量标准履行。根据《合同法》第61条的规定，合同对质量标准没有约定或者约定不明确的，当事人可以协议补充，不能达成补充协议的，按照合同有关条款或者交易习惯确定。如果质量要求按照合同有关条款或者交易习惯仍不能确定的，则按国家标准、行业标准；没有国家标准、行业标准的，按照通常标准或者符合合同目的的特定标准履行。

《合同法》第72条规定："债权人可以拒绝债务人部分履行债务，但部分履行不损害债权人利益的除外。债务人部分履行债务给债权人增加的费用，由债务人承担。"这一规定表明，对于履行标的，债务人原则上应全部履行，但在不损害债权人利益的情况下，也允许部分履行。

三、履行价款或者报酬

当事人以货币履行合同债务的，当事人应当按照合同约定的支付方法支付价款或报酬。同时还应遵守国家有关货币管理的规定。根据《合同法》第61、62条之规定，合同对价款或者报酬没有约定或约定不明确的，当事人可以协议补充；不能达成补充协议的，按照合同有关条款或交易习惯确定。如果价款或报酬按照有关条款或交易习惯仍不能确定的，则按照订立时合同履行地的市场价格履行；依法执行政府定价或政府指导价的，按照规定履行。《合同法》第63条规定："执行政府定价或者政府指导价的，在合同约定的交付期限内政府价格调整时，按照交付时的价格计价。逾期交付标的物的，遇价格上涨时，按照原价格执行；价格下降时，按照新价格执行。逾期提取标的物或者逾期付款的，遇价格上涨时，按照新价格执行；价格下降时，按照原价格执行。"可见，价格变化的履行规则主要涉及两个方面内容：①合同在正常履行时的价格变化，这时按交付时的价格履行，即新价格；②出现违约事项时的价格变动履行，此时，按照不利于违约方的价格执行，由违约方来承担责任。

四、履行期限

履行期限是债务人履行债务和债权人接受履行的时间。合同的履行期限应根据法律的规定和合同的约定加以确定。法律有规定的，履行期限依其规定。如《深圳经济特区土地使用权出让办法》第27条规定，中标者应在合同生效之日起60日内付清全部地价款。合同有约定时，履行期限依其约定。当事人可以在合同中约定一宗债务划分为各个部分，每个部分各有一履行期限；还可以约定多个履行期限，届时可以选择确定；还可以在双务合同中分别约定两个对立债务的履行期限。

履行期限，还可由债务的性质确定。如，在饭店预定酒席，依其性质可在宴客之日为履行期限。履行期限不明确的，根据《合同法》第61和第62条第4项的规定，当事人可以协议补充，不能达成补充协议的，按照合同有关条款或者交易习惯确定。如果履行期限按照合同有关条款或者交易习惯仍不能确定的，则债务人可以随时履行，债权人也可以随时要求履行，但应当给对方必要的准备时间。

《合同法》第71条规定："债权人可以拒绝债务人部分履行债务，但部分履行不损害债权人利益的除外。债务人部分履行债务给债权人增加的费用，由债务人承担。"可见，债务人提前履行债务，分以下三种情况：①债权人请求债务人提前履行，经债务人同意的，债务人可以提前履行；②债务人要求提前履行，经债权人同意的，债务人可以提前履行；③债务人提前履行不损害债权人利益的，债务人可以提前履行。

五、履行地点

履行地点是债务人履行债务和债权人接受履行的地方。履行地点有明确规定的，应按规定的地点履行；如果履行地点不明确的，按照《合同法》第61条和第62条第3项规定，当事人可以协议补充，不能达成补充协议的，按照合同有关条款或者交易习惯确定。若履行地点按照合同有关条款或者交易习惯仍不能确定的，则按下列标准确定：给付货币的，在接受货币一方所在地履行；交付不动产的，在不动产所在地履行；其他标的，在履行义务一方所在地履行。

履行地点在法律有特别规定时，依其规定。例如《票据法》第23条第3款规定："汇票上未记载付款地的，付款人的营业场所、住所或者经常居住地为付款地。"

履行地点也可由合同的性质确定。例如，不作为债务的履行地点应在债权人的所在地。

六、履行方式

履行方式是债务人履行义务的方法。如标的物的交付方法、工作成果的交付方法、运输方法、价款或报酬的支付方法等。合同的履行方法由当事人约定，当事人要求一次性履行的，债务人不得分批履行；凡要求分期分批履行的，债务人也不得一次性履行。如果合同对履行方式没有约定或者约定不明确，根据《合同法》第61条和第62条第5项的规定，当事人可以协议补充；不能达成补充协议的，按照合同有关条款或者交易习惯确定。如果履行方式按照合同有关条款或者交易习惯仍不能确定，则按照有利于实现合同目的的方式履行。

七、履行费用

履行费用是指债务人履行合同所支出的费用。如物品交付的费用、运送物品的费用、金钱邮汇的邮费等，但是不包括合同标的本身的价值。履行费用的负担由当事人在合同中约定。当事人没有约定或约定不明确的，可以协议补充；不能达成补充协议的，按照合同有关条款或者交易习惯确定。如果履行费用的负担按照合同有关条款或交易习惯仍不能确定，则由履行义务的一方负担。

第四节 双务合同履行中的抗辩权

一、双务合同抗辩权概述

所谓抗辩权是指对抗请求权或否认对方的权利主张的权利。抗辩权有两种：①消灭性的抗辩权，合同一方的当事人通过行使这种抗辩权可使对方的请求权消灭。如因时效届满所生的抗辩权，其行使可导致对方请求权的永久消灭。②延缓性的抗辩权，这种抗辩权只能使对方的请求权在一定合理期限内不能行使，如同时履行抗辩权、不安抗辩权均属于延缓性的抗辩权。在双务合同中，由于当事人相互负有履行合同的义务，因此，才存在合同履行中的抗辩权。由于单务合同只有一方负有义务而另一方只享有权利，故便不存在履行合同义务的抗辩权问题了。

双务合同履行中的抗辩权是指在符合法定条件时，当事人一方对抗对方当事人的履行请求权，暂时拒绝履行其债务的权利。它包括同时履行抗辩权、先履行抗辩权和不安抗辩权。其法律特点如下：

1. 双务合同履行中的抗辩权是《合同法》等民事实体法所规定并必须经过权利人主张的权利。一方面，抗辩权必须基于法律的规定而产生。基于合同自由，在合同中双方当事人有权约定一定的抗辩事由，当事人依据此种约定产生的权利依然属于合同权利，而不能认为是抗辩权。另一方面，抗辩权的效力并非因法定行使条件的具备而自动产生，必须经过权利人的主张。法院或仲裁机构不得依职权主动适用抗辩权，并以此作为判断一方当事人免责的事由。所以，即使当事人有权行使某种抗辩权，但并未对该权利加以主张，则其客观上陷入履行迟延时，仍应就迟延承担责任。

2. 双务合同履行中的抗辩权为一时的抗辩权、延缓的抗辩权。双务合同履行中的抗辩权，是合同效力的重要表现。其行使只是在一定期限内中止履行合同，并不消灭合同的履行效力。产生抗辩权的原因消灭后，债务人仍应履行其债务，否则应承担相应之责任。

3. 双务合同履行中的抗辩权是债务保障的法律制度。双务合同履行中的抗辩权，对抗债权人来讲是一种法律保护手段，免去自己履行后得不到对方履行的风险；使对方当事人产生及时履行、提供担保等压力。从这个层面上讲，双务合同履行中的抗辩权是债权保障的法律制度。就其防患于未然来讲，其作用比违约责任积极，从债的担保上而言亦不逊色。在谋求债权实现和维护当事人权益的公平上有重要意义。

4. 行使同时履行抗辩权、先履行抗辩权和不安抗辩权，是权利的正当行使，而非违约；应受法律保护，而不能使权利人承担违约责任。在审判实务中，有些裁决误把不安抗辩权、同时履行抗辩权的行使当作"双方违约"来处理，必须予以纠正。

二、同时履行抗辩权

（一）同时履行抗辩权的概念

《合同法》第66条规定："当事人互负债务，没有先后履行顺序的，应当同时履行。一方在对方履行之前有权拒绝其履行要求。一方在对方履行债务不符合约定时，有权拒绝其相应的履行要求。"该条就是对同时履行抗辩权的规定。所谓同时履行抗辩权是指没有先后履行顺序的双务合同中，当事人一方在他方未对待给付之前，可以拒绝自己为履行的权利。俗语"一手交钱、一手交货"即是同时履行抗辩权的生动写照。

（二）同时履行抗辩权的根据

法律规定同时履行抗辩权的根据在于双务合同的牵连性。所谓双务合同的牵连性是指在双务合同中，一方的权利与另一方的义务之间具有相互依存、互为因果的关系。这种牵连性表现为两个方面：①当事人权利义务存续的牵连性。合同当事人的权利义务由一个合同产生，双方的权利义务从一开始就互为条件，一方的债务不成立或不生效，他方的权利也就不成立和生效；一方的债务不履行，他方的权利也不能实现。②合同履行的牵连性。在双务合同中，一方负担的义务以他方负担的义务为前提，当事人应当同时履行自己的义务，一方当事人只有在自己已经履行义务的前提下才能要求对方当事人履行义务。反之，在对方未为对待履行合同义务之前，当事人一方可以将自己的履行暂时中止而拒绝对方的履行请求。法律规定同时履行抗辩权，其目的在于维持双务合同当事人之间在利益关系上的公平。

同时履行抗辩权的意义是促使合同能尽量履行，平衡当事人之间的权益。既然在双务合同中双方当事人的权利义务是对等的、相互牵连的，则一方不履行义务而要求对方履行，意味着只享有合同权利而不承担合同义务，这显然与公平观念相背离。当然，同时履行抗辩权不能任意滥用，如合同一方仅有轻微违约，另一方就拒绝履行自己的义务或以各种借口拒绝对方的履行，这就妨碍了合同的正常履行，破坏了交易秩序，同时亦违反了诚实信用原则的要求。因此同时履行抗辩的适用必须符合法律规定的条件。

（三）同时履行抗辩权的适用条件

1. 须因同一双务合同互负债务。同时履行抗辩权的前提条件是在同一双务合同中双方互相负有债务。这里有四方面含义：①同时履行抗辩权只适用于双务合同，而不适用于单务合同。如买卖、租赁、承揽、运输、仓储等双务合同中，均可适用同时履行抗辩权。②当事人之间的债权债务是基于同一个双务合同而产生的法律关系，即双方当事人之间的债务是根据同一个双务合同产生的。如果双方的债务是基于两个或多个合同产生，即使双方在事实上具有密切联系，也不会产生同时履行抗辩权。比如，甲先借给乙 1000 元，后甲购买乙的彩电，甲不能以乙没有偿还借款为由不支付彩电的价款。因此，这是两个不同的合同（借款合同、买卖合同）中的债务，不能产生同时履行抗辩权。③双方所负债务具有对价性。若合同不存在对价，则一方当事人享有权利，另一方当事人负有义务，就不会产生同时履行抗辩权，如赠与合同、无偿委托合同、无偿保管合同等。这里所谓"对价"并不要求对方履行在经济上等价，而是依据当事人的意思自治，当事人认为公平、价值相当即可。即该对价性不强调客观上等值，只要双方当事人主观上认为等值即可。④当事人债务具有牵连性。所谓牵连性是指合同一方的义务是另一方履行义务的前提，一方履行合同义务才能实现另一方的权利。一般认为，主给付义务具有牵连性，而附随义务则不具有牵连性。所谓主给付义务，是指决定合同性质的主要义务，是合同自身固有的义务。如买卖合同中，卖方交付货物、货物质量、权利担保义务，买方支付价款、受领货物皆为主给付义务。所谓附随义务是指基于诚实信用原则，为保障债权人给付利益的实现而负担的义务，如通知、保密、协助等义务。一方不履行主给付义务，另一方享有同时履行抗辩权，有权拒绝履行自己的义务。但是，若一方只违反附随义务，但已履行主给付义务，另一方不得行使同时履行抗辩权。从给付义务与主给付义务有无牵连性，学说有争议，但在从给付义务的履行与合同目的的实现具有密切关系时，应认为它与主给付义务之间有牵连关系，则产生同时履行抗辩权。

2. 当事人双方互负的债务没有先后履行顺序且均已届清偿期。当事人的债务履行没有先后顺序，即当事人在合同中没有约定履行顺序。在这种情况下，当事人应当同时履行。若合同中约定了当事人的先后履行顺序，则负有先履行义务的当事人应先履行合同义务，不能适用同时履行抗辩权。此外，行使同时履行抗辩权时，当事人双方互负的债务必须均已届清偿期。同时履行抗辩权制度的适用是双方对待给付的交换关系的反映，其目的是使双方所负的债务同时履行，以同时实现双方享有的债权。故只有在双方互负的债务均届清偿期，才能行使同时履行抗辩权。若双方的债务没有同时到期，则债务已届清偿期的当事人履行义务后，不能行使同时履行抗辩权。否则，等于要求未到期的债务人提前履行义务。简单地讲就是：只有双方的债务同时届满时，才能行使同时履行抗辩权。若一方当事人负有先履行的义务，就不由同时履行抗辩权管辖，而让位于先履行抗辩权或不安抗辩权。

3. 须对方当事人未履行债务或者未按照约定适当履行债务。当事人一方请求对方履行债务时，如果请求方自己没有履行债务，则被请求方可以主张行使同时履行抗辩权，拒绝履行债务。如果请求方已履行了债务，则被请求方不能主张行使同时履行抗辩权。

当事人履行债务不符合约定的，即当事人不适当履行的，对方有权拒绝其相应的履行要求。也就是说，当事人不适当履行债务的，同时亦可以行使同时履行抗辩权。但此种同时履行抗辩权只限于"相应"的范围之内行使，即与当事人履行债务不符合约定的部分的相应部分。

4. 须对方的对待给付是可以履行的。法律设立同时履行抗辩权的目的，在于使双方当事人同时履行自己的义务。如果对方所负债务已经没有履行的可能性，则同时履行的目的已不可能实现，这种情况下不发生同时履行抗辩权的问题，可以依照法律规定解除合同。

（四）同时履行抗辩权的效力

同时履行抗辩权属于延期的抗辩权，不具有消灭对方请求权的效力，而仅产生使对方请求权延期的效力。即当事人一方要求对方履行义务的，自己必须同时履行义务。而在对方没有履行义务时，自己则可以暂时拒绝履行自己的义务。当事人因行使同时履行抗辩权而逾期履行的，不承担违约责任。同时履行抗辩权的效力需当事人主张方可发生。因此，当事人行使同时履行抗辩权时，只要证明对方没有履行或履行不符合合同约定，就

可以拒绝进行相应的给付。一方当事人在请求对方进行给付时，也无须证明自己没有先为给付的义务或者已经履行其给付义务。

在不具备行使条件的情况下，以行使"同时履行抗辩权"为由拒绝自己相应的给付，则可能构成自己违约，应当按照《合同法》第120条的规定各自承担相应的责任。双方违约的构成必须具备以下要件：①双方违约是双方当事人分别违反合同义务。如果一方违反了合同义务，而另一方仅是违反了法定义务，如减损义务，这种情况下则不能认为是双方违约。此时违反合同义务的一方则承担违约责任，而违反减损义务的一方则承担违约损害赔偿责任。因合同义务与减损义务这一附随义务之间并不构成对待给付，故不能认为是行使同时履行抗辩权。②双方违约必须是双方都应履行自己的合同义务而没有履行。如果在双务合同中一方当事人以另一方当事人没有履行义务而行使同时履行抗辩权，从而拒不履行自己的义务，就不属于双方违约。

最后还需说明，同时履行抗辩权的行使不影响向违约方主张违约责任。

三、先履行抗辩权

（一）先履行抗辩权的概念

《合同法》第67条规定："当事人互负债务，有先后履行顺序，先履行一方未履行，后履行一方有权拒绝其履行要求。先履行一方履行债务不符合约定的，后履行一方有权拒绝其相应的履行要求。"本条就是关于先履行抗辩权的规定。所谓先履行抗辩权是指在双务合同中，当事人互相负有债务，有先后履行顺序的，先履行一方未履行之前，后履行一方有权拒绝其履行要求；先履行一方履行债务不符合合同约定的，后履行一方有权拒绝其相应的履行请求。

在传统民法上，有同时履行抗辩权和不安抗辩权的理论，却无先履行抗辩权的概念。我国《合同法》首次明确而独立地规定这一抗辩权，这是对大陆法系抗辩权体系的一个完善。

先履行抗辩权不同于同时履行抗辩权和不安抗辩权。同时履行抗辩权是在双方当事人的债务没有先后履行顺序的情况下适用的，而先履行抗辩权则是在双方当事人的债务有先后履行顺序的情况下适用的；不安抗辩权和先履行抗辩权虽然都是在双方当事人的债务有先后履行顺序的情况下适用，但不安抗辩权是先履行义务一方所享有的权利，而先履行抗辩权则是后履行义务一方所享有的权利。

（二）先履行抗辩权的适用条件

1. 须由同一双务合同产生互负债务。先履行抗辩权与同时履行抗辩权一样，只在双务合同中存在，单务合同不发生先履行抗辩权问题。在双务合同中，当事人之间存在着对价关系，当事人一方履行义务，是为了换取对方的履行。故在先履行义务一方不履行自己的债务时，后履行一方为保护自己的利益，就可以不履行自己的债务。即互负债务是当事人互相承担债权债务关系，且这种债权债务有牵连关系。

2. 须两个对立债务的履行有先后顺序。"有先后顺序"是指履行义务有先后的时间顺序，这种顺序一般由当事人在合同中约定，也有根据交易习惯能够确定的情况。但该顺序是当事人约定的，还是法律直接规定的，在所不问。如果两个对立的债务无先后履行顺序，就适用同时履行抗辩权，而不适用先履行抗辩权。

3. 须先履行义务一方未履行或者其履行债务不符合债的本旨。先履行义务一方未履行，既包括先履行义务一方在履行期限届至或者届满前未予履行的状态（未构成违约），又包含先履行义务一方于履行期限届满前尚未履行的情况（已经构成违约）。先履行一方的履行债务不符合债的本旨是指先履行义务一方虽然履行了债务，但其履行不符合当事人的约定或法定的标准要求，应予补救。履行债务不符合债的本旨，指迟延履行、不完全履行和部分履行等形态。

4. 须先履行的债务是可能履行的。若先履行的债务是不可能履行，则谈不上先履行抗辩权的适用问题。只有先履行的债务是可能履行的，才能适用先履行抗辩权。

（三）先履行抗辩权的行使

先履行抗辩权的行使是否需要明示，应根据不同情况而定。在先履行义务一方未构成违约的情况下，先履行义务一方未请求后履行一方履行的，先履行抗辩权的行使不需要明示，于此情况，后履行义务一方可行使债务履行期尚未届至的抗辩权；先履行义务一方请求后履行一方履行的，后履行一方拒绝履行需要明示。在先履行义务一方已构成违约并请求后履行义务一方履行时，先履行抗辩权的行使需要明示。在先履行义务一方构成不能履行、迟延履行、拒绝履行、不完全履行但并未请求后履行一方履行时，先履行抗辩权的行使不需要明示。

（四）先履行抗辩权的效力

先履行抗辩权的效力是使后履行义务的一方暂时中止履行自己的义

务，对抗先履行义务一方的履行请求，以此保护自己的期限利益和顺序利益。如果先履行义务的一方采取了补救措施，继续履行合同义务，只要合同目的能够实现，后履行一方应履行其债务。可见，先履行抗辩权也属于一时的抗辩权、迟延的抗辩权，在符合一定条件下此抗辩权消灭。需要指出的是：先履行抗辩权的行使不影响后履行义务一方主张违约责任。对于后履行义务一方能否解除合同，《合同法》没有明文规定，我们认为，如果先履行义务一方违反义务致使合同目的不能实现，根据《合同法》的规定，后履行义务一方可以解除合同。

四、不安抗辩权

（一）不安抗辩权的概念

不安抗辩权是指在双务合同中，先履行义务的一方在后履行义务的一方当事人的财产状况发生严重恶化，而又难为对待给付之虞或有其他损害债权的行为时，先履行义务的一方有权中止履行，要求后履行义务一方对待给付或提供担保的制度。我国《合同法》第 68 条则对不安抗辩权作了如下规定："应当先履行债务的当事人，有确切证据证明对方有下列情形之一的，可以中止履行：①经营状况严重恶化；②转移财产、抽逃资金，以逃避债务的；③丧失商业信誉；④有丧失或者可能丧失履行债务能力的其他情形。"

设立不安抗辩权的目的在于预防因情况发生恶化而使先履行义务的一方当事人遭受损害，避免强行履行，从而达到维护交易公平。在双务合同中，先履行义务的一方当事人比后履行义务的当事人承担了更大的风险，如何保护先履行义务的一方当事人的合法利益、维护合同的公平正义便成为合同法要关注的一个要点，故《合同法》便特设了不安抗辩权制度。

（二）不安抗辩权的适用条件

1. 当事人须因同一双务合同互负债务。不安抗辩权只在双务合同中存在，单务合同不发生不安抗辩权的问题。在双务合同中，当事人之间存在着对价关系，当事人一方履行义务，是为了换取对方的履行。故一方的履行有可能难以实现的，他方为保护自己的履行利益，可以保留自己的履行。

2. 当事人一方须有先履行的义务且已届履行期。在双务合同中，当事人的履行有先后顺序的，先履行一方应当负有先履行义务。同时，先履行的义务须已届履行期。在合同义务已届履行期时，当事人应按合同约定履行义务。但是，在后履行义务的一方有难以对待履行的现实危险时，先履行义务人为保护自己的利益，可以暂停自己的履行。不安抗辩权的"不安"，意义就是在于先履行义务人必然要承担对待履行不能实现的风险，当这种风险具有现实危险时，先履行义务人为防止这种风险的发生，消除此种"不安"状态，就可以暂时停止履行自己的合同义务。

3. 后履行义务一方有丧失或可能丧失履行债务能力的情形。当事人履行合同是以一定的责任财产为基础的。如果在合同订立后，后履行义务人有丧失或可能丧失履行债务能力的情形，便有可能无法履行合同。在此情况下，先履行义务人就可以行使不安抗辩权，这是不安抗辩权的关键要件。我国《合同法》对这一要件作了具体规定，包括：①经营状况严重恶化；②转移财产、抽逃资金，以逃避债务的；③丧失商业信誉；④有丧失或者可能丧失履行债务能力的其他情形。该情形必须有确切证据加以证明。若当事人没有确切证据而行使不安抗辩权，应当承担违约责任。

4. 后履行义务一方没有对待给付或未提供担保。不安抗辩权是为了保护先履行义务的一方在获得对待履行上的"不安"状况而设置的，所以，若后履行义务人在一定的合理期限内恢复了履行能力或提供了担保，先履行义务人的履行利益已得到了保障，不安抗辩权也就没有存在的意义了。否则，先履行义务人便可行使不安抗辩权。

5. 后履行义务人有丧失或可能丧失履行债务能力的现实危险须发生在合同成立以后。如果在订立合同时，后履行义务人不能为对待给付的现实危险即已存在，先履行义务人若明知此情况却仍然缔约，法律则无必要予以特别保护。若不知此情况，则可以通过合同无效制度解决。

（三）不安抗辩权的行使

为了保护后履行义务人的利益，以便于他能够及时提供适当担保，《合同法》明确地规定了不安抗辩权的通知义务，即第 69 条规定："当事人依照本法第 68 条的规定中止履行的，应当及时通知对方。"另《合同法》第 68 条第 2 款规定："当事人没有确切证据中止履行的，应当承担违约责任。"这一规定是为了防止不安抗辩权的滥用，便规定了不安抗辩权人的举证责任，使之举出对方丧失或可能丧失履约能力的确切证据，若没有确切证据而中止履行的，应当负违约责任。

（四）不安抗辩权的效力

在不安抗辩权的适用具备其条件时，在后履行义务人提供适当担保前，先履行义务人可以中止履行合同；如果后履行义务人对履行合同提供了适当担保，则不安抗辩权即归于消灭，先履行义务人应恢复履行。根据

《合同法》第69条之规定，在先履行义务人中止履行后，如果对方在合理期限内未恢复履行能力，也未提供适当担保的，中止履行的一方可以解除合同。

 案例分析

（一）不安抗辩权

【案情介绍】2003年8月20日，A公司和B公司订立承揽合同一份。合同约定，A公司按B公司要求，为B公司加工300套桌椅，交货时间为10月1日。B公司应在合同成立之日起10日内支付加工费10万元人民币。合同成立后，A公司积极组织加工。但B公司没有按约定期限支付加工费。同年9月2日，当地消防部门认为A公司生产车间存在严重的安全隐患，要求其停工整顿。A公司因此将无法按合同约定期限交货。B公司在得知这一情形后，遂于同年9月10日向人民法院提起诉讼，要求A公司承担违约责任。A公司答辩称，合同尚未到履行期限，其行为不构成违约。即使其在合同履行期限届满时不能交货，也不是其责任，而是因为消防部门要求其停工。并且B公司至今未能按合同约定支付加工费，其行为已构成违约，因此提起反诉，要求B公司承担违约责任。

【问题】本案如何从不安抗辩权的角度分析？

【分析】首先，本案的法律依据是《合同法》第68条，该条规定了合同中止履行的具体情形。《合同法》第69条又规定当事人中止履行的，应当及时通知对方。如果对方提供适当担保时，应当恢复，但如果对方在合理期限内未恢复履行能力并且未提供适当担保的，中止方可以解除合同。

在本案中，B公司作为先履行合同的一方当事人未按合同约定支付加工款，其行为应属违约，但是A公司在B公司未能按合同约定期限支付加工费时，并没有提出解除合同，因此加工合同仍然对双方存在法律拘束力，B公司仍应先行支付加工费，而A公司也有义务交付货物。但由于当地消防部门认为A公司生产车间存在严重的安全隐患，要求其停工整顿，可知A公司将无法按合同约定期限交货，根据《合同法》第68条的规定，B公司有权主张不安抗辩，中止履行其义务。反之，如果要求B公司先行支付加工费，由于A公司已明显不能履行合同，B公司利益将受到严重损害。

但是，B公司并不能请求A公司承担违约责任。因为根据我国《合同

法》第69条的规定，当事人一方在丧失履行债务能力的时候，另一方当事人只能中止履行其义务，并且在中止履行后，还应当立即通知对方，在对方提供适当担保时，应当恢复履行。在中止履行后，对方在合同期限内未恢复履行能力并且未提供适当担保的，中止履行的一方才可以解除合同。因此，B公司在得知A公司将不能履行合同时，只能中止履行其支付加工费的义务，而不能直接请求B公司承担违约责任。

（二）同时履行抗辩权

【案情介绍】2005年8月5日A公司与B公司签订了一份购销合同，约定B公司向A公司订购总价款为50万元的挖掘机一台，规定A公司送货上门，交货日期为2005年9月15日，当日B公司向A公司支付了10万元预付款，同时约定8月20日前付20万元，货到B公司验收付款，运费由A公司承担，如一方违约，要承担违约金20 000元。签约后，B公司于8月20日按时支付给A公司20万元。A公司用汽车将货物于9月14日运至B公司指定的地点，并向B公司提供了相关的质量证明。但由于B公司未能筹集到20万元的尾款，货物始终未能卸车交付。A公司等待数日后，于2005年9月24日带货离开B公司，B公司人员追至途中与其协商，但由于仍不能付足余款，A公司将货物拉回。B公司为此提起诉讼，要求A公司返还预付款30万元，并偿付违约金。A公司辩称：我公司按合同规定时间将货物运至B公司指定地点，但B公司在规定时间内不能给付合同规定的20万元尾款，我公司才将货物运回，B公司应按合同约定赔偿我公司违约金20 000元。

【问题】依据同时履行抗辩权理论，如何分析本案？

【分析】本案关键的法理问题是双务合同中的同时履行抗辩权理论。我国《合同法》第66条对此作了规定："当事人互负债务，没有先后履行顺序的，应当同时履行。一方在对方履行之前有权拒绝其履行要求。一方在对方履行债务不符合约定时，有权拒绝其相应的履行要求。"

根据《合同法》关于同时履行抗辩权的规定，在一方违约的情况下，另一方正当地行使同时履行抗辩权，主要是为了对抗对方所提出的履行或承担违约责任的请求，并不构成违约。行使抗辩权是行使权利的行为，是合法行为，与违约行为在性质上是有根本区别的。本案，B公司在约定的日期未能付款，A公司等待数天后仍未能付款，A公司可否据此行使同时履行抗辩权，拒绝履行交货义务是完全可以的。

A、B两公司双方是购销合同关系，属典型的双务合同。正当行使同时履行抗辩权，要求一方在行使该权利时，须按照诚实信用原则的要求，针对对方违约情况而拒绝履行自己的相应义务，换言之，拒绝履行的义务应与对方的不履行或不完全履行的义务之间大体相当，具有某种牵连性或对价性，保持一种利益平衡的状况。诚然，在一方迟延履行的情况下，另一方要行使同时履行抗辩权，必须要充分考虑对方的违约情况，一方在履行期限到来后不履行，只要该期限不影响合同目的的实现，另一方应适当推迟自己履行义务的期限，并不当然拒绝以后的履行。但本案中，B公司届期未能履行付款义务，经A公司等待数日后，仍未能付款，该笔款项占合同总价款的40%，B公司不履行的行为直接影响A公司的利益，且A公司已尽到了己方的义务，进行了相应的等待，显然，B公司已违反了诚实信用原则。正是基于此种情况，A公司将货拉回，是行使己方的权利，并非违约。因此，被告提出的同时履行抗辩的主张是合理且有充分依据的。

思考题

1. 什么是合同履行？其法律特征是什么？
2. 试述合同履行的原则。
3. 试述合同履行的各项规则。
4. 什么是抗辩权？什么是双务合同履行中的抗辩权？其法律特点是什么？
5. 同时履行抗辩权的适用条件是什么？
6. 试述不安抗辩权的适用条件和效力。

案例分析题

某罐头厂有两台闲置的机器设备要处理。某果品加工厂听说后，即到罐头厂联系购买事宜。两次协商后，签订了合同。合同规定：果品加工厂以15万元的价格购买机器设备，合同生效后10天内果品加工厂到罐头厂付款提货，任何一方违约须承担2%的违法金。某冷库也听说罐头厂要处理两台设备。冷库正需要，且价格便宜，也派人到罐头厂洽谈购买。但迟了一步，设备已卖给了果品加工厂。冷库考虑若购买新的设备要花上近三倍的价格，见设备未运走，机不可失，就对罐头厂说，愿以20万元的价格购买该机器。罐头厂见有利可图，便与冷库签了同样的合同，只是价格高了，并要求冷库尽快来人付款提货。第三天即派车来提货，不巧这一天果品加工厂也来提货。双方互不相让，均有合同为据。罐头厂自觉理亏，对果品加工厂说愿支付违约金，合同就不再履行了。但果品加工厂坚决不同意，一定要机器设备，罐头厂与冷库联合强行让冷库将设备拉走，对果品加工厂置之不理。于是，果品加工厂向法院起诉，罐头厂履行合同，支付违约金。罐头厂表示愿意承担违约责任，支付违约金，但履行合同已不可能，设备已经卖掉。法院受理后，将冷库列为第三人，一同参加审理。

问：合同当事人能否以支付违约金为由拒绝履行合同？

◆ 推荐书目

1. 韩世远、[日] 下森定主编：《履行障碍法研究》，法律出版社 2006 年版。

2. 葛云松：《期前违约规则研究：兼论不安抗辩权》，中国政法大学出版社 2003 年版。

第五章　合同的保全

合同的保全，准确地说是合同债的保全，是指合同法等法律为防止因债务人的责任财产不当减少或不增加而给债权人的债权带来危害，允许债权人代债务人之位向第三人行使债务人的权利，或者请求法院撤销债务人与第三人的法律行为的法律制度。其中，债权人代债务人之位以自己的名义向第三人行使债务人的权利的法律制度，称作债权人的代位权制度；债权人请求法院撤销债务人与第三人的法律行为的制度，称作债权人的撤销权制度。债权人的代位权系为保持债务人的财产而设，而债权人的撤销权系为恢复债务人的财产而立。我国《合同法》第73、74条分别确立了债权人的代位权制度和债权人的撤销权制度，其填补了我国民事立法的一大空白，理论与实践意义重大。合同保全的法律特点主要表现在以下几点：

1. 合同的保全是合同相对性规则的例外，其效力属于合同的对外效力。根据合同的相对性规则，合同之债主要在合同当事人之间产生法律效力，债权人不得直接支配债务人的人身、行为及其财产，更不能直接支配第三人的人身、行为及其财产；债权人不得干涉债务人与第三人的法律行为，但合同债的保全则使债权人的权利涉及到了第三人的行为或者财产，严重干涉了债务人与第三人之间的法律行为。故合同的保全可以看做是合同相对性规则的例外，是合同对外效力的体现，是对合同相对性规则的突破。

2. 合同的保全主要发生在合同有效成立期间。在合同生效后至履行完毕前，都可以采取保全措施，但若合同根本没有成立，或被解除或被宣告无效、被撤销，则不能采取保全措施。

3. 合同的保全是通过债权人行使代位权和撤销权而实现的。债权人的代位权和撤销权都旨在通过防止债务人的责任财产不当减少或恢复债务人的财产，从而保障债权人的权利实现。不论债务人是否实施了违约行为，只要债务人实施了不当处分其财产的行为有害于债权人的债权时，债权人就可以采取保全措施。所以，合同保全与违约责任是不同的。合同的保全只有通过债权人实施代位权、撤销权才能实现。

第一节 债权人的代位权

一、债权人的代位权概述

债权人的代位权是指当债务人怠于行使其对第三人享有的权利而害及债权人的债权时，债权人为了保全其债权，法律允许其可以以自己的名义代位行使债务人对第三人债权的权利。《合同法》第 73 条规定："因债务人怠于行使其到期债权，对债权人造成损害的，债权人可以向人民法院请求以自己的名义代位行使债务人的债权，但该权利专属于债务人自身的除外。"这是《合同法》对债权人的代位权的规定。

（一）代位权的特点

债权人的代位权作为一种法定的权利，具有如下特点：

1. 代位权针对的是债务人怠于行使其到期债权的行为，即债务人的消极不行使权利的行为。代位权的行使是为了保持债务人的财产，旨在对责任财产采取法律措施予以保持。它与撤销权不同，撤销权的行使旨在恢复债务人的财产，防止因责任财产的不当减少或不增加而给债务人造成损害，进而危及到债权人的债权。债权人行使代位权，一般都是在债权人与债务人之间的债务已经到期的情况下而行使该项权利的，故债权人行使代位权以后，若无其他人向债务人主张权利，债权人可以直接获得该财产。而债权人行使撤销权则是债权人与债务人之间的债务尚未到期的情况下而行使的。债权人行使撤销权以后，第三人向债务人返还了财产，该财产不能直接交付给债权人，待债务到期后，债权人才能实现。

2. 代位权是债权人向人民法院请求以自己的名义代位行使债务人的债权。对于债权，债权人只能向债务人请求履行，原则上是不及于第三人的。但当债务人与第三人的行为危及到债权人的利益时，法律就允许债权人对债务人与第三人的行为行使一定的权利，以排除对其债权的危害，这便达到了债的保全目的。

3. 代位权的行使是债权人向人民法院提出请求。代位权的行使必须在法院提出诉讼，请求法院允许债权人行使代位权。《合同法》第 73 条严格要求债权人行使代位权必须在法院提起诉讼，请求法院保全其债权，而不能通过诉讼外的请求方式来行使代位权。该规定有利于防止当事人以保全债权为名，采取不正当的手段抢夺债务人的财产，影响社会稳定。

4. 债权人的代位权是一种权利而不是义务。债权人可以行使代位权，也可以不行使代位权。若债权人不行使代位权，债权人仍然可以向债务人及其保证人提出请求，在任何时候都不能认为，因债权人没有行使代位权而认为其有过错，认为其违反了合同义务。

（二）代位权的法律性质

1. 债权人的代位权是债权人以自己的名义，行使债务人的权利的权利，其不是代理权，而是债权人固有的权利。

2. 债权人的代位权是债权人为保全债权而代债务人行使其权利，而非扣押债务人的权利或就收取的财产有优先受偿权，因而其是实体法上的权利而非诉讼法上的权利，即不是一种诉权。

3. 债权人的代位权在内容上是为了保全债权，是在履行期到来之前，债权人为了保持债务人的财产而行使其代位权，故债权人的代位权不是债权人对于债务人或第三人的请求权，而是对债权的保全措施。

4. 债权人的代位权行使的效果是使债务人与第三人之间的法律关系发生变更，虽与形成权相类似，但不是依权利人一方的意思表示而形成法律上的效力，只是依赖债务人的权利而行使，所以，债权人的代位权不是固有意义上的形成权，而是以行使他人权利为内容的法定权能，因而债权人在行使代位权时应尽善良管理人的义务。

5. 债权人的代位权属于债权的对外效力，是从属于债权的特别权利，无论当事人是否约定，债权人都享有它。

二、债权人的代位权的成立要件

根据《合同法》第73条第1款以及《合同法解释（一）》第11～13条等有关规定，代位权成立的要件包括：

（一）债权人对债务人的债权合法

作为债权人的原告与作为债务人的被告之间存在着合法的债权债务关系，至于债的发生根据在所不问，可以是合法之债、侵权之债、无因管理之债或不当得利之债。

（二）债务人享有对于第三人的债权，但该债权专属于债务人自身的除外

债务人对于第三人的权利，为债权人代位权的标的。债权人的代位权属于涉及第三人债权的权利，若债务人享有的权利与第三人无关系，则不得成为债权人代位权的行使对象。关于债务人对于第三人权利的范围，《合同法》和《合同法解释（一）》仅限于到期债权。有学说认为，该

"到期债权"之限制不符合债权人代位权制度的立法目的，使该制度难以发挥应有的效能，故对我国《合同法》第 73 条规定的到期债权为代位权行使的对象，应采取目的性扩张的方法加以解释[1]，主张可代位行使债务人对于第三人的权利包括：①纯粹的财产权利，如合同债权、不当得利返还请求权、基于无因管理而生的偿还请求权、物权及物上请求权、以财产利益为目的的形成权、损害赔偿请求权、抵销权、让与权、清偿受领权等；②主张为财产上的利益而承认的权利，例如对重大误解等民事行为的变更权或撤销权；③诉讼上的权利，例如代位提起诉讼、申请强制执行等。

债权人代位行使债务人的权利，必须是非专属于债务人本身的权利，根据《合同法解释（一）》第 12 条的规定，专属于债务人自身的债权是指基于扶养关系、抚养关系、赡养关系、继承关系产生的给付请求权和劳动报酬、退休金、养老金、抚恤金、安置费、人寿保险、人身伤害赔偿请求权等权利，均不得由债权人代位行使。

（三）债务人怠于行使其到期债权

"怠于行使"是指对于应行使的权利，能行使而不行使，至于不行使的理由如何，则在所不问。"应行使"是指若不及时行使权利，权利就可能消灭或者减少其财产价值。例如，债权因长期不行使将可能因时效期间届满而消灭。"能行使"是指债务人不存在任何行使的障碍，他完全有能力由自己或者通过其他代理人去行使权利。"不行使"主要是指债务人根本不主张权利或者迟延行使权利。

次债务人不认为债务人有怠于行使到期债权情况的，应当承担举证责任（《合同法解释（一）》第 13 条第 2 款的规定）。举证成功，则可以对抗债权人行使的代位权。

（四）债务人已陷于迟延

在债务人迟延履行以前，债权人的债权能否实现，难以预料，若在此情况下，允许债权人行使代位权，则对于债务人的干预显得过分。相反，若债务人已陷于迟延，而怠于行使其权利，且又无资力清偿其债务，则债权人的债权已经有不能实现的现实危险，此时已发生保全债权的必要。故债权人的代位权应以债务人陷于迟延为成立要件。但虽然债务未届履行期，对专为保存债务人权利的行为，如中断诉讼时效、申报破产债权等，

---

[1] 参见崔建远主编：《合同法》，法律出版社 2003 年版，第 111 页。

则不需要等到债务人迟延履行即可代位行使，以防止等到债务人迟延履行时债务人的权利已经消灭而危及债权人的债权。

（五）因债务人怠于行使到期债权，对债权人造成了损害

根据《合同法》第 73 条第 1 款以及《合同法解释（一）》第 11 条的规定，上述要件加上对债权人造成损害都具备时，债权人代位权才成立。未对债权人造成损害，就无保全必要。债务人怠于行使到期债权，对债权人造成损害，可称作"有保全债权的必要"。所谓"必要"是指债权人的债权，有不能依债的内容获得满足的危险。

从代位权的性质看，代位权是法律在平衡债权人与债务人的利益、债务人的意思自治与交易安全后设立的制度，它在一定程度上是对债务人权利的干涉，对此种干涉应当设立适当的限制。《合同法》将此限制规定为"因债务人怠于行使其到期债权，对债权人造成损害"。依据《合同法解释（一）》第 13 条第 1 款，所谓"债务人怠于行使其到期债权，对债权人造成损害的"是指债务人不履行其对债权人的到期债权，又不以诉讼方式或者仲裁方式向其债务人主张其享有的具有金钱给付内容的到期债权，致使债权人的到期债权未能实现。在此需要明确以下几点：①该规定不要求债务人的债权到期后持续一定的期间，才能行使代位权，而是只要到期即可。②债务人只有以诉讼或者仲裁的方式向次债务人主张权利，才不构成"怠于"，仅以私力救济方式主张权利，甚至包括请求民间调解委员会或行政机关处理，都属于"怠于"。这样规定的理由是防止债务人与次债务人通过通谋很容易地举证证明债务人已经向次债务人主张权利，从而对抗债权人的代位权，进而使代位权制度形同虚设。③只要债务人未履行其对债权人的债务，债权人的债权未获实现，即可视为债权人的债权已受到了损害。[1]

当怠于行使到期债权的债务人有多个债权人时，多个债权人都可以独立的行使债务人的权利，这一点可以说是由债权的平等性所决定的。只有当某一个债权人已经行使了代位权时，其他债权人才不能就债务人的同一权利，再代位行使。代位权人应该是作为民事主体的债权人。言外之意是说，税务机关等公法上的机关在其基于公法关系行使行政管理权（如征税权）时，不能代位行使被管理者的权利。

---

〔1〕　参见王利明主编：《民法学》，复旦大学出版社 2004 年版，第 674 页。

三、债权人的代位权的行使

（一）代位权行使的方法

我国《合同法》第 73 条第 1 款规定："因债务人怠于行使其到期债权，对债权人造成损害的，债权人可以向人民法院请求以自己的名义代位行使债务人的债权。"由此可知，代位权不同于普通的民事请求权，普通请求权既可以以私力救济的方式行使，也得以公力救济即诉讼或仲裁的方式行使，而代位权只能以诉讼的途径行使。因此，我国《合同法》所规定的代位权实际上是一种代位诉讼或者间接诉讼。

代位权行使的方法为什么排除了仲裁的途径呢？若只允许诉讼而不允许仲裁，在实践中会引发不少矛盾：①债权人与债务人之间的债务约定了仲裁的争议解决方式，债务人与次债务人也约定了仲裁的解决方式，而债权人在对次债务人行使代位权之时只能以诉讼的方式行使，在代位权诉讼中债务人也须以第三人的身份参加诉讼，这就使当事人之间的约定形同虚设，直接以诉讼的法定方式排除了当事人的约定，民法的意思自治原则也得不到体现。②如债权人与债务人约定了仲裁方式，而债务人与次债务人没有约定争议解决方式；或者债权人与债务人的争议解决方式没有约定，而债务人与次债务人约定了仲裁解决争议方式。这两种情况在行使代位权过程中同样只能以诉讼的方式行使，在此同样存在着一个法定方式排斥约定方式的问题。所以说，代位权行使过程中诉讼与仲裁方式的冲突问题还需要相关法律解释进一步明确而加以解决。

（二）代位权行使的范围

《合同法》第 73 条第 2 款规定："代位权的行使范围以债权人的债权为限。"所谓"以债权人的债权为限"应作如下理解：①某一债权人行使代位权，只能以自身的债权为基础，不能以未行使代位权的全体债权人的债权为保全的范围。也就是说，当债权人有多个的时候，各债权人都有权依代位权起诉，债权人的代位权行使范围仅以作为原告的债权人的债权为限，不包括其他未行使代位权的债权人所享有的债权。②债权人代位行使债务人权利所获得的价值应与所需要保全的债权的价值相当。根据《合同法解释（一）》第 21 条之规定，在代位权诉讼中，债权人行使代位权的请求数额超过债务人所负债务数额或者超过次债务人对债务人所负债务数额的，对超出部分人民法院不予支持。如果债权人行使债务人的一项权利，足以保全自己的债权，则不应就债务人的其他权利行使代位权。如果债权人行使债务人的部分债权，足以保全自己的债权，则不应就债务人的全部债权行使代位权。

（三）代位权的费用承担

《合同法》第 73 条规定，债权人行使代位权的必要费用，由债务人负担。我们认为这一规定是合理的。代位权行使的根本原因在于债务人怠于行使自己的债权，又不履行债务，这才使代位权成诉。从诉讼发生的机理看，在代位权成立的前提下，有过错方承担责任，符合诉讼费用分担的基本法理。而《合同法解释（一）》第 19 条的规定则与其不同：在代位权诉讼中，债权人胜诉的，诉讼费由次债务人负担，从实现的债权中优先支付。之所以会出现这样的解释，是由于在代位权诉讼中次债务人是真正的被告，由败诉方承担诉讼费用同样是基本的民事诉讼法理。该两种规定都有其合理之处，但明显存在冲突。如何协调二者的冲突，则是司法实践中的一个难题，往往会引起原被告双方的矛盾。这一问题的解决实际上是要处理如基本法与司法解释的效力等级问题。司法解释虽有很强的针对性，并且在一般法律没有规定的情况下可以优先适用，但司法解释的效力等级明显低于基本法，司法解释根本不能对抗法律的规定，故我们赞同优先适用基本法。

（四）代位权诉讼中的有关问题

1. 代位权诉讼的当事人。《合同法解释（一）》第 16 条第 1 款规定："债权人以次债务人为被告向人民法院提起代位权诉讼，未将债务人列为第三人的，人民法院可以追加债务人为第三人。"根据这一规定，债权人为原告，次债务人为被告，债务人为第三人。

2. 管辖法院。依据《合同法解释（一）》第 14 条之规定："债权人依照《合同法》第 73 条的规定提起代位权诉讼的，由被告住所地人民法院管辖。"债权人以境外当事人为被告提起的代位权诉讼，人民法院根据《民事诉讼法》第 241 条的规定确定管辖。（《合同法解释（二）》第 17 条）

3. 诉讼保全。依据《合同法解释（一）》第 17 条之规定："在代位权诉讼中，债权人请求人民法院对次债务人的财产采取保全措施的，应当提供相应的财产担保。"

4. 代位权诉讼中数个诉的处理问题。在代位权诉讼中通常存在：债权人对债务人的诉讼、债权人对次债务人的诉讼、债务人对次债务人的诉讼。实践中需处理好这多个诉之间的关系。依据《合同法解释（一）》的规定，债权人向人民法院起诉债务人以后，又向同一人民法院对次债务人提起代位权诉讼，符合《合同法解释（一）》第 13 条的规定和《民事诉讼法》第 108 条规定的起诉条件的，应当立案受理；不符合《合同法解释（一）》第 13 条的规定的，告知债权人向次债务人住所地人民法院另行起诉。受理代位权诉讼的人民法院在债权人起诉债务人的诉讼裁决发生法律效力以前，应当依照《民事诉讼法》第 136 条第 5 项的规定中止代位权诉讼。债权人以次债权人为被告向人民法院提起代位权诉讼，未将债务人列为第三人的，人民法院可以追加债务人为第三人。两个或者两个以上债权人以同一债务人为被告提起代位权诉讼的，人民法院可以合并审理。债务人在代位权诉讼中，对超过债权人代位请求数额的债权部分起诉次债务人的，人民法院应当告知其向有管辖权的人民法院另行起诉。

四、代位权行使的效力

行使代位权的效力，可分为对债务人的效力、对债权人的效力和对次债务人的效力。

（一）对债务人的效力

债权人行使代位权后，对于被代位行使的权利，债务人的处分权便因此而受到限制。如果对于债务人的处分权不加以限制，允许债务人任意处分其财产，势必使债权人代位权制度的目的落空。根据《合同法解释（一）》第 22 条之规定，对于超过债权人代位请求数额的债权部分，债务人仍有处分权能，债务人还可以另行提起诉讼，只是在代位权诉讼裁决发生法律效力以前，债务人提起的诉讼应当依法中止。

代位权行使的效果，直接地归属于债务人。债权人提起代位权诉讼，一方面可以发生债权人的债权的诉讼时效中断的效果，另一方面同样发生债务人的债权的诉讼时效中断的效果。债权人行使代位权，进行代位诉讼所受判决的效力即既判力，不论胜诉败诉皆及于债务人与其他债权人。

（二）对债权人的效力

从法理上讲，债权人行使代位权产生的法律上的效果应该直接归于债务人；即使在债权人受领交付场合，也须作为对债务人（次债务人的债权人）的清偿，而不能将它直接作为对债权人自己债权的清偿。其道理在于，债权人的代位权和撤销权是债权的对外效力，是一种对全体债权人共同担保的制度，是保全债务人责任财产的制度（即共同担保的保全），通过这种共同担保的保全来实现债权人自己财产的保全，而债权具有平等性，各个债权之间地位是平等的。因此，即使某一债权人行使了代位权，也并不能因此取得优先权，这一规则被称为"入库规则"。依此规则，债权人未征得债务人同意的情况下，不可以主张以其应返还的给付与其原来的债权相抵销。因为，允许抵销则无异于使债权人享有了优先于其他债权人受清偿的权利。债权人的代位权行使的效果直接归属于债务人。若债务人仍怠于受领，债权人可代位受领。另外，债权人可通过执行程序使其债权受偿。

根据《合同法解释（一）》第20条之规定，是由次债务人向债权人履行清偿义务，债权人与债务人、债务人与次债务人之间相应的债权债务关系即予消灭。此实质上是在金钱债务场合，借助于抵销制度使代位权制度发挥了简易的债权回收手段的功能。须注意的是，虽然债权人事实上具有优先受偿的效果，但法律上并不当然具有优先受偿权，代位权行使的效果并非直接地归属于债权人，而是借助于抵销制度间接地归属于债权人。同时此规定是基于中国现实需要而作出的，例如该规定可以解决"三角债"问题、实现诉讼经济等。

（三）对次债务人的效力

债务人对次债务人的权利，无论是自己行使还是由债权人代位行使，对次债务人的法律地位都没有影响，凡是次债务人可以对抗债务人的一切抗辩，如诉讼时效期间届满的抗辩、抵销的抗辩等，均可以用来对抗债权人。《合同法解释（一）》第18条第1款规定："在代位权诉讼中，次债务人对债务人的抗辩，可以向债权人主张。"

第二节 债权人的撤销权

一、债权人的撤销权的概念和性质

《合同法》第74条第1款规定："因债务人放弃其到期债权或者无偿转让财产，对债权人造成损害的，债权人可以请求人民法院撤销债务人的行为。债务人以明显不合理的低价转让财产，对债权人造成损害，并且受让人知道该情形的，债权人也可以请求人民法院撤销债务人的行为。"该条规定了债权人的撤销权。债权人的撤销权是指债权人对于债务人所为的危害债权的行为，有请求人民法院撤销该行为的权利。《合同法》第74条首先确立了我国民法中作为债的保全措施之一的撤销权制度。

债权人的撤销权兼有形成权与请求权的性质。债权人撤销权的行使，一方面使债务人与第三人的法律行为归于无效；另一方面又使债务人的责任财产回复至行为前的状态。故撤销权诉讼通常兼具形成之诉与给付之诉两种性质。我国大多数学者采用此种学说，即折衷说。

二、债权人的撤销权的成立要件

债权人的撤销权成立要件因债务人所为的行为是否有偿而有不同。在无偿行为场合，只需具备客观要件；而在有偿行为的情况下，则必须同时具备客观要件与主观要件。

（一）客观要件

1. 须债务人实施了处分财产的行为。构成撤销权行使要件的处分，不包括事实上的处分，而仅限于法律上的处分。根据《合同法》第 74 条的规定，这种处分行为包括：①债务人放弃到期债权，即债权到期后债务人明确表示免除其债务人的债务。严格讲，债权人在未到期之前债务人放弃该债权，也属于处分该财产的行为，债权人也有权请求撤销。②无偿转让财产，这主要是指将财产赠与给他人。此处的赠与是指赠与已经实际生效，如果债务人与第三人只是达成了赠与合同，未实际交付赠与物，则债权人不得请求撤销。③以明显不合理的低价转让财产，如将价值 200 万元的房屋故意以 2 万元的价格转让给他人，此种行为大多是一种隐匿财产、逃避债务的行为。

债务人实施了处分财产的行为，并非在任何情况下都应当予以撤销。下列情况，债权人不能行使撤销权：①债务人拒绝接受赠与，拒绝从事一定的行为而获得利益。②债务人从事一定有可能减少其财产的身份行为。撤销权所针对的只是处分财产的行为，而不包括身份行为，如收养子女、抛弃继承权等不得撤销。③不作为的行为或无效的民事行为。④债务人无偿向他人提供一定劳务的行为。债务人无偿向他人提供劳务的行为，一般不会减少债务人的责任财产，并给债权人造成损害，只是使债务人应该得到的财产没有得到，因此不属于保全的范围。⑤债务人在财产上设立负担的行为。如将财产出租给他人等。

2. 债务人处分财产的行为已经发生法律效力。债权人之所以要行使撤销权，乃是因为债务人处分财产的行为已经生效，财产将要或已经发生了转移。如果债务人的行为并没有成立和生效，或者属于法律上当然无效的行为，或者该行为已经被宣告无效等，都不必由债权人行使撤销权。需注意的是，债务人的处分行为必须在债权发生之后。如果发生在债权成立之前，则谈不上损害债权的问题。所以，债权人不能行使撤销权。

3. 债务人处分财产的行为已经或将要严重损害债权。只有债务人处分财产的行为已经或将要严重损害债权人的债权，债权人才能行使撤销权。在不损害债权人债权的情况下，债务人处分其财产是其正当行使权利的表现，法律上不能干预，债权人更不能主张撤销。那么，如何判断有害于债权呢？我们认为，只要债务人在实施处分财产的行为以后，已不具有足额资产清偿债权人的债务，就可以认为其有害于债权人的债权。既然把损害债权作为行使撤销权的必要条件，则在撤销权诉讼中债权人必须对此承担举证责任。但是让债权人举证证明债务人已经实施的处分行为损害债权，殊为其难，因为债权人对债务人资产状况不可能有充分的了解。我国大多数学者主张在撤销权诉讼中实行举证责任倒置，即由债务人承担举证责任。在债权人提起撤销权之诉，债务人必须对其处分行为不至于损害债权承担举证责任，在债务人举不出充分的证据证明其在处分财产的行为实施后仍然具备履行能力的情况下，则推定其处分行为损害债权，并可以认定撤销权成立。

（二）主观要件

撤销权成立的主观要件是指债务人在实施处分行为时主观的心理状态及社会第三人在受让财产时的主观心理状态。《合同法》第74条所规定的债务人处分行为包括两类：无偿的转让行为与有偿的转让行为。两种行为所要求的主观要件是不同的，在前一种情况下无须具备恶意；而在后一种情况下，则应当具备恶意。

1. 债务人的非恶意行为。债务人放弃到期债权、无偿转让财产的情况下，第三人获得了一定的财产没有付出一定的对价时，该行为是一种纯获利益的行为，在此情况下，对债务人的处分行为行使撤销权并不影响法律定性，同时也不至于对相对人的利益造成损害，因此，在这种情况下行使撤销权不需要考虑债务人的处分行为是否具有恶意，即主观恶意不是其构成要件。

2. 债务人和第三人的恶意。我国《合同法》第74条规定，债务人以明显不合理的低价转让财产，对债权人造成损害，并且受让人知道该情况的，债权人可以行使撤销权。

（1）债务人的主观恶意分析。在有偿转让的情况下，债务人主观上具有恶意是行使撤销权的一个必备要件。债务人恶意内容包括以下两个方面：①债务人故意低价转让财产；②债务人低价转让的目的是为了损害债权。对于"明显不合理的低价"，人民法院应当以交易当地一般经营者的判断，并参考交易当时交易地的物价部门指导价或者市场交易价，结合其他相关因素综合考虑予以确认。转让价格达不到交易时交易地的指导价或者市场交易价 70% 的，一般可以视为明显不合理的低价；对转让价格高于当地指导价或者市场交易价 30% 的，一般可以视为明显不合理的高价。债务人以明显不合理的高价收购他人财产，债权人也可以请求人民法院予以撤销（《合同法解释（二）》第 19 条）。

《合同法解释（二）》第 18 条补充了撤销权的三种特殊情形：①债务人放弃未到期债权的；②债务人放弃债权担保的；③债务人恶意延长到期债权的履行期的。这三种情形债权人都可以依照《合同法》第 74 条的规定提起撤销权诉讼的，人民法院应当支持，其中前两种情形可以归入无偿行为一类进行适用。

（2）第三人的恶意分析。从《合同法》第 74 条的字面分析，第三人的恶意包括两个方面：①第三人知道债务人是在以明显不合理的低价转让财产；②该转让是为了损害债权人的债权实现。从法律规定上看，这是第三人主观恶意的内容。如果要求债权人必须对第三人的恶意承担举证责任，债权人行使撤销权几乎不可能，合同保全制度也将形同虚设。故大多学者认为对第三人恶意的内容应作狭义解释，即第三人只要知道债务人是在以明显不合理的低价进行财产转让即可，不需要在主观上对债务人损害债权的事实明知。这种理解方式比较符合撤销权制度立法的基本价值取向和立法原意。

三、撤销权诉讼中的主体

撤销权必须通过诉讼的方式行使。在撤销权诉讼中需要确定有关当事人。撤销权诉讼的主体也包括原告、被告、第三人。

撤销权诉讼中的原告即诉讼的发动者为债权人。实质意义上的原告即对债务人享有合法债权的权利主体。撤销权的行使必须由享有撤销权的债权人以自己的名义，向法院提起诉讼，请求法院撤销债务人不当处分财产的行为，如果债权人为多数人，可以共同享有并行使撤销权。根据《合同法解释（一）》第 25 条第 2 款规定："两个或者两个以上债权人以同一债务人为被告，就同一标的提起撤销权诉讼的，人民法院可以合并审理。"

债务人在撤销权诉讼中应当是被告。这一点没有异议。但对受益人或者受让人究竟列为共同被告或第三人，法学界有不同理解。我国《合同法解释（一）》第 24 条规定："债权人依照《合同法》第 74 条的规定提起撤销权诉讼时只以债务人为被告，未将受益人或者受让人列为第三人的，人民法院可以追加该受益人或者受让人为第三人。"从该司法解释的规定上看，我国立法倾向于将受益人或者受让人作为第三人看待。

四、撤销权行使

（一）撤销权行使的方法

依《合同法》第74条第1款的规定，债权人行使撤销权必须采用诉讼的方式，即请求法院撤销债务人的行为。之所以撤销权的行使必须通过法院，其原因在于撤销权的行使对于第三人的利益影响巨大。因此，通过法院行使撤销权既可由法院来确认要件是否具备，对于其他债权人也含有公示的作用。

（二）撤销权的行使范围

根据我国《合同法》第74条，撤销权的行使范围以债权人的债权为限，其含义应包括如下几点：①某一债权人行使撤销权，只能以自身的债权为基础，不能以未行使撤销权的全体债权人的债权为保全的范围。②各债权人都有权依撤销权起诉，其请求范围仅限于各自债权的保全范围，债权人的撤销权的行使范围仅以作为原告的债权人的债权为限，不包括其他未行使撤销权的债权人所享有的债权。根据《合同法解释（一）》第25条第2款的规定，数个债权人以同一债务人为被告，就同一标的提起撤销权诉讼的，人民法院可以合并审理。当数个债权人遭受同一债务人行为侵害时，各个债权人都可以主张撤销。各个债权的数额的总和，属于债权人保全的范围。③债权人在行使撤销权时，其请求撤销的数额必须与其债权数额相一致。

五、撤销权行使的效力

债权人撤销权的行使，其撤销的效力依人民法院判决撤销而发生，其效力及于债权人、债务人和受益人。

（一）对债权人的效力

从法理上分析，无论代位权还是撤销权都不应该具有优先受偿的效力。但我国《合同法解释（一）》第20条则赋予了代位权人以直接受偿的效力。而撤销权行使范围的财产能否直接用于债权人债务的清偿，则无法律规定。既然法律没有规定，则意味着债权人无权直接将撤销所及的财产用于清偿。这就引发一个问题：若不赋予债权人以直接受偿的效力，在债权人有多个的情况下，因行使撤销权是"费力不讨好"，则债权人会怠于行使撤销权，从而撤销权的作用得不到充分发挥。对此，《合同法解释（一）》第26条作出了弥补性的规定："债权人行使撤销权所支付的律师代理费、差旅费等必要费用，由债务人承担；第三人有过错的，应当适当分担。"该条解释是我国司法解释中首次以规定文件的方式允许当事人将律师费用作为赔偿范围，也正是通过该条解释来促进债权人行使撤销权的积极性。

（二）对债务人的效力

债务人的行为一经撤销则自始、当然无效。撤销以后，债务人的财产回归债务人，转化为债务人的责任财产。一般情况下，已经行使撤销权的债权人也无权利直接向诉讼标的财产要求优先受偿。总之，债权人撤销权行使的法律效果直接归属于债务人。

（三）对于受让人或者受益人的效力

在债务人将财产无偿转让于受益人的情况下，受益人不管主观上有无恶意，因其取得财产未付出对价，所以在撤销权成立的情况下，则应当由受益人按照不当得利财产予以返还给债务人。如果债务人对返还的财产不行使请求权的，债权人可以行使代位权。在有偿取得的情况下，一定要求受让人有恶意，否则可按善意取得制度予以抗辩。在受让人有恶意的情况下，若撤销权成立，则受让人有义务返还财产，并有权索回所付出的对价。若由于混同、灭失等原因，原财产不再存在或者不能返还，则受让人需要返还其得到的不当利益，也可以采用补偿原则。

六、撤销权的消灭

撤销权因下列原因而消灭：

1. 因行使而消灭。

2. 抛弃。撤销权可以因全体债权人向债务人或者受让人作出抛弃的意思表示而消灭。

3. 撤销权的除斥期间届满。根据《合同法》第75条："撤销权自债权人知道或者应当知道撤销事由之日起1年内行使。自债务人的行为发生之日起5年内没有行使撤销权的，该撤销权消灭。"

案例分析

（一）债权的相对性和代位权

【案情介绍】某信托投资公司与神丰公司于1998年1月签订一份借款合同，约定该投资公司借款300万元给神丰公司，期限自合同订立起至1998年10月底。直到1999年1月，神丰公司仍未归还此笔借款。经查账，神丰公司账上资金仅 80 万元，不足以清偿借款。又获悉神丰公司曾借款 300 万元给 W 公司，约定 1998 年 7 月还款，迟迟未还，也未见神丰公司催讨。投资公司遂向法院起诉，请求以自己的名义行使神丰公司对 W 公司的债权。法院审理过程中，又有 N 公司主张自己的权利，提出神丰公司欠该公司 100 万元，若投资公司代位获偿，该 300 万元由投资公司与 N 公司按比例获偿。

【问题】本案如何从债权的相对性和代位权的角度分析？

【分析】债权是一种相对权。对于债权，债权人只能向债务人请求履行，原则上是不及于第三人的。但当债务人与第三人的行为危及到债务人的利益时，法律就允许债权人对债务人与第三人的行为行使一定的权利，排除对债权的危害。这也称为债的保全或债的对外效力。

为了加强对债权人利益的保护，《合同法》设立了债权人代位权制度。《合同法》第 73 条规定："因债务人怠于行使其到期债权，对债权人造成损害的，债权人可以向人民法院请求以自己的名义代位行使债务人的债权，但该债权专属于债务人自身的除外。"简单地说，就是债务人怠于行使权利，债权人为保全自己的债权，请求人民法院以自己的名义向第三人行使债务人现有债权的权利。

债权人行使代位权应符合以下条件：①需债务人对第三人享有债权，债务人对第三人的债权是非专属于债务人自身的权利。债务人对第三人享有的债权应符合两个要素：一是必须是现时存在的有效的债权，债务人对第三人的债权无效时，债权人不得行使代位权。二是该债权不具有专属性。专属于债务人的债权，不能作为行使代位权的对象。②需债务人怠于行使其债权，即债务人应当而且能够行使债权但不去行使。③债务人怠于行使自己的债权，已危及债权人的债权。④需债务人已迟延履行。还需注意的是，行使代位权的债权人不能因此获得优先受偿的权利，只能与其他债权人处于同等地位受偿。

符合以上条件，债权人可以行使代位权，即可越过债务人，直接向第三人请求其向债务人清偿所欠债务。

债务人行使代位权必须通过诉讼方式，其具体要求为：①债权人以自己的名义请求人民法院同意代位行使债务人的债权，即请求第三人向债务人履行债务。在行使代位权的诉讼中，原告总是享有代位权的债权人，当债权人为连带共同债权时，连带共同债权人可以作为共同原告，也可以以其中任何一人作为原告。被告一般是债务人的债务人。②债权人只能在债权范围内行使代位权，即债权人行使代位权不能超出债权范围。③债权人只能在法定的期限内行使代位权。债权人行使代位权应符合2年的普通诉讼时效或者1年的短期诉讼时效的规定，即从债务履行期满算起，债务人怠于行使其债权未超过2年或者1年的诉讼时效。如果超过这一期限，债权人不得再行使代位权。④债权人行使代位权的必要费用由债务人承担。

本案例中信托投资公司诉请法院要求行使神丰公司对 W 公司债权的行为符合债权人代位权的条件，法院应支持信托投资公司保全其债权的行为。信托投资公司行使代位权所获的300万元作为神丰公司全部债务的总担保，信托投资公司并不享有优先受偿权，N 公司可以从中和投资公司按比例受偿。

（二）合同的撤销权与代位权

【案情介绍】2000 年 11 月，甲与乙签订售房协议，以 12 万元的价格将该六间房屋卖给乙。甲遂与乙办理了过户登记手续，乙当即支付购房款 5 万元，并答应 6 个月后付清余款。2001 年 5 月，乙应向甲支付 7 万元的购房余款时，因生意亏损，已无支付能力。但乙有一笔可向丙主张的到期货款 5 万元，因乙与丙系亲戚，乙书面表示不再要求丙支付该货款。另查明，乙曾于 2001 年 4 月外出遭遇车祸受伤，肇事司机丁系乙好友，乙一直未向丁提出车祸损害的赔偿请求。

【问题】（1）如甲请求人民法院撤销乙放弃要求丙支付货款的行为，其主张能否得到支持？为什么？

（2）如甲要求以自己的名义代为请求丁支付车祸致人损害的赔偿金，其主张能否得到支持？为什么？

【分析】（1）能。因为依据《合同法》第74条第1款的规定："因债务人放弃到期债权或者无偿转让财产，对债权人造成损害的，债权人可以请求人民法院撤销债务人的行为。"本案中，乙放弃到期债权已经对债权人甲造成了损害，故甲可以请求法院撤销乙放弃要求丙支付货款的行为。

（2）不能。因为我国《合同法》第73条规定："因债务人怠于行使其到期债权，对债权人造成损害的，债权人可以向人民法院请求以自己的名义代位行使债务人的债权，但该债权专属于债务人自身的除外。"《合同法解释（一）》第12条规定："《合同法》第73条第1款规定的专属于债务人自身的债权，是指基于扶养关系、抚养关系、赡养关系、继承关系产生的给付请求权和劳动报酬、退休金、养老金、抚恤金、安置费、人寿保险、人身伤害赔偿请求权等权利。"本案中车祸致人损害的赔偿金是专属于债务人乙自身的债权，故甲不可以以自己的名义代为请求丁支付车祸致人损害的赔偿金。

思考题

1. 代位权的概念与成立要件是什么？
2. 撤销权的概念与成立要件是什么？
3. 比较代位权与撤销权的异同。

案例分析题

村民张某曾在砖厂打工多年，掌握了一手烧制砖瓦的好技术，很想自己开办砖厂发家致富，但一直苦于只有技术而没有办厂资金。某年4月，张某向镇信用社申请贷款4万元，约定月利率0.63%，还款期限为1年。该笔贷款到位后，张某的朋友孙某于当年8月又向其借款2.5万元，约定于同年年底还清。次年4月，张某的贷款期限届满后，信用社多次要求其按期还款，张某均以企业经营亏损为由拒绝给付，且在此期间张某并未积极向孙某追索到期债款，造成其偿还贷款困难。在这种情况下，信用社以孙某为被告、张某为第三人，向法院提起代位追索借款之诉。

问：该案件应如何处理？

推荐书目

1. 张广兴：《债法总论》，法律出版社1997年版。
2. 刘凯湘：《合同法》，中国法制出版社2006年版。
3. 张家勇：《为第三人利益的合同的制度构造》，法律出版社2007年版。

第六章 合同的变更与转让

第一节 合同的变更

一、合同的变更概述

合同的变更有广义与狭义之分。广义的合同变更是指合同内容与合同主体发生变化。所谓合同内容的变更是指合同的主体保持不变，合同内容发生变更，具体说，是指合同成立以后尚未履行之前或者在合同履行开始之后尚未履行完毕之前，当事人就合同的内容达成修改和补充的协议，或者依据法律规定请求法院或仲裁机构变更合同内容。主体的变更是指以新的主体取代原合同关系的主体，即新的债权人、债务人代替原来的债权人、债务人，但合同的内容并没有发生变化。在合同法律制度中，合同主体的变更被称为合同权利义务的转让，按转让的内容可分为合同权利的转让、合同义务的转让、合同权利义务的概括转让。狭义的合同变更仅指合同的内容的变化，不包括合同主体的变化。在变更制度中，合同主体的变更即为《合同法》规定的合同转让的内容。《合同法》所规定的及本章所指的合同的变更是指狭义含义的合同变更，即合同内容的变更，而不涉及合同主体。

合同的变更，从其变更的原因及程序上看，可分为协议变更和法定变更。协议变更是指合同双方当事人以协议的方式对合同的内容进行变更，所以又称合意变更。《合同法》第77条规定，"当事人协商一致，可以变更合同。法律、行政法规规定变更合同应当办理批准、登记手续的，依照其规定。"法定变更是指在合同成立以后，当发生法定的可变更合同的事由时，经一方当事人的要求而对合同的内容作的变更。《合同法》第54条规定，意思表示不真实的合同，当事人一方可向人民法院或仲裁机构请求撤销或变更。

合同的变更，从其变更的内容上看，可分为债的要素变更与非要素变更。这是传统民法理论上的划分方法。所谓债的要素变更是指给付发生重要部分的变更，导致合同关系失去同一性，形成新的合同关系，通常也称为实质性变更，又称合同的更改或合同的更新，包括合同标的的改变（如承租二楼变更为承租三楼）、履行数量的巨大变化（如交付50吨钢材变更为交付500吨）、价款的重大变化和合同性质的变更（如承揽债务变更为支付一定货币的债务，有偿合同变更为无偿合同等）。此处主要指合同标的的变更。非要素变更是指合同标的以外的有关数量、履行期限、地点、价款等各种条款的变更，这些条款的变更也属于合同的变更，但未使合同失去同一性，通常称为非实质性变更，仅对原合同关系的内容作某些修改和补充，而不是对合同内容的全部变更。如标的的数量增减，改变交货地点、时间、价款或结算方式，利息、违约金、担保等从给付的变更，履行期、履行地或约定为分期支付等方式的变更等，它们没有从根本上改变合同的内容和性质。变更后的合同关系与原有的合同关系属于同一法律关系。

关于要素变更是否属于合同变更，理论上有两种不同的看法。一种观点认为，变更的指向不能是合同的标的，即不能把A物变成B物，这种变更是以新协议取代原合同，使原合同归于无效，或者说这种变更是以新债代替旧债。合同内容的变更是在保持原合同效力的基础上，再形成新的合同关系，这种新的合同关系应当包括原合同的实质内容。如果新的合同关系产生以后没有吸收原合同的实质内容，就不属于合同的变更，而是合同消灭以后订立的一个新合同。因此，合同变更不包括要素变更。我国台湾地区学者一般也认为，如不具有此种同一性，则不能称之为合同的变更。另一种观点认为，合同变更包括合同要素变更。认为区分合同要素的变更与非要素的变更，在理论上更为合理。合同的变更未使合同关系失去同一性，合同债权所附着的利益与瑕疵原则上继续存在，而合同的更改已使合同关系失去同一性，旧债权所附着的利益与瑕疵归于消灭，法律效果明显不同。但《合同法》对此也未作如此区分。因此合同变更包括合同要素的变更和非要素的变更。我们同意第一种观点。

合同变更制度是一种重要的合同制度，各国合同法对此都有规定。从各国的合同制度看，对变更的规定主要有两种情况：一种是狭义的合同变更，即规定在合同尚未履行时或在履行过程中，经当事人协商，对合同条款进行修订或补充。另一种是广义的合同变更，即除协商变更外，还包括因重大误解、显失公平、欺诈、胁迫、乘人之危签订的合同，一方依法申请人民法院或仲裁机构予以变更以及情势变更等。我国《合同法》第五章

关于合同变更制度的规定，采用了狭义的合同变更模式。此部分虽只有第77、78条两个条文，但与《民法通则》及原有合同法规定相比，内容有较大变化。主要体现在：①确立了协商变更原则。规定当事人协商一致，可以变更合同。②确立了变更内容不明确时的处理原则。规定变更的内容约定不明确的，视为未变更。

二、合同变更的要件

（一）原合同关系存在

合同的变更是对已有的合同关系的改变，因此原有合同关系的存在是合同变更的首要条件，没有合同关系的存在，便无变更的对象，也不发生合同变更问题。"原合同关系"只能是现存的效力确定的合同，只有对有效的合同的变更才产生合同法上的合同变更的效果。无效的合同，因其自始即不产生法律效力，所以在当事人之间不能认为存有合同关系，因而也就无进行合同变更的必要。如果原本无效的合同经当事人对其内容进行修正使之具备法定的有效要件而生效的，只能认为是达成一个新的合同，而不是合同变更。可撤销的合同的当事人一方或者双方在法律规定的期限内有权请求变更或者撤销该合同，这是合同法对法定合同变更的规定。所以，可撤销的合同也是合同变更的客体，对这类合同当事人既可以协议变更，也可以申请法院予以变更。并且《合同法》第54条第3款规定："当事人请求变更的，人民法院或者仲裁机构不得撤销。"

（二）必须使合同内容发生变化

合同变更不包括合同主体的变更，仅指合同内容的变更，因此合同内容发生变化是合同的变更不可或缺的条件。合同变更通常是指非要素变更，因此，合同内容的变更应包括以下类型：

1. 合同履行条件的变更，包括履行期限、履行地点、履行方式以及结算方式的改变等。

2. 合同价金的变更，即合同价款或本金的增减，以及利息的变化等。

3. 合同所附条件或期限的变更，如所附条件的除去或增加，所附期限的延长或提前等。合同担保的变更，如基于当事人的意思表示或法律的规定，使合同担保消灭或新设等。

4. 其他内容的变更，如违约金的变更，选择裁判机构协议的变更，等等。

无论如何变更，当事人对合同变更的内容必须明确。约定不明确的，按《合同法》第78条规定："当事人对合同变更的内容约定不明确的，推定为未变更。"这里说的协议内容明确，主要包括两方面：一是合同变更协议的形式明确；二是合同变更协议的内容明确。另外变更后的合同内容不得具有违法性，不得规避法律的规定或损害国家、集体和第三人的利益，不得有违公序良俗，否则合同的变更无效。

（三）合同变更须依当事人协议或依法律直接规定或法院裁决

协议变更合同的，当事人应当达成变更协议，依据变更协议发生合同内容变更的效力。合同变更协议应当依原合同办理法律、行政法规规定的其他手续。法定变更应当具有《合同法》第54条规定的当事人可以请求法院或者仲裁机关进行变更的三种情形，即因重大误解，显失公平，一方以欺诈、胁迫或乘人之危订立的合同，变更合同须经法院或者仲裁机关进行变更，通常是以判决或者裁定的形式变更的。

《合同法解释（二）》第26条对"情事变更"引起的合同的变更与解除作出了明确的规定："合同成立以后客观情况发生了当事人在订立合同时无法预见的、非不可抗力造成的不属于商业风险的重大变化，继续履行合同对于一方当事人明显不公平或者不能实现合同目的，当事人请求人民法院变更或者解除合同的，人民法院应当根据公平原则，并结合案件的实际情况确定是否变更或者解除。"所谓情势变更原则是指合同有效成立后，因不可归责于双方当事人的事由发生重大变化而使合同的基础动摇或者丧失，若继续维持合同会显失公平，因此允许变更合同内容或解除合同的原则。即合同成立以后，因与双方当事人无关的原因，发生了社会环境的异常变动，在这种情况下造成当事人一方遭受重大的损害，这个时候双方当事人就应该重新协商，如果达不成协议，受损害的一方可以请求人民法院来变更或解除合同。

（四）合同变更应当在合同有效成立以后、合同履行完毕之前

这是对合同变更的时间上的要求。合同未成立，就不存在可以变更的合同。对于无效的合同，即使成立，对其进行变更也不具有任何意义。合同已经履行完毕，再进行变更，则起不到变更合同的目的。

（五）遵守法定的程序和方式

根据《合同法》第77条第2款规定："法律、行政法规规定变更合同应当办理批准、登记等手续的，依照其规定。"这就要求合同的变更也必须遵循法定的程序和方式。如股票质押合同签订后，股票贬值，债权人要求质押人增加质押标的，经协商双方就增加部分质押股票达成协议后，要就变更的协议办理登记手续。对一些合同法律规定了一定的形式的，如抵

押合同、保证合同必须采用书面形式，不动产买卖必须办理登记过户手续。在这些情况下，当事人仅仅只是达成变更合同的协议是不够的，还必须依照法律、行政法规规定采用书面形式或办理批准、登记等手续，否则，合同不能发生变更。

三、合同变更的效力

合同变更后，原有的合同内容失去效力，当事人应按照变更后的合同内容履行。合同的变更就是在保持原合同的统一性的前提下，使合同的内容有所变化。合同变更的实质是以变更后的合同取代原有的合同关系。因此，在合同发生变更以后，当事人应当按照变更后的合同内容作出履行，任何一方违反变更后的合同内容都将构成违约。

合同的变更只对合同未履行的部分有效，不对合同已经履行的内容发生效力，即合同的变更没有溯及力，仅向将来发生效力。合同的当事人不得以合同发生了变更，而要求已履行的部分归于无效，要求对方返还已为的给付。

合同的变更不影响当事人请求损害赔偿的权利。《民法通则》第115规定："合同的变更或解除，不影响当事人要求赔偿损失的权利。"合同变更以前，一方因可归责于其的原因给对方造成损害的，另一方有权要求责任方承担赔偿责任，并不因合同发生了变更而受影响，但是合同的变更协议已经对受害人的损害给予处理的除外。合同的变更本身给一方当事人造成损害的，另一方当事人也应对此承担赔偿责任，不得以合同的变更乃是当事人自愿为由而不负赔偿责任。原《经济合同法》规定除依法可以免责的以外，应由责任方负责赔偿。司法实践中也存在另一种观点，认为《合同法》对此没有规定，且《合同法》中合同的变更仅指因双方协议发生。因此赔偿问题应由双方在协商时一并解决，双方在变更合同的协议中没有提及赔偿问题的，除非另有约定，应视为双方放弃请求赔偿的权利，一方不得在合同变更后另行要求对方赔偿。

合同在许多情况下具有从合同或者从权利，最常见的是合同的担保。合同的担保作为主合同债权的从权利，具有附随性，其效力受到主合同债权的影响。双方当事人在变更主合同时，应当对主合同的担保作出明确的约定，如果担保由第三人提供，则合同的变更应当征得担保人的同意。《担保法》第24条规定："债权人与债务人协议变更主合同的，应当取得保证人书面同意，未经保证人书面同意的，保证人不再承担保证责任。保证合同另有约定的，按照约定。"对于抵押权和质押权，是否也与保证一样，主合同的变更会影响其效力，《担保法》未作出具体的规定。但在最高人民法院《关于适用〈中华人民共和国担保法〉若干问题的解释》规定了，主合同变更应当通知抵押人并征得抵押人或质押人的同意，如果未征得抵押人或质押人同意的，抵押人或质押人可以以此对抗债权人。

第二节 合同的转让

一、合同的转让概述

合同的转让，是指在不改变合同关系内容的前提下，合同当事人一方依法将其合同的权利、义务全部或部分地转让给第三人的法律行为。

合同转让，按照其转让的权利的不同，可分为合同权利的转让、合同义务的转让及合同权利义务的概括转让。合同转让按转让的原因和程序可分为法定转让与协议转让，法定转让是指基于法律规定而变更合同当事人，如因法人分立、合并导致的合同转让；协议转让是指基于合同转让人与受让人的协议而变更合同当事人。

罗马法早期认为债是特定人间的关系，债权为联结债权人与债务人的法锁，变更其任何一端，都将使债的关系失去同一性，因此债的当事人绝对不可变更，从而认定债权不得让与，债务亦不得移转。后来因社会交易日益频繁复杂，债权让与为社会实际生活所要求，债权不得让与的理论逐渐改变。罗马法先是允许以债的更改方式移转债权，至程式诉讼时期，债权让与方式改变为债权人可委任第三人以诉讼代理人的名义诉追债务人。此时的第三人并非单纯的代理人，他所收取的，并不向债权人交付。帝政时期，诉讼代理人可以以自己的名义行使诉权。起诉后法官将其诉讼委任通知债务人，即发生诉讼拘束的效力，债务人受通知后，即不得再向债权人履行债务。最后，在裁判官法上，规定债权让与在让与人和受让人之间的让与行为成立时，发生债权让与的效果，债务人自接受让与通知时受其拘束。债务承担制度亦经历了从不承认到在符合一定条件时允许的变化过程。后世民法大都承认了债权让与、债务承担和债权债务的概括移转，我国法亦然。

二、债权让与

（一）债权让与的概念和性质

债权让与，也称为合同权利转让，是指不改变合同关系的内容，合同当事人一方通过转让合同将其合同权利全部或者部分移转于第三人享有的法律行为。

关于债权让与的性质,立法者和学者对此有不同的观点,主要有三种学说:

1. 要因的准物权合同说。以德国法为代表,德国民法理论是以物权行为理论为基础的。根据物权行为的独立性和无因性规则,认为债权转让合同与作为其基础的被转让的合同是相分立的。此种转让行为是不要因的合同,也就是说,这种转让是否有原因,该原因有无瑕疵,对合同转让的法律效果不产生影响。由于权利转让合同是一种准物权合同,因此不同于债权合同。这意味着原债权人不但负有转让债权的义务,而且在转让合同成立时还发生债权现实移转的效力,除非当事人有保留债权的意思或发生其他障碍。

2. 要因的买卖合同说。以法国法为代表,在法国,合同转让问题并没有引起立法者的重视。法律上仅承认单纯的债权转让、债务转让或债权债务的承受。但现代法国的合同立法也承认了合同转让,并形成了一套合同转让的理论。根据法国法,债权转让合同是一种要因买卖合同。既然是买卖合同,转让债权就如同转让财产的所有权一样,原债权人把债权作为买卖的标的物出让给新债权人,新债权人为此应支付一定代价。由于合同转让是一种买卖合同,因此,出卖人应对作为买卖标的物的权利在法律上承担瑕疵担保的责任。如果原转让人不享有权利而转让债权,将直接影响转让合同的效力。

3. 合同说。以英美法为代表,在英美法上,"转让"一词一般仅用于对财物权利的转移,以区别于对特定财物的转移。合同权利的让与是一种合同,让与权利合同必须具备下述条件,即权利人表示了不需要他自己或债务人作进一步的行为立刻转移权利的意思,权利人的意思可直接向受让人或第三人表示。如果转让的是未来的权利,那么就像其他合同一样,债权转让合同必须具有对价。

比较上述观点,前两种观点都建立在物权行为理论上,而我国现行立法并没有采纳该理论。因此,英美法观点更为可取。一方面,它将合同权利转让作为合同行为对待,既肯定了有偿转让行为,又肯定了无偿转让行为所发生的法律效果;另一方面,它将转让行为作为独立的合同对待,并且适用合同法的一般规则。由于债权转让合同具有与各种有名合同如买卖、互易、赠与等不同的特点,因此,在合同法中单设合同权利转让制度，对这类合同作出规范是十分必要的。

（二）债权让与的条件

1. 须有有效的合同债权存在，且权利转让不改变债权的内容。即转让人所享有的债权必须是合法有效的，就是说，一方面，合同债权的有效存在，是该合同中的权利义务能够被让与的基本前提。如果合同债权根本不存在或合同应被宣告无效，或已经被解除，在此情况下所发生的转让行为都是无效的，同时转让人应对善意的受让人所遭受的损失承担损害赔偿责任。另一方面，债权人必须享有债权，否则，债权人转让他人的债权，将构成无权处分。在下列情况下，债权人是否可以转让债权。可撤销的合同、附条件和附期限的合同的债权也可以转让。

2. 债权让与人与受让人须就合同权利转让达成合意，即转让协议。这种合同的当事人是转让人和受让人，当事人订立转让合同必须符合民事法律行为的有效要件。如果合同转让具有可撤销的原因，则撤销权人可以行使撤销权。转让协议必须合法有效，且不得违背社会公共利益，即内容和形式必须符合法律规定。

《民法通则》第 91 条规定合同转让不得牟利，现通常认为，不得牟利，是针对非法倒卖合同、牟取非法所得并危害社会经济秩序的行为而言的。如将国家物资加价倒卖，买空卖空，牟取非法暴利。但并不意味着禁止任何有偿的合同转让行为。在市场经济条件下，合同的转让特别是权利的转让，大都是有偿行为，转让人转让其权利都要收取一定的利益或合理报酬，如果将有偿的转让行为都作为非法牟利对待，实际上是禁止了合同的转让，对于搞活流通、增进交易、促进社会财富增长非常不得。所以有偿转让行为等同于非法牟利行为是极不妥当的。

3. 债权让与的对象是合同债权，其本身须具有可转让性。多数国家立法对可转让的合同权利未作规定，仅列举不得转让的权利的种类，我国《合同法》第 79 条也以列举方式规定了三类不得转让的合同权利，即根据合同性质不得转让；按照当事人约定不得转让；依照法律规定不得转让。

因此，可以转让的债权主要包括：单务合同的债权；双务合同中的债权；因合同不履行而产生的损害赔偿请求权；因人格权受到侵害所发生的损害赔偿请求权；因知识产权被侵害所发生损害赔偿请求权；附期限或者附解除条件的债权；将来取得的债权；消灭时效已完成和因得撤销行为发生债权；可与主债权分离而存在的从债权，如利息；特别法上债权，如票据法上债权得依背书而让，保险法上的债权在取得保险同意时得为让与。

4. 债权让与须通知债务人，始对债务人发生效力。合同权利的转让要涉及到两种关系：一是债权人与债务人之间的原合同关系；二是转让合同关系。转让合同关系作为转让人与受让人之间的合同关系完全可由当事人在不违背法律和社会公共利益的前提下自由约定。但是就债权人与债务人的关系而言，尽管债权人转让权利乃是根据其意志和利益处分其权利的行为，但此种处分通常又涉及到债务人的利益，这就产生了一个法律上权益冲突现象。即从保护和尊重权利人的权利、鼓励交易出发，应当允许权利人在不违反法律和公共利益及合同约定的前提下自由转让其权利，但是从维护债务人的利益出发，又应对权利转让作出适当限制，即转让应征得债务人同意或通知债务人。在这个问题上，各国立法作出了三种不同的规定：

（1）自由主义，即债权人转让其债权依原债权人与新债权人的合同即可转让，不必征得债务人的同意，也不必通知债务人。然而债权人若未通知债务人，债务人有可能不知道债权已发生转让。在此情况下，债务人仍向原债权人作出清偿，则债务解除。如果债务人已经知道债权发生转让，则无论他是从何种途径获悉的，都不应向原债权人履行义务，否则不能解除其债务。德国法采纳了这规则，而美国法实际上承认合同权利的转让无须经过债务人的同意。

（2）通知主义，也称为折衷主义，即债权人转让其债权虽不必征得债务人的同意，但必须将债权转让的事实及时通知债务人，债务人必须在接到债权转让通知以后，或者在公证文书中对债权转让作出承诺后，债权转让合同才对其发生效力。受让人也只有在收到对债务人所为关于转让的通知后，才能享有受让的权利。此为法国、日本民法所采纳。

（3）债务人同意主义，也称为严格限制主义，即合同权利的让与必须经过债务人的同意才能生效。如我国《民法通则》第91条规定："合同一方将合同的权利、义务全部或者部分转让给第三人的，应当取得合同另一方的同意，并不得牟利。"债务人同意是合同权利转让的成立要件。由于债权让与在性质上是多方民事法律行为，债务人也是债权让与的一方当事人，因此，债权人转让其债权，只有在征得债务人同意之后，债权转让合同才能成立。

对上述三种观点各有利弊，我国《合同法》最后采纳了通知主义，债务人同意并不是债权转让合同成立的要件，而是合同权利让与对债务人生效的条件。原因在于：①约定的债权移转只要对债务人没有任何损害，也不妨碍国家、集体和第三人的利益，可以不必征得债务人的同意。②尽管合同权利让与要涉及两种不同法律关系，即转让合同关系和债权人与债务人之间的原合同关系，但就转让合同关系而言，仅在作为转让人的债权人与作为受让人的第三人之间发生，债务人并非转让合同关系的当事人，转让合同也不是多方民事法律行为，所以，债务人的同意不应成为转让合同的成立要件。但是应该由债权人将债权移转的情况及时通知给债务人。③通知主义的立法例要求债权人将权利让与的事实及时通知债务人，使债务人能够及时了解让与的事实，避免因债务人对债权转让毫不知情所遭受的损害及各种损失浪费，从而避免了自由主义立法例的弊端，注重对债务人的保护。同时这种制度因对债权人自由处分其权利的行为未作出实质性限制，尊重了债权人处分其债权的自由，也有利于鼓励债权转让和促进流通，符合市场经济发展的需要。因此，债权让与的转让人只需将其转让权利的情况及时通知债务人，而不必征得债务人的同意。一旦通知到债务人，则权利的转让发生效力；未经通知，该转让对债务人不发生效力，债务人仍然可以向原债权人履行义务。

债权人转让债权的通知到达债务人以后，通知即生效，债权人不得撤销该通知，否则使已经转让的权利处于不稳定的状态。《合同法》第80条第2款规定："债权人转让权利的通知不得撤销，但经受让人同意的除外。"

《合同法》第80条规定："债权人转让权利的，应当通知债务人。"也就是说，转让通知是由债权人向债务人作出，遵循"谁转让、谁通知"的原则，但目前实践中也存在一方转让债权于他方后即行注销，或人去楼空，要求由原债权人通知已不可能，这种情况下，受让人向债务人出示权利让与作证或债权转让证书，并举证证明由原债权人通知已不可能，应视为已经通知。债务人有异议的，可请求人民法院审查确定。

（三）债权让与的法律效力

合同权利的生效首先应取决于两个条件：一是权利转让合同的成立；二是债权人将权利转让的事实通知债务人。符合这两个条件，合同权利转让将会产生一定的法律效力，包括对内效力和对外效力。

债权让与的对内效力是指合同权利转让在转让人与受让人之间发生的法律效力。此种效力具体表现在：①主合同权利转让给受让人，如果是全部转让，则受让人将作为新债权人而成为合同权利的主体，转让人将脱离原合同关系，由受让人取代其地位；如果是部分权利转让，则受让人将加

入合同关系，成为债权人。②从属于主债权的从权利也随主债权的转移而转移，如抵押权、利息债权、定金债权、违约金债权及损害赔偿请求权等也将随主权利的移转而发生移转。《担保法》第22条规定："保证期间，债权人依法将主债权转让给第三人的，保证人在原保证担保的范围内继续承担保证责任。保证合同另有约定的，按照约定。"可见，保证债权将随主债权的移转而移转。③转让人应保证其转让的权利有效存在且不存在权利瑕疵，转让人应保证其转让的权利不存在瑕疵，此种保证通常称为权利瑕疵担保。如果在权利转让以后，因权利存在瑕疵而给权利人造成损失的，转让人应当向受让人承担损害赔偿责任。当然，转让人在转让权利时，已经明确告知受让人权利有瑕疵，则受让人受让权利时未提出异议，在受让以后无权要求赔偿。④转让人在某项合同权利转让给他人之后，不得就该项权利再作出转让。

债权让与的对外效力是指合同权利转让在生效以后对债务人所产生的法律效力。此种效力具体表现在：①债务人不得再向转让人即原债权人履行债务，如债务人仍然向原债权人履行债务，则不构成合同的履行，更不应使合同终止。如果债务人向原债权人履行，造成受让人损害，债务人应负损害赔偿的责任，同时因原债权人接受此种履行，已构成不当得利，则受让人和债务人均可请求其返还。②受让人不仅取得债权人转让的债权，而且也取得了与债权有关的从权利。《合同法》第81条规定："债权人转让权利的，受让人取得与债权有关的从权利，但该从权利专属于债权人自身的除外。"可见，受让人在取得主债权的同时也取得了与主债权有关的从权利，如债权的抵押权、质权、保证以及违约金债权、损害赔偿请求权、利息债权等。因为从权利是附从于主权利的，不得与主权利发生分离而单独移转。主权利转让，从权利也要发生转让。然而，如从权利是专属于债权人自身的，与债权人是不可分离的，则不应随主权利发生移转。③债务人在合同权利转让时就已经享有的对抗原债权人的抗辩权，在合同权利转让之后，仍然可对抗新债权人。《合同法》第82条规定，主要是为了保护债务人的利益，使其不因为合同权利的转让而受到损害。在合同权利转让之后，债务人对原债权人所享有的抗辩权仍然可以对抗受让人即新的债权人。抗辩权主要包括：同时履行抗辩、时效完成的抗辩、债权业已消灭的抗辩、债权从未发生的抗辩、债权无效的抗辩等。只有保障债务人的抗辩权，才能维护债务人的应有利益。④债务人接到债权让与通知时，债务人对让与人享有债权的，债务人仍然可以依法向受让人主张抵销。

关于债权让与通知是否中断诉讼时效的问题，存在两种观点。一种观点认为，债权让与通知的目的虽然在于指示债务人向新债权人履行债务，但其中当然含有向债务人主张债权的意思。因而，自债权让与通知到达债务人时起，应产生诉讼时效中断的效力。另一种观点认为，债权让与通知的目的在于指示债务人向新的债权人履行债务，其中并不当然含有向债务人主张债权的意义，因此债权让与的通知并不当然导致诉讼时效中断。我们同意第二种观点。

三、债务承担

（一）债务承担的概念和性质

债务承担是指在不改变合同内容的前提下，债权人或债务人通过与第三人订立转让债务的协议，将债务全部或部分地移转给第三人承担的行为。

债务承担的性质有不同的观点。一种观点认为，债务承担系无因行为，第三人与债务人之间的债务承担协议基于何种原因而订立在所不问，其原因行为无效或被撤销、解除后，也不影响债务承担协议的效力。新债务人不得以原债务人未履行债务承担协议的原因约定为由对抗债权人。另一种观点认为，我国民法未承认物权行为制度，债务承担是有因的，无论是无效的债务承担合同还是可撤销的债务承担合同经撤销权人撤销后，均不发生债务承担的效果。当事人可以约定债务承担具有无因性，即债务承担的效力不受债务承担合同无效、被撤销、被解除的影响。我们同意第二种观点。

（二）债务承担的种类

债务承担可以分为免责的债务承担和并存的债务承担，免责的债务承担是指第三人取代原债务人地位而承担全部债务，使债务人脱离原来的债的关系的债务承担方式。并存的债务承担是指债务人并不脱离债的关系，而由第三人加入到债的关系当中来，与债务人连带承担债务的债务承担方式。二者主要区别在于：

1. 二者的性质不同。免责的债务承担是债务的特定承受，即第三人对原存债务的承受，对原债务人的判决对第三人有效，从属于原债务的从债务和抗辩权也随同原债务的移转而移转于第三人。而并存的债务承担属于新的债务负担，不导致原债务人免除其债务，第三人的债务与原债务人的债务不必相同，应视为是一项新产生的债务负担，并非债务的特定承受。因此，并存的债务承担仍未改变原债务关系内容，第三人与债务人对债权人负连带清偿责任，对债权人来说，债权并未改变，只是多一份保证。

2. 二者主体的变更不同。免责的债务承担由第三人取代原债务人而成为新债务人，从而引起主体的完全改变；并存的债务承担第三人只是新加入到债的关系中来，在主体的变化上只是增加了债务人的数量。

3. 成立的条件不同。这是二者的重要区别，即是否需要经债权人同意。免责的债务承担必须取得债权人同意；而并存的债务承担，由于原债务人并不脱离债的关系，并且第三人加入其中负连带责任，有利于债权人，因而原则上不须取得债权人同意，债务人或第三人向债权人发出债务承担的通知即可生效。

4. 第三人承担债务的方式和范围不同。免责的债务承担中第三人只能承担所移转的债务，范围与原债务及其从债务相同；而并存的债务承担则是由第三人与原债务人共同承担连带责任，范围不得超过原债务，可以小于原债务。

这两种债务承担区别在于直接影响到原债务人是否对债务人承担责任以及承担何种类型的责任。因为《合同法》上对这两种债务承担未作出严格的区别，导致了适用法律上困难。因此，《合同法》对债务承担的制度规定上存在法律漏洞，应予补充完善。

（三）债务承担的要件

1. 须有有效的债务存在。

2. 转让的债务具有可转让性。债务的可转让性同债权可转让性相同。按照法律规定如下债务不具有可移转性：①性质上不可移转的债务，包括与特定债务人的人身具有密切联系的债务，这种债务需要债务人亲自履行，因而不得移转；以债务人的特殊技能或特别的人身信任关系为基础而产生的债务。②当事人特别约定不得移转的债务。③强制性法律规范规定不得转让的债务。

3. 须有以债务承担为内容的协议。协议包括两种：一种是第三人与债权人订立债务承担合同，这种合同是否需要取得债务人的同意，存在不同观点：一种观点认为不需要经债务人同意，免责的债务承担实际上是对债权的处分，因此免责债务承担的合同只要经债权人承认即可生效。另一种观点认为要经债务人同意，承担人与债权人直接达成债务承担协议，如未经过债务人的同意，有可能损害债务人的利益。特别是转入买方市场以后，竞争力增大，未经债务人同意，易造成纠纷。因此应当将债务人同意作为合同的生效要件。我们同意第一种观点，债务人对第三人清偿有异议，但只要债权人同意仍可以发生清偿的效力，而第三人与债权人订立债务承担合同即表示债权人已经同意由第三人履行债务，对原债务人并无不利，债务人在一般情况下，不会予以反对，即使反对，因第三人自愿代其履行，债权人也愿意接受，就没有必要使债务承担合同归于无效。所以，这类债务承担合同不需征得债务人的同意，但应当通知债务人。即使债务人对承担人承担债务表示反对，该债务承担合同仍然有效。但有例外的情况，如有偿债务承担须经债务人同意；债务人与债权人有禁止债务移转特约的，转让应经债务人同意；债务承担给债务人增加负担时须经债务人同意。

另一种协议是第三人与债务人订立债务承担合同，即通常所说的债务承担。这一合同是债务承担的原因，合同有效无效影响债务承担的效力。由于债务承担的有因性，即债务承担合同存在无效、可撤销、效力未定的原因，被确认为无效、被撤销、不被追认后，不发生债务承担的效果，债务人不脱离合同关系，仍负有原债务。

4. 债务承担协议须经债权人同意。此为最基本要件。债的关系一般是建立在当事人之间了解和信任的基础之上的，当事人一方选择特定人为另一方而与之发生债之关系，需要对另一方的资力、信用等情况有所了解。对债权人而言，债务人的资力、信用等情况是债权能否顺利实现的重要条件。如果债务人不经债权人同意而可以任意将其负担的债务移转给第三人，无疑会对债权人的利益造成不利影响，倘第三人缺乏资力与信用，债权人的利益就可能无法实现。债务人与第三人如欲使债权人同意债务转让，必须提供第三人资力与信用等情况的证明，以供债权人慎重选择。因此，各国民法及学说判例均以债权人同意为债务承担的生效要件。

债权人的同意可以明示也可以默示，债权人即使未明确表示承认，但如其向第三人请求履行或受领第三人以债务承担为意图的债务履行，可推定其已经同意。

（四）债务承担的效力

在债权人作出同意之后，债务承担协议将发生如下效力：

1. 债务人脱离债务关系，而由承担人直接向债权人承担债务。债务人不再作为合同的一方当事人。如果新债务人不履行或不适当履行合同债务，债权人只能向新债务人而不能向原债务人请求履行债务或要求其承担违约责任。

2. 债务人基于原债权债务关系所取得的对于债权人的抗辩权转移给承

担人，承担人可以用来对抗债权人。

3. 从属于主债务的从债务，移归承担人负担，仅该从债务专属于原债务人自身的除外。从债务与主债务密切联系在一起，不能与主债务相互分离而单独存在。所以当主债务发生移转以后，从债务也要发生转移，新债务人应当承担与主债务有关的从债务。如附随于主债务的利息债务，因债务移转将移转给新的债务人，新债务人应当向债权人承担这些从债务。但原第三人向债权人所提供的担保，在债务移转时，若担保人未明确表示继续承担担保责任，则担保责任将因债务移转而消灭。《担保法》第23条规定："保证期间，债权人许可债务人转让债务的，应当取得保证书面同意，保证人对未经其同意转让的债务，不再承担保证责任。"

四、合同权利义务的概括移转

（一）合同权利义务的概括移转概述

合同权利义务的概括移转，是指当事人一方将其合同权利义务一并移转给第三人，由第三人概括地继受这些权利义务的法律行为。与权利让与、义务承担不同之处在于，它不是单纯地移转债权或债务，而是同时移转债权债务。

合同权利义务概括移转既可以基于当事人之间的法律行为而产生，被称为意定概括移转。《合同法》第88条对此作出规定："当事人一方经对方同意，可以将自己在合同中的权利和义务一并转让给第三人。"合同权利义务概括移转也可以基于法律的规定而产生的，被称为法定概括移转。《合同法》第90条对此作了规定："当事人订立合同后合并的，由合并后的法人或其他组织行使合同权利，履行合同义务。当事人订立合同分立的，除债权人和债务人另有约定以外，由分立的法人或其他组织对合同的权利和义务享有连带债权，承担连带债务。"对于基于当事人合意的合同权利义务概括移转，通常被称为合同承受，即指合同关系一方当事人与第三人订立合同，经对方当事人同意后，将合同上的权利和义务全部或者部分地移转给该第三人，由其在移转范围内承受自己在合同上的地位，享受合同权利并负担合同义务。而基于法律规定而发生的合同权利义务概括移转主要指企业的合并与分立，企业合并、分立后，原企业的债权债务的移转，因合并、分立后的企业以通知或公告发生效力，无需取得对方当事人的同意。

合同权利义务概括移转的构成包括债务承担和债权让与，因此必须在取得另一方同意之后方可生效。且合同权利义务的概括移转主要适用于双

务合同，由于合同权利义务的概括移转，将要移转一方当事人所享有的权利和义务，而只有在双务合同中当事人一方才既有权利又有义务。在单务合同中，由于一方当事人可能仅享有权利或仅承担义务，不能同时移转权利义务，因此单务合同一般不发生合同权利义务概括移转的问题。合同权利义务的概括移转在性质上发生合同的更新，即原合同关系终止，产生一个与原合同内容相同的新的合同关系，不同于财产转租、合同转包等行为，不终止与原出租人和原发包人所订立合同的情况下而与第三人订立转租或转包合同，实际上存在两个合同关系，当事人也不相同。但在合同概括移转发生后，由于第三人已完全取代了原合同当事人一方的地位，因此，原合同关系已消灭，而产生了一种新的合同。

（二）企业合并与分立

企业合并，是指两个或两个以上的企业合并为一个企业。企业分立则是指一个企业分立为两个及两个以上的企业。企业的合并与分立不同于企业破产，为了保证相对人和合并、分立企业的利益，根据主体的承继性原则，企业合并或分立之前的合同债权和债务应由合并或分立后的企业承担。对此，《民法通则》第44条第2款明确规定："企业法人分立、合并，它的权利义务由变更后的法人享有或承担。"《合同法》坚持了这一立场，于第90条规定："当事人订立合同后合并的，由合并后的法人或其他组织行使合同权利，履行合同义务。当事人订立合同后分立的，除债权人和债务人另有约定外，由分立的法人或其他组织对合同的权利和义务享有连带债权，承担连带债务。"

企业合并包括兼并和合并这两种情形，兼并是指一个企业或其一部分被另一个企业所吸收；合并是指几个企业合并为一个新的企业。

企业分立也有两种形式，一种是新设分立，另一种派生分立。新设分立是将原有一个具有法人资格的企业分割成两个或者两个以上的具有法人资格的企业。新设分立以原有企业法人资格的消灭为前提。派生分立是将原有一个企业的部分分出成立一个或几个新的企业。分立的企业法人资格不以原有企业法人资格消灭为前提。

因企业合并、分立，原企业的债权债务的移转，首先要有合法有效的双务合同，其次合同一方依法定原因发生合并、分立，并以法定程序即以通知或公告形式即发生效力，但不必取得对方当事人的同意。由于企业的合并、分立为企业变更的一种，因此，只需通过向主管机关进行登记即为有效，此为公法上的事务，与第三人的意思无关。但根据《公司法》第

184、185 条规定，企业形式为有限责任公司或股份有限公司的，在其作出合并、分立决议之日起 10 日内，应当通知债权人，并于 30 日内在报纸上公告。债权人自接到通知书之日起 30 日内，未接到通知书的自第一次公告之日起 45 日内，有权要求公司清偿债务或提供相应的担保。不清偿债务或不提供相应的担保的，公司不得合并、分立，因此，公司分立、合并前，一般要与债权人达成一个债务移转协议。

合同权利义务的概括移转既包括合同权利的转让，也包括合同义务的移转，因而根据《合同法》第 89 条的规定，涉及合同权利转让的部分可准用债权让与的有关规定，涉及合同义务移转的则准用债务承担的有关规定。债权让与和债务承担产生的法律效力，例如从权利或从债务的一并移转、抗辩权的随之移转等，也同样适用于合同的概括转让。

在合同概括转让的场合，由于合同权利和义务的承受人完全取代了原当事人的法律地位，合同的内容也原封不动地移转于新当事人，因而，与债权让与、债务承担有所不同，依附于原当事人的一切权利和义务，包括追认权、选择权、解除权、撤销权等，都将随之而移转于承受人。

案例分析

（一）合同的变更

【案情介绍】2000 年 1 月至 2001 年 6 月，A 银行某市支行与某市 B 有限公司先后签订了流动资金借款合同 24 份，工商银行贷款给 B 有限公司 1400 万元，B 有限公司以其房产作为抵押。合同规定借款期限为 2 年，到期本息一次性付清。合同生效后，工商银行依约提供了贷款 1400 万元。借款期限届至后，B 有限公司却仅仅归还本金 100 万元。工商银行多次催讨其余本金和利息，均无结果。自 2000 年 1 月至 2003 年 3 月，B 有限公司为盘活企业资产，经上级部门同意，实行了"剥离分离"的改制，先后开办了 3 家公司：甲公司由 B 有限公司出资 30 万元注册成立；乙公司由 B 有限公司出资 27.5 万，职工集资 5 万元注册成立；丙公司由 B 有限公司出资 30 万元，职工集资 4 万元注册成立。2003 年 8 月，工商银行向法院起诉，以 B 有限公司欠贷不还，又将部分企业分出成立法人企业，新的法人企业拒不承担原先债务，损害其合法权益为由，诉请 B 有限公司及其开办的 3 家公司共 4 个被告共同承担连带责任。B 有限公司答辩称，其开办 3 家公司是按上级的决定，剥离分立，盘活企业资产，并未损害银行利益。

【问题】本案例中合同出现了变更情况，谁应承担还款责任呢？

【分析】本案中虽然 B 公司开办 3 家公司是按上级的决定，剥离分立，盘活企业资产，并未损害银行利益，但是 3 家公司其实是 B 公司的派生分立，依照我国《合同法》第 90 条规定："当事人订立合同后分立的，除债权人和债务人另有约定的以外，由分立的法人或者其他组织对合同的权利和义务享有连带债权，承担连带债务。"本案中债权人银行与债务人 B 公司因为没有任何约定，所以分立的甲乙丙三公司与 B 公司共同承担连带责任，但是由于乙丙公司不是 B 公司的全资子公司，所以只是在其出资比例内享有的资产承担连带责任。

（二）合同的转让

【案情介绍】某年 10 月 13 日，某市建筑公司与某县砖厂签订合同一份，约定由砖厂在 11 月底供应建筑公司机制砖 20 万块，价格 2 万元。改造地点为砖厂，采用自提方式。双方约定，一方违约，应承担的违约责任为未履行部分价款的 20%。合同签订后市建筑公司即把货款全部付给砖厂。11 月 10 日，市建筑公司承建的建设工程因发包方提出缩短工期，提前交工，市建筑公司遂与砖厂协商提前交付机制砖事宜。因砖厂无提前交货能力，合同未能变更。后市建筑公司另从某建筑材料厂购机制砖 20 万块，而原定的 20 万块机制砖恰好某区建筑公司需要，遂将合同转让给该建筑公司。合同转让时，机制砖价格上涨，每块价格由原来的 0.10 元涨到 0.15 元，因此在转让时，区建筑公司共支付给市建筑公司 2.3 万元。合同转让后，市建筑公司将合同转让的情况通知了砖厂。11 月底，区建筑公司出车前往砖厂提货，遭到砖厂拒绝。理由是机制砖已经涨价，区建筑公司应当增加其差价 3000 元，且原合同是和市建筑公司签订的，应由市建筑公司前来处理。而市建筑公司则提出合同已转让给区建筑公司，与自己无关。区建筑公司无奈，将市建筑公司及砖厂起诉到法院。

【问题】本案应如何处理？

【分析】本案中心问题是合同权利转让是否有效。判断合同权利转让是否有效，就要看合同权利转让是否符合转让的条件。合同权利转让要件按《合同法》规定，主要有 4 个要件：①须有有效的债权存在；②合同权利的转让人与受让人须就合同权利转让达成合意；③合同权利转让的对象是合同债权，且其本身具有可转让性；④合同权利转让须通知债务人。某市建筑公司与砖厂签订的 20 万块砖买卖合同是经双方协商达成的有效合同，且建筑公司依合同享有的取得 20 万块砖的权利属合同债权，不具有人身属性，具有可转让性。市建筑公司与区建筑公司就转让 20 万块砖达成有偿协议，同时市建筑公司将其转让 20 万块砖事宜告知砖厂，完全符合合同权利转让的要件，转让是有效的。既然转让有效，作为受让人即取得主合同的权利，作为债务人砖厂应当向新债权人即受让人履行义务。

1. 简述债的变更的效力。
2. 简述债权让与的条件及产生的法律效力。
3. 简述情事变更与不可抗力、商业风险的区别。

案例分析题

李先生于 2010 年 4 月 5 日预订了上海浦东新区某小区的一套公寓房，总价 512 万元，支付定金 10 万元。但 2010 年 4 月 17 日，国务院下发《关于坚决遏制部分城市房价过快上涨的通知》（国发〔2010〕10 号）第 3 条："实行更为严格的差别化住房信贷政策。对购买首套自住房且套型建筑面积在 90 平方米以上的家庭（包括借款人、配偶及未成年子女，下同），贷款首付款比例不得低于 30%；对贷款购买第二套住房的家庭，贷款首付款比例不得低于 50%，贷款利率不得低于基准利率的 1.1 倍；对贷款购买第三套及以上住房的，贷款首付款比例和贷款利率应大幅度提高，具体由商业银行根据风险管理原则自主确定。人民银行、银监会要指导和监督商业银行严格住房消费贷款管理。住房城乡建设部要会同人民银行、银监会抓紧制定第二套住房的认定标准。要严格限制各种名目的炒房和投机性购房。商品住房价格过高、上涨过快、供应紧张的地区，商业银行可根据风险状况，暂停发放购买第三套及以上住房贷款；对不能提供 1 年以上当地纳税证明或社会保险缴纳证明的非本地居民暂停发放购买住房贷款。地方人民政府可根据实际情况，采取临时性措施，在一定时期内限定购房套数。对境外机构和个人购房，严格按有关政策执行。"由于李先生购买的该房屋是其第三套房屋，李先生不能办理贷款，更无法贷款 70%。李先生向出售方提出退房，要求解除合同，退还已经支付的定金。

问：试分析李先生的要求是否合法，是否可以拿回已经支付的定金？

◈ **推荐书目**

1. 杨明刚：《合同转让论》，中国人民大学出版社 2006 年版。

2. 吴江水：《完美的合同——合同的基本原理及审查与修改》（增订版），北京大学出版社 2010 年版。

3. 申建平：《债权让与制度研究：以让与通知为中心》，法律出版社 2008 年版。

第七章 合同权利义务的终止

 第一节 合同的解除

一、合同解除概述

合同一经依法有效成立，就具有法律约束力，受法律保护。当事人双方应严格履行合同，依据合同享受权利、承担义务，不得擅自变更和解除。但情况不是一成不变的，在合同有效成立后全部履行前，由于主客观情况的变化，导致合同不能履行或履行成为不必要，也应当允许解除合同，世界各国法律都在一定条件下承认合同的解除。我国《合同法》也确立了合同解除制度。

合同解除有广义和狭义之分。广义的合同解除是指在合同有效成立后，没有履行或没有履行完毕之前，当事人双方通过协议或者一方行使解除权的方式，使合同关系提前消灭的一种法律行为。我国《合同法》规定的合同解除为广义的合同解除，包括双方协议解决和单方行使解除权解除两种。狭义的合同解除仅指单方行使解除权的解除。

合同的解除是合同权利义务终止的事由之一，具有如下特征：

（一）合同解除以有效成立的合同为标的

合同解除发生于合同成立之后、履行完毕之前。在此期间，当事人按照合同的约定享受权利、承担义务，但由于种种原因，合同目的无法实现的情况时有发生，因此，应当允许当事人通过合同解除的方式提前终止合同关系。可见，只有有效成立的合同才能成为合同解除的对象。无效合同、可撤销的合同与效力未定的合同不存在解除的问题。

（二）合同解除必须具备解除的事由

合同解除不是当事人随意的行为，只有在主客观条件发生变化使合同的履行成为不必要或不可能的情况下，合同目的无法实现，合同继续存在失去积极意义，才允许解除。否则，对于有效成立的合同擅自不履行，便是违约。合同解除应具备的事由既有当事人约定的事由，也有法定的事由；既有单方解除的事由，也有双方协商解除的事由。

（三）合同解除必须通过当事人的解除行为来实现

合同解除的事由不过是合同解除的前提，仅有解除事由的具备，合同并不必然解除，要想使合同解除，必须有解除行为。根据合同解除的概念，解除行为包括单方的行为，即只有当事人一方的意思表示，该当事人必须享有解除权；双方的行为，即合同解除须有双方当事人的意思表示一致。当事人对合同的解除不能达成协议的，可以通过人民法院或者仲裁机构的裁决解除合同。

（四）合同解除的效果是使合同关系消灭

合同解除的法律效果或目的是为了使合同关系消灭。但是合同是自始消灭还是向将来消灭，这就是合同解除后有无溯及力问题。对于这一规定，各国立法不尽相同，理论界也有不同的主张。大陆法系区分解除和终止：解除一般适用于违反非继续性合同场合，并具有溯及力；终止一般适用于继续性合同，没有溯及力。[1] 关于合同解除的效力问题，我国法律尚无明确规定。按照《合同法》第 97 条的规定，合同解除后，尚未履行的，终止履行；已经履行的，根据履行情况和合同性质，当事人可以请求恢复原状，或者采取其他补救措施，并有权要求赔偿损失。

二、合同解除与相关概念的区别

在合同法中，解除与有些制度似是而非，需要加以区分，在区分中进一步认识解除的法律性质。

（一）合同解除与合同终止

合同的解除，是指合同有效成立后，因一方或双方的意思表示，使基于合同发生的债权债务关系归于消灭的行为。合同的终止，是指合同的债权债务关系归于消灭，合同关系客观上不复存在。根据定义来看，二者极为相似，即都发生债权债务关系归于消灭的效力。但是二者还是有区别的，其区别主要在：

1. 二者的效力不同。合同的解除既能向过去发生效力，使合同关系溯及既往地消灭，发生恢复原状的效力，也能向将来发生效力，即不发生溯及既往的效力。而合同的终止只是使合同关系消灭，向将来发生效力，不产生恢复原状的效力。

---

〔1〕 崔建远主编：《新合同法原理与案例评释（上）》，吉林大学出版社 1999 年版，第 429页。

2. 二者适用的范围不同。合同解除通常被视为对违约的一种补救措施，是对违约方的制裁。因此，合同的解除一般仅适用于违约场合。合同的终止虽然也适用于一方违约的情形，但主要是适用于非违约的情形，如合同因履行、双方协商一致、抵销、混同等终止。由此可见，合同终止的适用范围要比合同解除的适用范围广。

在大陆法系传统合同法理论中，合同的终止仅指在继续性合同中，一方行使终止权而让合同的效力向将来消灭。我国《合同法》在"合同的权利义务终止"这一标题下，将债的消灭的内容与合同解除、传统理论上的合同终止一并规定。这一规定就将所有使合同关系消灭的情形均作为合同终止的原因。

（二）合同解除与合同变更

合同解除与合同变更有共同之处，如二者都适用于有效成立的合同；但二者具有本质的区别，合同变更的目的是为了履行合同，而合同解除的目的是使合同关系归于消灭，合同不再履行。

（三）合同解除与合同无效、合同撤销

合同解除和合同无效、合同撤销虽然发生合同不履行的后果，但两者并不相同，主要区别如下：

1. 从适用范围来看，合同无效与合同撤销的适用范围比较广泛，不仅适用于严重欠缺有效要件的合同，而且适用于有瑕疵的意思表示及民事行为场合；而解除仅仅适用于有效成立的合同提前消灭的情况。

2. 从引起两者的原因来看，合同无效与合同撤销的原因由法律直接规定；而解除的原因既有法律规定的（如不可抗力造成合同不能履行），也有当事人约定的（如在买卖合同中约定，在将来买方转产时产生解除权）。

3. 从发生的效力看，合同无效与合同撤销都有溯及力，《民法通则》第59条第2款规定，被撤销的民事行为从行为开始起无效；而合同解除则往往无溯及力，只有在当事人有特别约定或法律有特别规定及违约解除非继续性合同时，才有溯及力。

（四）合同解除与合同附解除条件

在附条件的民事法律行为中，有所谓解除条件。解除条件成就时，民事法律行为消灭。就此看来，解除与它有共性。但二者更有差异：

1. 解除条件原则上可以附加于一切民事法律行为及意思表示，并不限于合同；但合同解除则只适用于合同领域。

2. 在民事法律行为中附解除条件，目的是为了限制民事法律行为的效力，满足当事人特定的需要，为此当事人以意思表示对民事法律行为加一附款；合同解除不是合同的附款，并且往往不是基于当事人的约定，而主要是基于法律规定。

3. 解除条件成就，附解除条件的民事法律行为当然且自动地消灭，无须当事人再有什么意思表示；在合同解除的情况下仅仅具有解除的条件还不能使合同消灭，必须有解除行为才能使合同实际解除。解除条件成就，附解除条件的民事法律行为一般是向将来失去效力；合同解除则既有向将来发生效力的，也有溯及到合同成立之初的。

三、合同解除的种类

合同解除的情况比较复杂，所需条件、所经程序和所生效力不尽一致。为了便于掌握和研究，也为了进一步完善我国合同法上的解除制度，有必要将合同解除类型化。

（一）以解除合同的意思表示为标准，可将合同解除分为单方解除和双方协议解除

在合同解除制度发展史上，合同的解除只是指合同的单方解除，是指合同有效成立后，解除权人行使解除权将合同解除的行为。它不必经过对方当事人的同意，只要解除权人将解除合同的意思表示直接通知对方，或经过人民法院或仲裁机构向对方主张，即可发生合同解除的效果。单方解除是典型意义上的合同解除。在德国等国的民法上，其合同解除就是指的单方解除，以一方违约为解除权产生的原因。

协议解除，是当事人双方通过协商一致认为合同不能履行或履行成为不必要，而将合同解除的行为。它不以解除权的存在为必要，解除行为也不是解除权的行使。传统民法理论不认为它是合同的解除，认为它是原契约的反对契约。在现代立法中，特别是在前苏联、东欧社会主义国家的民事立法中，则率先承认了当事人双方协议也是解除合同的一种重要形式。我国的原《经济合同法》及新《合同法》也承认了协议解除制度。

在我国法律上，合同解除不仅包括单方解除，还包括双方协议解除，并且单方解除的条件也不以一方违约为限。两者不同之处在于单方解除是一方当事人的意思表示，不需要对方同意，是不要式法律行为，但享有解除权的一方必须符合法定条件，不能随意解除；协议解除是合同双方当事人就解除合同意思达成一致，是无因行为。我国《合同法》把协议解除作为合同解除的一种类型加以规定，充分体现了私法自治的精神。

（二）以解除合同的条件为标准，可将合同解除分为法定解除和约定解除

法定解除，是指在合同成立后，尚未履行或履行完毕前，当事人一方行使法定的解除权而使合同效力归于消灭的行为。在法定解除中，合同解除的条件由法律直接加以规定。解除条件，有的以适用于所有合同的条件为解除条件，有的则仅以适用于特定合同的条件为解除条件。前者叫一般法定解除，后者称为特别法定解除。我国法律普遍承认法定解除，不但有关于一般法定解除的规定，而且有关于特别法定解除的规定。约定解除，是当事人通过约定或行使约定的解除权而消灭合同关系的行为。

约定解除有协议解除和约定解除权的解除两种形式。在约定解除中，只要当事人的约定不违背法律，不违背社会公共利益和其他的合法权益，就可以产生解除合同的法律后果。其中，约定解除权的合意，称之为解约条款。解除权可以保留给当事人一方，也可以保留给当事人双方。解除权，可以在当事人订立合同时约定，也可以在以后另订立保留解除权的合同。当解除的条件成就时，享有解除权的当事人可以通过行使解除权解除合同。《合同法》承认了约定解除（第93条第2款）。因为约定解除是根据当事人的意思表示产生的，其本身具有较大的灵活性，在复杂的事物面前，它可以更确切地适应当事人的需要。当事人采取约定解除的目的虽然有所不同，但主要是考虑到由于主客观上的各种障碍出现时，可以从合同的拘束下解脱出来，给废除合同留有余地，以维护自己的合法权益。作为一个市场主体，为了适应复杂多变的市场情况，有必要把合同条款规定得更细致、更灵活、更有策略性，其中应包括保留解除权的条款，使自己处于主动而有利的地位。

协议解除和约定解除权的解除的区别在于：首先，协议解除的协议属于事后的约定，是当事人双方根据已经发生的情况，通过协商决定解除合同；而约定解除权的解除的约定是事先的约定，在合同成立时即规定将来发生某种情况时，一方或双方享有解除权。其次，协议解除是当事人通过协商达成解除合同的意思表示，这种意思表示必将导致合同解除的后果；而约定解除权的解除不一定导致真正解除合同，因为解除权的行使取决于解除条件的成就，而解除合同的条件是将来发生的，有时是不确定发生的，解除条件成就，合同解除，解除条件不成就，合同不解除。最后，协议解除是双方行为，完全是双方协商的结果，不一定存在违约的情况；而约定解除权的解除往往与违约相联系，当事人常约定，一方违约时另一方

享有解除权。

（三）以解除合同的方法为标准，可将合同分为协商解除、自动解除、通知解除和法院裁判解除

协商解除是指合同生效后，未履行或未完全履行之前，当事人以解除合同为目的，经协商一致，订立一个解除原来合同的协议。自动解除是指合同中约定的解除合同的事由或条件成就，合同关系自动终止。通知解除是指合同有效成立后、全部履行前，出现了解除合同的法定事由，一方当事人通知另一方当事人解除合同。法院裁决解除是指经过法院的审理，认为合同已不能履行或继续履行成为不必要，合同目的已无法实现，依法判决解除合同。

四、合同解除的条件

（一）协议解除的条件

按照意思自治原则，当事人可以自愿订立合同，当然也有权通过协议解除合同。协议解除合同就是在合同成立以后履行完毕以前，双方当事人通过协商而同意终止合同关系。依据《合同法》第93条的规定，当事人协商一致，可以解除合同。

协议解除的条件，是当事人双方通过协商一致将原合同加以解除，也就是在双方之间又重新成立了一个合同，以该新合同把原来的合同废弃，使基于原合同发生的债权债务归于消灭。在用合同形式把原订的合同加以解除这点上，协议解除与约定解除相似，但二者更有不同：约定解除是以合同来规定当事人一方或双方有解除权，而协议解除是以一个新合同来解除原订的合同，与解除权无关。协议解除采取合同的形式，因此它要具备合同的有效要件：当事人有相应的行为能力，意思表示真实，内容不违反强行性规范和社会公共利益，要采取适当的形式。如果在协商解除合同时，一方当事人有欺诈、胁迫、乘人之危等情形，使另一方在违背真实意思的情况下同意解除合同，受害方可以请求人民法院或者仲裁机构予以变更或撤销。

（二）约定解除权的解除的条件

约定解除权的解除，是当事人在合同中约定了解除合同的条件，当解除合同的条件成就时，合同即解除。约定解除的条件，是当事人双方在合同中约定的或在其后另订的合同中约定的解除权产生的条件。只要不违反法律的强行性规定，当事人可以约定任何能够产生解除权的条件。约定解除权既可约定由一方享有，也可约定由双方享有，既可在订立合同时约

定，也可以另外订立一个合同约定。只有当约定的解除条件成就时，解除权人才能行使解除权，但约定的解除合同的条件发生，并不导致合同的自动解除，合同必须由解除权人行使解除权才能解除，也即在发生了约定的解除合同的条件以后，只有享有解除权的一方当事人根据自己的情况，作出解除合同的意思表示，合同的权利义务才得以终止。解除权人不作出解除合同的意思表示，即使发生了约定解除合同的条件，合同的权利义务也不得终止，合同继续有效。当解除条件成就，一旦解除权人作出解除合同的意思表示，合同的权利义务即告终止，无须获得对方同意。

（三）法定解除的条件

法定解除是法律在一定情况下赋予当事人解除合同的权利。法定解除的条件是由法律直接规定的，当该项条件具备时，当事人即可解除合同。我国《合同法》吸收了大陆法系、英美法系及国际公约的立法经验，法定解除合同的条件作了较为严格的限制。《合同法》规定当事人可以行使法定解除权的情形有5种：

（1）因不可抗力致使合同目的不能实现。所谓不可抗力，是指"不能预见、不能避免并且不能克服的客观情况"，例如地震、火山爆发、雪崩；洪灾、风、政府禁令、战争等。

合同目的是当事人订立合同时所预期的结果，通常表现为一种经济利益。不可抗力致使不能实现合同目的，该合同失去积极意义，失去价值，应予以消灭。因不可抗力解除合同，是指因水灾、火灾、地震等自然灾害的发生或法律、政令的变化而导致合同的解除。由自然灾害造成合同不能履行的受灾一方可以通知对方解除合同，且不承担不履行合同的责任。订立合同时，法律没有设立禁止性规定，合同订立后，法律修订或新法颁布，出现禁止性规定，双方均可根据修订的或新颁布的法律的规定通知对方解除合同。值得注意的是，并非一旦出现不可抗力均可解除合同，只有不可抗力的影响严重到使合同的目的落空的程度，才能导致合同的解除，如果不可抗力只是导致合同部分不能履行的，一般情况下另一方当事人只能主张合同部分权利义务的变更，但如果部分履行严重影响当事人订立合同所欲实现的缔约目的时，应承认其享有解除合同的权利。

不可抗力致使不能实现合同目的的合同通过什么途径解除，各国立法并不一致。我国《合同法》允许当事人通过行使解除权的方式将合同解除。在发生不可抗力导致合同解除时，当事人双方均享有解除权，其中任何一方均可以以通知的方式告知对方解除合同。在因不可抗力导致的合同

解除的场合，当事人双方应当互通情况，互相配合，积极采取救济措施，避免损失扩大。

（2）在履行期限届满之前，当事人一方明确表示或者以自己的行为表明不履行主要债务。这种情形就是日常生活中的毁约，而且这种毁约发生在履行期限届满之前，这在英美法系上称为预期违约。预期违约是英美法的概念，是指当事人一方在合同规定的履行期限届满之前的违约，包括明示的预期违约和默示的预期违约两种。明示的预期违约，是指在违约期限届满之前，一方当事人无正当理由即向对方明确表示拒绝履行主要债务。默示的预期违约，是指在违约期限届满之前，一方当事人通过自己的行为表明将不履行或不能履行主要债务。主要债务的履行，关系到债权人最重要权利的实现，关系到订立合同最主要目的的实现，在合同履行期限届满之前，当事人一方明确表示或者以自己的行为表明不履行主要债务的，另一方当事人可以解除合同。因为当事人一方无正当理由表明不履行主要债务，即表明了自己不愿受合同约束的故意，合同对于该当事人已形同虚设，而另一方债权的实现就得不到保障。在这种情况下，相对人实际上获得了两个权利：一是法定解除权，二是追究对方承担违约责任的权利。相对人有权在解除合同或要求另一方继续履行之间作出选择，以保障自己的合法权益。如果当事人在期限届满后表明不履行合同，则另一方当事人可追究其违约责任。当事人在行使解除权时，不得以自己的主观推断或想象为依据，要求另一方要有明确的表示，如主动通知，或是以某种行为如停产等表明不准备履行义务。只有在一方当事人表示不履行主要债务，即大部分的债务或是重要的有根本性影响的债务时，另一方才可解除合同。

（3）当事人一方迟延履行主要债务，经催告后在合理期限内仍未履行。这是因迟延履行主要债务而发生的解除权。迟延履行有广义和狭义之分，广义的迟延履行包括债务人的迟延履行和债权人的迟延履行。狭义的迟延履行仅指债务人的迟延履行。本条规定指的是狭义的迟延履行，即债务人能够履行，但在履行期限届满时却未履行主要债务。当事人一方迟延履行主要债务，经催告后在合理期限内仍未履行，另一方当事人可以解除合同。在此规定下要行使合同解除权必须具备如下条件：①债务可能履行，即债务在客观上并没有遇到任何障碍，并不构成履行不能。②当事人一方迟延履行的是主要债务。即当事人迟延履行的是最重要的义务，而不是一些次要的、附属的义务。如果当事人一方按照约定履行了主要债务，虽然一些次要的、附属的义务没有履行，另一方也不能享有合同解除权。

③可归责于债务人，即债务人无抗辩理由。如果债务人的迟延履行是由于遭遇不可抗力、债权人不受领等原因，则不构成履行迟延。④债务人经催告后在合理期限内仍未履行主要债务。"催告"是大陆法系的概念，是债权人向债务人请求给付的意思表示。履行迟延以后，债权人不能马上行使解除权解除合同，还要给债务人一个催告，给债务人一个合理的宽限期要求其履行合同，在合理的宽限期到来时，债务人仍不履行合同，债权人才有权解除合同。关于催告的方式，我国《合同法》并未明确规定，但在纠纷发生时，作出催告的一方负举证责任。解除合同的一方当事人应当能够证明另一方已收到催告通知，并且已给予了一段合理的期限。该期限是否合理，应根据债务人的履行能力、债务的多少以及履行债务的外部条件等确定。

合同中无确定履行期限的，债权人要解除合同须经两次催告，第一次是履行合同的催告，债务人不满足催告的要求将负迟延履行责任，第二次才是解除合同的催告，债务人不满足催告的要求将导致债权人解除合同，两个条件缺一不可。

（4）当事人一方迟延履行债务或者有其他违约行为致使不能实现合同目的。这种重大的违约行为与英美法中的根本违约的概念相似。所谓根本违约，即一方当事人迟延履行债务或者有其他违约行为而使另一方当事人订立合同的目的不能实现。违约的形式有很多，如不适当履行、迟延履行、不完全履行，以及履行地点、履行方式等不符合合同约定。但当事人一方有违约行为并不必然导致另一方享有解除权，这里的违约是指严重违约，即因一方当事人的违约行为，致使合同的履行成为不必要或不可能，继续履行会影响订立合同时所期望的经济利益，甚至还会进一步造成损害，维持合同的效力已无意义，此时另一当事人可以解除合同。我国参加的《联合国国际货物销售公约》第25条规定："一方当事人违反合同的结果，如使另一方当事人蒙受损害，以致于实际上剥夺了他根据合同规定有权期待得到的东西，即为根本违反合同，除非违反合同一方并不预知而且一个同等资格、通情达理的人处于相同情况中也没有理由预知会发生这种结果。"这一规定根据违约的后果和违约方的主观过失来判断是否构成根本违约。我国《合同法》关于重大违约的规定仅从后果上进行判断，不考虑主观因素，因而"合同目的不能实现"的标准比"根本违约"的标准宽松，可以减少主观标准认定的随意性，有利于保护守约方的利益。在我国区分"根本违约"与"非根本违约"一般情况下可以从以下几个层次考虑：①从违约后果整体考虑，是否使对方当事人根据合同期待的利益丧失或失去了合同的目的，致使合同履行成为不可能或不必要，例如出售圣诞节食用火鸡合同案：买方从国外进口一批供圣诞节出售的火鸡，卖方交货的时间比合同规定的时间晚了一个星期。由于圣诞节已过，火鸡难以销售，买方的合同利益完全丧失。[1] 使合同履行成为不必要，卖方的行为就属根本违约。②从违约事实的情节予以考虑，违约后果是否使对方丧失所期待的合同利益可以作为一般性的认定标准。违约方不履行合同义务即构成根本违约，违约方不完全履行合同义务则不能当然认定根本违约，而应视具体情况而定。③对于不完全履行的情况，要根据不完全履行中存在瑕疵的部分在合同义务中的地位，结合不完全履行中有瑕疵的部分在事实上能否补救或即使在事实上可以补救但在对方当事人而言是否已丧失商业机会等因素考虑。如标的物权属受限制或处分能力受限制，如该标的物为特定物，显然可以认为构成根本违约，如标的物属种类物，则应视在合理时间内可否获得替代物来确定是否构成根本违约；标的物存在品质瑕疵无法修补或无法及时替换、修补的，可认定为根本违约，虽有瑕疵但不影响通常效用或合同规定的效用的，为非根本违约。

（5）法律规定的其他情形。因法律规定的其他条件而解除合同。如因国家计划而制定了新的法律，致使继续履行合同可能违法；专为一方当事人利益订立的合同，当事人可以通过放弃自己的利益而解除合同等。这一点要从严掌握，必须是除以上4种情形之外，法律有明文规定可以解除合同的，才发生解除权，才能解除合同，如法律无明文规定则无解除权。

在合同分则中，主要有以下几种情况：

（1）承揽合同中，定作人可以随时解除承揽合同。《合同法》第268条规定，定作人可以随时解除承揽合同，造成承揽人损失的，应当赔偿损失。

（2）货运合同中，托运人的单方解除权。《合同法》第308条规定，在承运人将货物交付收货人之前，托运人可以要求承运人中止运输、返还货物、变更到达地或者将货物交给其他收货人，但应当赔偿承运人因此受到的损失。

（3）委托合同中委托人或受托人可以随时解除委托合同。《合同法》第410条规定，委托人或者受托人可以随时解除委托合同，因解除合同给

---

〔1〕 冯大同主编：《国际商法》，对外经济贸易大学出版社1991年版，第254页。

对方造成损失的，除不可归责于该当事人的事由以外，应当赔偿损失。

五、合同解除的程序

合同解除的条件只是解除的前提，条件具备时，合同并不当然且自动地解除。欲使合同解除，还必须经过一定的程序。解除的程序应有三种，即协议解除的程序、行使解除权的程序和法院裁决的程序。

（一）协议解除的程序

协议解除的程序，是当事人双方经过协商同意，将合同解除的程序。其特点是：合同的解除取决于当事人双方意思表示一致，而不是基于当事人一方的意思表示，也不需要有解除权，当然，一方当事人有解除权的合同解除时，如果当事人愿意采用协议解除的方法也是可以的。协议解除完全是以一个新的合同解除原合同。

解除合同的协议实际上也是合同，所以要使合同解除有效成立，也必须有要约和承诺，这里的要约，是解除合同的要约，其内容是要消灭既存的合同关系，甚至包括已经履行的部分是否返还、责任如何分担等问题。它必须是向既存合同的对方当事人发出，并且要在既存合同消灭之前提出。这里的承诺，是解除合同的承诺，是完全同意上述要约的意思表示。协议解除是否必须经过法院或仲裁机构的裁判？根据法国民法规定，凡是解除都必须经过法院的裁判。这种程序比较复杂，实行起来不方便。我国法律未作这样的要求，允许当事人选择：或者经过法院或仲裁机构的裁判，或者直接由双方当事人达成解除合同的协议。解除合同的协议可以采用口头形式，也可以采用书面形式，但原合同采用书面形式的，解除合同的协议也应采用书面形式。原合同系经批准生效的，解除合同的协议只有报原批准机关批准后方能生效。有关部门批准该解除合同的协议的日期即为合同解除的日期。在原合同不需有关部门批准时，双方当事人协商解除合同之时就是合同解除生效之时，或者由双方当事人商定解除生效的日期。

（二）行使解除权的程序

行使解除权的程序必须以当事人享有解除权为前提。所谓解除权，是合同当事人可以将合同解除的权利。解除权按其性质来讲是一种形成权，其行使不需要征得对方当事人的同意，只需解除权人单方的意思表示，就可以把合同解除。行使解除权的具体程序是：

1. 当事人一方享有解除权。该解除权的解除事由可以法定的也可以约定的，即符合规定的解除事由。

2. 解除合同须通知对方当事人，即解除的意思表示到达另一方当事人，才发生解除效力。(《合同法》第 96 条规定)

3. 另一方当事人对解除通知有异议的，可以请求人民法院或者仲裁机构确认解除合同的效力。

4. 法律、行政法规规定应当办理批准、登记手续的，依照其规定。如不动产、机动车辆、船舶为标的物买卖合同的解除，应到原过户部门办理注销手续，否则不发生法律效力。

(三) 法院裁决的程序

这里所说的法院裁决的程序，不是指在协议解除的程序和行使解除权的程序中当事人诉请法院来解除合同，而是指在适用情事变更原则解除合同时，由法院裁决合同解除的程序。由于适用情事变更原则解除合同，当事人无解除行为，只是由法院根据案件的具体情况和情事变更原则的法律要件加以裁决。因此，对这种类型的合同解除只能适用法院裁决的程序。

六、合同解除的效力

合同解除的效力就是合同解除所产生的法律后果。《合同法》第 97 条规定，合同解除后，尚未履行的，终止履行；已经履行的，根据履行情况和合同性质，当事人可以要求恢复原状、采取其他补救措施，并有权要求赔偿损失。

(一) 合同解除与溯及力

合同解除的效力有两个方面：一是对将来的效力，二是对既往的效力。这两个方面涉及解除合同有无溯及力。合同解除有溯及力，是指解除使合同关系溯及既往地消灭，合同如同自始未成立。合同解除无溯及力，是指合同解除仅仅使合同关系向将来消灭，解除之前的合同关系仍然有效。我国的合同解除是否有溯及力，法律尚无明确而系统的规定，我国的通说认为无溯及力。其实，在协议解除情况下，有无溯及力原则上应取决于当事人的约定，无约定时由法院或仲裁机构根据具体情况确定。因客观原因造成合同不能履行而解除合同，原则上可无溯及力。违约解除，有无溯及力应具体分析。确定违约解除有无溯及力，至少应遵循以下原则：①必须与违约解除的立法目的相符。②满足被解除合同的性质与种类的要求。

非继续性合同的解除原则上有溯及力。所谓非继续性合同，是指履行为一次性行为的合同。就非继续性合同的性质而言，当它被解除时能够恢复原状，即已经进行的给付能够返还给付人。恢复原状是解除有溯及力的效果及标志。非继续性合同作为解除的标的，为解除有溯及力提供了一种可能性。这种可能性能否变成现实性，还要受其他因素制约，主要受违约解除的法律性质决定。违约解除是对违约方的制裁，是一种特殊的违约责任，是对守约方的一种救济方法。违约解除有溯及力与这一性质相符合。

继续性合同的解除原则上无溯及力。所谓继续性合同，是履行必须在一定继续的时间内完成，而不是一时或一次完成的合同，如租赁合同、仓储合同等均属此类。租赁、借用、消费借贷等继续性合同以使用、收益标的物为目的，已经被受领方享用的标的物效益，是不能返还的，也就不能恢复原状。这些合同解除不管有无溯及力，给付人都只能请求对方返还相应的价金，在双方为相应的给付时，有溯及力除了增加不必要的迂回曲折外，对当事人没有任何好处，因此不如规定这些合同的解除无溯及力，除非当事人有相反的约定。除上述道理外，委托合同的解除不能有溯及力，主要是因为委托合同解除溯及到合同成立之初消灭，会使受托人进行的代理行为全部失去法律根据，从而变成无效。这样，代理人及通过该代理行为而与委托人成立法律关系的第三人均遭不测之损害，也使社会经济秩序紊乱。因而，为保护善意第三人的合法权益，有利于社会经济秩序的正常化，委托合同的解除不应有溯及力。

（二）合同解除与恢复原状

恢复原状是有溯及力的解除所具有的直接效力，是双方当事人基于合同发生的债务全部免除的必然结果。在合同尚未履行时，解除具有溯及力，基于合同发生的债权债务关系全部溯及地消灭，当事人之间当然恢复原状，不存在产生恢复原状义务的余地。恢复原状义务只发生于合同部分或全部履行的情况。由于合同自始失去效力，所以当事人受领的给付失去法律根据，应该返还给付人，也可以采取其他补救措施（《合同法》第97条）。恢复原状在效力及范围上有自己的特性：在效力方面，由于我国法律未承认物权行为独立性和无因性理论，因此给付人请求受领人返还给付物的权利是所有物返还请求权，它优先于普通债权得到满足；在范围方面，它以给付时的价值额为标准进行返还，至于受领人获得利益多少在所不问。

（三）尚未履行的债务免除与不当得利返还

合同解除无溯及力时，解除前的合同关系仍有效，因此解除前进行的给付还有法律根据，只是自合同解除之时起尚未履行的债务被免除。这样，就发生了如下问题：当事人一方已经部分或全部履行了债务，对方却未履行对待给付，或者虽然也履行了债务，但双方各自的履行在数量上不对等。对这一问题采取所有物返还显然不妥，因为给付人在合同解除后仍未取得给付物的所有权。惟一的办法是运用不当得利制度加以解决，即受领人将其多得的利益按不当得利规则加以返还。不当得利返还在效力方面不属于物权效力，而属于债的效力，在范围方面以受领人知道其取得利益无根据时尚存的利益为限，至于在返还时受领人有无利益存在，则在所不问。具体包括两种：一是当事人已经部分或全部履行了债务，对方却未履行对待给付，或者虽然也履行债务，但双方各自的履行在数量上不对等，通过不当得利加以解决；二是有溯及力的解除，但给付物已不复存在，或虽存在但返还给付物不符合效益原则，或者债务的履行为提供劳务，亦按不当得利返还处理。

（四）合同解除与赔偿损失

根据《民法通则》第 115 条、《合同法》第 97 条之规定，合同的解除与债务不履行的损害赔偿可以并存。"合同的变更或者解除，不影响当事人要求赔偿损失的权利。""合同解除后，当事人有权要求赔偿损失。"依不同解除情况，有不同规定：

1. 协议解除可以与赔偿损失并存。因为协议解除是当事人一方从有利于自己的角度出发，而提议或同意的解除。既然他因协议解除而获得了利益，那么依据获得利益者承担风险的理论，他就应该负赔偿责任。该责任的范围包括：对方订立合同所支出的必要费用；因相信合同能适当履行而作准备所支付的必要费用；合同解除后需对方返还给付物时，对方因此支出的必要费用；合同解除需责任方返还给付物，却拒绝返还时，对方因此受的损失。当然，由于协议解除场合双方一般均无过错，因而赔偿数额可以适当减轻；如果双方在协议解除时商定了赔偿数额，那么应依其约定，除非该约定违反法律。

2. 合同因不可抗力造成不能履行而解除，有时可以与赔偿损失并存。不可抗力造成合同不能履行，当事人可以将合同解除。于此场合，按《民法通则》第 107 条规定，当事人一般不负赔偿责任。但在下述情况，还应存在赔偿责任，即当事人一方迟延履行发生不可抗力，造成不能履行。其赔偿损失的范围包括：对方订立合同所支出的必要费用；对方为准备履行合同和接受履行而支出的必要费用；在需返还给付物时，对方所支出的必要费用等。

3. 因第三人的原因造成不能履行而解除，可与赔偿损失并存。债务人

应该承担赔偿责任，债务人因此受到的损失，有权向第三人追偿。(《合同法》第121条规定)

4. 约定解除可与赔偿损失并存。当事人一方不履行合同，给对方造成损失，构成赔偿责任。

关于赔偿范围，《合同法》没有作出明确规定。一般认为应以完全赔偿为原则确定赔偿范围，包括直接损失和间接损失，即无过错一方既可以请求债务不履行的损害赔偿，又可以请求恢复原状以及其他因对方的过错所造成的损失，但有免责情况的除外。[1] 具体包括：对方订立合同所支出的必要费用；因相信合同能适当履行而作准备所支付的必要费用；合同解除后需对方返还给付物时，对方因此支出的必要费用；合同解除需责任方返还给付物，却拒绝返还时，对方因此受的损失。

（五）合同解除效力的限制

《合同法》第98条规定："合同的权利义务终止，不影响合同中结算和清理条款的效力。"合同中结算和清理条款是合同权利义务终止时，处理善后事宜的依据，具有独立性，不因合同解除而失去效力。

 第二节　合同的终止

一、合同终止的概述

合同是一种民事法律行为，是当事人意思表示一致的结果。合同一旦有效成立，当事人就应当按照合同的约定享受权利履行义务。合同终止，即由于一定的法律事实的发生，使合同所设定的权利义务在客观上已不再存在。合同终止的原因，即导致合同关系消灭的事由或者因素。合同虽然是有期限的，但并不是可以任意终止的。合同终止的原因大致有两类：一是基于当事人的约定，例如免除、合意解除等；二是基于法律的直接规定。只有当法律规定或者当事人约定的原因出现时，当事人方可终止合同；没有法律规定或者当事人约定的事由出现的，合同不得终止。合同终止的原因主要有债务的清偿、抵销、提存、双方协议、免除债务、解除合同、合同更新、混同等。

---

〔1〕 孔祥俊：《合同法教程》，中国人民公安大学出版社1999年版，第373页。

合同的终止不同于合同的变更，合同的变更只是使合同的内容发生变化，因合同而产生的权利义务关系仍然存在；而合同的终止是合同关系的消灭，因合同产生的权利义务关系不复存在。合同解除可能产生损害赔偿问题，这种赔偿属于债务转换，不是合同关系的消灭，这是合同终止的例外情况。

合同的终止也不同于合同的中止，合同的中止是一方当事人行使抗辩权而暂时地中止履行合同，阻止对方请求权的行使。当抗辩权的原因消除后，合同仍需继续履行。

合同的权利义务终止后，合同中所规定的当事人的权利义务即不再具有约束力，双方的合同关系归于消灭，从属于该合同的从合同，如保证、抵押、质押、定金等也随之终止。但合同终止后，并不影响当事人请求对方承担合同责任的权利，也不影响合同中关于解决争议方式条款的效力。

根据《合同法》第 92 条之规定，合同的权利义务终止后，当事人应当遵循诚实信用原则，根据交易习惯履行通知、协助、保密等义务。这是后契约义务，属于合同上的附随义务。合同的终止不影响当事人在约定的义务消灭后，按照诚实信用原则履行法定的义务。当事人一方违反《合同法》第 92 条规定的义务，给对方当事人造成损失，对方当事人请求赔偿实际损失的，人民法院应当支持。

二、清偿

（一）概述

清偿，是指债务人按照法律的规定或者合同的约定向债权人履行义务。清偿与履行的意义相同，只是反映的角度有所不同，清偿是从债的消灭反映，而履行是从债的效力反映。债务人向债权人为特定行为，从债务人方面说，为给付；从债权人方面说，为履行；从债的消灭上说，为清偿。债务人清偿了债务，债权人的权利实现，债的目的达到，债当然也就消灭。清偿就是实现债的目的的行为。因此，清偿为债的消灭的最正常的最常见的原因。

清偿人的清偿通常有事实行为，如提供劳务；法律行为，如代销代购等。清偿不以清偿人为完全民事行为能力者为限，如未成年人依法实施的提供劳务等事实行为，也可成立清偿，但如果清偿行为为法律行为，则清偿人应具有完全民事行为能力。

清偿人实施清偿行为时，需债权人予以协助，债权人如不协助，即为受领迟延，不发生合同关系消灭的后果，不为清偿。

（二）代为清偿

《合同法》第 91 条第 1 项规定的"债务已经按照约定履行"并未指明债务是债务人自己履行的，还是由第三人代为履行的。学术界认为，一般情况下，清偿是由债务人向债权人履行合同义务，但对债权人而言，第三人为实现债的目的所为的行为，同样实现了自己的目的，也应属于清偿。从债权实现的方面看，债务人履行债务固属清偿，第三认为满足债权人的目的而为的给付，也属清偿。此外，即使依强制执行或者事实担保权而获得满足，也应视为清偿。[1] 第三人代为清偿的情况大体有：受一方当事人的委托代为履行；第三人为合同一方的担保人，在被担保人未履行合同时代替其履行；特殊情况下，也有第三人既不是合同一方当事人的担保人，也未接受当事人的委托而主动代替一方当事人履行合同的，我国《合同法》对此种清偿予以承认，但是，如果债务人对于第三人的清偿提出异议，则不应发生清偿的效果。

第三人代为清偿应当满足以下条件：

（1）依合同性质，可以由第三人代为清偿。如债务具有专属性，则性质上不得代为清偿。

（2）债权人没有拒绝代为清偿的特别理由，债务人也没有提出异议的正当理由。如代为清偿违反公序良俗或诚实信用原则，对债权人、债务人、第三人或社会有不利影响等，债权人有权拒绝受领代为清偿，债务人也有权提出异议，不发生代为清偿的效力。

（3）代为清偿的第三人必须有为债务人清偿的意思，否则不发生清偿的效力。

第三人不能代为清偿的情形有：合同当事人明确约定合同不得由第三人履行；依据合同的性质不能由第三人履行，如以合同当事人本身的特别技术、技能、知识为标的的合同，如雇用、委托、设计、技术咨询、技术服务合同等，当然，只要债权人同意，上述合同也都是可由第三人履行的，债务人与第三人负连带责任。

第三人只代为清偿部分债务的，合同权利义务不终止，债务人仍然要对未履行的部分予以清偿；第三人代为清偿全部债务的，原合同权利义务终止，债的关系消灭。

---

〔1〕 王家福主编：《中国民法学·民法债权》，法律出版社 1991 年版，第 192 页。

（三）代物清偿

清偿时，原则上应依债的标的履行，不得以其他标的代替，否则不发生清偿的效力。但如果债权人同意，债务人也可以用原标的物以外的物品来清偿债务，如欠布可以还米，欠钱可以还面等，同样可以起到终止合同的效力。这种清偿就是代物清偿，即债权人受领他种给付以替代原给付而使合同终止的情况。代物清偿同样可以发生债的关系消灭的效果。

代物清偿应具备如下条件：

1. 须存在原债务。债权人与债务人就新债务达成的合意，不发生代物清偿的问题，但原合同的标的如何在所不问。

2. 须以他种给付代替原给付。债务的内容，无非是财产、行为与权利，这三者相互代替，就可成立代物清偿。即使同为财产，只要种类不同，也可以成立代物清偿。[1]

3. 须有当事人之间的合意。代物清偿是以他种给付代替原定给付，故必须经清偿人与清偿受领人就代物清偿达成合意。仅依清偿人的意思，而无清偿受领人的同意，不产生代物清偿的效力。

4. 须清偿受领人现实受领他种给付。代物清偿为实践合同，只有清偿人现实提出代替给付并经清偿受领人现实受领，才发生清偿的效力。

代物清偿的效力，一是终止合同，二是债务人对于他种给付仍负有瑕疵担保的责任，如果清偿物出现质量问题等情形，债权人可以采取违约补救措施，但不能要求恢复原来的给付，因为原来的给付之债已经因代物清偿而消灭。如果原合同是无偿合同，则债务人不负瑕疵担保责任。

（四）清偿的期限、地点和费用

清偿的期限、地点应当按照合同约定的期限、地点确定，否则不产生清偿的效力。有确定期限的债，债务人应在期限到来时清偿。如果提前清偿，债权人有权拒绝受领，不发生清偿的效力。但如果期限利益是专门由债务人享有时，债务人则可以提前清偿。未定清偿期限的债务，债务人可以随时清偿，但应当为债权人留有必要的准备时间。对清偿期限和清偿地点，法律有特别规定的，依据法律规定；法律没有规定但当事人有约定的，从当事人的约定；既无法律规定，又无当事人约定的，依据债的性质确定清偿期限和清偿地点。

清偿费用，即清偿债务所需的必要费用，包括运送费、包装费、汇

---

〔1〕 张广兴：《债法总论》，法律出版社1997年版，第265页。

费、登记费、通知费等，除法律有规定或当事人有约定的外，由债务人承担。但因债权人变更住所或其他行为使清偿费用增加时，由此增加的费用则应由债权人负担。

（五）清偿充抵

合同当事人一方对另一方负有数宗债务，而债务人的履行不足清偿全部债务时，债务人的清偿充抵哪一笔债务，消灭哪一债的关系，在实践中意义重大。

清偿充抵的要件主要有：债务人对债权人负有数宗债务；数宗债务种类相同；债务人的给付不足以清偿全部债务。

处理清偿充抵的一般原则是：法律对充抵的顺序有规定的，按法律的规定充抵；法律没有规定的，可按当事人的约定或履行债务时的指定充抵；法律没有规定，当事人也没有约定或指定的，按照公平和诚信原则以及交易习惯，可按下列顺序充抵，即先充抵已到履行期限的债务，如果多笔债务均已到履行期限，可按到期的顺序依次充抵，各项债务履行期日相同的，可按比例充抵。

对清偿充抵，《德国民法典》第366条规定，债务人对债权人负有数宗债务而应为种类相同的给付者，如债务人所提出得给付不足清偿全部债额，则清偿由债务人于给付时指定的债务；债务人未指定时，以债务于已到期者尽先清偿；几项债务同时到期的，以对债权人担保最少的债务尽先清偿；担保相等的，以债务人负担较重者尽先清偿；负担相同的，以时间最早得债务尽先清偿；时间相同的，各按比例清偿其一部分。[1] 德国民法的这一规定值得我们吸收借鉴。

三、抵销

（一）抵销概述

抵销，是指当事人双方相互负有同种类的给付，将两项债务相互冲抵，使其相互在对等额内消灭。抵销债务，也就是抵销债权。为抵销的债权即主张抵销的债务人的债权，称为动方债权或主动债权、能动债权；被抵销的债权即债权人的债权，称为受方债权或被动债权、反对债权。

根据产生的原因不同，抵销可分为法定抵销与合意抵销。法定抵销，是指由法律规定其构成要件，具备该要件时依当事人一方的意思表示即可发生抵销效力的抵销。在法定抵销中，依当事人一方的意思表示即可产

---

〔1〕 郑冲、贾红梅译：《德国民法典》，法律出版社1999年版，第72页。

生抵销的效力，因而抵销属于形成权。通常所说的抵销即是指法定抵销。合意抵销又称为契约上抵销，是指依债权人和债务人的合意所进行的抵销。合意抵销是由当事人自由约定的，其效力也决定于当事人的约定。《合同法》第100条规定："当事人互负债务，标的物种类、品质不相同的，经双方协商一致，也可以抵销。"这里规定的就是合意抵销。

抵销是自罗马法后期以来各国法上都承认的制度。但在立法上，各国抵销的立法模式有所不同。一般来说有两种：当然抵销主义说和单独抵销主义说。当然抵销主义说认为无须当事人的行为，依双方债权对立的事实即当然发生抵销。例如，《法国民法典》第1290条规定："债务人双方虽均无所知，根据法律的效力仍可发生抵销；两个债务自其同时存在起，在同等的数额的范围内互相消灭。"单独抵销主义说认为因有债权相互对立的事实，从而产生抵销权，因抵销权的行使而抵销。例如，《日本民法典》第506条中规定："抵销，由当事人的一方对其相对人以意思表示为之。但其意思表示，不得附条件或期限。"我国《合同法》第99条中规定："当事人互负到期债务，该债务的标的物种类、品质相同的，任何一方可以将自己的债务与对方的债务抵销，但依照法律规定或者按照合同性质不得抵销的除外。"

抵销也是债的消灭的原因，并且用抵销方式消灭债，可便利当事人双方，节省交易成本。因为在当事人双方相互负有同种类给付的债务时，若各方均须履行自己的债务，双方就要相互交换给付，势必增加给付的费用。此外，抵销还有担保作用。例如，双方互负同类债务时，若其中一方的资力恶化，另一方向其履行，就有可能得不到相反的履行。但若实行抵销，则另一方即使不能履行债务，他方的利益也可得到保障。当一方当事人破产时，抵销可以避免交换履行所引起的不公平的结果，《破产法》第40条规定，债权人在破产申请受理前对债务人负有债务的，可以向管理人主张抵销。但是，有下列情形之一的，不得抵销：①债务人的债务人在破产申请受理后取得他人对债务人的债权的；②债权人已知债务人有不能清偿到期债务或者破产申请的事实，对债务人负担债务的；但是，债权人因为法律规定或者有破产申请1年前所发生的原因而负担债务的除外；③债务人的债务人已知债务人有不能清偿到期债务或者破产申请的事实，对债务人取得债权的；但是，债务人的债务人因为法律规定或者有破产申请1年前所发生的原因而取得债权的除外。

（二）法定抵销的条件

按照《合同法》第99条的规定，法定抵销应当具备以下要件：

1. 须双方互负有债务，互享有债权。抵销是通过冲抵债务，使双方的债权在同等数额内消灭，因此，抵销必以当事人双方相互享有对立的债权、负有对立的债务为前提。若当事人一方对另一方仅有债权而不负债务，或者仅负债务而不享有债权，当然也就不可能抵销。当事人双方存在的债权债务关系必须合法，其中任何一个债权债务关系不合法都不能主张抵销。

用于抵销的债权债务必须是合法有效的，任何一个不成立或无效的债权债务都不能进行抵销，而且任何一个债权债务关系不合法也不能主张抵销。在附延缓条件的合同中，条件成就前债权尚未生效，不能进行抵销；附解除条件的合同，在条件成就前可以抵销。用于抵销的债权应为债权人自己享有的具有完全效力的债权。诉讼时效完成后的债权的，不得以之供抵销，否则等于强迫对方履行自然债务。抵销人只能以自己的债权供抵销。对于他人的债权，即使他债权人同意，也不得进行抵销。

2. 须债的标的物种类相同、品质相同。"标的物种类"是根据标的物的性质或特点而对其进行的分类，如同为金钱或某种类物。"品质"是指标的物的质量、规格和性能等方面的综合评定。抵销的债务必须是同一种类的给付。因为只有给付的种类相同时，当事人双方的经济目的才一致，通过抵销才可满足当事人双方的利益需要。两项债务为不同种类的给付，若当事人以抵销而不必为给付，则会难以满足当事人的经济需要。因此，抵销的债务一般为金钱债务和种类之债。

3. 须双方的债务已届清偿期。因为抵销具有清偿的效力，因此抵销的债务必须是已届清偿期的债务，即到期债务。债务未到清偿期，债权人不能请求履行，若债权人得以其债权与对方的债权抵销，无异于强迫债务人提前清偿，牺牲其期限利益。但两项债务，一项已届清偿期，而另一项未届清偿期时，若未到期的债务人主张抵销的，可以抵销；已届清偿期的一方主张抵销，未到期的一方同意抵销的，则也可以抵销。因为于此情形下，债务人自愿放弃自己的期限利益，法律自无限制的必要。如果两项债务都没有规定清偿期，则因为债权人都可随时要求债务人履行，则可以抵销。

但是，在当事人一方受破产宣告时，破产债权人的债权不论是否已届履行期限，是否附有期限或解除条件，也不论给付种类是否相同，均得抵销。此为破产中的抵销与民事上的一般抵销不同。

4. 须双方债务均不属于不可以抵销的债务。《合同法》第 99 条第 1 款规定，按照合同的性质或者依照法律规定不得抵销的，不得抵销。可见，抵销的债务须为可以抵销的债务。对于依法律规定或者债务的性质不得抵销的债务，不得抵销。法律规定不能抵销的债务主要有：禁止强制执行的债务；因故意侵权行为而产生的债务；约定应向第三人为给付的债务；违约金债务、赔偿金债务等。按照合同性质不能抵销的债务，是指根据给付的性质，如果允许抵销就不能达到合同的目的。与人身不可分离的债务，如抚恤金、退休金、抚养费、退休金、生活补助费等，依其性质不能抵销。双方约定不得抵销的债务也不得抵销。例如，相互提供劳务的债务。

（三）抵销的方法

《合同法》第 99 条第 2 款规定："当事人主张抵销的，应当通知对方。通知自到达对方时起生效。抵销不得附条件或者附期限。"该款规定了抵销的行使方法。因法定抵销而产生的抵销权是一种形成权，抵销权人只要有抵销的单方意思表示，抵销即可生效，同时，抵销也是一种单方法律行为，依据行为人单方的意思表示即可产生法律效力，无需对方同意。因此，当事人主张抵销的意思表示为不要式，即可以采取口头方式，也可以采取书面方式。抵销的通知不得附条件或者附期限，因为附条件或者附期限就使得抵销的效力变得不确定，与抵销的意图相悖，并且有害于他人的利益。因此世界各国法律普遍规定，抵销的通知不得附条件或附期限。

对于依照《合同法》第 99 条的规定可以抵销的到期债权，当事人约定不得抵销的，人民法院可以认定该约定有效。例如，企业因生产经营需要向银行贷款，为了保证生产经营活动的稳定，当事人可以在借款合同中明确约定银行的债权不得与其账户资金抵销，这种约定即应优于法定抵销。

需要注意的是抵销是一种处分债权的行为，抵销人应当具有相应的行为能力，并对债务享有处分权。

（四）抵销的效力

抵销可使双方的债务消灭，因而抵销权为形成权。抵销权的行使由抵销权人将其抵销的意思表示通知对方即可发生效力。抵销的效力主要表现在以下方面：

1. 双方互负的债权债务于抵销数额内消灭。双方债务数额相等的，双方的债权债务全部消灭；双方的债务数额不等的，数额少的一方的债务全部消灭，另一方的债务于与对方债务相等的数额内消灭，其余额部分仍然存在，债务人就此部分债务余额负清偿责任。

2. 因抵销双方债务的消灭为绝对消灭。抵销为债的绝对消灭，除法律另有规定外，任何人不得主张撤回抵销。抵销后当事人一方对同一债务的清偿，属于不当得利，受领人应当返还。

3. 抵销的溯及力。当抵销生效时，双方债权的消灭效力溯及到抵销权发生之时。抵销的效力表现为：自得为抵销之时起双方债务消灭，无需支付利息，因抵销权发生后支付的利息应依照不当得利返还，如互生利息的，因抵销权的溯及力统归消灭；自得为抵销之时起，不再发生迟延责任；抵销权发生后，免除债务人的违约责任。

当事人对《合同法》第96、99条规定的合同解除或者债务抵销虽有异议，但在约定的异议期限届满后才提出异议并向人民法院起诉的，人民法院不予支持；当事人没有约定异议期间，在解除合同或者债务抵销通知到达之日起3个月以后才向人民法院起诉的，人民法院不予支持。

（五）合意抵销

《合同法》第100条规定："当事人互负债务，标的物种类、品质不相同的，经双方协商一致，也可以抵销。"本条是关于合意抵销的规定。

合意抵销又称约定抵销，是指当事人双方的债权债务关系虽然不符合法定抵销的条件，但经双方协商一致而发生的抵销。合意抵销实际上是当事人双方订立一个关于将双方的债权债务进行抵销的合同，是当事人在不违反法律规定的前提下，根据意思自治原则对自己权利的处分，只要经双方协商一致即可。

合意抵销与法定抵销的相同之处在于当事人互负到期债务和互负的债务不是按照法律规定或者合同性质不得抵销的债务；与法定抵销条件不同的是，合意抵销要求当事人对债务的抵销须协商一致，而不问标的物是否同类、品质是否相同。

合意抵销的效力与法定抵销的效力基本相同，都消灭当事人之间同等数额内的债权，但合意抵销更多地体现了当事人的意愿，当事人可以就合意抵销的效力作些特别的约定。

四、提存

（一）提存概述

提存，是指由于债权人的原因而无法向其交付合同标的物时，债务人将该标的物交给提存机关而消灭债务的一项制度。

债务人履行债务需要债权人协助，如债权人不协助债务人的履行，对债务人的履行拒不接受，或者债务人无法向债权人履行，债务人就不能清偿债务。于此情形下，债务人将因债权人不受领而继续承担着清偿责任，这对于债务人是不公平的。因此，为使债务人不因债权人的原因而受迟延履行之累，法律设提存制度。通过提存，债务人得将其无法给付给债权人的标的物交给提存机关保存，以代替向债权人的给付，从而免除自己的清偿责任。债务人提存后，债务人的债务即消灭，因而提存亦为债的消灭原因。

提存制度源于罗马法。在罗马法早期，允许债务人在债权人拒绝受领时，抛弃给付物而免除债务。这种做法不利于经济的发展，于是后来设立了提存制度。现代各国法上一般都规定有提存制度，将提存作为债的一种消灭原因。我国最高人民法院在《民法通则若干意见》第 104 条规定："债权人无正当理由拒绝债务人履行义务，债务人将履行的标的物向有关部门提存的，应当认定债务已经履行。因提存所支出的费用，应当由债权人承担。提存期间，财产收益归债权人所有，风险责任由债权人承担。"这一规定明确将提存规定为债的消灭原因。司法部于 1995 年 6 月 2 日发布的《提存公证规则》，对公证提存制度作了详细的规定，把提存分为以清偿为目的的提存和以担保为目的的提存。《合同法》第 101～104 条及《担保法》第 49 条第 3 款也对提存作了明确的规定。

关于提存的性质，理论界有多种观点。有人主张提存为公法上的行为，因为提存机关为国家专设的机关，有受领提存物并为保管的义务。有人主张提存为私法上的行为，认为提存属于清偿的要约或合同。通说为私法合同说。[1] 我国学者多认为：提存涉及三方当事人，即提存人（债务人）、提存机关和债权人；发生提存人与提存机关、提存机关与债权人、提存人与债权人之间的三方法律关系。提存人与债权人之间的关系为私法上的法律关系，提存的目的在于消灭债权债务关系；提存机关为国家所设机关，接受提存标的物并保管以及将提存物发还债权人，是公法上的义务，故提存又具有公法上法律关系的性质。可见，提存属于特殊的公法关系，因其含有浓重的私法意味。如《提存公证规则》第 27 条第 2 款规定，提存期间，提存物毁损灭失的风险责任由提存受领人负担；但因公证处过

---

〔1〕 转引自王利明主编：《合同法要义与案例析解（总则）》，中国人民大学出版社 2001 年版，第 372 页。

错造成毁损灭失的，公证处负有赔偿责任。第4款还规定，公证处未按法定或当事人约定条件给付提存标的物给当事人造成损失的，公证处负有连带赔偿责任。这里的"赔偿责任""连带赔偿责任"为民事责任而非国家赔偿责任。

（二）提存的原因

提存须有可以提存的合法原因。提存的前提是债务人无法向债权人清偿。债务人只有在无法向债权人给付时才可用提存的方法消灭债务。因此，因债权人一方的原因致使债务人无法清偿的事实，为提存的合法原因。

《合同法》第101条规定，有下列情形之一，难以履行债务的，债务人可以将标的物提存：

1. 债权人无正当理由拒绝受领。债权人无正当理由拒绝受领，是指债权人能够并且有义务受领给付，却无正当理由拒绝接受债务人履行合同。构成债权人无正当理由拒绝受领的前提条件是债务人现实地提出履行合同，包括以言词提出履行。如果债务人没有现实地提出给付，则不构成债权人拒绝受领。债权人迟延受领也是债务人提存标的物的原因之一。债权人迟延受领，是指债权人无正当理由未按合同约定的清偿期限受领债务之给付。债权人迟延受领导致的债务人提存的原因也必须是债务人现实地提出了给付。

2. 债权人下落不明。债权人下落不明包括债权人地址不详、无法找到或者失踪。债务人履行债务需要债权人受领，否则债务人的履行无法实现。在债权人下落不明的情况下，债务人将无法履行自己的债务，债权债务关系无法消灭，这会使债务人的利益受到不应有损害。在此种情形下，债务人可以采取提存的方式消灭合同关系。债权人下落不明是一种客观状态，至于是否为债权人故意，并不影响债务人的提存。

3. 债权人死亡未确定继承人或者债权人丧失民事行为能力未确定监护人。债权人死亡未确定继承人或者债权人丧失民事行为能力未确定监护人，是指债权人死亡或者丧失行为能力后，债务人不知道向谁履行债务。这种情况下，由于债务人的给付没有受领人而使给付无法进行，即便给付也达不到债的目的。故债务人可以将标的物提存，以消灭合同关系。

4. 法律规定的其他情形。如《提存公证规则》第6条第1项规定，债的双方在合同（协议）中约定以提存方式给付的，当事人可以申请办理提存；《合同法》第70条规定，债权人合并、分立或者变更住所没有通知债务人，致使履行债务发生困难的，债务人可以终止履行或者将标的物提存；《担保法》第 49 条第 3 款规定，抵押人转让抵押物的价款，应当向抵押权人提前清偿所担保的债权或者向与债权人约定的第三人提存。

（三）提存的法定程序

提存应经以下程序：首先，由提存人提出申请。申请书中应载明提存的原因、提存的标的物、标的物的受领人（不知受领人的，应说明不知受领人的理由）。其次，经提存机关同意。提存机关受理提存申请后应予以审查，以决定是否同意提存。提存机关同意提存的，指定提存人将提存物交有关的保管人保管。最后，由提存机关作成提存证书并交给提存人。提存证书具有受领证书同等的法律效力。提存并非向债权人清偿，故提存人负有通知债权人前往受领提存物的义务，《提存公证规则》第 18 条规定，提存人应将提存事实及时通知提存受领人。以清偿为目的的提存或提存人通知有困难的，公证处应自提存之日起 7 日内，以书面形式通知提存受领人，告其领取提存物的时间、期限、地点、方法。提存受领人不清或下落不明、地址不详无法通知的，公证处应自提存之日起 60 日内，以公告方式通知。

（四）提存的主体与客体

提存的主体为提存人与提存机关。一般情形下，提存人即为债务人，但提存人不以债务人为限。凡债务的清偿人均可为提存人。提存机关是法律规定的有权接受提存物并为保管的机关。有的国家设有专门的提存所，也有的并不专设提存所，而由法院或其他机关办理提存。根据我国现行法律的规定，拾得遗失物的，可向公安机关提存；定作人变卖留置物受偿后，可将余款向债权人所在地的银行办理提存；公证提存的，由公证处为提存机关。法院也可为提存机关。

提存的客体也就是提存人交付提存机关保管的物。提存标的物原则上是债务人应给付的标的物。根据《提存公证规则》的规定，可以提存的标的物，包括：①货币；②有价证券、票据、提单、权利证书；③贵重物品；④担保物（金）或其替代物；⑤其他适宜提存的标的物。提存物应为适于提存的物。标的物不适于提存，或者提存费用过高的标的物，债务人依法可以拍卖或者变卖标的物，提存所得的价款。如易燃易爆之危险品，木材家具等笨重物品，容易腐烂物品等不宜直接提存的物品，而应提存拍卖或者变卖该物品所得的价款。

提存的标的物是否仅为动产？目前理论界观点不统一。我国《提存公证规则》第22条第3款规定，提存的不动产或其他物品的收益，除用于维护费用外剩余部分应当存入提存账户。据此可以认为公证机关是可以接受不动产提存的。

（五）提存的条件

根据《提存公证规则》的规定，提存的条件为：

1. 提存人具有行为能力，意思表示真实。提存是一种法律行为，提存人必须具有相应的行为能力。意思表示真实是民事法律行为有效的必备要件之一，因此，提存有效的前提条件是提存人意思表示真实。

2. 提存之债真实、合法。只有真实合法的债的关系才可以通过提存的方式予以消灭，违法之债不受法律保护，不存在依法履行的问题，当然也不存在提存的问题。

3. 存在可以提存的原因。

4. 提存的标的与债的标的相符。提存的标的与债的标的不符或在提存时难以判明两者是否相符的，公证处应告知提存人，如果提存受领人因此原因拒绝受领提存物，则不能产生提存的效力。提存人仍要求提存的，公证处可以办理提存公证，并记载上述条件。

（六）提存的效力

提存涉及三方当事人，一经成立后发生三方面的效力。

1. 债务人与债权人间的效力。提存后，不论债权人受领与否，债务皆因提存当然消灭，债务人不再负清偿责任。债权人只能向提存机关收取提存物，不能再向债务人请求清偿。《合同法》第103条规定："标的物提存后，毁损、灭失的风险由债权人承担。提存期间，标的物的孳息归债权人所有。提存费用由债权人负担。"可见，提存还将发生以下效力：①标的物风险转移。提存发生清偿的效力，标的物所有权发生转移，因此标的物毁损灭失的风险由债权人承担，但提存机关对标的物的毁损灭失有过错的，提存机关负赔偿责任。②提存期间标的物孳息归债权人所有。孳息是提存物的派生物，与提存物是主物与从物的关系，自然归债权人所有，但提存人依法取回提存物的，将不发生提存，孳息归债务人所有。③提存的费用由债权人负担。按照《提存公证规则》第25条的规定，提存物寄存于提存机关产生的费用包括：提存公证费、公告费、邮电费、保管费、评估鉴定费、代管费、拍卖变卖费、保险费、处理、运输提存标的物所支出的其他费用。如果提存人依法取回提存物的，上述费用由提存人承担。

债务人将合同标的物或者标的物拍卖、变卖所得价款交付提存部门时，人民法院应当认定提存成立。提存成立的，视为债务人在其提存范围内已经履行债务。

2. 提存人与提存机关间的效力。提存人与提存机关是提存行为的双方当事人。于提存成立后，提存机关有保管提存物的义务。根据《提存公证规则》第 26 条的规定，下列情形提存人可以取回提存物：①提存人可以凭人民法院生效的判决、裁定或提存之债已经清偿的公证证明取回提存物；②提存受领人以书面形式向公证处表示抛弃提存受领权的，提存人得取回提存物。提存人取回提存物的，视为未提存。因此产生的费用由提存人承担。提存人未支付提存费用前，公证处有权留置价值相当的提存标的物。提存有效成立期间，提存人也不负担提存物的保管费用。

3. 提存机关与债权人间的效力。《合同法》第 104 条规定："债权人可以随时领取提存物，但债权人对债务人负有到期债务的，在债权人未履行债务或者提供担保之前，提存部门根据债务人的要求应当拒绝其领取提存物。"依此规定，提存成立后，债权人与提存机关形成一种权利义务关系。债权人有领取提存物的权利，提存机关负有向债权人交付标的物的义务。此种关系的性质是一种公法关系，而非私法上的债权债务关系。《提存公证条例》第 28 条第 1 款规定："符合法定或当事人约定的给付条件，公证处拒绝给付的，由其主管的行政机关责令限期给付；给当事人造成损失的，公证处负有赔偿责任。"这一责任实为行政责任，而非民事责任。

债权人的领取权也受到一定的限制，即如果债权人对债务人负有到期债务没有清偿或提供担保，而这一债务与债务人对债权人的债务构成对待给付的，提存机关可以根据债务人的要求拒绝其领取标的物。债权人领取提存物的权利应于法律规定的期限内行使。债权人超过法律规定或者提存机关公告的领取时间而不领取提存物的，其权利即行丧失。依我国《合同法》第 104 条规定，债权人领取提存物的权利，自提存之日起 5 年内不行使而消灭，提存物扣除提存费用后归国家所有。

五、免除

（一）免除概述

债务免除，简称免除，是指债权人免除债务人的债务而使债务消灭的意思表示。免除是从债务人的角度来说的，从债权人的角度讲，就是抛弃或放弃债权。因免除成立后，债务人自不再负担被免除的债务，债权人的债权也就不再存在，债即消灭，因此免除债务也为债的消灭原因。《合同法》第105条规定："债权人免除债务人部分或者全部债务的，合同的权利义务部分或者全部终止"。

免除为合同终止的原因，各国立法均予以承认，但对于免除的性质是合同还是单方法律行为，各国立法及学说则有所不同，一些国家将免除作为一种合同，如德国、瑞士等；另一些国家认为免除是单方行为，如日本等。我国台湾地区学者多认为免除为单方行为。债权人既然可以单方面抛弃自己的权利，自然也可以任意免除债务人的债务。如果免除必须征得债务人的同意，那么在债务人不同意时就会发生债权人不得抛弃其债权的结果，这显然违反事理。我国《合同法》并未规定免除需债务人同意，因此，可认为我国采取的单方行为说，免除是债权人抛弃债权并发生债的关系消灭的单方法律行为。免除作为单方法律行为，免除的意思表示一经作出即发生法律效力，不得撤回。免除可以附条件和附期限，可以全部免除也可以部分免除，但债权人的免除不得有害于第三人的利益。

（二）免除的特征

债权人免除债务，具有如下特征：

1. 免除的意思表示只能向债务人或其代理人作出，如果向第三人为免除的意思表示，不发生债的关系消灭的后果。

2. 债权人必须有处分债权的能力。免除人应是对其债权有处分能力的完全民事行为能力人。限制民事行为能力人和无民事行为能力人须征得法定代理人的同意或由法定代理人代为免除行为。

3. 免除不得损害第三人的合法权益。

4. 免除为无因行为。免除债务的原因或动机不是免除的内容，不影响免除的效力，故即使免除原因无效或不成立，免除仍然有效。

5. 免除是无偿行为。免除的原因可以是有偿的也可以是无偿的，但免除本身却是无偿行为。债务人对免除债务所取得的利益，无需支付对价。

6. 免除是非要式行为。免除的意思表示不要求以特定的方式表示，无论是书面形式还是口头形式，也无论是明示还是默示都可以。

（三）免除的效力

免除的效力是使债消灭。债务全部免除的，债即全部消灭；债务部分免除的，债即于免除的范围内消灭。主债务因免除而消灭的，从债务也随之消灭。但如果免除保证债务的，则主债务依然存在。债权人免除连带债务人中一债务人的债务的，其他人的债务是否也免除呢？有人认为，债权人仅免除部分连带债务人的债务的，除被免除的连带债务人所承担的债务份额外，其余债务人的债务份额不消灭，对此《法国民法典》第1285条规定："债权人为连带债务人中的一人的利益而以契约免除或解除其债务时，其他连带债务人的债务亦被免除或解除，但债权人明示保留其对其他连带债务人的权利者，不在此限。""前款的后一种情形，债权人所能请求清偿的债权，仅为减去其已免除债务人原应负担部分后的债权。"这一规定可供参考。

因免除债务实质上是对债权的抛弃，所以就法律禁止抛弃的债权而免除债务的，其免除为无效，不发生债消灭的效果。

六、双方协议

双方协议终止债的，债即因双方的协议而消灭。但当事人终止债的协议，不得违反法律的强行规定或禁止性规定。

七、债务更新

债务更新，又称为债务更改、债务更替，是指当事人双方以成立新债务而使旧债务消灭的法律行为。

债务更新为双方的法律行为，因此，其成立须具备以下条件：

1. 须有有效的债务存在。尚未成立或尚未生效的债务，当事人自不得予以更新。可撤销或附解除权的债务，在未被撤销或解除前，为有效债务，当然可以更新。

2. 须有新的债的发生。在债务更新中，新债务的发生与旧债务的消灭间有因果关系。若无新债务发生，则不成立债务更新。

3. 须新债务与旧债务的性质不同。例如，成立一买卖之债以代原租赁之债的，为债务更新。但若新旧债务的给付相同，仅某些条件变更，例如，改变履行地点、改变标的物的数量或质量标准，则为债的变更，而不为债务更新。

4. 须当事人双方有更新债的合意。债务更新是当事人双方协议消灭债的行为，因此必须有当事人双方消灭旧债务的意思表示才能成立。

债务更新的效力体现为两方面：①原债因更新而消灭。原债消灭时，其从属权利，担保物权等也随之消灭。②新债发生。债务更新是以新债消灭旧债的，因此，在旧债消灭时新债也就发生。新债是与旧债完全不同的另一债。这是债的更新与债的移转、债的变更的不同。因债务更新是以新债代替旧债的，因而若因当事人的更新协议无效而新债不能发生时，则旧债也就不能消灭。也就是说，新债的无效不能影响旧债的效力。

八、混同

(一) 混同的概念

混同，是指债权与债务同归于一人，而使债的关系消灭的事实。《合同法》第106条对混同的情形作了规定："债权和债务同归于一人的，合同的权利义务终止，但涉及第三人利益的除外"。法律上的混同，有广义与狭义之分。广义的混同，包括权利与权利的混同；义务与义务的混同；权利与义务的混同。这里所说的混同仅为狭义上的混同，即权利与义务的混同。混同以债权与债务归于一人而成立，与人的意志无关，自己对自己讨债或还债已无实际意义，因而混同属于事件，是债消灭的原因之一。

(二) 混同的原因

混同是一种法律事实而非法律行为，其发生不需要任何意思表示，发生混同的原因即混同成立的原因。发生混同的原因可分为两种：

1. 概括承受，即债的关系的一方当事人概括承受他人权利与义务。例如，因债务人继承被继承人对其享有的债权或者债权人继承被继承人对其负担的债务，债权人与债务人合为一人；互付债权债务的两个企业合并，其债权债务即因合并而发生混同。概括承受是发生混同的最主要原因。

2. 特定承受，指因债权让与或债务承担而承受权利义务。例如，债权人承受债务人对自己的债务，债务人受让债权人对自己的债权，将使债的关系消灭，合同上的权利义务终止。

(三) 混同的效力

《合同法》第106条规定："债权和债务同归于一人的，合同的权利义务终止，但涉及第三人利益的除外。"因此，混同的效力是导致债的关系绝对消灭，并且主债消灭，从债也随之消灭，如利息之债、违约金之债、担保之债等。但合同之债与担保之债发生混同时，只消灭担保之债，不消灭主债务。

但在涉及第三人利益的情形下，主要是指债权已被作为第三人的利益，虽发生混同，债也不消灭。例如，在债权出质时，即使债权债务发生混同，但出质的债权债权并不因此而消灭，以此保护第三人的利益。此外，基于法律的一些特殊规定，混同也不发生债消灭的效果。如根据《票据法》的规定，持票人为出票人的，对其前手无追索权。持票人为背书人的，对其后手无追索权。汇票可以用背书的方式转让，当出票人、承兑人或付款人成为最后一个背书人时，债权债务就集中在同一人身上，发生混同，但为了确保票据的流通性，只要该票据尚未到期，则仍可以以背书的方式转让给第三人，不发生消灭的效力。

 案例分析

（一）合同的解除

【案情介绍】2007 年 7 月 25 日，A 公司通过挂牌出让竞得系争土地的国有土地使用权。9 月 27 日，A 公司与 B 女士公司签订《土地合作开发协议书》。协议约定双方合作开发。A 公司投入地块及现金人民币 1000 万元用于建造厂房及相关设施。B 女士公司在 2 年内分两次投入现金 500 万元用于建造厂房及相关设施。A 公司授权 B 女士公司全权代表 A 公司负责筹建并经营一切设施。A 公司每年确保收益 245 万元，每 3 年递增 5%，不足部分由 B 女士公司补偿。B 女士公司每年收入为房租总收入减去 A 公司所得部分，由 A 公司在收取房租后一个星期内支付。签约当日，A 公司另向 B 女士公司的法定代表人印某出具了授权书一份。2007 年 10 月 19 日，B 女士公司与 C 公司签订《项目合作开发协议书》，约定由 B 女士公司为第三人 C 定向建造厂房，厂房竣工验收移交给 C 公司后不再承担任何费用，C 公司全面负责厂房的经营，B 女士公司按每平方米每天不少于 0.45 元的标准收取固定收益，并收取 C 公司押金 100 万元。A 公司认为 B 女士公司与第三人 C 公司签订《项目合作开发协议书》未征得其同意，系违约行为，且 B 女士公司一直未实际投入资金，故 A 公司于 2008 年 5 月 23 日在报上声明对任何他方以 A 公司名义签订的合同、协议等不予认可，并于 2008 年 6 月 5 日向 B 女士公司送达解除合同函件，撤销对 B 女士公司的授权书。B 女士公司不同意解除协议，要求 A 公司继续履约。

【问题】试分析 B 女士公司是否违约？

【分析】本案系房地产合作开发过程中一方当事人在未经他方同意的情况下与第三方签约而引起的合同解除纠纷。首先，对于"B 女士公司是否违约"的判定，此处主要涉及双方签订的合作开发协议的内容判断方面。所谓违约是指合同当事人完全没有履行合同或者履行合同义务不符合约定的行为。买卖合同是对缔约双方具有约束力的法律文件。任何一方违反了合同义务，就应承担违约的法律后果，受损方有权提出损害补偿要求。

在本案中，是否违约的争议点在于判断 B 女士公司与 C 公司签订的协议内容是否为双方约定的"重大事项"。从双方提供的证据来看，B 女士

公司将厂房建成后的经营管理权利义务概括转让给了 C 公司，而 B 女士公司与 A 公司签订的协议的主体内容是以 A 公司作为委托人、B 女士公司作为受托人，约定了共同开发地块的资金投入数额、支付方式以及经营管理事项等内容，显然二者存在很大程度上的重合，可以认定为"重大事项"。而根据双方在合同中的约定，B 女士公司的一切经营活动接受 A 公司监督指导，重大事项须经双方协商一致再行实施，那么 B 女士公司在未与 A 公司协商并取得 A 公司的同意的情况下，无权将合同的主要权利义务概括转移，其与 C 公司签约的行为构成了对原开发合作合同的违反。

在本案中，A 公司基于对 B 女士公司的信任，全权委托 B 女士公司对双方合作开发地块事项进行管理，并约定了共同投资共享收益等内容，由此可知该合同融合了财产和人身两种合作因素，合同的受托方是绝对的，在未得到委托方同意的情况下，将委托事项又直接转委托给第三人的行为，构成对原合同信任关系的破坏，即便第三方将合同义务履行完毕，也无法达到 A 公司与 B 女士公司签订合同时的初衷，因而 B 女士公司的重大违约行为导致了原合同的目的不达，因而 A 公司请求确认解除合同的效力是能够得到支持的。

（二）法定解除

【案情介绍】甲公司和乙公司于 2004 年 1 月签发了两份合同。一个是甲公司将自己的机器出租给乙使用。合同约定租金每月 7000 元，分别于每年 6 月 30 日和 12 月 31 日支付，租赁期为 5 年。另一个是购销合同，由乙向甲提供木材 10 吨，共计 7000 元，甲收到后 2 个月内支付货款。合同签订后，乙开始使用机器，并提供 10 吨木材。2 个月后，即 2004 年 3 月底，甲没有向乙支付货款。乙碍于合作关系没有向甲索要货款，只是告知其最好在 5 月 16 日之前付款。但到了 6 月中旬，甲仍没有支付货款。这时已临近租金支付期，乙便通知甲自己将不交纳上半年的租金。甲得知后，在没有通知乙的情况下，私自解除了租赁合同，并将机器擅自收回，造成了乙的损失。乙遂向法院起诉，要求确认该解除合同的行为无效并要求甲支付货款并赔偿损失。

【问题】

1. 乙能否解除与甲的购销合同？

2. 如果在该购销合同中约定，合同双方在履行期届满后，一方仍不履行自己的义务，那么在履行期届满后 2 个月内，另一方可以解除合同。那么乙是否可以在 6 月底时解除该合同？

3. 当乙表明自己不交纳租金后，甲能否解除与其的租赁合同？

4. 法院能否确认甲的解除行为有效？

【分析】本案的解题关键首先在于明确不同类型的合同解除，我国《合同法》规定合同解除包括三种类型：约定解除、法定解除和协议解除。约定解除，是当事人通过约定或行使约定的解除权而消灭合同关系的行为。法定解除，是指在合同成立后、尚未履行或履行完毕前，当事人一方行使法定的解除权而使合同效力归于消灭的行为。协议解除，是指在合同成立后、履行完毕前，双方当事人通过协议而同意解除合同关系的行为。在了解概念的前提条件下，分别判断以上几个问题属于何种解除合同的类型，根据各自不同的使用类型分析案例中甲乙双方在履行合同的过程中，双方解除合同的行为是否符合我国《合同法》中关于此问题所规定的法定条件及法定程序，确定甲乙两家公司解除合同行为的合法性。

1. 乙能够解除与甲的购销合同。合同解除，是指合同有效成立后，在一定条件下通过当事人的单方行为或者双方合意终止合同效力或者溯及既往地消灭合同效力的行为。《合同法》第94条规定：有下列情形之一的，当事人可以解除合同：①因不可抗力致使不能实现合同目的；②在履行期限届满之前，当事人一方明确表示或者以自己的行为表明不履行主要债务；③当事人一方迟延履行主要债务，经催告后在合理期限内仍未履行；④当事人一方迟延履行债务或者有其他违约行为致使不能实现合同目的；⑤法律规定的其他情形。据此，在本案中，甲向乙支付货款的届满期是3月底。但在3月底时甲并没有履行自己的义务，这时乙就产生了解除合同的期待权（当事人一方迟延履行主要债务，经催告后在合理期限内仍未履行），因为法律规定应由债权人向债务人发出履行催告，给予一定的履行宽限期后，才能解除合同。乙在3月底告知甲最好在5月16日之前付款，即是向甲发出催告，并给予了宽限期。但直到6月中旬甲都没有履行自己的义务，因此，乙可以解除与甲的合同。

2. 乙在6月底时不能解除该合同。通过约定，解除权由当事人一方享有，也可双方享有。《合同法》第95条第1款规定："法律规定或当事人约定解除权行使期限，期限届满当事人不行使的，该权利消灭。"这样的规定的目的是为了促使权利人积极行使自己的权利，以维护交易关系的稳定。本案中，甲关于解除权行使期限的约定是履行期限届满后2个月内，也就是2004年3月底到5月底之间。但因为在这个期间内，乙没有行使解除权，其解除权因此而消灭。所以6月底的时候，他已无权要求解除合同了。

3. 甲能解除与乙的租赁合同。根据《合同法》第 94 条的规定，本案中，乙的交纳租金的期限届满之前表明自己不交纳租金的行为，属于"在履行期限届满之前，当事人一方明确表示或以自己的行为表明不履行主要债务的"情形。作为合同的解除条件，它并不要求债务人有过错，只要是在有履行能力的情况下拒绝履行合同义务，债权人就可以根据该第 94 条的规定解除合同。因此，当乙有履行能力，却以甲不支付货款为由，明确表示拒绝交纳租金时，甲依法能够解除与乙的合同。

4. 法院不能确认甲的解除行为。《合同法》第 96 条规定："一方行使解除权解除合同，应当通知对方。合同自通知到达对方时解除。对方有异议的，可以请求人民法院或仲裁机构确认解除合同的效力。"本案中，虽然甲对租赁合同有解除权，但他行使解除权的方式却是错误的。因为解除权的行使需通知当事人才发生效力。甲没有通知乙解除合同，而是直接将机器收回。据此，根据法律的规定，法院不能确认甲的解除行为有效。

思考题

1. 什么是合同解除？试简述合同解除的特征。
2. 简述合同解除与合同终止的区别。
3. 简述合同解除的种类及条件。
4. 简述合同解除的法律效力。
5. 简述合同终止的原因。
6. 简述法定债务抵销所需具备的条件。
7. 简述提存的法律效力。

案例分析题

甲与乙签订了一份水泥买卖合同。合同约定，合同总价款 70 万元。甲送货后 7 日内，乙付清全部货款。甲送货后，由于家具公司销路不畅，遂与甲协商，由丙承担 20 万元的债务，甲同意了。据此，请回答下列问题：

问：

1. 假设丙加入后，以甲欠其前次购买水泥支付了价款而没有给付水泥为由主张债务抵销应具备什么条件？

2. 若合同履行期间届至，而甲突然从其住所地消失，则乙丙两个公司应如何履行自己的义务？

推荐书目

李先波：《英美合同解除制度研究》（民商法论丛），北京大学出版社 2008 年版。

第八章 违约责任

第一节 违约责任概述

一、违约责任的概念与特征

（一）违约责任的概念

违约责任是指当事人不履行合同义务或者履行合同义务不符合约定时，依法应承担的民事责任。

违约责任是违反合同行为所引起的法律后果。违约责任不仅是以国家强制形式监督和保证合同当事人严格遵守合同、保证合同目的实现、维持社会经济秩序的重要法律手段，也是合同法律效力的体现。在合同关系中，当事人的意思合致所产生的法律拘束力，正是通过违约责任来实现的。违约责任属于民事责任的一种，主要指违约方向对方承担的财产责任，与行政责任、刑事责任完全分离，违约责任也具有补偿性和惩罚性。违约责任的补偿性，是指违约责任所具有的填补受害人损失的性质。在受害人的损失为财产损失时，违约责任的补偿性通过支付违约金、赔偿金和其他方式而获得实现，从可能性变为现实性。在受害人的损害为非财产损害时，违约责任的补偿性通过非财产损害赔偿而获实现。[1] 在特定情况下，违约责任也具有惩罚性。

（二）违约责任的特征

违约责任除了具有民事责任的一般特征以外，还有以下自己独特的特征：

1. 违约责任是不履行或者不适当履行合同义务所引起的法律后果。违反合同义务首先是以存在有效合同为前提的，在合同有效的前提下，若当事人不履行合同义务或者不适当履行合同义务，才会产生违约责任。这一特征使得违约责任与侵权责任以及缔约过失责任相区别。侵权责任是行为

---

〔1〕 崔建远主编：《合同法》，法律出版社 2010 年版，第 293 页。

人侵害他人财产、人身权益而一方产生的民事责任，侵权责任的成立并不要求侵权人与受害人之间必须存在合同关系；缔约过失责任则是因缔约人过失违反先合同义务致对方财产权益或者人身权益受到损害时，依法应当承担的民事责任，它是在合同缔结的过程中发生的，其适用的范围主要是合同尚未成立，或者虽然已经成立但是被宣告无效或者撤销时，当事人之间存在的是缔约关系而非合同关系。因此，如果当事人一方违反的不是合同义务而是法律规定的其他义务，则应负其他责任，违反合同义务是违约责任与侵权责任、缔约过失责任等相区别的主要因素。

2. 违约责任是主要发生在特定当事人之间的责任。违约责任的这一特征被称为违约责任的相对性。因为合同的当事人是特定的，违反合同的行为只在特定的当事人之间发生，违反合同的民事责任也只能产生于特定的当事人之间，合同关系以外的人，不负违约责任。在因第三人的行为造成债务不履行时，债务人仍然应当向债权人承担违约责任，债务人在承担违约责任后，有权向第三人追偿；违约一方当事人只能向合同的另一方当事人承担违约责任，而不是向国家或者第三人承担违约责任。

违约责任的相对性是合同相对性的必然结果。违约责任是不履行或者不适当履行合同债务的补救措施，其主要功能在于补救受害当事人的损失，一般的第三人不会通过合同享有权利，也不会通过合同承担义务，因此不会因违约方不履行合同债务受到损失，故不能由违约方向他们承担违约责任。

随着近代工商业的发展及民事活动范围的扩大，合同的相对性原则得到了突破。如各国在判例、学说及立法上逐渐承认了第三人利益契约，利益第三人可以依据合同向债务人请求履行债务。例如在德国，判例与学说创设了"附保护第三人利益契约"，认为债务人对与债权人有密切关系的第三人也有照顾、保护的义务。债务人违反这些义务的，应当向第三人承担违约责任。[1]

3. 违约责任主要是一种财产责任。现代民法普遍认为，违约责任是一种财产责任，合同关系属于财产关系，违约责任作为合同债务的转换形式，与合同债务在经济利益方面具有同一性，因而违约责任是一种财产责任。违约责任主要适用于补偿合同债权人所受的财产损失、支付违约金、执行定金罚则等民事责任的形式，大多是以财产、货币的形式来承担的，

---

〔1〕 傅静坤：《二十世纪契约法》，法律出版社 1997 年版，第 153 页。

属于财产责任的范畴；对违反合同义务的当事人，一般不适用赔礼道歉、恢复名誉等非财产责任形式。违约责任的主要目的，也就在于补救权利人因违反合同义务而造成的经济损失，并对违约人予以经济制裁。合同关系是财产关系而非人身关系，合同内容通常具有财产价值，合同债权不能实现，通常是合同的债务人不履行债务或履行合同义务不符合约定所致，作为第二次义务的的违约责任，当然应当具有财产性。

4. 违约责任方式和范围的确定，具有一定的任意性。违约责任虽然有明显的强制性的特点，但仍然有一定程度的任意性，即当事人可以在法律规定的范围内，对一方的违约责任作出事先的安排。例如，当事人可以对违约金的数额、幅度，损害赔偿额的计算办法，免责条款等进行事先的约定。《合同法》第114条第1款明确规定："当事人可以约定一方违约时应当根据违约情况向对方支付一定数额的违约金，也可以约定因违约产生的损失赔偿额的计算方法。"

违约责任的任意性是合同的性质以及合同自由原则的体现。它对于合同纠纷的解决，弥补法律规定的不足也有积极的作用。

二、违约责任的归责原则

（一）违约责任的归责原则的概念及意义

违约责任的归责原则，是指确定归责根据的原则。即指确定违约行为人是否应对其违约行为承担违约责任的原则。违约责任的归责原则是确定行为人承担违约责任的根本事由、标准和依据，具有高度的概括性和普遍性，也体现了法律的价值取向。它要解决的问题是，法律以什么为标准来确定违约责任的承担，具体而言，或是以行为人的主观过错为标准，或是以行为人的行为为标准，还是以已经发生的损害结果为判断标准，让行为人承担违约责任。

违约责任的归责原则在违约责任制度中具有非常重要的作用。①归责原则决定着违约责任的构成要件。归责原则不同，违约责任的构成要件便有不同。在实行结果责任的时期，违约责任是依据损害结果的发生而确定的，只要有损害的发生，受害人就可以要求致害人一方承担损害赔偿责任。在实行过错责任的时期，违约责任的成立还要求行为人在主观上有过错，过错是违约责任构成要件的核心；而在无过错责任原则下，过错不再成为判断责任是否成立的依据。②归责原则决定着举证责任的内容。归责原则不同，受害人和违约方的举证责任就不一致。若采过错责任原则，非违约方负有证明违约方存在过错的义务；在过错推定原则下，违约方必须证明自己无过错才可以不承担责任；在无过错责任原则之下，违约方只有证明存在着法定事由或者约定的免责事由才可以免除责任。③归责原则决定着损害赔偿的范围。在不同的归责原则下，赔偿责任的范围也不一致。在采过错责任原则的场合，确定违约责任的范围，不仅要考虑损害的大小，还要考虑受害方有无过错以及双方的过错程度，如果双方当事人均有过错，可以根据双方当事人的过错程度来决定损害赔偿的范围。但在严格责任的场合，原则上并不考虑受害人的过错或者双方的过错问题。

（二）我国《合同法》的违约责任的归责原则

《合同法》第107条规定："当事人一方不履行合同义务或者履行合同义务不符合约定的，应当承担继续履行、采取补救措施或者赔偿损失等违约责任。"这一条文并未要求违约方不履行合同义务或者履行合同义务不符合约定时有过错，即违约责任不以违约方有过错为构成要件，只要违反合同，就应当承担责任，除非有约定或者法定的免责事由。因此，我国《合同法》首先采纳了严格责任的立场。严格责任与过错责任相比有很多优点。首先，实行严格责任原则可以方便裁判，有利于诉讼经济。在严格责任原则之下，原告只须向法庭证明被告未履行合同义务的事实，即证明被告未履行或者履行不符合合同约定或者法律规定，不要求原告证明被告对于履行有过错，也不要求被告证明自己对于不履行无过错，即只要违约就应当承担违约责任，责任的构成以不履行为要件，被告对于不履行是否有过错，与责任无关。其次，实行严格责任原则，有利于促使当事人严格对待合同，有利于合同的严肃性。在严格责任原则之下，不履行与违约责任有直接联系，有违约行为就有违约责任，违约行为与违约责任互为因果关系，这无疑会增强履约者的责任心。[1]

同时，《合同法》也规定了过错责任原则。如供电人的责任（第179～181条）；承租人的保管责任（第222条）；承揽人的责任（第262、265条）、建设工程合同中承包人的责任（第280、281条）；承运人对于旅客自带物品毁损、灭失的损害赔偿责任（第303条）；寄存人未履行告知义务的责任（第370条）；保管人的责任（第371条）；有偿的委托合同中，受托人的责任（第406条）。同时，《合同法》在个别条文中还规定了过错推定责任，如无偿保管合同中保管人的责任（第374条）。因此，合同法

---

〔1〕 梁慧星："从过错责任到严格责任"，载《民商法论丛》（第8卷），法律出版社1997年版，第5～6页。

在主要采严格责任原则的同时，也在特定情况下采取了过错责任原则。

三、违约责任的构成要件

违约责任的构成要件是指违约当事人应当具备何种条件才应当承担违约责任。虽然违约责任的确定以一定的归责原则做指导，但是归责原则是抽象的、普遍的原则，它并不具有让当事人明确具体承担违约责任的功能，也不具有能使司法审判人员在具体条件中作出责任是否构成的结论的可能，因此，有了归责原则，仍然需要明确具体责任的构成要件，其根本目的就是使归责原则具体化。

对于违约责任的构成要件，依不同的归责原则而有所不同，主要有以下几种观点：

1. 客观要件一要件说。该说认为，违约责任的构成要件只是违约行为。只要客观上存在违反合同的行为，当事人就应当承担违约责任，至于合同当事人主观上有无过错则在所不问。

2. 主客观二要件说。该说认为违约责任的构成要件应当包括主观要件和客观要件。合同当事人仅仅在客观上存在违约行为，尚不足以令其承担违约责任，还必须有主观上的过错。

3. 三要件说。该说认为违约责任的构成要件，除了违反合同的行为和行为人的过错外，还应当包括因违反合同造成损害这一因素，即违约行为与损害结果之间有因果关系。

其实，违约责任的构成要件与违约责任的各个具体形式有关，每种责任方式都有自己的构成要件。例如，违约金责任的构成要件是违约行为；实际履行责任的构成要件是：违约行为、当事人一方请求违约方继续履行，违约方能够继续履行；赔偿损失责任的构成要件是：违约行为，当事人一方有损失，违约行为与损害结果之间有因果关系。在过错责任的情况下，还需要违约方有过错。其中，违约行为是各类违约责任的基本构成要件。

四、违约行为

（一）违约行为的概念和特点

违约行为是合同当事人违反合同义务的行为。它包含了对各种法定的、约定的以及依诚信原则所产生的义务的违反。由于违约行为是违约责任的基本构成要件，所以没有违约行为，就没有违约责任。

违约行为有以下特点：

1. 从主体上看，违约行为人是合同关系的当事人。这一特点是由合同

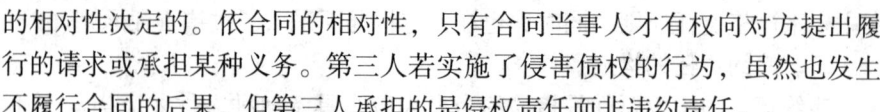

的相对性决定的。依合同的相对性，只有合同当事人才有权向对方提出履行的请求或承担某种义务。第三人若实施了侵害债权的行为，虽然也发生不履行合同的后果，但第三人承担的是侵权责任而非违约责任。

2. 从性质上看，违约行为是违反了合同义务，这些义务主要包括：当事人约定的义务；法律规定的义务；依诚信原则产生的某些附随义务，如在履行过程中违反了注意义务、告知义务、照顾义务、忠实义务、说明义务、保护义务等。

3. 从后果上看，违约行为导致了对合同债权的侵害。债权是一种相对权，债权的实现有赖于债务人切实、积极地履行合同义务，违约行为导致债权人的债权无法实现或者无法完全实现。在某些情况下，违约行为也可能同时造成另一方人身权、物权等绝对权的损害，此时会发生侵权责任与违约责任的竞合。

（二）违约行为的形态

违约行为是对合同义务的违反，根据合同义务的不同性质和特点，可以对违约行为进行分类。从总体上，可以将违约行为分为实际违约和预期违约。其中，实际违约又可分为不履行、迟延履行、不适当履行等。预期违约又可分为明示毁约和默示毁约。以下分述之。

1. 不履行。不履行是指合同履行期限届满时，合同当事人完全不履行自己的义务。包括履行不能和拒绝履行。履行不能是指债务人在客观上已经没有履行的能力。拒绝履行是指债务人能够实际履行而故意不履行。在一般的情况下，拒绝履行都是违约一方当事人没有合法的理由而公然毁约的故意行为，不履行通常是对合同义务的全面背弃，是实际违约中性质和后果较为严重的一种违约行为。

2. 迟延履行。迟延履行是指合同债务已经到期，合同当事人能够履行而不按照法定或者约定的时间履行的情况。在迟延履行，合同债务的履行有明确的期限。在当事人没有约定明确的履行期限时，经债权人催告或者在债权人指定的期限到来后，债务人仍然不履行债务的，也构成迟延履行。

迟延履行包括债务人迟延和债权人迟延两种情况。债务人迟延，是指债务人在履行期限到来时，能够履行而未按期履行债务。在履行迟延的情况下，非违约方有权要求违约方支付迟延履行的违约金，如果违约金不足以弥补非违约方所遭受的损失，非违约方还有权要求赔偿损失。债权人迟延，指因可归责于债权人的原因导致的履行迟延。它包括两种情况，一种情况是指债权人未能及时受领债务人的履行；另一种情况是债权人负有配合债务人履行合同债务的义务而不积极配合，因而造成合同履行迟延。在债权人迟延时，其应当依法支付违约金，如果因此而给债务人造成了损害，应当承担损害赔偿责任。

3. 不适当履行。不适当履行，也称不完全履行，或者不正确履行。是指当事人虽然有履行合同义务的行为，但是，履行的内容不符合法律的规定或者合同的约定。主要包括瑕疵给付和加害给付两大类。

瑕疵给付，又可分为以下几种情况：①部分履行，即交付的数量不足，尚有部分没有交足。②给付在质量上有瑕疵。指合同当事人虽然履行了债务，但其交付的标的物或者提供的服务在质量上有瑕疵或者缺陷，即在品质、效用或者价值方面不符合合同的约定或者法律的规定。[1] ③履行的方法不当。例如，本应当选择最近的运输路线却选择了较远的运输路线，本应一次履行的却分期履行。④履行地点不当。⑤履行时间不当。

加害给付，是指债务人的不适当履行行为造成债权人的履行利益以外的其他损失。如造成了债权人的人身或者履行标的物以外的财产的损失。加害给付会造成违约责任与侵权责任的竞合。

不适当履行一方的当事人，应当承担违约责任。

4. 预期违约。预期违约也称为先期违约，它是指在履行期限到来之前一方无正当理由而明确表示其在履行期到来后将不履行合同，或者其行为表明其在履行期到来后将不可能履行合同。《合同法》第 108 条规定："当事人一方明确表示或者以自己的行为表明不履行合同义务的，对方可以在履行期限届满之前要求其承担违约责任。"预期违约与实际违约相比，有着不同的特点：①预期违约是履行期到来之前的违约；②预期违约所侵害的是期待的债权；③预期违约所造成的是信赖利益的损害。[2]

预期违约包括两种形态，即明示毁约和默示毁约。明示毁约，是一方当事人无正当理由，明确肯定地向另一方当事人声明他将不履行合同义务。这种声明必须是明确的和不付条件的。默示毁约，指当事人以自己的行为表示不履行合同义务。即在合同履行期届至前，一方当事人虽未向对方当事人明确表示将不履行合同，但自身的行为明确表示其将不履行合同。无论是明示毁约还是默示毁约，均会使债权人面临一种因债务人可能

---

〔1〕 谢怀栻等：《合同法原理》，法律出版社 2000 年版，第 284 页。

〔2〕 王利明、崔建远：《合同法新论·总则》，法律出版社 2000 年版，第 591 页。

违约而使自己蒙受损失的危险，这种不利因素应当尽早消除，若债权人只能等待履行期到来后才能提出请求，则将对他有重大不利。所以，在一方当事人预期违约的情况下，另一方当事人有权在履行期届满之前请求其承担责任。这样可以使非违约方提前获得法律上的救济，防止其蒙受本来可以避免的损失，如为了就即将到期的履行进行准备而蒙受的损失，在得知对方毁约后不得不继续自己一方的履行而蒙受的损失；又如等合同规定的履行期到来再采取行动，从而丧失与他人进行交易的机会而蒙受的损失等，都可以要求获得法律上的救济。[1]

五、为第三人承担违约责任

《合同法》第 65 条规定："当事人约定由第三人向债权人履行债务的，第三人不履行债务或者履行债务不符合约定，债务人应当向债权人承担违约责任。"第 121 条规定："当事人一方因第三人的原因造成违约的，应当向对方承担违约责任。"这些规定说明，《合同法》要求债务人要对因第三人的原因造成的违约负责，因此，称之为为第三人承担违约责任。这些规定是合同相对性的必然反映。根据《合同法》的规定，债务人应当对第三人的行为负严格责任。究其原因，是基于当事人之间的利益衡量，债务人使用他人履行债务，通常提高履行债务的危险性，在债务关系（尤其是合同关系）中，债权人所信赖者，系债务人本人，而非其履行辅助人。债务人因分工役使他人而受益，理应承担其危险性，何况债权人对于债务人的选任辅助人通常多无影响力。[2] 此处债务人的责任，属于法定担保责任。第三人的范围，不仅包括履行辅助人，也包括其他的第三人。当事人一方在为第三人承担了责任后，可以向第三人追偿。

第二节　免责条件与免责条款

合同生效后，双方当事人都应当严格按照合同的约定和法律的规定履行自己的义务，否则就要承担违约责任，但是，在法律有特别规定或者双方当事人事先约定的情况下，当事人可以不承担责任。

---

〔1〕 王军：《美国合同法》，中国政法大学出版社 1996 年版，第 376 页。

〔2〕 王泽鉴：《民法学说与判例研究》（六），中国政法大学出版社 1998 年版，第 68 页。

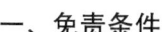

一、免责条件

免责条件，是指法律明文规定的当事人对其不履行合同不承担违约责任的条件。

我国立法上规定的免责条件主要是不可抗力、货物本身的自然性质、货物的合理损耗、债权人的过错等。其中，不可抗力是普遍适用的免责条件。

（一）不可抗力

1. 不可抗力的概念。不可抗力，是指当事人不能预见，不能避免并且不能克服的客观情况（《民法通则》第 153 条，《合同法》第 117 条）。不可抗力是当事人不可抗拒的外来力量，是不受当事人意志左右、支配的自然现象和社会现象。各国判例和学说对不可抗力的解释各不相同。概括起来，主要有以下几种观点：

（1）主观说。该说强调不可抗力的"不可避免性"，当事人主观上已尽最大的注意，但仍不能防止阻碍合同履行的事件发生，则已发生的事件便属于不可抗力。即不可抗力就是当事人在主观上不可避免的事件。

（2）客观说。该说强调不可抗力的"不可预见性"和它的客观偶然性，认为不可抗力是与当事人的主观因素无关的，发生在当事人外部的、非通常发生的事件。

（3）折衷说。该说综合了主观说和客观说的观点，认为一方面不可抗力具有客观性，是发生于当事人外部的事件，不受当事人的左右，另一方面，确定不可抗力事件，要考虑当事人主观上是否有过错，即在主观上是否尽到了注意。

依据《民法通则》和《合同法》的规定，我国采纳了折衷说的观点。即在确定不可抗力的问题上，既要考虑客观因素，也要考虑主观因素。

2. 不可抗力的构成要件。

（1）是当事人不可预见的事件。即指当事人在签订合同时不能预见，这是构成不可抗力的主观要件。不能预见是在要求当事人进了善良人的注意义务的基础上，按通常的标准去衡量。如果当事人能够预见而由于疏忽和懈怠没有预见，则不属于不可抗力。

（2）是发生在当事人外部的事件。所谓外部事件，就是合同当事人意思范围之外的事件，否则就不构成"不能预见"而是应当预见。

（3）是当事人不能控制的事件。不能控制，说明它是不以当事人主观意志为转移的客观必然事件。它包括两方面的含义，一是不能避免，二是不能防止或克服。

3. 不可抗力的范围。不可抗力的范围主要包括自然灾害和某些社会现象。主要有：

（1）自然灾害。比如水灾、火灾、旱灾、风灾、地震。自然灾害在发生时，能阻碍合同的履行。因自然灾害导致合同不能履行的，应当免除当事人的责任。

（2）政府行为。当事人订立合同后，政府当局颁布新政策、法律和行政措施而导致合同不能履行。

（3）社会异常事件。如罢工、骚乱等事件的发生阻碍合同的履行。这些行为虽然不是自然事件，但是对于合同当事人来说，在订约时也是不可预见的，因此也属于不可抗力。

4. 不可抗力与免责。当不可抗力出现使合同不能履行或者不能完全履行时，合同履行义务或者部分履行义务就失去效力，义务不存在或失去效力，产生责任的前提就不存在了。[1]

因不可抗力不能履行合同的，主要有以下几种结果：①全部不能履行的，全部免除责任；②部分不能履行的，免除部分责任；③不能在合同约定的履行期内履行的，允许延期履行，并免除迟延履行的违约责任。但是，根据《合同法》第117条的规定，当事人在迟延履行后发生不可抗力，当事人不能免责，因为如果当事人按期履行合同，就会避免因不可抗力对合同履行的阻碍。此外，金钱债务的履行迟延也不能因不可抗力而免除责任，只能导致延期履行、分期履行。

《合同法》第118条规定："当事人一方因不可抗力不能履行合同的，应当及时通知对方，以减轻可能给对方造成的损失，并应当在合理期限内提供证明。"按照此条规定，在不可抗力事故发生以后，当事人一方因不可抗力的原因而不能履行合同，应当及时向对方通报合同不能履行或者需要延期履行、部分履行的理由，并应当取得有关的证明。当事人双方的利益是相互联系的，债权人利益的实现，有赖于债务人义务的履行。在因不可抗力导致不能履行时，为了尽可能地减少因此而给对方造成的损失，履行义务的一方应当尽早通知另一方当事人，这是因诚信原则而产生的义务。

---

〔1〕　隋彭生：《合同法论》，法律出版社1997年版，第385页。

（二）债权人的过错

债权人过错，是指债权人对违约行为或者违约损害后果的发生或者扩大存在过错。债权人的过错致使债务人不能履行合同的，债务人不负违约责任，即债务人可将债权人的过错作为承担违约责任的抗辩事由，这体现了法律对当事人过错的谴责和非难。根据《合同法》规定，债权人的过错可以成为违约方全部或者部分免除责任的依据。[1]

二、免责条款

（一）免责条款的概念

免责条款，是指合同当事人约定的排除或者限制其将来可能发生的违约责任的条款。免责条款是合同的组成部分，它是双方当事人在责任发生前就免责的内容或者范围进行协商的结果，具有约定性，与法律规定的不可抗力致使不能履行合同不同。免责条款的提出必须是明示的，不允许以默示的方式作出，也不允许法官推定。免责可以是全部免除当事人的民事责任，也可以是限制当事人的民事责任，例如，当事人可以约定免除某种事由发生的全部责任，或者约定最高的损害赔偿数额等。当事人在合同中约定免责条款，可以预先分配风险，避免争议。

（二）免责条款的效力

免责条款是当事人约定的结果，但这并不意味着它必然有效。严重违反诚实信用原则，违反社会公共利益的免责条款会损害一方当事人的利益，对正当的交易秩序也是一种损害，因而是无效的。例如《合同法》第53条明确规定两种免责条款无效：一是造成对方人身伤害的免责条款无效；二是因故意或者重大过失给对方造成财产损失的免责条款无效。这两种行为具有一定的社会危害性，也是法律禁止的；同时这两种行为都可以构成侵权行为，当事人当然不能以合同的方式剥夺当事人的合同以外的权利。

第三节 违约责任与侵权责任的竞合

一、违约责任与侵权责任竞合的含义

违约责任与侵权责任竞合属于民事责任的竞合。民事责任竞合，是指

---

〔1〕 参见《合同法》第158、311、370条。

同一违法行为符合多种民事责任的构成要件，可以成立几种民事责任，因此而产生的多种民事责任相冲突的现象。

违约责任与侵权责任的竞合，是指不法行为人的同一行为既违反合同法的有关规定，符合违约责任的构成要件，又违反侵权法的有关规定，符合侵权责任的构成要件，因此而产生的违约的民事责任与侵权的民事责任相互冲突的现象。违约责任与侵权责任，是两类基本的民事责任，但由于民事关系的复杂性，民事违法行为性质的多重性，这两类责任常常发生竞合。这两种责任都以赔偿损失为内容，因而债权人不能请求责任人承担双重的责任，只能选择其中之一，否则就会构成不当得利。因而《合同法》第122条规定："因当事人一方的违约行为，侵害对方人身、财产权益的，受损害方有权选择依照本法要求其承担违约责任或者依照其他法律要求其承担侵权责任。"违约责任与侵权责任竞合，是合同法与侵权法既相互独立又相互渗透的结果。

二、违约责任与侵权责任竞合的原因

违约责任与侵权责任的竞合，会导致两个责任相互冲突的结果出现，一方面，行为人承担不同的法律责任，在后果上是不同的；另一方面，数个责任既不能相互吸收，也不能同时并存。这种冲突的原因主要包括以下情形：

1. 合同当事人的违约行为，同时违反了法律规定的强行性义务。

2. 侵权行为直接构成违约的原因或者违约行为直接造成侵权的结果。

3. 在产品责任中，一种违法行为虽然只符合一种责任要件，但是，法律从保护受害人的利益出发，要求合同当事人根据侵权行为制度提出请求和提起诉讼，或者将侵权行为责任纳入合同责任的适用范围。

4. 当事人之间建立了一种合同关系后，一方当事人又故意侵害对方的权利并造成损害，此时加害人对受害人的损害行为，不仅可以作为侵权行为对待，也可以作为违约行为对待。[1]

三、违约责任与侵权责任的区别

违约责任与侵权责任虽然都属于民事责任，但它们的区别是自始存在的、多方面的。这两种责任主要有以下区别：

（一）责任基础不同

违约责任的责任基础是违反当事人之间约定的义务，侵权责任的责任

---

〔1〕 王利明、崔建远：《合同法新论·总则》，法律出版社2000年版，第624页。

基础是加害人违反法律直接规定的法定义务，即违约责任是基于合同而产生的违反合同的责任，而侵权责任是基于行为人没有履行法律上规定的或者认可的应尽的注意义务而产生的责任。

（二）归责原则不同

在多数国家的立法当中，违约责任适用过错推定责任原则或者严格责任原则。对于侵权责任，在各国法律中，通常以过错责任为基本归责原则，对某些特殊的侵权行为实行严格责任原则。依我国《合同法》的规定，我国立法对违约行为实行了以严格责任为主，过错责任为辅的归责原则；而我国的《侵权责任法》则对侵权责任采用了过错责任、无过错责任的归责原则。[1]

（三）举证责任不同

在违约责任，由归责原则所决定，如果属于过错责任，通常对过错采用举证责任倒置的办法，如果属于严格责任，只要由债权人证明债务人未履行债务即可；而在侵权责任，大多数情况下是采过错责任，通常要由受害人负举证责任，过错推定只有在立法上明确规定的场合才会适用（例如《民法通则》126 条、《侵权责任法》第 58 条）。

（四）赔偿范围不同

依《合同法》第 113 条的规定，当事人违约给对方造成损失的，损失赔偿额应当相当于因违约所造成的损失，包括合同履行后可以获得的利益，但是不得超过违反合同一方订立合同时预见到或者应当预见到的因违反合同可能造成的损失。这说明，我国立法采纳了可预见性规则。而依《民法通则》第 117、119 条的规定，侵权责任的赔偿范围原则上包括直接损失和间接损失；按照《侵权责任法》第 16 条的规定，侵害他人造成人身损害的，应当赔偿医疗费、护理费、交通费等为治疗和康复支出的合理费用，以及因误工减少的收入。造成残疾的，还应当赔偿残疾生活辅助具费和残疾赔偿金。造成死亡的，还应当赔偿丧葬费和死亡赔偿金；按照《侵权责任法》第 22 条的规定，侵权人侵害他人人身权益，造成他人严重精神损害的，被侵权人可以请求精神损害赔偿；不法造成他人死亡的，按

---

〔1〕《侵权责任法》第6条规定："行为人因过错侵害他人民事权益，应当承担侵权责任。根据法律规定推定行为人有过错，行为人不能证明自己没有过错的，应当承担侵权责任。"第7条规定："行为人损害他人民事权益，不论行为人有无过错，法律规定应当承担侵权责任的，依照其规定。"

《民法通则》第119条的规定，还应当赔偿死者生前扶养的人必要的生活费等。

（五）诉讼时效不同

根据《民法通则》第135条的规定，因违约而产生的请求违约方承担违约责任的权利，诉讼时效期间一般是2年；根据《民法通则》第136条的规定，在出售质量不合格的商品未声明、延付或者拒付租金、寄存的财务被丢失或者毁损的情况下，诉讼时效期间是1年；又根据《合同法》第129条的规定，因国际货物买卖合同和技术进出口合同争议提起诉讼或者申请仲裁的期限是4年。

根据《民法通则》第135条的规定，因侵权行为所产生的请求权，诉讼时效期间一般是2年；根据《民法通则》第136条的规定，因身体受到伤害要求赔偿的，诉讼时效期间是1年。

（六）责任构成要件不同

就违约责任而言，行为人具有违约行为而又不具有有效的抗辩事由，就应当承担违约责任，并不都将有实际损失作为其构成要件；而在侵权责任中，损害事实是侵权损害赔偿责任成立的条件，无损害事实，就不承担侵权责任。

（七）免责条件不同

在违约责任，当事人不仅可以对法定的免责条款的范围加以约定，而且在法定的免责条件以外，还可以在不违反法律的强行性规定的情况下，在合同中事先约定免责条款。而在侵权责任中，免责条件只能由法律加以规定，不允许当事人事先加以约定，同时也不能对法定的免责条款的范围加以约定。

（八）责任形式不同

违约责任的责任形式以违约金为主，此外还有强制实际履行，赔偿损失等；而侵权责任的责任形式主要是赔偿损失。

（九）责任范围不同

当违约人以赔偿损失的形式承担违约责任时，其范围主要是赔偿财产损失，不包括对人身损害的赔偿和精神损害的赔偿。而在侵权责任，损害赔偿不仅包括财产损失的赔偿，而且也包括对人身损害和精神损害的赔偿。

四、违约责任与侵权责任竞合的处理

对于违约责任与侵权责任竞合的现象，依各国的立法和判例，主要有三种处理办法，即禁止竞合、允许竞合、限制竞合。

（一）禁止竞合

以法国法为代表。法国法认为，合同的当事人不得将对方当事人的违法行为视为侵权行为，只有在没有合同时才产生侵权责任。这时，有无合同关系的存在是判断违约责任与侵权责任的关键。

（二）允许竞合

以德国法为代表。认为合同法与侵权行为法不仅适用于典型的违约行为，也适用于双重违法行为，受害人基于加害人的双重违法行为而产生两个请求权，他既可以提起合同之诉，也可以提起侵权之诉。

（三）限制竞合

英美法采之。英国法对于请求权的选择作出了以下限制：①选择之诉当事人必须与加害人之间存在有偿合同关系，无偿借用人不得向提供有表面缺陷物品的出借人提出违约之诉；②英国普通法奉行合同相对性原则，因此，合同关系以外的第三人不能提起违约之诉，只能提起侵权之诉；③合同一方当事人的疏忽行为或者暴力行为所造成的财产损失，一般不构成侵权行为，应按违约处理；④只有在加害人既违反合同也违反侵权行为法（且不具备上述三项排除条件），并且后一行为即使在没有合同关系的条件下也构成侵权行为时，受害人才具有双重请求权。但一经行使其中之一，另一请求权即告消灭。[1]

依我国《合同法》第122条的规定，在因当事人一方的违约行为侵害了对方人身、财产权益的，受损害方有权选择加害方承担违约责任或者承担侵权责任，这说明，我国法律认可受害人的双重请求权，受害人可以选择其中一项来行使。在违法行为发生后，允许受害人选择适用的法律和请求权，更有利于保护受害人和制裁违法行为。我国法虽然承认违约责任与侵权责任的竞合，但这并不意味着当事人的选择不受任何的限制。如果法律有特别规定在特定情形下排除责任竞合的发生或者从法律的立法目的出发限制责任竞合的，就应当限制当事人的请求权。

---

〔1〕 张新宝：《中国侵权行为法》，中国社会科学出版社1995年版，第121页。

第四节　强制实际履行

一、强制实际履行的概念

强制实际履行，也称继续履行、强制履行，是指一方当事人不履行合同时，经另一方当事人的请求，由法院强制违约方继续履行合同债务的违约责任方式。它包括两个方面的含义：一方面，在一方违约时，非违约方必须借助于国家的强制力才能使违约方继续履行合同；另一方面，强制实际履行是指要求违约方按照合同标的作出履行。强制实际履行作为违约责任的一种形式，强调违约方应当按照合同的约定履行义务，以实现订立合同时所期望达到的目的。

强制履行的责任形式，是由合同所要实现的目的所决定的。强制履行与一般履行行为的区别在于，它是法律规定对违反合同行为人的一种强制形式，无论违约人愿意与否，只要债权人有继续履行的要求，并且又有履行的可能，就必须履行，带有强制性；此外，它与一般债务的履行时间也不一致，强制实际履行的时间晚于履行原合同债务的时间。作为违约责任的一种方式，强制履行已经不是单纯的合同债务的履行。

二、强制实际履行的构成要件

（一）存在违约行为

强制实际履行是合同的一方当事人不履行合同的后果，所以，只有在一方不履行合同义务或者履行合同义务不符合约定的情况下，另一方当事人才有权要求其实际履行。如果没有违约行为的发生，就只有债务的履行问题，而不存在强制履行的问题。

（二）必须有非违约方请求违约方继续履行合同

在一方当事人违约后，非违约方有多种补救方式可供选择。比如要求对方实际履行、解除合同、赔偿损失等。如果非违约方选择了请求对方继续履行的补救方式，而且是在合理的期限内提出，才有强制实际履行适用的可能，法院不能依职权代替当事人作出这种选择。

（三）须违约方能够继续履行合同

如果合同已经不能履行，就不应当有强制实际履行责任的发生。并非任何形式的违约都能适用强制实际履行，它主要适用于拒绝履行、部分履行的情况。

三、不适用强制实际履行的情形

合同债务可以分为金钱债务和非金钱债务。对于金钱债务，通常都能适用强制实际履行，《合同法》第 109 条规定："当事人一方未支付价款或者报酬的，对方可以要求其支付价款或者报酬。"对于非金钱债务，依《合同法》第 110 条的规定，以下几种情形不适用强制实际履行：

（一）法律上或者事实上不能履行

强制实际履行的目的是强制实现合同义务，如果违约方在法律上或者事实上丧失了履行的可能，不可能再实际履行，那么，就不能请求实际履行。

如果债的内容在法律上不能履行，则不适用强制实际履行。主要是指根据法律的规定，履行是不可能的情形。例如，在债务人破产时，如果强制债务人履行其与债权人所订立的合同义务，这实际上赋予了债权人以优先权，使其优于违约方的其他债权人受偿，与《破产法》相矛盾；又例如，对于自然债务，债权人也不能请求法院要求债务人强制实际履行。

如果债的内容在事实上不能强制履行，也不适用强制实际履行。例如特定的标的物毁损、灭失且不能另外获得。

（二）债务的标的不适于强制履行或者履行费用过高

债务的标的不适于强制实际履行，是指强制履行不合法或者强制履行不合常情。如以基于人身信赖关系产生的合同和提供个人服务的合同，这类债务往往具有人身专属性，不能由其他人代替履行，若对债务人人身施以强制，将与现代社会保护人格尊严和人身自由的价值相违背，而尊重人身自由和尊严的价值高于合同的履行，因此，在此种情况下，只能要求债务人承担赔偿损失和支付违约金等责任形式。

对于虽适于强制实际履行，但履行后费用较高，比如履行费用大大超过了实际履行合同所能获得的利益，或者强制实际履行需要花费很长时间等，都将在经济上不合理，不仅对当事人有害无利，对于社会而言，也是一种浪费，不符合效率优先原则，因而不能适用强制实际履行，当事人应当采用其他的违约责任方式以补偿受害人的损失。

（三）债权人在合理的期限内未请求履行

强制实际履行主要是为保护债权人利益而规定的，是否选择强制实际履行是债权人的权利。如果债权人未在合理的期限内请求履行，则可视为债权人主动放弃此请求权；同时，为了督促债权人及时主张权利尽早结束债务人责任承担方式的不确定状态，也有必要要求债权人在合理的期限内要求履行。所谓合理的期限，最终应当由法院在个案当中具体地加以判断。

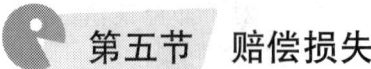

第五节 赔偿损失

一、赔偿损失的概念

赔偿损失是指违约方依据合同的约定或者法律的规定承担的赔偿对方当事人所受损失的责任。赔偿损失是一种非常重要的违约救济方式。在市场经济条件下，合同是市场交换的法律形式，当事人在合同中的利益最终都可以转换为经济利益并用金钱度量，当采用强制实际履行或者其他的补救措施不能充分救济守约方以弥补其因对方的违约所遭受的损失时，就可以适用赔偿损失这种违约救济方式。

关于赔偿损失的方法，在立法上有两种不同的做法。一是回复原状主义，一是金钱赔偿主义。回复原状主义，是指使赔偿能使受害人回复到损害发生前的原状，此原状并不要求必须是原来状态的原样再现，只要能回复到与以前具有同一的价值状态即可。此立法主义以《德国民法典》、《奥地利民法典》等为代表；金钱赔偿主义，是指按照损害程度进行估价，使赔偿义务人给受害人给付金钱，以填补其损害。法国法、英美法、日本法采此立法主义。[1] 如《日本民法》第 417 条规定："无另外意思表示时，损害赔偿以金钱定其数额。"我国《合同法》主要采取了以金钱赔偿为主的赔偿方式。

关于赔偿的种类，在理论上可区分为约定损害赔偿和法定损害赔偿。约定损害赔偿是指当事人在订立合同时，预先约定一方违约时，应当向对方支付一定的金钱或约定损害赔偿额的计算方法。《民法通则》第 112 条和《合同法》第 114 条都规定，当事人可以在合同中约定对于违反合同而产生的损害赔偿额的计算办法，约定损害赔偿有利于理赔，减少解决纠纷的成本，也有利于法院在审理案件时对赔偿额的确定。法定损害赔偿，是指由法律规定的，因违约方的违约使受害人遭受全部损失应当由违约方承担的赔偿责任。《合同法》第 113 条第 1 款规定："当事人一方不履行合同

---

〔1〕 崔建远主编：《合同法》，法律出版社 2010 年版，第 317 页。

义务或者履行合同义务不符合约定，给对方造成损失的，损失赔偿额应当相当于因违约所造成的损失，包括合同履行后可以获得的利益，但不得超过违反合同一方订立合同时预见到或者应当预见到的因违反合同可能造成的损失。"该条就法定损害赔偿的范围作了规定。

二、赔偿损失的构成要件

承担赔偿损失这种责任方式，必须具备如下要件：

（一）有违约行为的存在

违约行为包括不能履行、迟延履行、不完全履行、拒绝履行等。

（二）债权人受有损失

赔偿损失，是以受害人所受到的损害为基础的，因此，债权人的损害事实是赔偿损失责任方式的又一个要件。所谓损失，是指财产或者权益所遭受的不利益的状态，包括积极损失和消极损失。积极损失，也称之为直接损失，是指既有财产或者既存利益因为违约行为而减少。消极损失，也称之为间接损失，是指本来可以获得的利益因为违约行为而未获得，也称可得利益的损失，这种损失虽然不是实际的财产损失，但是，它是可以得到的利益的损失，如果没有违约行为的发生，合同的当事人就能够实际获得财产利益。通常情况下，债权人所受到的损失是可以确定的，即损失可以通过金钱计算加以确定。损失的确定性说明债权人能够通过举证加以确定，这尤其体现在可得利益的损害方面。

（三）违约行为与损害事实之间有因果关系

此处所谓因果关系，是指违约行为与损害结果之间的相互联系。强调两者之间的因果关系，有三方面的意义：①任何人都必须对自己的行为所造成的损害后果承担责任，要确定责任，首先必须确定引起损害后果发生的真正原因；②因果关系对于赔偿范围的确定具有重要意义，它可以决定直接损失与间接损失的区分，也可以决定损害赔偿的范围；③在双方违约的情况下，因果关系是确定双方各自承担的责任的重要依据。[1]

三、赔偿损失范围确定的原则

违约损害赔偿采完全赔偿原则。完全赔偿原则，是指违约方对于违约行为造成的损失应当全部赔偿的原则。《民法通则》第 112 条第 1 款规定："当事人一方违反合同的赔偿责任，应当相当于另一方因此所受到的损失。"《合同法》第 113 条第 1 款规定："当事人一方不履行合同义务或者

---

[1] 王利明、崔建远：《合同法新论·总则》，法律出版社 2000 年版，第 658 页。

履行合同义务不符合约定，给对方造成损失的，损失赔偿额应当相当于因违约所造成的损失，包括合同履行后可以获得的利益，……"完全赔偿原则的核心是赔偿范围不仅要包括受害人遭受的全部实际损失，还应当包括可得利益的损失。

可得利益是指合同在适当履行以后可以实现和取得的财产利益。可得利益有以下特点：①未来性。可得利益是未来利益，它在违约行为发生时并没有为合同当事人所实际享有，必须通过合同的实际履行才能实现。②期待性。可得利益是当事人订立合同时期望通过合同的履行所获得的利益。③可得利益具有一定的现实性。只要合同如期履行，当事人就可以得到这些利益。可得利益的损失虽然不是实际的财产损失，但它是可以得到的利益的损失，如果没有违约行为的发生，合同当事人就可以实际得到这些利益。它是合同正常履行的情况下必须实现的利益。所以，可得利益的损失也要求违约人负赔偿责任。在可得利益的确定方面，如果受害人能够举证证明其遭受的可得利益的损失确系违约方的违约行为所直接造成，而且这些损失是违约方在签订合同时所应当预见到的，则违约方应当赔偿这些损失。[1]

我国《合同法》第113条第2款对经营者与消费者之间的违约损害赔偿作出了特别规定。该款规定，经营者对消费者提供商品或者服务有欺诈行为的，依照《消费者权益保护法》的规定承担赔偿责任。依《消费者权益保护法》第49条的规定："经营者提供商品或者服务有欺诈行为的，应当按照消费者的要求增加赔偿其受到的损失，增加赔偿的金额为消费者购买商品的价款或者接受服务的费用的一倍。"因此，当经营者因为欺诈而违约时，对消费者赔偿的数额就应当是双倍赔偿。

四、损害赔偿范围的限制

（一）合理预见规则

合理预见规则，是指违约方承担的间接损害赔偿责任的范围不得超过其在订立合同时所预见或者应当预见的损失的规则。依《合同法》第113条第1款的规定，损失赔偿额不得超过违反合同一方订立合同时预见到或者应当预见到的因违反合同可能造成的损失。合同当事人的行为自由是以其可以预见到的范围为限的，对不可预见的结果是没有选择自由的，所以，不应当要求违反合同的一方当事人就其不可预见的损害后果承担

---

〔1〕 王利明、崔建远：《合同法新论·总则》，法律出版社2000年版，第663页。

责任。

合理预见要具备以下要件：

1. 预见的主体是违约方。因为只有在已发生的损失是违约方能够合理预见时，才表明该损失与违约行为之间的因果关系；对于违约方的预见，不仅要考虑特定的违约当事人主观上的预见状态，还需要有一个客观标准，即与违约当事人情况大致相同的一般的人在订立合同时能够预见和应当预见作为标准来衡量。

2. 预见的时间是在订立合同时。合同的缔结是以当事人当时了解的情况对日后的风险所作的一种分配，当事人正是在这种分配的基础上形成了合同关系，因此，只能以合同订立时的情况作为判断标准。如果要由当事人承担在订立合同时不应当预见的损失，则对他来说不公平。

3. 预见的内容是有可能发生的损失的种类以及各种损失的大小。

（二）减轻损失规则

该规则的具体含义是，在一方违约并造成损害以后，另一方应当及时采取合理的措施防止损失的扩大，否则应当对扩大的损失负责。该规则是从英国普通法发展而来的，已被各国的立法和判例所承认和采纳。《民法通则》第114条规定："当事人一方因另一方违反合同受到损失的，应当及时采取措施防止损失的扩大；没有及时采取措施致使损失扩大的，无权就扩大的损失要求赔偿。"《合同法》第119条规定："当事人一方违约后，对方应当采取适当措施防止损失的扩大；没有采取适当措施致使损失扩大的，不得就扩大的损失要求赔偿。当事人因防止损失扩大而支出的合理费用，由违约方承担。"这表明我国也确立了减轻损失规则。确立这一规则的目的在于，激励受害一方按照促进经济效益的方式去行为，增进社会整体之效益，促进当事人之间的协作。

减轻损失规则的主要依据是诚实信用原则。依诚实信用原则，债务人应当自觉按照合同的约定履行义务，债权人也应当积极地协助债务人履行。当一方当事人违约时，受害人有积极采取适当措施，减少已经发生的损害的义务，[1] 这项义务是法定义务。

（三）损益相抵规则

损益相抵规则，是指受害人基于损失发生的同一原因而获得利益时，在其应得的损害赔偿额中扣除其所获得的利益部分的规则。损益相抵规则

---

〔1〕 王利明、崔建远：《合同法新论·总则》，法律出版社2000年版，第675页。

是确定损害赔偿范围的重要规则。按照这一规则，在确定损害赔偿的范围时，如果受害人因违约获得了一定的利益，则应当将其所获得的利益部分从损害赔偿额中扣除，扣除所得利益的差额就是违约方应当支付的损害赔偿额。损益相抵规则的法理依据是：赔偿责任的目的是补偿受害人因违约行为而遭受的损失，并不是使受害人因此获得不当利益，受害人不能因为损害赔偿而较损害事故发生前更为优越。

适用损益相抵规则应当包括以下要件：①损害赔偿之债的成立。②受害人因为违约行为不仅遭受了损害，而且也获得了一定的利益。这些利益既包括积极利益，也包括消极利益。③损害事实与获得利益之间存在因果关系。

损益相抵规则适用的结果是从损害赔偿额中扣除了受害方所获得的利益，减少了违约方的部分赔偿额。

 ## 第六节　违约金责任与定金责任

一、违约金责任

（一）违约金的概念和特点

违约金，是由当事人约定的或法律直接规定的，在一方违约后向对方支付的一定数额的金钱或者其他给付。依我国《合同法》第 114 条第 1 款的规定，当事人可以约定一方违约时应当根据违约情况向对方支付一定数额的违约金。我国法律明确规定违约金是一种违约责任形式。违约金有以下特点：

1. 违约金必须在违约时支付。违约金是违约后生效的一种责任形式，违约金适用的的范围很广，在拒绝履行、履行迟延、不完全履行等情形都可以适用。

2. 支付的客体是金钱或者其他给付。违约金的客体通常是金钱，但也可以是金钱以外的其他给付，例如物、权利、行为等。

3. 违约金的数额是预先确定的。无论是法定的违约金还是约定的违约金，其数额均是事先确定的。这使得违约责任的承担非常简便、迅速，免去了受害人一方在另一方违约以后就实际损失所负的举证责任，也免去了法院和仲裁机关在计算实际损失方面的麻烦。

4. 违约金具有担保的职能。它的担保作用在于，一旦发生违约，违约方即应当给付对方违约金；如果按约定履行了合同，对方当事人则不能请求违约金。[1]

（二）违约金的种类

1. 惩罚性违约金与赔偿性违约金。惩罚性违约金，也称为固有意义上的违约金。是指对债务人违约的惩罚，以确保合同债务得以履行的违约金。如《德国民法典》第 339 条规定："债务人与债权人约定，在债务人不能履行或者不能以适当的方式履行债务时，须支付一定金额作为违约金的，在债务人迟延时，罚其支付违约金。以不作为为给付标的的，在有违反行为时，罚付违约金。"根据这种违约金的性质，受害人除了请求支付违约金外，还可以请求债务履行或者不履行所产生的损害赔偿。赔偿性违约金，是指违约金在功能上主要是为了弥补一方违约后另一方所遭受的损失。这种违约金的设定，以双方应当预先估计到违约可能发生的损失数额为必要，在一方违约后，另一方可直接获得预先约定的违约金数额，以弥补其遭受的实际损害。赔偿性违约金的性质决定了受害人在请求此种违约金之后，便不能再请求债务履行或者不履行的损害赔偿。[2]

我国《合同法》第 114 条规定的违约金，属于赔偿性违约金。当然，当事人仍然可以明确约定惩罚性违约金。

2. 约定违约金与法定违约金。约定违约金，是指支付的数额及条件均由当事人约定的违约金。约定的违约金具有从合同的性质，主合同不成立、无效或者被撤销时，违约金条款也不能生效。主合同消灭，违约金责任也消灭。我国《民法通则》第 112 条、《合同法》第 114 条第 1 款规定的违约金均属于约定违约金。法定违约金，是由法律法规直接规定固定比率或者数额的违约金。法定违约金具有强制性，不管当事人是否约定，违约方都应当按照法律的规定支付。

（三）违约金的增减

在当事人约定的违约金的数额过低或者过高的情况下，可以由法院或者仲裁机构依其职权予以调整。对于因违约所造成的实际损失，应当由请求减额的债务人负举证责任。《合同法》第 114 条第 2 款规定："约定的违约金低于造成的损失的，当事人可以请求人民法院或者仲裁机构予以增

---

〔1〕 王家福等：《合同法》，中国社会科学出版社 1986 年版，第 190 页。
〔2〕 魏振瀛主编：《民法》，北京大学出版社、高等教育出版社 2007 年版，第 450 页。

加；约定的违约金过分高于造成的损失的，当事人可以请求人民法院或者仲裁机构予以适当减少。"违约金的数额与损失额应当大体一致，这是商品交换的等价原则的要求在法律上的反映，也是合同法所追求的合同正义的体现；违约金作为对赔偿损失额的限定，两者不宜相差太悬殊，当违约金过低时，提高违约金，有利于保护受害人的利益，使其能够得到适当的补偿，当违约金过高时，降低违约金，实际上是降低了违约的成本。这实际上是对合同自由的适度限制，对于贯彻诚实信用原则，防止利用违约金进行欺诈，是有积极意义的。《合同法解释（二）》第 28 条规定："当事人依照合同法第 114 条第 2 款的规定，请求人民法院增加违约金的，增加后的违约金数额以不超过实际损失额为限。增加违约金以后，当事人又请求对方赔偿损失的，人民法院不予支持。"如果当事人主张约定的违约金过高请求予以适当减少的，人民法院应当以实际损失为基础，兼顾合同的履行情况、当事人的过错程度以及预期利益等综合因素，根据公平原则和诚实信用原则予以衡量，依据《合同法解释（二）》第 29 条第 2 款的规定，当事人约定的违约金超过造成损失的 30% 的，一般可以认定为《合同法》第 114 条第 2 款规定的"过分高于造成的损失"。

二、定金责任

（一）定金的概念

定金，是指合同当事人为了确保合同的履行，依据法律和合同的规定由一方按照合同标的额的一定比例，预先给付对方的金钱或其他代替物。[1]

定金是一种担保形式，我国《担保法》对此作了较为详尽的规定。定金的担保作用是通过定金罚则来实现的，定金的设立虽然是为了担保债务的履行，但在当事人违约后，就产生了定金责任。《合同法》第 115 条规定："当事人可以依照《中华人民共和国担保法》约定一方向对方给付定金作为债权的担保。债务人履行债务后，定金应当抵作价款或者收回。给付定金的一方不履行约定的债务的，无权要求返还定金；收受定金的一方不履行约定的债务的，应当双倍返还定金。"定金责任是一种独立于其他责任形式的制裁措施。它主要适用于不履行合同的行为。

（二）定金责任的基本规则

1. 在主合同正常履行时，定金应当抵作价款或者收回。当事人交付定金主要是为了担保债务的履行或者证明合同的成立，并不是债务人所应履

---

〔1〕 王利明、崔建远：《合同法新论·总则》，法律出版社 2000 年版，第 692 页。

行给付义务的一部分，所以，在债务人履行了义务后，如果交付定金方给付义务与定金性质相同，则所交付的定金可以抵作价款；如果交付定金方给付义务与定金性质相异，不能充抵，则应收回定金。

2. 当有不履行行为发生时，给付定金的一方不履行约定的债务的，无权要求返还定金；收受定金的一方不履行约定的债务的，应当双倍返还定金。这是定金责任制裁作用的主要表现。

3. 定金与违约金并存时的选择适用。如果当事人在同一个合同中既约定了违约金又约定了定金时，如何适用？依据《合同法》第116条的规定，当一方违约时，对方可以选择适用违约金或者定金条款，这意味着定金与违约金两者只能选择其一，不能并用。

案例分析

（一）违约认定与继续履行

【案情介绍】2003年1月1日，被告李某与B合作社签订了土地承包合同，合同规定，李某承包合作社粮田及菜田共计14.02亩，税金及农业税附加、农林特产税由乙方（李某）负担。合同期30年，交款日期为当年7月30日前交4000元，12月30日前交4030元。合同同时约定：乙方不按期交纳承包款，超过30天的自动解除合同。并由甲方（合作社）书面通知乙方，自2005年1月1日开始，被告李某未交纳土地承包费。2006年1月起，原告村委会将土地承包费调整为每亩500元，其交款日期不变。2006年7月，原告村委会用广播的形式通知被告李某交纳尚欠的土地承包费用，但被告李某仍未履行义务。另查，原合作社于2005年9月撤销，原合作社的债权债务由村委会负责。

【问题】试分析李某是否存在违约行为？承包合同应否继续履行？

【分析】

1. 违约行为认定。违约行为必须符合两个要件：①有违反合同义务的行为，包括不履行、迟延履行、不当履行以及拒绝履行，也包括全部不履行或部分不履行。违约责任与侵权责任不同，不以损害有无为要件，只要无免责事由，违反合同约定，即构成违约行为。②违约行为须无法定或约定的免责事由，如有免责事由的，则构成违约阻却，行为人不负违约责任。违约行为的免责事由有三个：①不可抗力，即不能预见、不能避免并不能克服的客观情况；②自己有过失；③约定免责事由。违约责任的承担方式有强制实际履行、违约金和损害赔偿。

就本案而言，双方签订了农业承包合同，双方均应严格履行，一审认定李某未按期交纳承包金而构成违约，但通过二审审查，原村委会（以前为合作社）的负责人陈述，当时由于新旧村领导班子交接，比较混乱，不是村民不交承包金，而是村里没有收。再有，村委会在 2001 年 11 月召开了全体村民代表会议，会议中讨论 2000～2001 年度承包金减少为 30 元一亩，此份会议决议盖有村委会的公章。还有村委会计鲁长亮出庭作证，当时承包金是按 30 元一亩计算的，村委账目中也有记载。综上，原审法院认定李某违约没有事实根据，李某不是不交承包费，而是认为应少交承包费，且村里正交接，比较混乱故无法交费，故李某未依约向村委会交纳承包费不是因可归于其本人的事由而未为给付，因此，不能据此认定为违约行为。

2. 承包合同应继续履行。农村土地承包合同指农村集体经济组织与其成员之间为了生产经营集体所有的或依法确定由集体使用的土地、草原等自然资源，明确双方权利义务关系的合同。这种合同是行政合同，其反映的是农村集体经济组织内部存在的生产组织关系或经营关系；合同主体具有行政领导关系和民事主体平等关系的双重属性，目前无法律、法规对此作出明确规定，主要是由地方性法规和地方政府规章调整。行政合同订立后，对当事人双方都有约束力，任何一方不得随意变更和解除，但是，合同订立后，由于社会生活的发展变化可能使双方需要重新调整权利义务关系。因此，在发生特定情况时，当事人可以变更或解除合同。参照《合同法》的规定，在以下情形，行政合同可以变更、解除：①相对人提出变更或解除合同的意思表示，不损害公共利益，行政机关同意的；②国家的法律、政策发生重大调整，使原合同的履行需要作重大调整或不可能再履行的，行政机关可单方变更或解除合同；③相对人由于经营不善造成亏损等原因确实无法履行合同的，可以变更或解除合同；④由于不可抗力等原因致使合同无法履行时，可以变更或解除合同；⑤由于一方违约，致使合同的履行成为不必要的，可以变更或解除合同。如果是相对人违约，行政机关有权单方变更或解除合同，同时对相对人进行制裁；如果是行政机关违约致使合同无法履行，相对人可要求变更或解除合同，并可要求行政机关赔偿其所受的损害。

本案中，双方签订的是农村土地承包合同，是一种行政合同，应遵循行政合同的有关规定。李某在履行合同时并无违约行为，一审以李某违约为由，判决解除村委会与李某的承包合同没有根据，退一步说即使其有违约行为，也只有在致使合同的履行成为不必要时，才能解除，且本案没有前述可以解除行政合同的其他情形，因此该合同应继续履行。实践中，因农村土地承包合同的履行关系到农村经济的发展，此类合同不易轻易解除。

（二）违约责任的形式

【案情介绍】2005 年 2 月，甲公司就废旧钢材、物资的出售发出公开招标邀请，投标保证金为 30 000 元，付款方式为付款提货。提货要求为：到甲公司提货必须服从公司管理，按公司专职人员指定的货物装车，并由司磅员过磅，检查人员检查核实确认无误签字后到分管领导签字，而后去财务部缴款凭财务发票提货联方可出门。违反上述规定的，投标保证金概不退还。乙公司于 2005 年 2 月 22 日交纳 30 000 元投标保证金，并于当日中标后与甲公司订立了工矿产品购销合同，合同总金额为 138 200 元，结算方式为货物装车过磅后，由司磅员、检查员、保管员、分管领导签字后到财务付款，付款后凭发票出门联出公司大门，招标文件和合同一并生效，具有同等法律效力。合同订立后，乙公司去提货，货物装车后因甲公司的地磅出现问题，双方协商到附近煤厂磅秤上进行称重。甲公司的车辆跟在乙公司车辆的后面出门，当甲公司的车到煤厂时，乙公司却将车开到煤厂对面的地铁公司的磅秤上去称重，甲公司对称重结果不认可，要求到煤厂重新称重，但乙公司以货物已称重为由，将货车开回乙公司所在地。甲公司立即与乙公司领导联系，乙公司领导在货车回到所在地后指示驾驶员将车开回甲公司门口，甲公司以货物明显减少为由，没有接收，并依法向当地公安机关报案。此后，乙公司因索要投标保证金未果，依法向人民法院起诉，要求甲公司退还 30 000 元投标保证金。

【问题】

1. 甲公司与乙公司买卖合同中约定的 30 000 元投标保证金的性质及如何适用？

2. 甲公司是否疏于管理？

【分析】违约责任，是指合同当事人因违反合同义务应承担的责任，该责任制度是保障债权实现及债务履行的重要措施。合同义务是违约责任产生的前提，违约责任则是合同义务不履行的结果。我国《合同法》第七章专设违约责任，规定了预期违约及实际违约等所应承担的法律责任。

违约责任具有以下特点：①违约责任是合同当事人违反合同义务所产

生的责任。这里包含两层意思：其一，违约责任产生的基础是双方当事人之间存在合法有效的合同关系，若当事人之间不存在有效的合同关系，则无违约责任可言；其二，违约责任是以违反合同义务为前提，没有违反合同义务的行为，便没有违约责任。②违约责任具有相对性。违约责任的相对性，是指违约责任只能在特定的当事人之间发生，合同关系以外的第三人，不负违约责任。③违约责任具有补偿性。违约责任主要是一种财产责任。承担违约责任的主要目的在于补偿合同当事人因违约行为所遭受的损失。从《合同法》所确认的违约责任方式来看，无论是强制实际履行还是支付违约赔偿金，或者采用其他补救措施，无不体现出补偿性。当然，在特定情况下并不排除处罚性。④违约责任的可约定性。根据合同自愿原则，合同当事人可以在合同中约定违约责任的方式，违约金的数额等，但这并不否定违约责任的强制性，因为这种约定应限制在法律许可的范围内。《合同法》第107条规定的承担违约责任的方式有继续履行、采取补救措施、赔偿损失等。笔者认为继续履行与采取补救措施不属于承担违约责任的方式，因此违约责任的承担方式有支付违约金与违约损害赔偿两种。简言之，违约金是指合同约定的，违约方向对方当事人支付的一定数额的金钱；违约损害赔偿是指违约方就其给对方当事人造成的损失进行经济补偿。在数额的确定上，将完全赔偿原则和可预见规则相结合，从而兼顾合同双方当事人的利益平衡。免责事由所谓免责事由，是指免除违反合同义务的债务人承担违约责任的原因和理由。具体包括不可抗力和其他法定免责事由，我国《合同法》第117条对此有所规定。

综上所述，在上述案件甲公司与乙公司订立的买卖合同及招标文件中的须知除定金超过20%以上的部分外合法有效，均为双方当事人的真实意思表示，其内容不违反法律法规的禁止性规定，合法有效。根据《合同法》第107条"当事人一方不履行合同义务或者履行合同义务不符合约定的，应当承担继续履行，采取补救措施或者赔偿损失等违约责任"的规定，乙公司在履行合同中拒不接受甲公司的管理，严重违反了合同的约定且对甲公司财产权造成了侵犯，亦是导致整个合同不能履行的原因，应当承担违约责任。同时依据《合同法》第115条："当事人可以依照《中华人民共和国担保法》约定一方向对方给付定金作为债权的担保。债务人履行债务后，定金应当抵作价款或者收回。给付定金的一方不履行约定的债务的，无权要求返还定金；收受定金的一方不履行约定的债务的，应当双倍返还定金"的规定，乙公司向甲公司的30 000元投标保证金应当为定金，依法适用定金罚则。另外，根据《担保法》第 91 条 "定金的数额由当事人约定，但不得超过合同标的额的 20%" 的规定，上述案例约定的定金超过合同标的额的 20% 的部分无效。

思考题

1. 违约责任的归责原则为什么要实行严格责任原则？是否还存在过错责任原则？

2. 试述违约责任的免责条件。

3. 在哪些情况下违约责任与侵权责任会发生竞合？

4. 强制实际履行与一般履行行为有什么不同？

5. 违约损害的赔偿范围是什么？

6. 违约金责任与定金责任有何不同？

案例分析题

1. 原告慈溪二轻五金机械厂与被告北京华丸达电子及新材料有限公司于某年 12 月 1 日签订了一份有偿使用机动车辆碰撞防震缓冲器（以下简称"缓冲器"）专利技术合同和缓冲器加工定作合同及附件。缓冲器是被告董事长段洣石的专利发明，并被授予专利权。有偿使用缓冲器专利技术合同规定：原告有偿使用被告的缓冲器技术，有偿使用费每套 21.60 元，次年使用 5000 套，有偿使用费共计 108 000 元。其中合同签订后即付 54 000 元，余款在样品检验合格后一周内付清；原告生产的样品经 3 次检验不合格时，被告不退还收取的有偿使用费。缓冲器加工定作合同规定：被告委托原告加工缓冲器 5000 套，每套定价 550 元，共计 2 750 000 元；原告必须按被告的要求加工，并在收到被告提供的图纸后 60 日内提供样品 5 套，产品按被告的缓冲器验收标准（草案）验收，并由国家认可单位检测，期限为 30 日。附件载明：被告在收到原告提供的样品后，须在 32 天内将检测结果告知原告，原告在 32 天内未收到检测结果，视为样品合格；样品检测合格后，被告应在 5 天内向原告下达生产任务书并预付 30% 加工费，如被告在 20 日内未下达生产任务书，也未预付 30% 费，则以单方违约论，并赔偿原告制造样品的实际损失和 2% 的净加工费；如原告提供的样品经 3 次检测均不合格，则合同自行解除，样品及各项费用均由原告承担。

有偿使用缓冲器专利技术合同签订后，原告按约预付给被告技术使用费 54 000 元。为了确保合同的履行，同年 12 月 17 日，双方对缓冲器图纸进行了会审，并会签了"加工图纸调整方案。"其后，原告即以被告提供的全部技术资料投入样品的制作。次年 2 月 13 日，原告按约将 5 套缓冲器样品交铁路发运给被告，并把发运的时间、包裹票号码、领取包裹手续等告知了被告方经办人。但是，原告提供样品后，被告未在合同约定的期限内将检测结果告知原告。为此，原告曾多次去人去函交涉，均无果。原告于次年 12 月 10 日向人民法院提起诉讼，认为被告违反双方签订的两份合同应承担违约责任。请求判令依法解除两份合同，赔偿其经济损失。被告辩称，被告未在合同约定的期限内收到样品，致被告无法按时将样品送检；原告提供的样品质量不合格，致加工定作合同不能履行，责任在原告，要求原告继续履行合同。法院经审理查明：原告为履行合同，共造成经济损失 125 267.13 元。缓冲器专利权人段沫石已将缓冲器技术转让给被告独占实施[1]。

问：

（1）本案中有偿使用缓冲器专利技术合同和缓冲器加工定作合同的关系如何？

（2）原告的主张是否合理？为什么？

2. 甲喜喝啤酒。某日甲到商场乙购得 5 瓶厂家丙生产的某品牌啤酒，回家打开其中一瓶时，酒瓶突然爆炸，炸伤了甲，其面部惨遭毁容，花医疗费若干。甲向法院起诉保护自己的权利。法院查明，酒瓶爆炸是由于运输公司丁运输方式不当所致。

问：

（1）若甲提起违约之诉，被告是谁？其责任基础是什么？责任方式如何？

（2）若甲提起侵权之诉，被告是谁？其责任范围与违约之诉有何不同？

---

〔1〕 参见《人民法院案例选》（1992～1996 年合订本），人民法院出版社 1997 年版，第 951 页。

推荐书目

1. 王利明:《违约责任论》(修订版),中国政法大学出版社 2003 年版。
2. 胡蓉:《最优违约救济:法和经济法学的视角》,东北财经大学出版社 2008 年版。
3. 房绍坤、杨绍涛编著:《违约损害赔偿》,人民法院出版社 1999 年版。
4. 闫仁河:《违约可得利益赔偿研究》,对外经济贸易大学出版社 2008 年版。
5. 钟奇江:《合同法责任研究》,经济管理出版社 2006 年版。
6. 王少禹:《侵权与合同竞合问题之展开—以英美法为视角》,北京大学出版社 2010 年版。

第九章　合同的解释

第一节　合同解释的概述

一、合同解释的概念

合同解释，是对合同及其相关资料的含义所作的分析和说明。此处的相关材料，是指与交易有关的环境因素，如书面文据、口头陈述、双方表示其意思的行为，双方缔约前的谈判活动和交易过程、履行过程或者惯例。[1] 在合同的订立过程中，由于当事人的语言习惯、所处的语言环境、意思表达的方式以及对合同条款理解上的差异等因素，会对合同的内容产生不同的理解，日后会在当事人之间产生争议，这会直接影响到合同的履行，因此，有必要对合同进行解释。合同的解释就是对已成立的合同及其相关信息明确其内容的一种活动。合同解释的目的在于探求当事人的真意。

依照解释主体的不同，合同的解释有狭义的解释和广义的解释。在狭义的合同解释中，合同解释的主体是受理合同纠纷的人民法院或者仲裁机构，狭义的合同解释是有权解释，对当事人具有法律约束力。依我国《合同法》的规定，合同的解释是指狭义的合同解释。本章所言合同的解释，亦是指狭义的合同解释。广义的合同解释，不仅包括在当事人发生纠纷时，司法机关对有分歧的合同条款进行的解释，也包括其他人对合同条款的解释。

合同解释具有以下意义：

1. 便于人民法院和仲裁机构正确确认案件事实，作出公正的裁决。在合同的履行过程中，当事人有时可能会对合同的某个条款、某个词句产生不同的理解，因此而发生争议，在此情形，便需要有解释权的机构对双方当事人所争议的合同条款或者词句作出有权解释，这是人民法院和仲裁机

---

〔1〕　魏振瀛主编：《民法》，北京大学出版社、高等教育出版社 2007 年版，第 412 页。

构正确认定案件事实作出公正裁决的关键。

2. 有利于维护交易安全。当合同当事人对合同条款发生争议时，不可避免地要对合同的圆满履行带来不安定因素，进而对交易的安全构成威胁。人民法院和仲裁机构对合同条款所作的解释，无疑会对合同的正确履行创造积极的条件，进而对维护交易安全起到积极的作用。

二、合同解释的主体和客体

一般而言，对合同及其相关资料的含义进行的分析和说明，任何人都可以进行，因此，在广义合同解释中，解释的主体较为广泛。当发生合同纠纷而在法院的诉讼或者仲裁机关的仲裁过程中，当事人、法官、仲裁员、诉讼代理人、证人、鉴定人等，都可以从不同的角度解释合同；合同在鉴证、公证时，鉴证人、公证人也会解释合同的具体内容；学者在研究某一合同的过程中，对合同及其相关资料进行的阐述，以及消费者协会在对投诉的合同纠纷进行处理的过程中，对合同及其相关资料所做的阐述等，也都属于合同的解释。因此，在广义的合同解释中，解释的主体是相当广泛的。

由于受理合同纠纷的机关是人民法院或者仲裁机构，所以在有权解释中，合同解释的主体是人民法院和仲裁机构。

合同解释的客体，即合同解释的对象。合同是意思表示的结果，而当事人的意思表示是可以有多种方式的，书面文字、口头语言、行为均可以成为意思表示的方式，因此，合同解释的对象应当包括书面文字、口头语言和行为，其中，以合同条款最为普遍。

三、合同解释的分类

（一）有权解释和自由解释

这是依据合同解释效力的不同所作的分类。有权解释是指受理案件的人民法院或者仲裁机关依其职权对合同有争议的内容所作的解释。这种解释对合同的当事人具有法律拘束力。自由解释是人民法院和仲裁机关以外的人所作的解释，如上文提到的合同当事人、诉讼代理人、学者等所作的解释。这种解释虽然可能有积极意义，但是无法律拘束力。

（二）阐释性解释和补充性解释

这是依据解释的目的的不同所作的分类。阐释性解释是对已经存在的但有争议的合同条款的解释。补充性解释是在合同欠缺某些具体条款，导致合同当事人权利义务关系不明确的情况下，对欠缺意思的补充。[1]

第二节　合同解释的原则

解释合同应当遵循一些基本准则，根据《合同法》第 125 条等的规定，在解释合同的时候，应当遵循以下原则。

一、一般合同解释的原则

（一）以合同文义为基础，客观主义结合主观主义原则

关于合同解释的原则，历来存在着两种主张，一是主观主义，二是客观主义。主观主义的主要观点是，对合同的解释应以当事人的主观意思为标准，而不能拘泥于文字。《法国民法典》第 1156 条规定："解释契约时，应寻求订约人的共同意思，而不拘泥于文字"。而客观主义认为，对合同的解释应以客观表示出来的意思为标准，而不能根据当事人自己的意思解释。英美法也强调说，在解释合同时强调合同的文词，而不去探求当事人的主观意思 。其理由是，法院的任务是在实际经验许可的范围内，保证老实人的合理期望不致落空，而不是去探求捉摸不定的思想活动。而《德国民法典》则采取了将客观主义和主观主义相结合的原则。《德国民法典》第 133 条规定："解释意思表示，应探求其真意，不得拘泥于字句。"该法第 157 条规定：　"合同应按照诚实信用的原则及一般交易上的习惯进行解释。"

合同文本由文字构成，解释合同条款，首先就应当以合同条款所使用的该文字的通常含义进行解释，因为在一般情况下，当事人订立合同所使用的词句都是按照其通常含义进行理解的。因此，按照词句的通常含义解释合同条款具有合理性。但是由于主客观方面的原因，合同用语时常不能准确地反映当事人的真实意思，有时甚至相反，在此时解释合同就不能拘泥于合同文字，而应当全面考虑与交易有关的环境因素，包括书面文件、口头陈述、双方表示其意思的行为、惯例、履行过程等因素。所以，在一般情况下，应采取客观主义结合主观主义的原则。法院在根据合同条款客观地解释合同的同时，还须适当注意当事人的内心意思，将当事人的真实

---

〔1〕　隋彭生主编：《合同法案例教程》，中国法制出版社 2003 年版，第 226 页。

意思与外在的表现形式作为一个有机整体加以考量。

（二）整体解释原则

整体解释原则也称为体系解释原则，是指把全部合同条款和构成部分看作一个统一的整体，从各个合同条款及构成部分的相互关联、所处的地位和总体联系上阐明当事人有争议的合同用语的含义[1] 这一解释原则被世界各国所肯定。《法国民法典》第1161条明确规定："契约的全部条款得互相解释，以确定每一条款从整个行为所获得的意义。"

在当事人订立合同时，合同的某一条款在表示和传达当事人的真实意图时所使用的语言文字在合同的整体内容中是有联系的，通常是按照一定的逻辑层次分别表述的，要正确合理地了解当事人的实际意图，必须将有争议的条款或词语与其上下文所使用的其他词语联系起来，因此，在解释合同时应将有争议的合同条款和全部合同条款视为一个有机的整体。

坚持整体解释原则的意义在于：首先，单纯按照有争议条款的词句很难对该条款作出合理的解释，但若参照其他条款，则有可能对有争议的条款的含义解释清楚；其次，合同条款经双方当事人协商议定，自然需平等对待视同一体[2]。

为贯彻这一原则，在解释合同条款时，不应拘泥于词句通常的含义，也不能局限于合同的正式文本，而要将与合同有关的合同草案、谈判记录、往来的书信、电报、电传等文件都作为参照，这些都有可能包含双方对合同的文本内容的修订或其他问题的补充或者说明，或者对合同的担保等的要求，因此借助于有关的材料来确定该争议词句的含义，对明确争议内容是非常必要的。

（三）参照交易习惯或者惯例解释原则

交易习惯是指人们在长期的实践基础上形成的，在某个地区、某个行业内普遍和反复使用，而且为大多数从事交易的人所广泛认同和遵行的做法。依《合同法解释（二）》第7条规定，以下两种情形可以认定为交易习惯：①在交易行为当地或者某一领域、某一行业通常采用并为交易对方订立合同时所知道或者应当知道的做法；②当事人双方经常使用的习惯做法。

参照交易习惯或者惯例解释原则要求在合同文字或者条款的含义发生

---

〔1〕 魏振瀛主编：《民法》，北京大学出版社、高等教育出版社2007年版，第413页。

〔2〕 王泽鉴：《民法债编总论》第1册，台湾三民书局1996年版，第179页。

歧义时，应当按照习惯或惯例的含义加以说明；当合同存在漏洞，使得当事人的权利义务不明确时，应当参照习惯或者惯例进行补充。该原则是各国普遍承认的解释合同的原则。

在合同解释中参照一定的交易习惯或惯例，不仅符合合同当事人的愿望，而且符合社会正义和法律的要求。当然，在适用这一原则时，必须考虑以下因素：①当事人双方均知悉交易习惯。即当事人双方知道或者应当知道这种习惯或惯例。②当事人在合同中没有排斥该交易习惯的适用。[1] ③主张适用惯例的一方对惯例负举证责任；④习惯和惯例不得违背强制性法律规范。

（四）符合合同目的解释原则

该原则是指依照双方当事人所欲达到的经济的或社会的效果而对合同进行解释。当事人在订立合同时均有特定的目的，合同中的各项条款及条款的用语都是达到合同目的的手段。按照此原则的要求，当某一合同用语表达的意思与合同目的相反时，当合同内容暧昧不明或者互相矛盾时，当合同的文句有不同的意思时，应当按照符合合同目的的原则进行解释；当采用两种以上的文字订立合同产生争议时，也有该原则适用的余地。许多国家的立法都对此原则加以确认。如《法国民法典》第1158条规定："文字可能有两种解释时，应采取适合于契约目的的解释。"我国《合同法》对此原则也予以了肯定。我国《合同法》第125条第2款规定："合同文本采用两种以上文字订立并约定具有同等效力的，对各文本使用的词句推定具有相同的含义。各文本使用的词句不一致的，应当根据合同的目的予以解释。"

符合合同目的的解释原则，是针对有争议的合同条款解释的核心原则。如果文义解释、整体解释、习惯解释的结果与符合合同目的解释的结果不一致，则应按符合合同目的解释原则进行解释，适用该原则的前提是该合同的目的不违法，合同的目的明确，此外，在情事变更的情况下，也不能依该原则解释合同条款。

（五）诚实信用解释原则

诚实信用原则是民法的基本原则，在合同的解释中，亦应当坚持这一原则。该原则指在解释合同时应当按照"诚实信用原则"确定合同争议条款的真实意思。对于裁判者而言，诚实信用原则给合同的解释提供了必要

---

〔1〕 张广兴、韩世远著：《合同法总则》（下），法律出版社1999年版，第246页。

的空间。按照诚实信用原则解释合同条款，要求解释者要探求当事人在订立该条款时的真实意思，充分考虑当事人双方利益的平衡，平等地保护双方当事人的合法权益；同时，还要全面衡量当事人的利益与社会公共利益的关系，保护国家、集体和第三人的利益。

以上是合同解释的一般原则，这些解释原则是建立在对于合同当事人双方的利益给予同等考虑和照顾的基础上的。

二、格式条款的解释原则

格式条款是一方当事人为了重复使用而预先拟定，并在订立合同时未与对方协商的条款。由于格式条款是一方当事人预先拟定的，所以当事人双方订立合同时或在合同成立后，往往会在履行过程中因对条款理解不同而发生纠纷。格式合同在形成及内容的平等协商性等方面，都较普通合同有特殊性，因而，在解释上也有自己的特点。《合同法》第 41 条规定："对格式条款的理解发生争议的，应当按照通常理解予以解释。对格式条款有两种以上解释的，应当作出不利于提供格式条款一方的解释。格式条款和非格式条款不一致的，应当采用非格式条款。"这条规定是关于格式条款解释的两个原则的规定。

（一）严格解释原则

所谓严格解释原则，也称不利解释原则，即如果某项条款存在有两种或两种以上的解释时，法院将作出对格式条款的提供者最不利的解释。该原则来自于罗马法的"有疑义应为表意者不利之解释"原则，该原则一直被许多国家的判例和学说所接受。在当事人采用格式条款订立合同后，在履行的过程中因对有关条款的含义有不同的理解时，应当按照通常的、具有本行业知识的人的理解予以解释；对格式条款有两种以上解释的，应当作出不利于格式条款提供一方的解释。当然，严格解释原则只在格式条款含糊不清的情况下才有适用的余地。对于格式条款的解释适用此原则，是为了限制提供格式条款的一方当事人利用其优势地位损害另一方当事人的利益。

（二）非格式条款优于格式条款原则

在一份合同中，如果既有格式条款又有非格式条款，应当采用非格式条款。该原则的确立原因，一是为了维护经济上的弱者的利益，二是与格式条款相比较，非格式条款更能体现和反映缔约双方当事人的合意。

第三节 合同漏洞的补充

所谓合同漏洞，是指合同关于某事项应当加以规定而却未予规定，即合同欠缺条款。合同漏洞发生的原因主要有以下三种：①当事人对于非必要之点未予协商，例如，在买卖冰箱的合同中没有约定运输费用由谁承担；②当事人对于非必要之点虽经协商，但未达成协议，约定留待以后商定；③合同的部分条款因违反强行性规范或社会公共利益、社会公德而无效。这说明，合同漏洞的出现必须是"多属契约非必要之点"，[1] 合同漏洞的存在不影响合同的成立，如果欠缺必要条款，则应当分清具体情况，分别按照合同不成立或者无效处理。

一、依照协议或者合同的有关条款、交易习惯补充的方法

合同有漏洞，就应当加以填补。《合同法》第 61 条规定："合同生效后，当事人就质量、价款或者报酬、履行地点等内容没有约定或者约定不明确的，可以协议补充；不能达成补充协议的，按照合同有关条款或者交易习惯确定。"这说明，当合同的有关内容没有约定或者约定不明确时，当事人可以协议补充。协议补充是指当事人对没有约定或者约定不明确的合同内容通过协商的办法订立补充协议，它是意思自治的表现。当不能达成补充协议时，则按照合同的有关条款或者交易习惯来确定。

二、依照法律的规定补充的方法

当采用以上方法仍然不能确定合同条款的内容时，就应当依照法律的规定加以补充。《合同法》分则中有关填补合同漏洞的规则（如第 139、154 条），有关填补合同漏洞的具体规定（如第 141 条第 2 款、第 156、161、62 条）。《合同法》第 62 条从质量、价款或者报酬、履行地点、履行期限、履行方式、履行费用等 6 个方面具体规定了合同条款约定不明时的确定方法。

三、依补充的合同解释的方法

在当事人对于质量、价款或者报酬、履行地点等内容没有约定，或者约定不明确而通过当事人的解释又无法使之明确，当事人又无补充协议时，法院或者仲裁机构就必须对合同进行补充，这就是补充的合同解释的

---

〔1〕 王泽鉴：《债法原理》第 1 册，中国政法大学出版社 2001 年版，第 217 页。

方法。补充的合同解释,是指对合同的客观规范内容加以解释,以填补合同的漏洞。其所解释者,是当事人所创设的合同规范整体,其所补充者,是契约的个别事项。[1] 补充的合同解释其所探求的当事人真意,不是事实上经验的意思,而是"假设的当事人的意思",即双方当事人在通常交易上合理所意欲或接受的意思。假设的"当事人的意思",是一种规范性的判断,以当事人于合同上所作的价值判断及利益衡量为出发点,依诚实信用原则并斟酌交易惯例加以认定,以期能实现合同上的平等正义。当然,补充的合同解释旨在补充合同的不备,而不是在为当事人创造合同,所以不能变更合同内容,否则就可能违反意思自治原则。[2]

在填补合同漏洞时,应当明确补充的合同解释与任意性规范之间的关系。具体而言,他们的关系主要表现在以下几个方面:①当有任意性的规定时,原则上应当优先适用任意性的规定。法律设立这些任意性的条款,其本意就是为了合同漏洞的补补。一般而言,这些任意性条款也符合当事人的利益,当事人对于合同中的非必要条款之所以未规定,亦多期待法律上有合理的规定。所以,应当优先适用任意性条款。在此种情况下,就排除了补充的合同解释的可能。②当无任意性的规定时,应当依补充的合同解释的方法。③在以下两种情况下,补充的合同解释应当优先于任意性规范加以适用:其一,当事人所订立的合同虽然具备典型合同的要求,但是因为它的特殊性,适用任意性规范未尽符合当事人的利益时。例如,一般的买卖合同的规范都未要求出卖人对物的瑕疵负修缮义务,其主要理由是因为出卖人多不是商品的制造人,不具备修缮的能力和设备,这样规定较为合理,但是如果出卖人是自产自销时,则应当依照补充解释,肯定买受人有瑕疵修补请求权。其二,对于无名合同,适用或者类推适用任意性规范违反合同的目的时,应当针对该合同的特殊利益状态,依补充的合同解释,补充合同的欠缺。[3]

---

〔1〕 王泽鉴:《债法原理》第1册,中国政法大学出版社2001年版,第218页。

〔2〕 王泽鉴:《债法原理》第1册,中国政法大学出版社2001年版,第219页。

〔3〕 王泽鉴:《债法原理》第1册,中国政法大学出版社2001年版,第219~220页。

合同法

案例分析

（一）目的解释

【案情简介】2005 年 2 月，某个体建筑商甲与乙签订了一份房屋承建合同，由甲为乙建造一所房屋，乙除自行解决建筑材料外，还应付给甲 20 000 元作为房屋建造款。同年 7 月，当工程接近完工时，甲因急需用钱，又与乙补充签订了一份合同，约定先由乙按已完工部分付给甲 18 000 元，其余的 2000 元由甲和乙的共同朋友李某暂为代管，待房屋建筑的工程令人满意地完成后再由李某把 2000 元付给甲。待房屋工程完成后，甲通知乙前来验收，而乙对房屋的某些项目仍感到不满意，因而拒绝通知李某向甲支付这 2000 元。此后，甲按照乙的要求对这些项目进行了重新施工。然而乙对完成的工作依然感到不满意，要求甲再作改进。在这一要求被甲拒绝后，乙表示，除非甲的工作能完全地满足乙的要求，否则，乙不会向甲支付这笔余款。甲遂向法院提起诉讼。

甲诉称，其已经按合同要求完成了房屋的建造，乙以对工作表示不满意为由不支付剩余房款不能成立，故甲请求法院判决乙支付 2000 元。

乙辩称，甲所造的厨房水泥顶棚有裂缝，这种结构性的缺陷不仅影响美观而且将导致雨天漏水，依补充合同的约定，甲没有令人满意地完成工程，无权得到剩余的 2000 元。经查，该房屋确实有一条小细缝，但不足以构成乙所称的"结构性缺陷"，不会引起漏雨，且这种细缝只不过是人们可以预料到的会在这种建筑上出现的细缝。

【问题】当事人对合同文字存在争议，是否可依目的解释规则进行解释？

【分析】本案中，乙能否以所建房屋令其不满意为由拒绝支付剩余房屋建造款。本案中的"令人满意"标准主要涉及到合同目的解释的问题。在本案中，甲订立合同的目的是为了获得劳动报酬，乙订立合同的目的是为了得到一处适宜居住的房屋，合同当事人订立合同时的目的是当事人真实意思的体现。因此，判断"令人满意地完成"应以完成的标的物客观上合乎要求，在物理上具有效用或者在结构上已经完成为标准。甲建造的房子在结构上已完成且具有居所的完全效用，符合最初订立合同的目的，应当认定，合同已经有效履行完毕。从字面意思上来讲，"令人满意地完成"这一措辞具有一种主观的含义，赋予了乙充分的自由选择权，即乙可以依自己的主观感受来决定相对人的工作是否已经有效完成。如果结果令人不满意，那么甲无权得到这笔余款。这种主观的含义可能会造成显失公平的结果，乙可以毫无理由地拒绝承认房屋已经达到"令人满意"的程度从而不履行自己应负的义务，这将很可能使合同相对人被剥夺取得合同利益的权利，这是违反诚实信用原则的。因此，对于本案中"令人满意"这一措辞的解释应遵循客观标准，即其成果得到通情达理和谨慎从事的人的认可的标准，符合合同最初订立的目的即可。综上，合同目的是当事人意思表示的核心，当文义解释不能确定合同当事人的意思表示时，可以考察当事人缔约的目的，依合同目的解释规则进行解释。

（二）解释争议

【案情简介】2003 年 8 月，浙江 A 公司（以下简称"被告"）与匈牙利布达佩斯 B 公司签订了 3 份服装出口合同，合同总价款为本 16.8 万美元。由于被告资金周转困难，该公司向杭州某贸易集团 C 公司（以下简称"原告"）筹集资金。2003 年 9 月 6 日，被告与原告签订了 3 份《合作协议》。协议约定，原告按 1:9 的汇率计 150 万元人民币出借给被告。具体计算时间为：在出货前 5 天支付总价款的 20% 作为定金，在出货后 5 个工作日内支付全部款项，否则，被告扣留定金并将货物运回；出口货物产品责任由被告方承担；原告为该货物的意外货损的保险受益人；原告方在收到布达佩斯 B 公司的 16.8 万美元货款后 5 个工作日内，向原告退回所有的借款本金，逾期承担相应的滞纳金。

协议签订后，原告依约支付给被告 150 万元人民币，被告自行采购出口服装，并派员跟单，将服装出口到匈牙利。但实际出口货物的金额不到 16.8 万美元。后被告以未收到外方付款为由拒绝归还借款。双方多次交涉后，被告归还已收回的 4.5 万美元以及出口货物的实际价款与借款之间的差价，拒绝支付余款。2005 年 7 月，原告起诉要求还款。法庭调查还表明，匈牙利布达佩斯 B 公司是原告开办的合资公司。原告一方面希望通过该出口业务了解东欧国家的服装市场信息。另一方面也为合资公司增加业务。

【问题】对合同条款存在异议时，按什么原则进行合同的解释？

【分析】本案涉及合同解释问题。

就本案而言，双方签订的协议书条文不明，且相互冲突，以至于双方当事人、代理人、合议庭之间对协议书条文的理解都存在分歧。例如，原告首付总款的 20% 为"定金"，余款在被告出口货物后 5 天内付清。协议未约定被告还款时向原告支付利息。这些约定与通常的借款合同条款不同。倘若理解为委托出口，协议既未约定原告参与出口事务，也无委托的条款。这又与典型的委托出口合同不符。再从合作或联营来看，双方除了资金上的借与还以外，无任何共同合作的约定，且协议也缺乏共担风险的明确规定。这与一般的联营合作协议也不相同。因此，该协议仅从字面上理解不能解决彼此之间的分歧，应根据《合同法》第 125 条关于合同解释的原则，对该协议条文予以正确地解释。合同的解释应当遵守法律的基本原则，比如诚实信用、不违反强制性规范、禁止滥用权利等。《合同法》第 125 条规定，当事人对合同条款的解释有争议的，应当按照合同所使用的词句、合同的有关条款、合同的目的、交易习惯以及诚实信用原则，确定该条款的真实意思。

结合本案，双方签订的协议应解释为合作经营关系或联营关系更符合该合同的目的以及诚实信用原则。因此，在法院主持下双方达成调解协议：被告归还余款的 2/3，原告自行承担 1/3 的损失。

思考题

1. 什么是合同解释？狭义的合同解释与广义的合同解释有何不同？
2. 什么是符合合同目的的解释原则？它在什么情况下可以适用？
3. 《合同法》对格式条款的解释有哪些特殊规定？
4. 合同漏洞的补充方法有哪些？

案例分析题

1. 吴芳系从事水果生意的个体工商户，春节前芦柑市场行情看好，她便与专门从事汽车运输业务的专业户李民签订了一份运输合同。该合同约定，吴芳购买李民 6 车芦柑。当地人以"车"作为计量标准时，在没有特别指明的情况下，一般均指 141 型卡车的运载量，载重为 4 吨左右。临近春节，李民的业务量大增，他的 141 型卡车又接了一个长途运输业务，李民看该业务更有利可图，就将该车用于跑长途运输业务，而用自己的另一辆载重 2 吨的 130 型卡车给吴芳供货。运完 6 车后，李民声称合同已履行完毕。而吴芳则认为李民未履行完合同，要求李民再送 6 车，李民不同意，理由是合同中所说的车就是 130 型货车，他不应当再履行合同。双方协商未果。吴芳遂诉至法院，要求判令李民继续履行合同，并赔偿她的损失。

问：该案应如何处理？为什么？

2. 在一份人寿保险合同的履行过程中，保险公司与受益人就合同中有关"意外死亡"条款的含义产生了分歧，受益人认为投保人的死亡属于意外死亡，应属赔付范围，但是保险公司则认为，投保人的死亡不属于意外死亡，因此拒绝赔付。受益人因此起诉至法院，请求法院支持。

问：法官应当怎样解释该条款的含义？

◆ 推荐书目

1. 武兴伟主编：《合同法司法解释理解与运用·典型案例裁判理由》，中国法制出版社 2010 年版。

2. 雷继平：《论合同解释的外部资源》，中国法制出版社 2008 年版。

3. 顾祝轩：《合同本体解释论》，法律出版社 2008 年版。

4. 最高人民法院研究室编：《合同司法解释理解与适用》，法律出版社 2009 年版。

第十章 买卖合同

第一节 买卖合同概述

一、买卖合同的概念和特征

买卖合同是出卖人转移标的物的所有权于买受人，买受人支付价款的合同（《合同法》第130条）。在买卖合同中，交付标的物并移转所有权的一方为出卖人，受领标的物并支付价款的一方为买受人。

买卖合同是商品交换的典型法律形式。买卖合同具有以下特征：

1. 买卖合同是出卖人转移财产所有权的合同。买卖合同以移转所有权为最终目的，这一特征使之与其他类型的合同区别开来。出卖人不仅需将标的物交付于买受人，并且须移转标的物的所有权给买受人。买受人订立合同的根本目的在于取得标的物的所有权，这使得买卖合同与租赁合同、借用合同、保管合同区别开来。

2. 买卖合同是双务合同、有偿合同。买卖合同双方当事人的义务具有对价性，一方的权利正是他方的义务，另一方的义务正是他方的权利，此为双务；每一方取得利益都必须支付相应的代价，此为有偿。

3. 买卖合同是诺成合同。除法律有特别规定或当事人另有约定之外，当事人之间一旦达成协议，买卖合同即告成立。

4. 买卖合同是不要式合同。除法律有特别规定外，买卖合同的成立并不需要具备特别的形式和履行批准手续。依《合同法解释（二）》第1条的规定，当事人对合同是否成立存在争议，人民法院能够确定当事人名称或者姓名、标的和数量的，一般应当认定合同成立。但法律另有规定或者当事人另有约定的除外。

二、买卖合同的类型

（一）一般买卖合同与特殊买卖合同

这是依合同有无特别法律规定为标准而作的划分。适用《合同法》对于买卖合同的一般规定的合同，为一般买卖合同。适用《合同法》特别规定的买卖合同，为特殊买卖合同，例如我国《合同法》当中规定的分批交付的买卖合同、分期付款买卖合同、试用买卖合同、拍卖合同、招标投标合同等都属于特殊买卖合同，对于特殊买卖合同，实践中首先要适用法律关于这种合同的特殊规定。

（二）动产买卖合同与不动产买卖合同

这是依买卖合同的标的物是动产还是不动产为标准而作的划分。以动产为标的物的买卖，为动产买卖合同；以不动产为标的物的买卖，为不动产买卖合同，例如房屋买卖合同。立法上一般对不动产买卖有特殊规定，要求不动产买卖合同为书面形式，不动产所有权转移的公示方式是登记。

（三）特定物买卖合同与种类物买卖合同

这是依买卖标的物是否为特定物为标准而作的划分。以特定物为标的物的买卖合同是特定物买卖合同，以种类物为标的物的买卖合同是种类物合同。

（四）附条件的买卖合同与不附条件的买卖合同

这是依当事人是否对买卖合同的效力附有条件限制为标准而作的划分。当事人约定对买卖合同的效力附有限制条件的，为附条件的买卖合同；当事人未约定对买卖合同的效力进行限制的，为不附条件的买卖合同。

（五）现货买卖合同与期货买卖买卖

这是依买卖合同成立时标的物是否存在为标准而作的划分。现货买卖是指买卖合同成立时标的物已客观存在的买卖；期货买卖，是指合同成立时尚不能完成标的物的交付而另订有交付期限的买卖，出卖人已享有在未来取得合同中约定的标的物的权利。

第二节 买卖合同的效力

一、出卖人的义务

（一）向买受人交付标的物

在买卖合同中，买受人的目的是取得标的物的所有权，出卖人应按照合同的约定或者法律的规定交付标的物给所有人。所谓交付标的物，即移转标的物的占有。交付既包括将标的物直接交给买受人占有，也包括简易

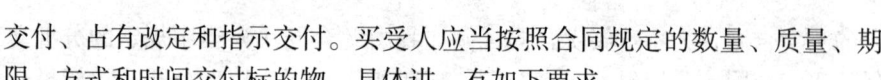

交付、占有改定和指示交付。买受人应当按照合同规定的数量、质量、期限、方式和时间交付标的物，具体讲，有如下要求：

1. 出卖人应当按约定的标的物及数量交付。出卖人交付标的物时，应交付提取标的物的单证；标的物有从物的，按照"从物随主物转移"的原则，除当事人另有约定外，出卖人在交付标的物时应一并交付从物。同时，出卖人还应当按照约定或者交易习惯向买受人交付提取标的物单证以外的有关单证和资料（《合同法》第136条），如商业发票、产品合格证、产品说明书、质量保证书、保修单等。

2. 按照约定的期限交付标的物。合同中约定了交付期间的，出卖人可以在该交付期间内的任何时间交付（《合同法》第138条）。合同中未约定交付期限或者约定不明确的，当事人就交付的时间又不能达成补充协议的，按照合同有关条款或者交易习惯确定，仍不能确定的，出卖人可以随时履行；买受人也可以随时要求履行，但应当给对方必要的准备时间（《合同法》第139条）。如果合同的标的物在合同订立前已被买受人实际占有，合同的生效时间即为交付时间（《合同法》第140条）。

3. 按照约定的地点交付标的物。当事人在合同中对交付标的物的地点有约定的，依合同约定；法律有规定的，依照法律规定。当事人在合同中未约定交付地点或者约定不明确的，当事人就此没有达成补充协议又不能依合同有关条款或交易习惯确定时，按下列规则确定：①标的物为不动产的，在不动产所在地履行；其他标的物在履行义务一方所在地履行。②标的物需要运输的，出卖人应当将标的物交付第一承运人以运交给买受人；标的物不需要运输的，出卖人和买受人在订立合同时知道标的物所在地点的，出卖人应当在该地点交付标的物；不知道标的物所在地点的，出卖人应当在出卖人订立合同时的营业地交付标的物（《合同法》第141条）。

4. 出卖人应当按照约定的包装方式交付标的物。当事人对包装方式没有约定或者约定不明确，依照《合同法》第61条的规定仍不能确定的，应当按照通用的方式包装，没有通用方式的，应当采取足以保护标的物的包装方式包装（《合同法》第156条）。

（二）移转标的物的所有权

出卖人出卖的标的物应当是出卖人所有或者出卖人有权处分的，法律、行政法规禁止或者限制转让的标的物，依照其规定（《合同法》第132条）。除法律另有规定或者当事人另有约定以外，标的物的所有权自标的物交付时起转移（《合同法》第133条）。对于法律有特别规定的动产和不动产，出卖人应当依照法律的特别规定办理特别的手续；对于当事人另有约定的，出卖人应当依约定进行相应的行为。

当事人还可以在合同中约定，买受人未履行支付价款或者其他义务的，标的物的所有权属于出卖人。这就是所有权保留的买卖合同。所有权保留的买卖合同，是指在转移财产所有权的买卖合同中，当事人双方约定，财产所有人转移财产的占有与对方当事人，而有条件的保留其对该财产的所有权，待对方完成约定的条件后，该财产的所有权才发生转移的买卖合同。所有权保留的买卖合同，在实践中经常遇到，当事人往往通过约定标的物的保留条款，为标的物所有权的转移选择特殊要件，即标的物的所有权在约定的条件实现时转移，而不是在交付时转移。所有权保留制度起源于罗马法时期，19 世纪开始，世界各国逐渐以成文法或者判例法的形式确立了所有权保留制度。《民法通则若干意见》第 84 条规定："财产已经交付，但当事人约定财产所有权移转附条件的，在所附条件成就时，财产所有权方为转移。"该规定表明，司法机关肯定了当事人可以在买卖合同中约定条件，以此来决定所有权转移的时间。《合同法》第 134 条规定："当事人可以在买卖合同中约定买受人未履行支付价款或者其他义务的，标的物的所有权属于出卖人。"该条是有关所有权保留买卖的明确规定。在适用此条规定时，应当明确以下两个问题：

1. 约定的条件必须明确。在买卖合同中约定保留标的物所有权的条款，是卖方维护自身利益的一种手段，要达到此目的，双方的约定必须是明确的，它应该能够有效地排除"所有权在交付时转移"的一般规定。

2. 该条对当事人约定保留标的物所有权的条件作出了严格的限制。根据该条规定，只有在买受人未履行支付价款或者其他义务时，出卖人才能保留标的物的所有权。

所有权保留制度经常与分期付款买卖结合在一起。在分期付款买卖中，出卖人在获取全部价金之前，已由买受人占有、使用标的物，出卖人承担着价金难以收回的危险，双方的利益结合处于失衡的状态，所有权保留制度是分期付款买卖担保价金债务履行的最佳方式。它平衡了双方当事人的利益，有效地消除了出卖人滞后收取价金的交易风险，保证了交易安全。在保留所有权的分期付款买卖中，买受人在条件成就前，享有所有权的期待权。[1] 该期待权具有让与性，买受人可因转让期待权而获利；对于

---

[1]　崔建远主编：《合同法》，法律出版社 2003 年版，第 335 页。

出卖人而言，条件成就前，仍保留标的物的所有权，出卖人基于其所保留的所有权享有取回权。该种取回权指基于所有权保留的约定，买受人不依约定履行义务、清偿不能或者为不当使用、处分标的物的违约行为，导致危及出卖人的担保利益时，出卖人得取回标的物的一种权利。但是这种取回权的行使以标的物保持原有的状态为前提条件，在下列情况下，出卖人的取回权的行使受到限制：①当标的物因添附而丧失同一性时。当标的物因附和、混合或者加工而丧失同一性时，取回权的效力就会受到影响。对于这类问题的解决办法，我国台湾《动产担保交易法》设计的方案值得借鉴。该法第4-1条规定："动产担保交易之标的物，有加工、附合或混合之情形者，其担保债权之效力，及于加工物、附合物或混合物但以原有价值为限。"②第三人善意取得标的物。根据善意取得制度，第三人如果善意取得所有权保留的标的物，出卖人即丧失了约定保留的标的物的所有权。[1]

（三）对物的品质负瑕疵担保责任

品质瑕疵，是指出卖人所交付的标的物欠缺法定或约定的品质。[2] 物的品质瑕疵担保，指出卖人担保出卖物的风险移转给买受人时，符合质量要求，没有假冒的瑕疵，没有价值和效用灭失、减少的瑕疵。价值、效用的减少如无关紧要，则不视为瑕疵。[3]《合同法》第153条规定："出卖人应当按照约定的质量要求交付标的物。出卖人提供有关标的物质量说明的，交付的标的物应当符合该说明的质量要求。"《合同法》第154条又规定，当事人对标的物的质量要求没有约定或者约定不明确的，允许当事人通过协议补充；不能达成补充协议的，按照合同的有关条款或交易习惯确定；如果仍然不能确定的，按照国家标准、行业标准履行；没有国家、行业标准的，按照通常标准或者符合合同目的的特定标准履行。

物的品质担保责任的成立应具备以下条件：

1. 瑕疵在交付时存在。出卖人交付的物不符合质量标准的，标的物即为有瑕疵。

2. 买受人在合同订立时不知标的物有瑕疵。如果出卖人在出卖时保证

---

〔1〕 周显志、张永忠："所有权保留的分期付款消费信贷法律问题探讨"，载《暨南学报》（哲学社会科学版）2002年第1期。

〔2〕 江平主编：《民法学》，中国政法大学出版社2000年版，第671页。

〔3〕 谢怀栻等：《合同法原理》，法律出版社2000年版，第325页。

标的物无瑕疵，或者出卖人故意隐瞒标的物瑕疵的，即使买受人在订立合同时因重大过失不知标的物有瑕疵，出卖人也应负瑕疵担保责任。如果在买卖合同成立时，标的物的品质瑕疵已为买受人所知，则出卖人不负担保责任；出卖人未保证标的物无瑕疵，而买受人因重大过失不知标的物有瑕疵的，出卖人亦不负担保责任。

3. 买受人在法律规定或合同约定的期间内就标的物的瑕疵通知出卖人。依《合同法》第 158 条的规定，当事人可以约定标的物的检验期间。当事人约定检验期间的，买受人应当在检验期间内将标的物的数量或质量不符合约定的情形通知出卖人。买受人怠于通知的，视为标的物的数量或质量符合约定。如果当事人没有约定检验期间，则买受人应当在发现或者应当发现标的物的数量或质量不符合约定的合理期间内通知出卖人。买受人在合理期间内未通知或者自标的物收到之日起 2 年内未通知出卖人的，视为标的物的数量或质量符合约定，但对标的物有质量保证期的，适用质量保证期，不适用该 2 年的规定。

如果出卖人知道或者应当知道提供的标的物不符合约定，但仍然将标的物出卖给买受人，则属于严重的违约行为，在这种情况下，买受人通知出卖人标的物的质量或数量不符合约定的时候，则不受上述规定的通知时间的限制，出卖人仍应承担瑕疵担保责任。

如果具备上述要件，出卖人就应当承担违约责任。违约责任的承担因具体情况的不同而有所不同。具体分为以下几种情况：

（1）因标的物的质量不符合要求，致使合同目的不能实现的，买受人可以拒绝接受标的物或者解除合同（《合同法》第 148 条）。

（2）出卖人交付的标的物不符合质量要求的，应当按照当事人的约定承担违约责任。对违约责任没有约定或者约定不明确，依照《合同法》第 61 条的规定仍不能确定的，买受人可以根据标的性质以及损失的大小，要求出卖人修理、更换、重作、退货、减少价款或者报酬（《合同法》155 条）。

（3）标的物的主物不符合约定，买受人有权解除合同，解除合同的效力及于从物，但是因标的物的从物不符合约定而被解除合同的，解除的效力不及于主物（《合同法》第 164 条）。

（4）如果标的物为数物，其中一物不符合约定的，买受人可以就该物解除合同，但是如果该物与他物分离使标的物的价值显受损害的，买受人可以就数物解除合同（《合同法》第 165 条）。

（5）出卖人分批交付标的物不符合约定时，买受人也可以解除合同（《合同法》166 条）。

（6）买受人因标的物瑕疵而遭受财产上或人身损害时，有权要求出卖人赔偿（《合同法 》第 122 条）。

（四）权利瑕疵担保责任

权利瑕疵，指标的物为第三人所有或标的物上负担着第三人的合法权利。

权利瑕疵担保，是指卖方应保证对其所出售的标的物享有合法的权利，没有侵犯任何第三人的权利，而且任何第三人都不会向买方就该标的物提出任何权利要求。《合同法》第 150 条规定："出卖人就交付的标的物，负有保证第三人不得向买受人主张任何权利的义务，但法律另有规定的除外。"

权利瑕疵担保责任成立须具备的条件是：

1. 权利瑕疵在买卖合同成立时存在。如果合同成立后才出现权利瑕疵，则是出卖人违约，应当承担违约责任，而不是瑕疵担保责任。

2. 权利瑕疵在买卖合同成立后交付时仍未消除。如果权利瑕疵在合同成立时存在，但在履行前已经除去的，就无承担权利瑕疵担保责任的必要。

3. 买受人不知有权利瑕疵的存在。如果买受人知道或者应当知道存在权利瑕疵的，事后就不能追究出卖人的责任。《合同法》第 151 条的规定，买受人订立合同时知道或者应当知道第三人对买卖的标的物享有权利的，出卖人无保证第三人不得向买受人主张任何权利的义务。

出卖人的瑕疵担保责任主要是除法律另有规定外，出卖人交付的标的物上有权利瑕疵，不能完全转移所有权给买受人时，出卖人应买受人的主张承担支付违约金、解除合同、赔偿损失等责任，在买受人未支付价款时，除非出卖人提供适当的担保，否则买受人可以中止支付相应的价款（《合同法》第 152 条）。

二、买受人的义务

（一）按合同约定支付价款

这是买受人应负担的一项主要义务。具体来讲，有以下几个方面：

1. 应当按照约定的数额支付价款。对价款没有约定或者约定不明确的，当事人可以协议补充；不能达成补充协议的，按照合同有关条款或者交易习惯确定；仍不能确定时，按照订立合同时履行地的市场价格履行，依法应当执行政府定价或者政府指导价的，按照规定履行（《合同法》第159条）。

2. 应当按照约定的地点支付价款。当事人对支付地点没有约定或者约定不明确的，可以协议补充；不能达成补充协议的，按照合同有关条款或者交易习惯确定；仍不能确定的，买受人应当在出卖人的营业地支付，但约定支付价款以交付标的物或者交付提取标的物单证为条件的，在交付标的物或者交付提取标的物单证的所在地支付（《合同法》第160条）。

3. 应当按照约定的时间支付价款。对支付时间没有约定或者约定不明确的，当事人可以协议补充；不能达成补充协议的，按照合同有关条款或者交易习惯确定；仍不能确定时，买受人应当在收到标的物或者提取标的物单证的同时支付（《合同法》第161条）。

（二）及时接受标的物

买受人应当按照约定的条件、时间、地点、方式接受标的物。买受人无故拒绝受领出卖人交付的标的物的，应承担受领迟延的违约责任。

（三）及时检验标的物

《合同法》第157条规定："买受人收到标的物时应当在约定的检验期间内检验。没有约定检验期间的，应当及时检验。"在收到标的物后及时进行检验，也是买方的一项义务。如果在约定的检验期间内，买受人发现标的物的数量或者质量不符合约定，则买受人应当在约定的或者法定的期限内，将标的物的瑕疵及时通知出卖人。

三、标的物的毁损、灭失的风险负担和标的物的利益承受问题

（一）标的物的毁损、灭失的风险负担

买卖合同是双务合同，当事人一方有转移标的物所有权的义务，在合同的履行过程中，有时会发生标的物意外毁损、灭失的情形，该种意外毁损、灭失，非由当事人的故意或者过失造成，而是由意外事件或者自然灾害造成，在法律上称为风险；该毁损、灭失的损失由哪一方当事人承受，在法律上即指风险由该方负担。

《合同法》第142条规定："标的物毁损、灭失的风险，在标的物交付之前由出卖人承担，交付之后由买受人承担，但法律另有规定或者当事人另有约定的除外。"该条明确规定除了法律另有规定和当事人另有约定外，标的物毁损、灭失的风险，在标的物交付之前由出卖人承担，交付后由买受人承担。可见，我国是将标的物的风险负担与交付连在一起的，即以标的物的交付时间来确定风险转移的时间。风险划分的效力是如果风险已转移到买受人，即使标的物因意外事件毁损或者灭失，买受人仍应当支付价款；对于出卖人而言，如果标的物在风险转移之前毁损或者灭失，出卖人有义务重新交付标的物。何为交付？所谓交付，是指占有的转移。它既包括直接的占有，也包括间接的占有，具体而言，交付可分为两大类，一是现实交付，一是拟制交付。现实交付，指当事人一方将标的物的事实管领力转移与另一方当事人，由其直接占有标的物。拟制交付是指转移所有权的一方当事人将标的物占有的权利转移给另一方当事人。

此外，《合同法》还特别规定：①因买受人的原因致使标的物不能按照约定的期限交付的，买受人应当自违反约定之日起承担标的物毁损、灭失的风险（《合同法》第143条）。②出卖人出卖交由承运人运输的在途标的物，除当事人另有约定的以外，毁损、灭失的风险自合同成立时起由买受人承担（《合同法》第144条）。③当事人没有约定交付地点或者约定不明确，依照合同法的相关规定标的物需要运输的，出卖人将标的物交付给第一承运人后，标的物毁损、灭失的风险由买受人承担（《合同法》第145条）。④出卖人按照约定或法律规定将标的物置于交付地点，买受人违反约定没有收取的，标的物毁损、灭失的风险自违反约定之日起由买受人承担（《合同法》第146条）。⑤因标的物的质量不符合要求，致使合同目的不能实现，买受人拒绝接受标的物或者解除合同的，标的物毁损、灭失的风险由出卖人承担（《合同法》第148条）。

（二）标的物的利益承受

标的物的利益承受是指对于买卖标的物所生的利益，比如天然孳息、法定孳息由谁取得。关于标的物的孳息在交付前后的利益归属问题，按照《合同法》第163条的规定，标的物在交付之前产生的孳息，归出卖人所有，交付之后产生的孳息，归买受人所有。这说明，当事人标的物的利益承受，也是以交付的时间为确定的界限。

第三节　特种买卖合同

特种买卖合同主要包括有分批交付的买卖合同、分期付款买卖合同、样品买卖合同、试用买卖合同、买回合同、招标投标买卖合同、拍卖合同。

一、分批交付的买卖

分批交付买卖，是指出卖人按照一定的期限分批向买受人交付标的物的买卖。其特点是出卖人分批交付标的物。在合同的履行过程中，如果出卖人对其中一批标的物不进行交付或者交付的内容不符合约定，双方的权利义务如何，《合同法》第166条作了规定，大体分为三种情况：

1. 如果出卖人不交付其中一批标的物或者交付不符合约定，致使该批标的物不能实现合同目的，则买受人可以就该批标的物解除合同。

2. 如果出卖人不交付其中一批标的物或者交付不符合约定，致使今后其他各批标的物的交付不能实现合同目的，则买受人可以就该批以及今后其他各批标的物解除合同。

3. 如果买受人已经就其中一批标的物解除，而该批标的物与其他各批标的物相互依存，则买受人有权就已经交付和没有交付的各批标的物解除合同。

二、分期付款买卖

分期付款买卖，指买卖关系成立时双方约定，出卖人将标的物交付给买受人，买受人将应付的总价款按一定期限分期支付给出卖人的买卖。分期付款买卖的特点是买受人分期分批支付价款。由于在分期付款买卖中，出卖人须先交付标的物，买受人于受领标的物后分若干次付款，增加了出卖人取得价款的风险，为平衡当事人双方的利益，《合同法》第167条对分期付款买卖作了严格的规定。主要表现在两个方面：①分期付款的买受人未支付到期价款的金额达到全部价款的1/5的，出卖人才可以要求买受人支付全部价款或者解除合同。②出卖人解除合同的，可以向买受人要求支付该标的物的使用费。

三、样品买卖

样品买卖，又称货样买卖、凭样品买卖，是指以约定的样品来确定标的物品质的买卖。在样品买卖中，当事人应当封存样品，并对样品质量予以说明，卖方交付的标的物应当与样品及其说明的质量相同（《合同法》第168条），否则即构成违约。一般情况下的样品买卖以样品为交付标的物的品质标准，但是，如果样品存在着隐蔽瑕疵而买方又不知道的情况，卖方交付的标的物的品质就不能以此瑕疵样品为标准了，而应当以同种物的通常标准作为标准来衡量（《合同法》第169条）。

四、试用买卖

试用买卖，又称试验买卖，是指在合同成立时出卖人将标的物交付买

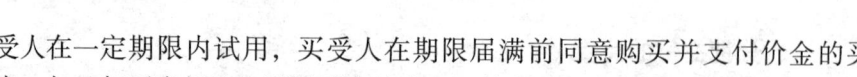

受人在一定期限内试用，买受人在期限届满前同意购买并支付价金的买卖。与一般买卖相比，试用买卖具有以下特点：

1. 试用买卖合同约定由买受人试验或检验标的物。

2. 试用买卖是一种附停止条件的买卖合同。试用买卖合同成立后，出卖人应将标的物交付给买方试用，买方接受并妥善使用标的物，试用买卖合同的当事人可以约定标的物的试用期间。对试用期间没有约定或约定不明确的，可以协议补充；不能达成补充协议的，按照合同有关条款或者交易习惯确定，如果仍不能确定，由出卖人确定（《合同法》第170条）。

3. 买受人具有选择权。在试用期限届至前买受人要向出卖人明确表示是否同意购买。试用期间届满，买受人对是否购买标的物未作表示的，视为同意购买（《合同法》第171条）。

五、买回

买回，是指当事人在买卖合同成立时达成协议，出卖人保留其于将来买回已出卖的标的物的权利的合同。

对于买回，大陆法系国家或地区的民法典中有明确的规定。如《德国民法典》第497条规定："出卖人在买卖合同中保留买回的权利的，在出卖人向买受人作出行使买回权的意思表示时，买回成立。此意思表示无需遵守对买卖合同规定的形式。"《法国民法典》第1659条规定："买回权，为出卖人据以返还基本价金及偿还第1673条规定的各种费用，而保留重新取得买卖标的物权利的条款。"买回制度的根本目的在于使原所有人在一定条件下，可以回复其已失去的权利，从而达到经济上的目的。

买回人应当在买卖合同中约定的买回期限内行使买回权，并且须向原买受人返还约定的买回标的物的价款，负担因买回所需的费用，如果对标的物进行改良而提高了价值，出卖人则应向原买受人偿还改良的费用及其他有益费用，原买受人应向买回人交付标的物及其从物；在约定期限内不得自由处分标的物。因可归责于原买受人的原因，致使标的物灭失或毁损时，原买受人应承担违约责任。

六、招标投标

招标投标，是指由招标人向数人或公众发出招标通知或招标公告，在诸多投标中选择自己最满意的投标人并与之订立合同的方式。[1] 在此种买卖中，出卖人称为招标人、标卖人，竞买人称为投标人、出标人，买受人

---

〔1〕 崔建远主编：《合同法》，法律出版社2003年版，第349页。

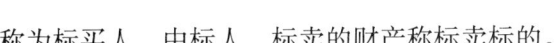

称为标买人、中标人，标卖的财产称标卖标的。

招标投标买卖分为招标、投标、开标、评标、定标等几个阶段。招标时，招标人采取招标通知或者招标公告的方式，向不特定的数人或公众发出投标邀请，投标人按照招标文件的要求，在规定的期间内，向招标人提出报价，称为投标，投标的性质为要约；标卖人应当按照招标文件规定的时间、地点、程序开标，随后，招标人对有效标书进行评审，选择自己满意的投标人，确定中标人，该定标如果是对投标的完全接受，就是承诺；中标人在接到中标通知书以后，在指定的时间和地点同招标人签订合同书。

七、拍卖

拍卖，是指以竞价的方式，将标的物出卖给出价最高的买受人的买卖合同。拍卖当事人为拍卖人、委托人、竞买人、买定人。拍卖人指主持拍卖活动的人，委托人是委托拍卖人拍卖标的物的人，竞买人指参加竞购拍卖标的物的人，买定人指以最高应价购得拍卖标的物的竞买人。

拍卖主要有以下程序：首先，由拍卖人发出对标的物进行拍卖的意思表示；然后，由参加竞买的竞买人发出购买的意思表示，由出价最高者购买；拍卖人作出买定的意思表示后，买卖成交。在通常情况下，拍卖的意思表示属于要约邀请，竞买人的应价为要约，拍卖人关于卖定的意思表示属于承诺。而在拍卖人说明拍卖标的无保留价时，拍卖的表示即属于要约，竞买人的应价为承诺。

拍卖的效力主要是：对拍卖人而言，拍卖成交后，拍卖人应当按照约定将标的物交付给买受人，依照法律规定，拍卖的标的物需要办理证照变更、产权过户手续的，买卖双方应当持拍卖人出具的成交证明和有关材料，到有关行政管理机关办理手续；拍卖人应当对交付的标的物负标的物瑕疵担保责任，依《拍卖法》第61条的规定，拍卖人未说明拍卖标的的瑕疵给买受人造成损害的，买受人有权向拍卖人要求赔偿；属于委托人责任的，拍卖人有权向委托人追偿。如果拍卖人、委托人在拍卖前声明不能保证拍卖标的的真伪或者品质的，不承担瑕疵担保责任。对买受人而言，应当按照约定向拍卖人支付标的物的价款和佣金。

案例分析

（一）非书面合同

【案情简介】原告甲通过上网浏览广东中山市阪神电器有限公司网页，

并按照网上留下的电话号码与业务员乙取得联系，准备经营该公司厨卫产品。2009 年 10 月 28 日，甲前往中山实地考察后与乙签订了一份订货单，并当场交付定金 1000 元。回到宜宾后，双方多次通过网络 QQ 聊天的方式商量订购电器的型号、数量、价格、送货等细节问题。原告甲的 QQ 名是"梦想成功"，被告乙的 QQ 名是"邓明"。今年 1 月 3 日，甲根据乙的要求将货款现金 68 790 元存入了其个人银行账户。同月，乙通过物流公司分数次托运给甲电器 179 台和展示架一批。甲收货后发现，涉案产品并非阪神公司产品且明显存在质量问题。后甲携带该产品前往阪神公司交涉。该公司经检查，认定涉诉电器不是公司生产的产品，并出具书面答复给甲，其与乙口头协议或网络 QQ 协议系乙个人行为，所有订单均未有该公司的确认。

【问题】本案中，口头协议和网络 QQ 协议能否作为买卖合同，是否有效？

【分析】本案中，原告提供的订金收据、QQ 记录和发货清单等证据足以形成证据链证明原、被告双方存在买卖合同关系。被告作为出卖人交付的标的物不符合合同约定，已构成根本违约。要确定 QQ 聊天记录能否作为定案证据，关键要证明其真实性和关联性。就本案而言，原告甲提交的 QQ 聊天记录具有可信度。双方所有关于商谈买卖的内容均是在名称是"梦想成功"和"邓明"的两个 QQ 上进行，号码稳定未更换；被告的公司同事乙向法庭作证，乙在出差的时期委托其与甲跟单，也能从侧面证实 QQ 名称为"梦想成功"为原告所有，"邓明"则是乙所有；且双方的 QQ 记录上有"邓明"留下的电话号码，法官曾按此电话号码打过去，接听电话的人正是被告。庭审中，被告确认与原告存在交易，但提供不了证据证实双方是通过 QQ 之外的方式进行交易的。综上，法官采纳了原告通过 QQ 进行交易的观点。因此，口头协议和网络 QQ 协议能作为买卖合同，具有合同效力。

（二）交付

【案情简介】2008 年 5 月 11 日，一个自称 A 公司副总经理甲的男子找到乙，要求购买康柏 1700 型笔记本电脑。乙找到丙，要求其以科技公司名义从科贸公司处进货，然后卖于 A 公司，货物销售差价由乙个人占有，销售额归科技公司，同日，丙与乙以科技公司名义与科贸公司业务员吕某谈妥，从科贸公司处购买 4 台康柏 1700 型电脑卖予 A 公司，每台售价 9000 元，共计 36 000 元。乙又与甲谈好，以每台 15 000 元公司 60 000 的价格卖予 A 公司。科贸公司与科技公司及乙商定具体结算时科贸公司给科技公司出具 36 000 元的发票，科技公司给 A 公司出具 60 000 元的发票，科贸公司应得货款从 A 公司所付货款中扣得。

5 月 15 日，乙与丙以及科贸公司吕某，张某私人按照江某的制定携 4 台康柏 1700 型电脑到某日报社 7 楼交货丙安装调试。试机完毕，丙将科技公司 60 000 元的销货发票交给甲，甲收下发票后谎称去银行取款，要求他们在房间等候。之后，4 人发现甲及 4 台电脑下落不明。遂向公安机关报案。科贸公司因未收到货款，故未按约定给科技公司出具销售发票。在上述整个业务过程中，乙始终以科技公司业务员的名义与科贸公司洽谈业务，乙与科技公司从未将乙的真实身份告知科贸公司。因此，科贸公司索要货款未果，将科技公司和乙诉至法院，要求其付清货款 36 000 元并赔偿经济损失。

【问题】当事人未对标的物的交付作具体约定，买卖合同的风险何时转移？

【分析】本案中，科贸公司与科技公司之间就买卖电脑事宜已经达成合意并已实际履行，因此双方之间存在买卖电脑合同关系。虽然当事人并没有明文约定交付货物，但根据当事人的交易习惯，现货交易的通常方式，应在某日报社 7 楼房间检验完毕后交付给买受人。乙、丙和科贸公司的业务员张某、吕某在某日报社 7 楼房间共同验机，后丙将科技公司 60 000 元的销货发票交给甲。按照通常的理解，此时应推定科技公司对货物完成了检验义务，确认货物无质量瑕疵，已实际接受科贸公司的交付。科技公司未向科贸公司支付款项并不阻碍合同的成立及生效，货物在此时已经完成交付。故科技公司应承担该笔本电脑买卖合同项下货物转移后的风险，依照约定向科贸公司履行付款义务。综上，买卖合同的风险转移时关系到买卖双方切身利益的重要问题，因此也会产生诸多纠纷。在必要时，合同双方可以在签订合同时对风险转移作出预订，以平衡当事人之间的利益。

思考题

1. 试述买卖合同的概念和特征。
2. 试述买卖合同的效力。
3. 买卖合同中当事人如何负担风险？
4. 何为保留所有权的买卖合同？《合同法》对其作了哪些限制？
5. 《合同法》规定了哪些特种买卖合同？

案例分析题

1. 王某与夏某于 2003 年 2 月签订一份买卖耕牛的合同。双方商议，价款 3500 元，在 3 月 8 日至 10 月 8 日之间，每月付 500 元，10 月 8 日前付清，该牛即归夏某。王某在 2 月 20 日即将该牛交到夏某的住处。在这之后，夏某每月都能按照约定向王某支付价款。岂料该牛在 9 月 6 日失脚坠落山崖摔死。

问：应当由谁来承担牛死亡的风险？为什么？

2. 个体户刘伟与果农李广河签订了一份买卖甜瓜的合同。双方约定，刘伟购买李广河 2500 公斤甜瓜，每公斤 1.60 元，共计价款 4000 元。刘伟当即交付 1000 元，并言明等第二天在果园将 3000 元余款交齐后将 2500 公斤甜瓜拉走。但是由于刘伟第二天未找到拉甜瓜的汽车，因此未来，哪曾想第三天夜里由于下暴雨 2500 公斤甜瓜腐烂毁损。5 天后刘伟找到车后前来拉甜瓜时，得知此事，遂要求李广河退还 1000 元，李不同意，并要求刘伟交付剩下的 3000 元，认为他的损失应当由刘伟负责。双方争执不下。刘伟遂向法院起诉，要求李广河返还 1000 元。

问：该案应当如何处理？

推荐书目

1. 吴志忠：《买卖合同法研究》，武汉大学出版社 2007 年版。

2. ［美］斯道克顿著，徐文学译：《货物买卖合同》，山西经济出版社 1992 年版。

3. 黄茂荣：《买卖法》，中国政法大学出版社 2002 年版。

4. 张新宝等：《买卖合同、赠与合同》，法律出版社 2000 年版。

5. 刘淑强：《买卖合同》，人民法院出版社 2001 年版。

6. 来奇：《买卖合同》，中国民主法制出版社 2003 年版。

7. 靳学军主编：《买卖合同 48 案》，中国法制出版社 2008 年版。

8. 翟云岭：《分期付款买卖中的买受人利益保护研究》，法律出版社 2007 年版。

9. 郭明瑞、王轶：《合同法新论·分则》，中国政法大学出版社 1997 年版。

10. 史尚宽：《债法各论》，中国政法大学出版社 2000 年版。

第十一章 供用能源、赠与、借款合同

 第一节 供用电、水、气、热力合同

一、供用电、水、气、热力合同的概念和特征

供用电、水、气、热力合同，包括供用电合同、供用水合同、供用气合同、供用热力合同，是指一方提供电、水、气、热力供另一方利用，另一方利用这些资源并支付报酬的合同。这类合同是移转财产所有权合同的一种，买卖合同关于移转财产所有权的规定，对于该合同同样具有效力。

供用电、水、气、热力合同除具有买卖合同的特征以外，还具有以下特征：

（一）合同的标的物是特殊的商品

供用电、水、气、热力合同的标的物为电、水、气、热力。这类商品的消费群体是一般的社会公众，而且是由有关单位垄断经营的，为保障人们生产和生活的需要，供应人有强制缔约的义务，不得拒绝利用人的通常、合理的要求。

（二）一般属于格式合同

这类合同一般采用格式合同，合同主要内容一般均由供方事先单方拟定，用方只能决定是否订立合同，一般不能就合同的具体条款与供方协商。当然，国家对于这类供用合同的收费标准都有一定的限制，供应人不得随意提高收费标准。

（三）合同履行具有继续性

供用电、水、气、热力合同中，利用人合同目的的实现需要供应方持续不断地履行合同。

我国《合同法》主要对供用电合同作了具体规定，对于供用水、供用气、供用热力合同，依《合同法》第184条的规定，"参照供用电合同的有关规定"。

二、供用电合同当事人双方的权利义务

（一）供电人的主要义务

1. 及时、合格、安全地供电。供电企业在用户提出申请后，应尽快确定供电方案，并在一定期限内正式书面通知用户。供电人应按照国家规定的供电质量标准和约定供电，电压频率、电压、供电可靠性等均须符合国家规定和约定的标准，供电的方式、时间、地址和电量等须符合合同的约定。供电人未按照国家规定的供电质量标准和约定安全供电，造成用电人损失的，应当承担损害赔偿责任。

2. 因故中断供电的通知义务。供电人因供电设施计划检修、临时检修、依法限电或者用电人违法用电等原因，需要中断供电时，应当按照国家有关规定事先通知用电人，以使其做好准备。供电人未事先通知用电人而中断供电，造成用电人损失的，应当承担损害赔偿责任（《合同法》第180条）。

3. 抢修义务。因大风、洪水、地震、泥石流等自然灾害等的原因或者因人为的破坏而造成不能正常供应电力甚至断电的，供电人应当按照国家有关规定及时抢修。未及时抢修，造成用电人损失的，应当承担损害责任（《合同法》第181条）。

（二）用电人的主要义务

1. 安全用电义务。用电人应当按照国家有关规定和双方当事人的约定安全用电，不得擅自改动用电计量装置和供电设施，不得擅自超负荷用电，在供用电合同中，当事人双方已经就供电方式、供电时间、供电质量、用电容量等作出约定的，用电人应当按照此约定安全使用电力。用电人未按照国家有关规定和当事人的约定安全用电，造成供电人损失的，应当承担损害赔偿责任（《合同法》第183条）。

2. 支付电费义务。供用电合同是一种双务有偿合同，用电人的基本义务是按照国家有关规定和当事人的约定及时交付电费，电费是用电人使用电力应当支付的对价。用电人逾期不交付电费的，应当按照约定支付违约金。经催告用电人在合理期限内仍不交付电费和违约金的，供电人可以按照国家规定的程序中止供电（《合同法》第182条）。

第二节 赠与合同

一、赠与合同的概念和特征

赠与合同是指赠与人将自己的财产无偿给予受赠人，受赠人表示接受赠与的合同（《合同法》第185条）。其中，将自己的财产无偿移转于他方的人是赠与人，接受财产的一方是受赠人。

赠与合同具有以下特征：

（一）赠与合同是转移标的物所有权的合同

赠与合同以赠与人将其财产给予受赠人，受赠人接受赠与的财产为内容，所以，赠与人须将财产所有权转移给受赠人。这一特征是赠与合同与买卖合同的相同之处，也是赠与合同与无偿服务、租赁和借用等合同的区别之处。

（二）赠与合同是单务合同

在赠与合同中，仅是赠与人负有给付赠与财产的义务，而受赠人并无对待给付义务。因此，赠与人不享有双务合同当事人可享有的合同履行抗辩权。

（三）赠与合同是无偿合同

赠与人将其财产给予受赠人所有，受赠人取得赠与物无须偿付任何代价，这是赠与合同与买卖、互易等合同的根本区别。

（四）赠与合同是诺成性合同

赠与合同是实践性合同还是诺成性合同，是一个理论问题，更是一个实践问题。在实践中，对其性质的认定，直接影响到赠与人义务的履行和撤销权行使的性质的认定。《合同法》第185条规定："赠与合同是赠与人将自己的财产无偿给予受赠人，受赠人表示接受赠与的合同。"第186条规定："赠与人在赠与财产的权利转移之前可以撤销赠与。具有救灾、扶贫等社会公益、道德义务性质的赠与合同或者经过公证的赠与合同，不适用前款规定。"根据这两条规定，我们可以看出，首先，赠与合同只须当事人意思表示一致，无须实际交付标的物，也无须采用特定的形式就可以成立。其次，赠与人在赠与财产的权利转移之前可以撤销赠与。可见《合同法》是将赠与合同规定为诺成性的合同，即只要双方当事人就无偿转移标的物所有权与接受转移达成协议，即可生效，而不以赠与物的实际交付为要件；将赠与合同规定为诺成性合同，是符合赠与合同的特性的。赠与行为不是一种交易行为，而是无偿行为，是助人的行为，也是法律所保护、提倡的道德行为，因此，有必要对赠与人进行特殊的保护。

二、赠与合同的效力

赠与合同是单务合同，因此赠与合同的效力主要表现为赠与人的义务和受赠人的权利。

（一）赠与人的义务

1. 给付赠与标的物的义务。赠与合同成立并生效后，除赠与人依法撤销赠与外，赠与人应当按照约定的期限、地点、方式、标准将标的物转移给受赠人。赠与的财产依法需要办理登记等手续的，应当办理有关手续（《合同法》第187条）。

2. 特定情况下的瑕疵担保义务。赠与合同中，赠与人对赠与物的瑕疵一般不负担保责任。但在以下两种情况下，赠与人应负瑕疵担保责任：

（1）在附义务的赠与中，赠与人在附义务的限度内承担与出卖人相同的违约责任（《合同法》第191条第1款）。

（2）赠与人故意不告知瑕疵或保证无瑕疵，造成受赠人损失的，应当承担损害赔偿责任（《合同法》第191条第2款）。

（二）受赠人的权利

受赠人的权利主要是接受赠与物并取得赠与财产所有权。

三、赠与合同的撤销

赠与合同可以撤销，赠与的撤销有任意撤销与法定撤销两种。

（一）任意撤销

赠与合同的任意撤销是指在赠与财产的权利转移之前，得由赠与人依其意思任意撤销赠与合同。[1] 即以动产为标的物的赠与合同，在赠与物交付之前，赠与人可任意撤销；必须经过登记才能移转权利的标的物，在办理权利移转登记之前，赠与人可任意撤销。但是具有救灾、扶贫等社会公德、道德义务性质的赠与合同和经过公证的赠与合同，赠与人不得任意撤销（《合同法》第186条第2款）。规定赠与人任意撤销权的目的，在于减轻赠与人的义务。在实践中，关于赠与人的任意撤销权，我们应当明确以下问题：①任意撤销权是赠与人单方享有的权利。赠与合同是单务合同，赠与人负有将自己的财产无偿给予受赠人的义务，与此义务相适应，法律赋予

---

〔1〕　王利明主编：《民法》，中国人民大学出版社2000年版，第412页。

赠与人单方享有撤销权。②任意撤销权的行使，必须在财产权利转移之前。③任意撤销权行使的例外。在以下情况，赠与人不得行使撤销权：其一，具有社会公益、道德义务性质的赠与合同不得撤销。这种赠与一般涉及不特定多数人的利益，涉及到社会的道德风尚，赠与人的行为具有重要的社会意义，因而，有必要加以例外规定；其二，经过公证的赠与合同。经过公证的赠与合同，比一般的赠与合同具有更强的证明力，对双方的约束力也更强，因此，在赠与人的撤销权行使方面也应当作出例外规定。

（二）法定撤销

赠与合同的法定撤销，是指赠与合同生效后，因发生法定事由，赠与人或者赠与人的继承人或监护人有权撤销赠与时，因撤销权的行使而撤销赠与。[1]

1. 撤销权行使的法定事由。依《合同法》第 192 条的规定，赠与人可以行使撤销权的法定事由有：①受赠人严重侵害赠与人或者赠与人的近亲属。对于是否构成严重损害，应当从受赠人行为的情节和后果等方面进行分析。②受赠人对赠与人有扶养义务而不履行。这只适用于受赠人能履行而不履行的情况。受赠人虽有扶养义务而无扶养能力不能履行的，赠与人无权撤销赠与。③受赠人不履行合同约定的义务。赠与人的继承人或法定代理人可以行使撤销权的法定事由是，因受赠人的违法行为致使赠与人死亡或者丧失民事行为能力。

2. 撤销权的行使。撤销权的行使期限，因撤销权人的不同而有所不同。赠与人的撤销权，从赠与人知道或者应当知道撤销原因之日起 1 年内行使。赠与人的继承人或者法定代理人的撤销权，自知道或者应当知道撤销原因之日起 6 个月内行使。

3. 撤销权行使的效力。撤销权人行使赠与合同的撤销权，应当向受赠人进行撤销的意思通知，自撤销的意思通知到达受赠人时生效。赠与合同经撤销权行使后，赠与物未交付的，赠与人可拒绝履行，赠与物已交付或已办理过户登记手续的，赠与人可以请求受赠人返还赠与的财产。

---

〔1〕　魏振瀛主编：《民法》，北京大学出版社、高等教育出版社 2007 年版，第 471 页。

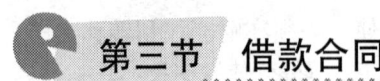

第三节　借款合同

一、借款合同的概念和特征

借款合同，是指借款人向贷款人借款，到期返还借款并支付利息的合同（《合同法》第196条）。其中，向对方借款的一方为借款人，出借钱款的一方为贷款人。

借款合同有以下特征：

（一）借款合同是以转让货币所有权为目的的合同

借款合同是以货币为标的物的合同，货币属于代替物、消耗物，因此，在借款合同关系中，借款人在取得了贷款人交付的钱数后，可以对借款进行占有、使用、收益和处分，货币的交付将发生所有权的转移。

（二）借款合同的标的物为货币

借款合同不同于传统民法中的借贷合同。一般而言，借贷合同的标的物为可消耗物，而借款合同的标的物仅限于货币。借款合同的目的在于使借款人获得对该借款的消费，因此，借款合同的标的物在交付于借款人并经其消费后，不能原物返还。借款合同期限届满，借款人只要以同样数量的金钱偿还即可。

（三）借款合同为要式合同，但自然人间的借款合同为不要式合同

《合同法》第197条第1款规定："借款合同采用书面形式，但自然人之间借款另有约定的除外。"可见，借款合同以书面形式为原则。以金融机构为贷款人的借款合同属于要式合同，金融机构以贷款为营业，其发放贷款的数额较大，周期较长，采用书面形式有助于明确金融机构与借款人之间的权利义务，有利于减少纠纷，同时，对于保障借款人的用款计划和金融机构的信贷资金的安全，也有积极的意义。自然人之间的借款合同，可经当事人自由约定选择合同的形式，但如果自然人之间并无约定者也必须采用书面形式。

（四）借款合同原则上为有偿合同

借款合同依借款人是否支付利息，可以分为有偿借款合同和无偿借款合同。贷款机构为金融机构的借款合同，一般为有偿合同，金融机构发放贷款，意在获取相应的营业利润，因此，借款人在获得金融机构所提供的贷款的同时，不仅负担按期返还本金的义务，还要按照约定向贷款人支付

利息。而自然人之间的借款，当事人双方可以约定利息，也可以不约定利息。依《合同法》第211条的规定，自然人之间的借款合同对支付利息没有约定或者约定不明确的，视为不支付利息。所以，自然人之间的借款，当事人没有明确约定利息的，该合同即为无偿合同。

（五）借款合同原则上为诺成合同

以金融机构出借货币为内容的借款合同，在合同双方当事人协商一致时，合同关系即可成立，依法成立的合同，自成立时起生效，而无需以贷款人贷款的交付作为要件，因而金融机构借款合同为诺成性合同。但《合同法》第210条规定："自然人之间的借款合同，自贷款人提供借款时生效。"依照此规定，自然人间的借款合同为实践性合同，无论是口头形式还是书面形式的借款合同都必须于贷款人将借款交付给借款人后才能成立生效。

（六）借款合同原则上为双务合同

借款合同原则上为诺成性合同，以金融机构为贷款人的借款合同从双方达成合意时成立生效，自合同成立后，贷款人负有按合同的约定交付借款的义务，借款人负有按期偿还借款和支付利息的义务。所以，借款合同原则上应为双务合同。但依法律规定，自然人之间的借款合同为实践性合同，只有在贷款人将借款提供给借款人，合同才成立生效，在合同生效后，贷款人不再负担义务，仅有借款人一方负担返还借款的义务，因而，自然人之间的借款合同原则上为单务合同。[1]

二、金融机构借款合同的效力

（一）贷款人的义务

1. 依约提供款项。这是贷款人的主要义务。借款合同生效后，贷款人应当依照约定按时、足额提供借款。《合同法》第201条第1款规定："贷款人未按照约定的日期、数额提供借款，造成借款人损失的，应当赔偿损失。"

2. 保密义务。贷款人对于基于借款合同所掌握的借款人的各项商业秘密，应尽到保密义务。

（二）借款人的义务

1. 按照合同约定的时间和数额收取借款。借款人未按照约定的日期、数额受领贷款的，应当按照约定的日期、数额支付利息。

---

〔1〕 魏振瀛主编：《民法》，北京大学出版社、高等教育出版社2007年版，第475页。

2. 按照约定的用途合理使用借款。借款人未按照约定的借款用途使用借款的，依《合同法》第 203 条的规定，贷款人可以停止发放借款，提前收回借款或者解除合同。

3. 接受贷款人检查、监督的义务。借款人应当按照约定，定期向贷款人提供有关财务会计报表等资料。

4. 按期返还借款义务。借款人应当按照约定的期限返还贷款。对借款期限没有约定或者约定不明确的，当事人可以协议补充；不能达成补充协议的，按照合同有关条款或者交易习惯确定；仍不能确定的，借款人可以随时返还，贷款人可以催告借款人在合理期限内返还。借款人未按照约定的期限返还借款的，应当按照约定或者国家有关规定支付逾期利息。

5. 按照约定的期限支付利息的义务。对支付利息的期限没有约定或者约定不明确的，当事人可以协议补充；不能达成补充协议的，按照合同有关条款或者交易习惯确定；仍然不能确定的，则借款期间不满 1 年的，应当在返还借款时一并支付；借款期间 1 年以上的，应当在每届满 1 年时支付，剩余时间不满 1 年的，应当在返还借款时一并支付（《合同法》第 205 条）。利息数额的确定，应当按照中国人民银行规定的贷款利息的上下限确定（《合同法》第 204 条）。借款人未按规定期限支付利息的，应负违约责任。

借款人提前偿还借款的，除非当事人另有约定，借款人有权按照实际借款的期间计算利息。

三、自然人之间的借款合同

自然人之间的借款合同可以比照金融机构借款合同的相关规定处理。双方当事人未明确约定利息的，视为不支付利息。在无息借款时，借款人无支付利息的义务。自然人之间的借款合同约定支付利息的，借款的利率不得违反国家有关限制借款利率的规定（《合同法》第 211 条）。

自然人之间的无息借款合同，其无息的约定只能适用于借款合同期间。当借款合同到期，而借款人未履行还款义务时，出借人除了可以要求借款人偿还借款外，是否还可以要求其支付逾期还款的的利息？关于这个问题，我国的法律、司法解释有明确规定。《民法通则若干意见》第 123 条规定："公民之间的无息借款，有约定偿还期限而借款人不按期偿还，或者未约定期限但经出借人催告后，借款人仍不偿还的，出借人要求借款人偿付逾期利息，应当予以准许。"1991 年最高人民法院《关于人民法院审理借贷案件的若干意见》第 9 条规定："公民之间的定期无息借贷，出借人要求借款人偿付逾期利息，或者不定期无息借贷经催告不还，出借人要求偿付催告后利息的，可参照银行同类贷款的利率计息。"《合同法》第207 条规定："借款人未按照约定的期限返还借款的，应当按照约定或者国家有关规定支付逾期利息。"这说明我国的法律、司法解释均肯认出借人向借款人支付逾期的利息的要求。在司法实践中，出借人要求借款人支付逾期利息的，视定期合同或者不定期合同而有所不同：当双方当事人签订的是定期无息借款合同时，按照约定的期限来计算逾期天数，从而确定逾期利息；当双方当事人签订的是不定期合同时，就有一个逾期如何认定的问题。《合同法》第62 条第4 项规定："履行期限不明确的，债务人可以随时履行，债权人也可以随时要求履行，但应当给对方必要的准备时间。"依此规定，在考虑了给借款人必要的准备时间以后，应以出借人的催告来确定逾期的天数。无论双方当事人是否在合同中约定应当支付逾期利息，只要借款人在逾期还款后，出借人提出支付逾期利息的要求，借款人就应当支付逾期的利息；在支付逾期利息时，可参照银行同类贷款的利率计息。

四、借款合同终止

借款合同终止的原因，主要有：

1. 借款合同因期限届满双方履行合同而终止。借款合同期限届满，双方当事人未约定对合同继续续期的，则合同终止，借款人应依约定将借款及利息返还给贷款人，借款合同因此而消灭。

2. 借款合同因解除而终止。借款人未按照约定的借款用途使用借款的，贷款人可以解除合同，借款合同因此而终止。

除以上两种主要原因外，合同终止的其他原因也适用于借款合同。

 案例分析

（一）赠与合同的撤销

【案例分析】王某系一工程师，在一次出差时结识了某灾区的小学校长刘某，在得知该学校因受灾无法进行正常的教学活动时，当即表示愿意赠与该小学4 台电脑。后王某与该小学签订了赠与合同。合同约定，这4 台电脑分4 年交付，王某每年向小学赠与1 台。第一年和第二年，王某依约向小学各赠与了1 台电脑，第三年王某告知刘某，他由于最近单位效益不佳，收入减少了许多，同时女儿患重病，急需治疗，今后的赠与将不再执行，请刘某谅解。该小学与王某协商未果，就向法院提起诉讼，要求王某继续履行合同。该小学某生家长知道此事后，非常气愤，就找到该工程师对他进行谩骂，而该小学对此事并不知情。王某在法庭上表示，自己很伤心，不愿再履行合同。并称自己有充足的理由享有赠与合同的任意撤销权和法定撤销权，同时还有权终止合同。法院审理查明，王某的所在单位濒临破产，其女儿患重病正在医院治疗。

【问题】王某的主张是否合理？为什么？

【分析】本案主要涉及的问题是赠与人的任意撤销权行使的限制、法定撤销权的事由，以及终止赠与合同的条件等问题。

1. 赠与合同的任意撤销权行使的限制。赠与合同为无偿合同，从利益衡量的角度出发，我国立法规定了赠与人的撤销权。该权利是指以赠与人的愿望就可撤销合同的权利。该撤销权在性质上属于形成权。《合同法》第186条第1款规定："赠与人在赠与财产的权利转移之前可以撤销赠与。"这是合同法对一般赠与的规定。该法第2款还对任意撤销权的行使作了限制："具有救灾、扶贫等社会公益、道德义务性质的赠与合同或者经过公证的赠与合同，不适用前款规定。"这说明，对赠与合同撤销权的行使是有限制的。具体而言，具有救灾、扶贫等社会公益性质的赠与合同、具有道德义务的赠与合同以及经过公证的赠与合同是不能任意撤销的。赠与合同是单务合同，赠与人的任意撤销权的行使是对诚实信用原则的弱化，如果对于事关社会公共利益、道德义务的赠与合同，仍然采取弱化的态度，则与法律所追求的社会公平正义的宗旨相背离，而且极有可能纵容一些赠与人沽名钓誉却不承担义务，背信弃义。[1] 经过公证的赠与合同，比口头的和一般书面的合同具有更强的证明力和对双方的约束力。这3类赠与合同，只要合同已经生效，赠与人就无权撤销。该案中，王某的赠与行为属于具有社会公益性质的赠与，因此，不享有任意撤销权。

2. 法定撤销权的行使条件。法定撤销权，是指具备法定事由时，赠与人或者其他撤销权人撤销赠与合同的权利。依照《合同法》第192条的规定，赠与人可撤销赠与的法定事由主要是：①受赠人严重侵害赠与人或者赠与人的近亲属；②受赠人对赠与人有扶养义务而不履行；③受赠人不履行赠与合同约定的义务。小学生的家长谩骂王某，并不属于法定撤销权的行使的法定事由，因此，王某不具有法定撤销权。

---

〔1〕 谢怀栻等：《合同法原理》，法律出版社2000年版，第356页。

3. 赠与人提前终止合同的条件。《合同法》第 195 条规定："赠与人的经济状况显著恶化，严重影响其生产经营或者家庭生活的，可以不再履行赠与义务。"这说明，赠与人要提前终止合同，必须满足以下条件：①必须是在赠与人订立合同后，其经济状况显著恶化。这种恶化既包括财产的减少，也包括支付的增加。如果交付或者转移财产权利时的经济状况尽管困难，但与合同订立时的财产状况相同，则赠与人就没有提前终止合同的权利；②必须是经济状况显著恶化后，严重影响其生产经营或者家庭生活，无足够的资金或者财产赠与他人。王某因收入受影响和女儿患病，已严重影响到其家庭生活，其有理由提前终止赠与合同。王某提前终止合同，对已经履行的 2 台电脑不产生影响。

（二）借款合同的生效

【案情介绍】甲为经营建筑材料的个体户，因进一批材料，在货到后就须付款，需要一笔资金，就向同行乙借款。双方订立一份借款合同。合同中约定：乙借给甲 20 万元，于 10 日后将借款交给甲，借款期限为 3 个月，利息按同期银行贷款利率计算。10 日后，甲因需付贷款即要求乙提供借款，乙则说：我的资金也周转不开，不能借给。无奈，甲又向丙借款 20 万元，但丙提出利率为银行同期贷款利率的 2 倍。这时候，甲认为因乙不履行借款合同，而使自己多付利息，要求乙赔偿其利息损失；而乙拒绝赔偿，认为双方之间的借款合同并不生效，其不应付违约责任。

【问题】乙应否向甲赔偿其因未提供借款而造成甲多付利息的损失？

【分析】本案中，乙对甲的利息损失不负赔偿责任。

借款合同自何时生效，依借款合同的主体不同而不同。在一般情形下，借款合同自当事人双方达成协议时起就成立生效。但依《合同法》第 210 条规定，自然人之间的借款合同，自贷款人提供借款时生效。这也就是说，自然人之间的借款合同，不论采取何种形式，在贷款人提供借款前不生效；只有贷款人将借款付给贷款人后，借款合同才生效。借款合同不生效，贷款人也就不负履行提供贷款的义务，当然也就不发生违约责任。

就本案来说，甲与乙之间的借款合同是否为自然人之间的借款合同，有不同的观点。因为我国《民法通则》中是在自然人一章中规定个体工商户的，乙并非金融机构，因此，该借款合同应当看作是自然人之间的借款合同。该合同自贷款人提供借款时才生效。因乙未提供借款，该借款合同也就未生效，故乙不负违约责任，甲无权要求乙赔偿。

 思考题

1. 供用电、水、气、热力合同有哪些特征?
2. 赠与人可以行使撤销权的法定事由有哪些?
3. 借款合同有哪些特征?
4. 金融机构借款合同的效力如何?

案例分析题

1. 某年 4 月 1 日,原告赵瑞庭与被告可保顺各投资 10 000 元,合伙做服装生意,至同年 8 月散伙。散伙时,双方协商:所剩货物归被告所有,原告合伙时投资的 10 000 元,由被告出具借据,转为被告向原告的借款。同年 10 月,被告又向原告借款 5000 元,利息按月息 2 分计算,次年 2 月,双方又商定将 10 000 元这笔借款加利息 2400 元(400 元已付)改为欠款 12 000 元,利息按月息 1 分 5 厘计算。次年 4 月 15 日,被告归还了 5000 元借款的利息 600 元;同时双方将 5000 元这笔借款的利息改为月息 1 分 5 厘。此后,两笔借款利息均按月息 1 分 5 厘计算。

因被告久拖欠款不还,原告向开封市顺河回族区人民法院起诉称:1990 年 10 月借给被告 5000 元,约定月息 2 分,至 1991 年 4 月 15 日已归还利息 600 元,同时将月息改为 1 分 5 厘。1991 年 2 月,又借给被告 12 000元,约定月息 1 分 5 厘。经多次催要,被告久拖不还。现要求被告偿还本金 17 000 元及利息 3225 元。被告辩称:原告所说的 12 000 元借款,不是现金,而是以货物折抵的价款,并出具了欠款条。现主要是货卖不出去,没钱还账。[1]

问:

(1) 该案中的两个借款合同是否有效,为什么?

(2) 该案应如何处理?

2. 吴某与韩某均系农民,2001 年协议离婚,协议中约定女儿由女方韩某扶养,吴某每年给付 2000 元抚养费。离婚后,双方经常为孩子的教育问题发生争执,致双方关系恶化,吴某因此不愿再支付抚养费。2002 年吴某

----

〔1〕 参见《人民法院案例选》(1992~1996 年合订本),人民法院出版社 1977 年版,第 363 页。

将卖粮仅得的 2000 元赠给了某希望小学，自己则到外地一企业打工去了。韩某知道后，起诉到法院，要求撤销该赠与。

　　问：韩某是否能请求法院撤销该赠与？为什么？

推荐书目

1. 祝铭山主编：《借款合同纠纷》，中国法制出版社 2004 年版。

2. 邱纪成编著：《借款合同实务》，水利水电出版社 2005 年版。

3. 郭明瑞、王轶：《合同法新论·分则》，中国政法大学出版社 1997 年版。

4. 史尚宽：《债法各论》，中国政法大学出版社 2000 年版。

第十二章　租赁与融资租赁合同

第一节　租赁合同

一、租赁合同的概念、特征

租赁合同是出租人将租赁物交付承租人使用、收益，承租人支付租金的合同。

租赁，是最古老的信用形式之一，在漫长的发展过程中经历了古代租赁、近代租赁和现代租赁三个阶段。"租"是指将物件借给他人而得到报酬；"赁"是指借入别人物件而付出费用。

租赁合同是租赁关系的法律表现形式，是出租人与承租人为设立租赁关系而达成的协议。《合同法》第212条规定："租赁合同是出租人将租赁物交付承租人使用、收益，承租人支付租金的合同。"租赁合同的主体是出租人和承租人。出租人是将特定财产交付他人使用、收益而获得报酬的一方当事人，承租人是使用租赁物并支付租金的人。租赁合同的标的是租赁物。

租赁合同具有以下特征：

（一）租赁合同是转移财产使用权、收益权的合同

在租赁合同中，出租人所转移的是租赁物的使用权，交付租赁物后，出租人仍保留租赁物的所有权，他还可以将租赁物转让或抵押，一旦转移物的所有权就不再是租赁合同。承租人取得租赁物的使用权、收益权，不享有租赁物的所有权，租赁期限届满，租赁关系消灭，承租人应将租赁物返还出租人，《合同法》第235条规定："租赁期间届满，承租人应当返还租赁物。返还的租赁物应当符合按照约定或者租赁物的性质使用后的状态。"

（二）租赁合同是双务、有偿合同

获得租金是出租人出租财产的目的，承租人交付租金是获得租赁物使用权的对价，交付租金与转移租赁物的使用权、收益权之间存在着对价关

系，双方当事人既互相负有一定的义务，又互相享有一定的权利，双方的权利义务具有对应性，因此，是一种双务、有偿合同。

（三）租赁合同是以特定的非消耗物为标的的合同

由于租赁合同的特性决定了租赁期满承租人应当将租赁物返还出租人，因此，要求租赁合同的标的必须是特定的非消耗物。消耗物一经使用即转化为他物，原物消灭。作为所有权客体的物的灭失，必然导致所有权的消灭，出租人一旦丧失了所有权，租赁合同将不复存在，所以，消耗物不能作为租赁标的。无形财产一般也不能作为租赁合同的标的，因为，无形财产与有形财产不同，无形财产一旦公开就可以为许多人掌握和使用，财产所有人难以对自己的无形财产加以控制，如果承租人违约，出租人就无法收回其财产，致使租赁合同不能履行。

（四）租赁合同的期限有一定限制

我国《合同法》规定，租赁合同的最高期限是20年，超过部分无效。租赁期限6个月以上的，应当采用书面形式，当事人未采用书面形式的，视为不定期租赁。无论合同当事人是否在合同中明确约定租赁期限，租赁合同都是有期限的。租赁合同的这一特征是由租赁合同是转移财产使用权的合同的性质决定的，即使是不定期租赁，也不能理解为无期限的永久租赁，而是任意期限的租赁，当事人一方可以随时解除租赁合同，但出租人解除租赁合同的，应当在合理期限之前通知承租人，以保护承租人的利益。

二、租赁合同的内容

《合同法》第213条规定："租赁合同的内容包括租赁物的名称、数量、用途、租赁期限、租金及其支付期限和方式、租赁物维修等条款。"这是租赁合同一般应包含的主要条款，当事人订立租赁合同，应就这些条款协商一致。

（一）租赁物的名称

租赁物的名称应当在合同中写明，该租赁物既可以是动产也可以是不动产，同时必须是符合法律规定的标的物。法律禁止的流通物一般不能作为租赁合同的标的物，否则，租赁合同无效。以法律限制流通的物作为租赁物的，依法受到限制，应当按照特殊的行政法规办理。

（二）租赁物的数量

数量是对租赁物的量化限制，租赁合同应当对租赁物的数量、规格、型号等予以确定化，数量的计量单位一般应当使用国家规定的计量单位，也可以使用双方共同选择或接受的计量单位，但必须明确不致引起争议。

（三）租赁物的用途

规定租赁物的用途，便于当事人履行合同以避免可能引起的纠纷。承租人有权要求出租人提供适于约定用途的租赁物，如果租赁物不具有约定的用途，出租人应承担相应的责任。同样，出租人有权要求承租人必须按约定的用途使用租赁物，若承租人未按约定用途使用租赁物的，出租人可解除合同并有权要求赔偿损失。通过规定用途条款，出租人可以较确定地了解租赁物的磨损情况，进而限制承租人破坏性使用租赁物的行为。对于当事人未在租赁合同中约定使用用途的，承租人应依租赁物的性质或者通常用途使用，非依其性质或通常用途使用造成损害的，应赔偿出租人因此所受到的损失，但出租人知道或应当知道承租人依特定用途使用的除外。

（四）租赁期限

租赁期限是租赁合同的有效期限。当事人一般应当约定期限。我国《合同法》对租赁合同的最长期限作了规定，租赁期限不得超过20年，超过部分无效。当事人应当在法律规定的20年范围内约定属于自己合同的租赁期限。租赁期限约定后，双方应当严格按照约定期限执行，租赁期限届满，租赁合同自然终止，承租人应当返还租赁物。经双方协商也可以续订合同或在出租人无异议的情况下，由承租人继续使用租赁物。如果未约定期限，则租赁合同属于不定期租赁合同，承租人有权在任意时间内提出退租，出租人也有权在任意时间内撤租，只是要给对方一个合理的准备时间。

（五）租金及其支付期限和方式

租金的数额、支付期限和支付方式应当在合同中约定，如果没有约定，应当协议补充，不能达成补充协议的，按照合同有关条款或者交易习惯确定。对于承租人无正当理由未支付或延迟支付租金的，出租人可以要求承租人在合理的期限内支付。承租人逾期不支付的，出租人可以解除合同。

（六）租赁物的维修

在租赁期间，租赁物的所有权归出租人所有，而且承租人需要支付租金作为使用、收益租赁物的对价，因此，通常情况下出租人应当承担租赁物的维修义务，但同时也允许当事人根据具体情况自己约定，根据我国《合同法》规定，除当事人另有约定外，出租人应当履行租赁物的维修义务。承租人在租赁物需要维修时，可以要求出租人在合理期限内维修。出租人未履行维修义务的，承租人可以自行维修，维修费用由出租人负担。因维修租赁物影响承租人使用的，应当相应减少租金或延长租期。

三、租赁合同当事人的权利义务

（一）出租人的权利

1. 获取租金的权利。收取租金是出租人最基本的权利，也是出租人订立租赁合同的主要目的。出租人按租赁合同交付租赁物后，有权要求承租人按约定的数额、支付期限和方式支付租金。承租人无正当理由不支付或者迟延支付租金的，出租人可以要求在合理期限内支付。承租人逾期不支付的，出租人可以解除合同。

2. 处分租赁物的权利。出租人将租赁物交付承租人后仍保留租赁物的所有权，因此，在租赁合同有效期内，出租人有权对租赁物作一定处分，或转让或设立抵押权等。但出租人在行使处分权时，不得损害承租人依租赁合同获得的使用、收益权，否则，应承担损害赔偿责任。

3. 请求损害赔偿的权利。由于承租人的原因，致使租赁物受到损害或出租人受到财产损失的，出租人有权要求承租人赔偿其损失。根据《合同法》规定，有下列情形之一的，出租人有权要求赔偿损失：①承租人未按照约定的方法或者租赁物的性质使用租赁物，致使租赁物受到损失的；②因承租人保管不善造成租赁物毁损、灭失的；③承租人未经出租人同意，对租赁物进行改善或者增设他物的；④经出租人同意转租，第三人对租赁物造成损失的。

4. 收回租赁物的权利。租赁期限届满承租人不再续租或者租赁合同解除或者其他原因导致租赁关系终止，出租人都有权收回租赁物，因为租赁合同是临时转让使用权和收益权的合同，这种临时关系一旦消灭，出租人就可以收回自己的所有物。

（二）出租人的义务

1. 按照约定交付租赁物的义务。我国《合同法》第216条规定："出租人应当按照约定将租赁物交付承租人，并在租赁期间保持租赁物符合约定的用途。"出租人按照约定将租赁物交付承租人，并在租赁期间保持租赁物符合约定的用途，是出租人的基本义务。如果出租人不能按照规定交付租赁物，将无法满足承租人的需求，直接影响到合同的履行。按照约定交付租赁物包括三层意思：①按照约定的时间交付租赁物。在租赁合同成立前租赁物已为承租人直接占有的，于合同约定的交付时间起承租人即可使用、收益租赁物；租赁合同没有约定交付时间的，出租人应当在合同成

立后的合理期限内交付，即出租人可以随时交付，承租人也可以随时要求交付，但应给对方必要的准备时间。②出租人应当交付租赁合同约定的特定租赁物，租赁物的质量、规格、型号等都应当与合同的约定相符，不得以类似物品代替，租赁物有从物的，出租人交付租赁物时，应当同时交付从物。③应当依租赁合同约定的地点交付租赁物，没有约定交付地点的，动产在出租人所在地或者营业地交付，不动产在不动产所在地交付。

2. 保持租赁物符合约定用途的义务。在租赁期间，出租人应当保持租赁物处于适于使用、收益的状态，即保持租赁物符合约定的用途。当租赁物的品质降低或毁损，影响承租人的使用、收益时，出租人应当履行租赁物的维修义务，使租赁物保持符合约定用途的状态。出租人不能履行交付租赁物并在租赁期间保持租赁物符合约定用途义务的，应当承担违约责任。同时，承租人可以不交付租金。一般认为，出租人对租赁物的维修以有必要和有可能为条件。在租赁合同履行期间，确有必要对租赁物进行维修的，应由承租人通知出租人，要求出租人在合理的期限内维修。出租人经催告未履行维修义务的，承租人可以自行维修，维修费用由出租人负担。

3. 租赁物的瑕疵担保义务。出租人对租赁物的瑕疵担保义务包括物的瑕疵担保义务和权利瑕疵担保义务两个方面。物的瑕疵担保义务是指出租人担保租赁物不存在影响承租人使用、收益的缺陷的义务。租赁物本身存在瑕疵，致使承租人无法依租赁合同约定对租赁物使用、收益的，出租人应当赔偿承租人因此造成的损失，承租人也可以要求减少租金或解除合同。无论租赁物的瑕疵是在该租赁物交付前就已存在还是交付后产生的，只要在租赁合同存续期间，出租人都必须承担该物的瑕疵担保义务，除非租赁合同成立时承租人明知租赁物有瑕疵，双方以特别约定免除或者限制出租人的担保义务。但是，租赁物危及承租人安全或者健康的，即使承租人在订立合同时明知该租赁物质量不合格，承租人仍然可以随时单方解除合同，无须征得出租人同意。《合同法》第233条规定："租赁物危及承租人的安全或者健康的，即使承租人订立合同时明知该租赁物质量不合格，承租人仍然可以随时解除合同。"权利瑕疵担保义务是指出租人担保不会因第三人对租赁物主张权利而影响承租人使用、收益的义务。如果出租人不享有将标的物出租给承租人使用、收益的权利，或者租赁物因为受到其他用益权利的限制，致使承租人在事实上不能对租赁物使用、收益，或者因第三人对承租人主张权利致使承租人不能依租赁合同约定对租赁物使用、收益的，出租人应当承担违约责任。出租人违反权利瑕疵担保义务，承租人可以要求减少或者不支付租金，承租人对租赁物完全无法使用、收益的，可要求解除合同并赔偿损失。《合同法》第228条规定："因第三人主张权利，致使承租人不能对租赁物使用、收益的，承租人可以要求减少租金或者不支付租金。第三人主张权利的，承租人应当及时通知出租人。"

（三）承租人的权利

占有、使用、收益租赁物的权利。租赁合同是出租人将租赁物交付承租人使用、收益，承租人支付租金的合同，按照我国《合同法》的规定，在租赁期间因占有、使用租赁物获得的收益，归承租人所有，但当事人另有约定的除外。出租人交付租赁物后，承租人即可依照合同约定的方式独立使用、收益租赁物，承租人按照约定的方法或者租赁物的性质使用租赁物，致使租赁物受到消耗的，不承担损害赔偿责任。

优先购买权。优先购买权是指出租人出卖房屋时，房屋承租人在同等条件下，依法享有优先于其他人购买该房屋的权利。《合同法》第230条规定："出租人出卖租赁房屋的，应当在出卖之前的合理期限内通知承租人，承租人享有以同等条件优先购买的权利。"优先购买权的实现需要具备下列条件：①出租人要出卖租赁房屋；②出卖行为须发生在租赁期间；③在同等的条件下购买；④承租人享有该权利的时间是在出租人所确定的合理期限内。

对租赁物进行改善或者增设他物的权利。承租人在使用、收益租赁物的过程中，为了方便承租人的生产经营或生活，可以对租赁物进行必要且有益的改造，这就是承租人对租赁物进行改善或者增设他物的权利。承租人行使改善租赁物或者在租赁物上增设他物的权利，必须经出租人同意，未经出租人同意的，出租人可以要求恢复原状或者赔偿损失。经出租人同意，承租人对租赁物进行改善或者增设他物导致租赁物增值的，在租赁关系终止时，承租人可以对租赁物的增值部分获得补偿，即要求出租人偿还必要的费用。《合同法》第223条规定："承租人经出租人同意，可以对租赁物进行改善或者增设他物。承租人未经出租人同意，对租赁物进行改善或者增设他物的，出租人可以要求承租人恢复原状或者赔偿损失。"

（四）承租人的义务

按约定的方法使用租赁物的义务。承租人按租赁合同取得租赁物的使用、收益权，同时负有按约定方法使用租赁物的义务。关于租赁物的使用方法一般由当事人在合同中约定，如果对租赁物的使用方法没有约定或者约定不明确，双方可以通过补充协议确定。承租人不按照约定的方法或者租赁物的性质使用租赁物，属于违约行为，致使租赁物受到损失的，出租人可以解除合同并要求赔偿损失。

妥善保管租赁物的义务。承租人占有、使用租赁物应尽善良管理人的注意义务，妥善保管租赁物。当租赁物需要维修或第三人对租赁物主张权利时，承租人应及时通知出租人。承租人因过错保管不善造成租赁物毁损、灭失的，应当承担损害赔偿责任。

支付租金的义务。承租人应当按照合同约定的数额、方式、期限等向出租人支付租金。因第三人主张权利，致使承租人不能对租赁物使用、收益的，承租人可以要求减少或者不支付租金。另外，因不可归责于承租人的事由，致使租赁物部分或者全部毁损、灭失的，承租人可以要求减少租金或者不支付租金；因租赁物部分或者全部毁损、灭失，致使不能实现合同目的的，承租人可以解除合同。关于租金的支付方式，当事人可以约定一次性支付，也可以分期支付。租赁期限较长的，通常采用分期支付方式。承租人应按约定期限支付租金，对支付期限没有约定或约定不明确的，依照《合同法》第 61 条的规定，由当事人达成补充协议或者按照《合同法》有关条款或交易习惯确定支付期限，如仍不能确定，租赁期限不满 1 年的，应当在租赁期间届满时支付；租赁期间 1 年以上的，应当在每届满 1 年时支付，剩余期间不满 1 年的，应当在租赁期间届满时支付。承租人无正当理由不支付或者迟延支付租金的，出租人可以要求承租人在合理期限内支付。承租人逾期不支付的，出租人可以解除合同。

返还租赁物的义务。在租赁合同终止时，承租人有义务返还租赁物。由于承租人的故意或过失，致使租赁物部分或全部毁损、灭失的，承租人应负损害赔偿责任。

四、租赁合同的履行

租赁合同的履行就是租赁合同的双方当事人全面地、适当地完成其合同义务，使权利人的合同权利得到完全实现。租赁合同的履行是当事人的履行行为与履行结果的统一。租赁合同是否履行，关系到义务人的义务是否完成和权利人的权利是否实现，因此，合同订立后要求当事人严格按照合同规定全面、适当地履行自己的义务。

（一）租赁合同的提前履行、部分履行和代为履行

1. 提前履行。如果债务人不能按照合同规定的时间履行债务，需要提前履行的，可以向债权人提出。《合同法》第 71 条规定："债权人可以拒

绝债务人提前履行债务，但提前履行不损害债权人利益的除外。债务人提前履行债务给债权人增加的费用，由债务人负担。"根据这一规定，当债务人要求提前履行合同时，在一般情况下，债权人有权拒绝提前履行。因为提前履行往往会给债权人带来不便，也不符合债权人订立合同的目的。即使债权人愿意接受债务人的提前履行，也可能会给债权人带来额外的负担与费用，这些负担与费用是由于债务人的不当履行行为所引起的，因此，理应由债务人自己承担。

2. 部分履行。《合同法》第 72 条规定："债权人可以拒绝债务人部分履行债务，但部分履行不损害债权人利益的除外。债务人部分履行债务给债权人增加的费用，由债务人负担。"依此规定，债权人有权拒绝部分履行。原则上债务人应当全面履行债务，以实现债权人的合同目的，债务人未全部履行的，就属于不适当履行，债权人有权拒绝接受。但部分履行不损害债权人利益的，债权人不能拒绝，部分履行增加的费用由债务人承担，因为它是由债务人的不适当履行行为造成的。

3. 代为履行。租赁合同是特定的出租人与承租人之间达成的合意，因此，原则上应当由合同的当事人履行该合同约定的义务。但是，在租赁合同关系中，由第三人向债权人履行债务并不损害债权人利益的，应当准许。如由第三人交付承租人需要的租赁物；由第三人向出租人支付租金；租赁物经出租人同意转租的，在租赁关系终止时，由第三人直接向出租人返还租赁物等等，都应当允许代为履行。当然，依法不得代为履行，当事人在合同中约定不得代为履行以及租赁合同中必须由当事人履行的债务，不得代为履行。

（二）涉及第三人的租赁合同履行

出租人将租赁物转让后租赁合同的履行。由于租赁合同出租人让度的是使用、收益权，在租赁合同履行期间出租人就有可能将租赁物再转让给他人所有，第三人取得租赁物后对承租人的租赁权必将产生影响，对此，《合同法》第 229 条规定："租赁物在租赁期间发生所有权变动的，不影响租赁合同的效力。"这是"所有权变动不破租赁原则"在法律上的反映。在所有权发生转移的场合，新所有权人须尊重租赁物上的承租人使用权的原状，即新所有权人取代原所有人的地位而成为新的出租人，新的所有人取得出租人地位后，只能向承租人主张租赁合同权利，而不能随意解除合同，承租人应继续向新的所有权人履行义务。这一原则不仅适用于因买卖而使租赁物所有权发生变动的情形，而且适用于因其他原因而使租赁物所有权发生变动的情形，这些情形包括赠与、继承、互易及投资等。

出租人将租赁物设定抵押后租赁合同的履行。设定抵押权并不转移占有，不影响承租人对租赁物的占有和使用，因而抵押权可以与租赁权共存。然而，出租人订立租赁合同后，又设立抵押权必将使不同的权利产生冲突，怎样处理抵押权与租赁权、抵押权人与租赁权人的关系？通常情况下，抵押人在已经出租的财产上设定抵押的，抵押权人行使权利而拍卖抵押物时，抵押物的拍卖并不影响在该抵押物上的租赁关系，在抵押权设定前已经存在的租赁权，不因抵押物的变价而受影响，可以对抗抵押物的买得人。

第二节　融资租赁合同

一、融资租赁合同的概念、特征

融资租赁合同，是指当事人之间约定，出租人根据承租人对出卖人、租赁物的选择，向出卖人购买租赁物，提供给承租人使用，承租人支付租金的合同。

融资租赁合同是融资租赁交易的产物。最早产生于 20 世纪 50 年代初，1952 年 5 月在美国诞生的美国租赁公司，是世界上第一家专业租赁公司。融资租赁就承租人而言，可以经由融资租赁，用较少的资金解决生产所需；就出租人而言，既可获取丰厚的利润，又有较为可靠的债权保障。因此，融资租赁交易产生后，在世界范围内，尤其是在经济发达国家，获得了飞速的发展。我国融资租赁业的发展起步较晚，1981 年成立的中日合资企业——中国东方租赁公司，是我国第一家从事融资租赁的企业。随着我国经济的发展，融资租赁交易也获得了迅速发展，同时融资租赁合同作为融资租赁的重要法律形式得到了法律的认可，《合同法》首次以专章的形式对融资租赁合同制度进行了规定，把融资租赁合同作为一种有名合同制度固定下来，予以法律确认。

融资租赁合同具有以下法律特征：

（一）融资租赁合同包括两个合同、三方当事人

融资租赁合同必须有两个合同：一个是出租方与承租方签订的融资租赁合同，另外一个是出租方与供货方签订的供货合同。这两个合同是紧密

联系在一起的，既相互独立又不完全独立。租赁合同的租赁物同时也就是买卖合同的标的物。融资租赁合同涉及三方当事人即：出卖人、出租人（买受人）、承租人。出租方根据承租方的要求，出资向供货方购买设备，同时将所购得的设备出租给承租方使用，承租方按期交付租金以补偿出租方所支付的设备成本、利息和一定的利润。融资租赁合同的三方当事人、两个合同是密不可分的，这是融资租赁合同区别于传统租赁合同，以及借款合同的根本差异。

（二）融资租赁合同将融物与融资相结合，以融资为目的，以融物为手段

融资租赁合同的出租人不但要按照承租人的要求购买标的物，而且在多数情况下，还只能向承租人指定的出卖人购买。融资租赁合同的承租人通过出租人购买并将标的物出租，达到融资的目的，以解决自己一次性购买标的物所需资金的不足。实际上等于向出租人借贷，但由于承租人此时并不是从出租人处取得租赁物或货币的所有权，而仅是通过租赁的形式取得标的物的使用权，以租金的形式偿还出租人为购买租赁物所付出的对价和费用，所以又不同于一般借贷合同和租赁合同。

（三）融资租赁合同的出租人为专营融资租赁的租赁公司

融资租赁合同的出租人，只能是专营融资租赁业务的租赁公司，而不能是一般的公民或法人。在我国，只有经金融管理部门批准许可经营的公司，才有订立的融资租赁合同资格。

（四）融资租赁合同必须采用书面形式，并且是不可撤销的合同

融资租赁合同内容复杂，一般涉及三方当事人，有的甚至涉及多方当事人，各方当事人的权利义务规定有其特殊性，有别于传统的租赁合同。因此，合同法规定融资租赁合同必须采用书面形式，明确规定租赁物名称、数量、规格、技术性能、检验方法、租赁期限、租金构成及其支付期限和方式、币种、租赁期间届满租赁物的归属等条款，以免发生纠纷，无据可查。融资租赁合同一经订立，双方就有义务遵守，任何一方不得随意撤销，为的是保护双方权益。承租人不能因为有了其他新型设备而撤销合同，退还设备，因为融资租赁合同的设备是由承租人选定的，出租人专为承租人购买的，一般不具备通用性。即使返还给出租人，也不能期待通过出卖租赁物收回残存租金的金额。同时，租赁物的购入价金、利息、保险费、手续费等，应当在固定租赁期间采用租金形式分期偿还，如果允许用户一方中途解约，将使出租人难以收回所投下的资本，受到重大损失。

二、融资租赁合同的主要条款

《合同法》第 238 条规定："融资租赁合同的内容包括租赁物名称、数量、规格、技术性能、检验方法、租赁期限、租金构成及其支付期限和方式、币种、租赁期间届满租赁物的归属等条款。"按照这一规定，融资租赁合同的内容应当包括以下几个方面：

（一）租赁物条款

租赁物是融资租赁合同的标的物，是当事人权利义务指向的对象。合同中应当规定租赁物的名称、规格、牌号、数量、制造厂商、技术性能及出厂日期和交货期限，并说明出租人是应承租人的要求购进经承租人选定的设备，按照双方共同商定的条款由承租人使用，这是融资租赁合同与其他租赁合同的重要区别之一。通过这一规定，明确出租人只承担融资的责任，也是出租人对租赁物的质量、规格、技术性能等事项免责的重要根据。

（二）租金条款

租金既是出租人的主要利益所在，也是承租人的主要义务所在。出租人除了收回出租资产的购进原价、利息及有关费用外，还要赚取一定的收益；而承租人则根据租金来核算成本，即租赁资产所获得的收入除了抵补租金外，也要取得一定的利润，所以，租金的确定是融资租赁合同中的一个至关重要的条款。由于每一项具体的融资租赁项目的租赁对象和租赁方式不同，因而各项目的构成要素也各不相同，通常情况下包括租赁资产的购置成本及租赁期间的利息费、手续费运输费等。当事人应当在合同中规定租金的构成、租金的数额、租金的支付时间、租金的支付地点、租金的支付方式等内容。

（三）租赁期限条款

租赁期限的长短，直接关系到当事人之间权利义务存续时间的长短，尤其是关系到租金支付的总额、支付比例等。租赁期限短，表明承租人占用出租人融通资金的时间短，支付租金的时间也短；反之，租赁时间长，就表明承租人占用资金的时间也长。租赁期限的长短，一般根据租赁物的使用年限以及使用后产生的效益进行确定，所以，需要当事人尽可能详细地对租金作出具体而又明确的规定。

（四）租赁期满租赁物的归属条款

融资租赁的特征之一是租赁设备的所有权与使用权的分离，租赁设备所有权始终属于出租人，因此，从法理上讲，租赁合同期满后承租人应当将租赁物返还出租人，但出租人并不是一定要收回租赁物，因为租赁物是专门为承租人购买的，而且通过收取租金出租人已经收回了成本并有了一定的利润，在实际中，往往出租人与承租人约定在租赁合同期满后，只要承租人再象征性地支付一定费用，就可以取得租赁物的所有权。当事人可以对租赁期限届满时租赁物的归属问题作出约定。

三、融资租赁合同当事人的权利与义务

（一）出卖人的权利与义务

出卖人作为融资租赁合同的一方当事人，其权利比较简单，主要是向出租人收取标的物的价款。其应承担的义务主要有：

交付标的物的义务。根据《合同法》第239条之规定："出卖人应当按照约定向承租人交付标的物"。出卖人没有按照约定向承租人交付标的物的，属于违约行为，应向出租人承担违约责任。

标的物瑕疵担保义务。根据《合同法》第244条规定："租赁物不符合约定或者不符合使用目的的，出租人不承担责任，但承租人依赖出租人的技能确定租赁物或者出租人干预选择租赁物的除外。"一般情况下，应当由出卖人对租赁物的质量负有瑕疵担保责任，必须保证交付的标的物符合国家规定的质量标准或合同约定的标准。如果出卖人交付的标的物不符合合同约定或国家规定的质量标准，承租人有权直接向出卖人请求赔偿，出租人有义务协助承租人向出卖人提起赔偿请求。

向出租人转移租赁物所有权的义务。买卖合同订立后，出卖人应当及时向出租人转移租赁物的所有权，并保证租赁物所有权的完整有效，无第三人对租赁物追索或主张权利。若因租赁物的所有权与第三人发生纠纷或第三人主张权利，使出租人承受损失，出卖人应负责赔偿。

（二）出租人的权利与义务

出租人的权利主要有：

1. 对租赁物享有所有权。《合同法》第242条规定："出租人享有租赁物的所有权"。在融资租赁合同中，出租人按照承租人的要求购买租赁物交付承租人使用，仍保留对租赁物的所有权，租赁期间，出租人有权对租赁物的使用情况进行监督，有权抵押、转让，在租赁期满后，如果融资租赁合同中未约定租赁物归承租人所有的，租赁物仍归出租人所有。

2. 收取租金的权利。《合同法》第248条规定："承租人应当按照约定支付租金"。明确规定了承租人在融资租赁合同中负有支付租金的义务。融资租赁合同的租金是融资的对价，承租人未按照约定支付租金时，出租人可以规定一个合理的期限，要求承租人支付。经出租人催告，承租人在规定的期限内仍不支付租金的，即构成违约，出租人可以要求支付全部租金，也可以解除合同，收回租赁物。一般情况下，承租人在迟延支付一期租金时，往往也无力支付剩余未到期的租金，所以此时出租人如果不能一次性主张全部租金或者不能收回租赁物，将使自己处于预期损失扩大而无能为力的局面。因此，为了保护出租人的利益，在承租人违约不支付租金时，出租人有权要求承租人支付全部租金。出租人如果不选择要求承租人支付全部租金的，可以解除合同，收回租赁物，并要求赔偿损失。

3. 租赁物瑕疵担保的免责权。在融资租赁合同中，承租人是依照自己的技能和判断选定租赁物和供应商的，出租人对租赁物并不了解，如果由出租人承担风险很明显并不合理，而作为租赁物的最终用户，承租人对租赁物有专门的知识，因此，《合同法》第244条规定："租赁物不符合约定或者不符合使用目的的，出租人不承担责任"。

4. 租赁物造成第三人损害时的免责权。租赁物造成第三人人身或财产损害的一般有两种情况：①由于租赁物的保管、使用不当而造成第三人人身或财产损害；②因租赁物本身有瑕疵造成第三人人身或财产损害。对于第一种情况，过错在承租人，所以，理应由造成此种后果的责任人即承租人自行承担。至于租赁物本身存在内在缺陷即瑕疵而造成第三人财产损害或者人身伤害的也应当由承租人承担。因为租赁物是由承租人选择的，出租人仅仅是出资将租赁物购买下来提供给承租人使用，在此种情况下，如果租赁物在租赁期间因存在内在质量问题造成第三人财产损害或人身伤害的，由出租人承担责任并不公平，因此，《合同法》第246条规定："承租人占有租赁物期间，租赁物造成第三人的人身伤害或财产损害的，出租人不承担责任。"

出租人的义务主要有：

签订买卖合同，交付租赁物的义务。承租人之所以愿意采用融资租赁这种租金水平明显高于传统租赁的方式，主要是承租人由于需要进行技术改造、引进设备，而自己又缺乏足够的资金，无力支付购买机器设备的款项，而出租人则通过这种方式获得利润，所以，出租人签订购买合同并不是出于自己的意愿，而是要根据承租人对出卖人和租赁物的选择进行，所以，按照承租人对出卖人、租赁物的选择签订租赁物的买卖合同，是出租人在履行融资租赁合同过程中首先需要履行的一项义务。

不得擅自变更买卖合同内容的义务。《合同法》第241条规定："出租

人根据承租人对出卖人、租赁物的选择订立的买卖合同，未经承租人同意，出租人不得变更与承租人有关的合同内容。"融资租赁中的买卖合同，是买受人和出卖人之间订立的合同，但买受人之所以买受不是为了使用，而是为了出租，所以，出租人购买租赁物，并不是按照自己需要的条件购买，而是依照承租人的需要进行购买，承租人的要求是出租人和出卖人之间订立租赁物买卖合同的重要条件和有效前提，出租人无权擅自改变承租人的要求。

（三）承租人的权利与义务

选择确定出卖人和租赁物的权利。《合同法》第237条规定："融资租赁合同是出租人根据承租人对出卖人、租赁物的选择，向出卖人购买租赁物，提供给承租人使用，承租人支付租金的合同。"承租人选择租赁物是融资租赁合同与传统租赁的一个重要区别。在传统租赁中，出租人将自己现有的物或根据自己意愿购买的物出租给承租人，承租人无权选择租赁物，更无权选择出卖人，而在融资租赁合同中，承租人完全可以按照自己的需要作出相应的决定。

支付租金的义务。《合同法》第248条规定："承租人应当按照约定支付租金"。明确规定了承租人在融资租赁合同中负有支付租金的义务。融资租赁合同的支付租金义务与传统租赁的租金不同，一是在租赁标的物存在瑕疵时，承租人不得拒付租金；二是在租赁期间，虽然租赁物自身毁损、灭失的风险仍由作为所有权人的出租人承担，但租金的风险则应由承租人承担。在租赁期间，若租赁物因不可归责于双方的事由而发生毁损、灭失时，承租人仍应支付租金，而不能免除或减少其支付租金的义务。

妥善保管、使用和维修租赁物的义务。我国《合同法》第247条规定："承租人应当妥善保管、使用租赁物。承租人应当履行占有租赁物期间的维修义务。"租赁物的所有权由出租人享有，但出租人将对租赁物的使用和收益权转让给承租人，承租人为保护出租人的利益和为了使自己能够使用租赁物，应当负妥善保管责任。妥善使用租赁物是指应当按照租赁物的技术性能、合同约定使用租赁物。维修租赁物应当由承租人负责是融资租赁合同与传统租赁的一个区别，在一般租赁合同中，出租人承担对租赁物的维修义务，而在融资租赁合同中，租赁物是承租人自己选择确定的，出租人并不承担租赁物的瑕疵担保责任，自然也不应当承担租赁物的维修责任。承租人应当对租赁物进行正常的维护，定期对租赁物进行检查，发现问题应当及时进行维修。

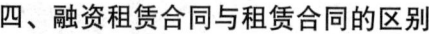
四、融资租赁合同与租赁合同的区别

融资租赁合同与租赁合同有许多共性，但融资租赁合同毕竟是一种新型的、独立的合同，具有与传统租赁合同不同的特点：

（一）关于租赁物的确定

在传统租赁合同中，出租人是事先已经有了租赁物后才去与他人签订租赁合同。而在融资租赁合同中，在承租人提出签订融资租赁合同之前，出租人并没有现成的租赁物可供租赁，出租人是在签订融资租赁合同之后，根据承租人的要求，才去购买租赁物的。

（二）关于租赁物的瑕疵担保责任

在传统租赁合同中，出租人必须保证在整个租赁期间，租赁物能够保持符合合同约定的用途的状态。而在融资租赁合同中，出租人对租赁物不承担瑕疵担保责任。

（三）关于租赁物的损害责任承担

在传统租赁合同中，如果租赁物本身存在质量问题，从而造成他人人身伤害或者财产损失的，通常由出租人承担损害赔偿责任，除非损失是由承租人不按照合同约定的使用方法使用租赁物所引起。而在融资租赁合同中，由于租赁物及租赁物的供应者均由承租人选择确定，而且由承租人直接从供应者处接受下来，并自己负责进行安装、调试、保管、使用等，所以，如果由于租赁物本身存在质量问题造成他人人身伤害或者财产损失的，出租人不承担损害赔偿责任，而应由承租人承担。

（四）关于租赁物的维修义务

在传统租赁合同中，出租人负责租赁物的维修，但在融资租赁合同中，出租人并不承担租赁物的瑕疵担保责任，自然也不应当承担租赁物的维修责任。承租人只有对租赁物给予良好的维修保养，才能充分地使用租赁物，实现自己签订融资租赁合同的目的。

案例分析

（一）租赁合同

【案例分析】2002 年 2 月 1 日，某市鑫鑫酒店与丰华粮食食品有限公司（以下简称"丰华公司"）签订了一份房屋租赁合同。合同规定丰华公司将自己位于华龙路的一间店面出租给鑫鑫酒店经营饮食业，期限为 1 年。合同还规定鑫鑫酒店如果要装修铺面必须自己向消防部门办理申请手续，经批准后方可装修。后鑫鑫酒店提出装修申请，但未获批准。

在合同履行过程中，丰华公司因故将包括该出租店铺的整个大楼交由某办事处经营，办事处与鑫鑫酒店又签订了一份房屋租赁合同，除期限改为 2 年外，其他内容均未变，2003 年 4 月 1 日，该大楼发生火灾，烧毁了包括鑫鑫酒店在内的整个大楼，鑫鑫酒店的经济损失达 20 余万元。后经消防部门认定，火灾是因为办事处架设电线发生短路造成的。鑫鑫酒店多次向办事处索赔，办事处以酒店未按合同购置灭火器，未经批准进行装修为由拒绝赔偿。鑫鑫酒店遂向法院起诉，要求办事处赔偿损失并解除合同。

【问题】鑫鑫酒店的要求是否符合法律规定？

【分析】该案涉及的法律问题，是承租人的租赁物因不可归责于承租人的原因毁损、灭失时，租赁合同的纠纷处理问题。

租赁合同是以转移租赁物的使用权为特征的合同，租赁合同的履行以租赁物的存在为前提，若在合同履行中租赁物不复存在了，租赁合同也就无法履行了。所以，承租人必须妥善保管租赁物。如果由于承租人保管不善造成租赁物毁损、灭失的，应承担损害赔偿责任，如果因不可归责于承租人的事由而致使租赁物毁损、灭失的，承租人有权解除合同。"不可归责于承租人的事由"一般多指因出租人或第三人的过错，导致租赁物毁损、灭失，有时也包括意外事件。

依据《合同法》第 212 条规定："租赁合同是出租人将租赁物交付承租人使用、收益，承租人支付租金的合同"；第 222 条规定："承租人应当妥善保管租赁物，因保管不善造成租赁物毁损、灭失的，应当承担损害赔偿责任"；第 231 条规定："因不可归责于承租人的事由，致使租赁物部分或者全部毁损、灭失的，承租人可以要求减少租金或者不支付租金；因租赁物部分或者全部毁损、灭失，致使不能实现合同目的的，承租人可以解除合同。"

鑫鑫酒店与丰华公司签订房屋租赁合同后，丰华公司又将该出租铺面交由办事处经营，鑫鑫酒店又与办事处签订了租赁合同。实际上是一种取得出租人同意的转租合同，因此，鑫鑫酒店与办事处签订的租赁合同合法有效。在合同履行过程中，办事处擅自架设电线，导致电线短路引起火灾，使鑫鑫酒店受到损失，办事处应对此负赔偿责任。由于鑫鑫酒店承租的铺面已被全部烧毁，鑫鑫酒店通过承租而经营饮食业的目的已无法实现，依照法律规定，鑫鑫酒店有权解除合同，并可要求办事处赔偿损失。

（二）融资租赁合同

【案情介绍】某公交公司为解决城市交通问题，与某租赁公司订立一份融资租赁合同。合同中约定由租赁公司按照公交公司的要求，购进10辆大轿车，租金自公交公司收到租赁车辆之日起计付。租赁公司按照公交公司提供的供货商和车辆型号、规格与供应商订立购买该批车辆的合同，约定先支付货款的90%，其余10%在收到公交公司收到货物的通知后支付，并规定到货时间为2006年11月30日。后公交公司于2006年11月20日收到供货商已发货的通知，办事人员将此情形通知了租赁公司，并称"已到货"。租赁公司收到公交公司的通知，就向供货商支付了剩余货款。而实际上，公交公司于同年的12月20日才收到购进的车辆。因公交公司坚持从12月20日支付租金，而租赁公司坚持应从11月20日计付租金，双方发生争议。租赁公司起诉到法院，要求公交公司按照约定支付租金。

【问题】本案中，公交公司应当从何时起交付租金？

【分析】本案中，双方争议的是租金的计算时间，实际上涉及出租人购买租赁物的义务履行问题。公交公司应当按照其通知租赁公司的到货时间交付租金。

因融资租赁合同的承租人也是以取得对租赁物的使用、收益为目的的，因此融资租赁合同的出租人也负有交付租赁物给承租人的义务，所以融资租赁合同中出租人的主要义务之一就是按照承租人对供货商及标的物的选择购买租赁物，而不是直接向承租人交付租赁物。出租人虽作为买受人与租赁标的物的出卖人发生买卖关系，但是出卖人是向承租人直接履行买卖的义务。《合同法》第239条规定："出租人根据承租人对出卖人、租赁物的选择订立的买卖合同，出卖人应当按照约定向承租人交付标的物，承租人享有与受领标的物有关的买受人的权利。"出租人不仅应履行购买租赁物的义务，并且因买卖合同的内容与承租人有直接利害关系，因此，依《合同法》第241条规定，出租人根据承租人对出卖人、租赁物的选择订立买卖合同，未经承租人同意，出租人不得变更与承租人有关的合同内容。若出租人不履行购买租赁物的义务或者擅自变更与出租人有关的买卖合同的内容，则出租人应承担违约责任。

为保证承租人能够对租赁物为使用、收益，《合同法》第245条规定："出租人应当保证承租人对租赁物的占有和使用。"但融资租赁合同的出租人一般并不是直接向承租人交付租赁物，而是直接采取观念交付的方式，即按照合同的约定由出卖人向承租人交付标的物，承租人于受领出卖人交付标的物后应将受领的事实通知出租人。因此，只要承租人向出租人发出了受领标的物的通知，不论承租人是否受领了标的物，就视为出租人履行了交付的义务，自此时起融资租赁也就生效，承租人就应依约定交付租金。

就本案而言，某租赁公司按照某公交公司的要求订立了买卖合同，并且履行了买卖中的全部义务，某公交公司已通知其受领了货物。尽管通知的事实与真实事实不符合，但这既不是租赁公司的过错，也不是租赁公司能够和应当知道的。因此，基于公交公司通知租赁公司受领标的物的事实，租赁公司履行了自己购买标的物并保证交付标的物给公交公司的义务，因为除当事人另有约定外，融资租赁合同应自承租人收到出卖人交付的标的物之日起生效，所以从承租人通知出租人其收到租赁物之日起，承租人就应依约定交付租金。

 思考题

1. 什么是租赁合同？它有哪些特征？
2. 租赁合同当事人的权利与义务有哪些？
3. 应当如何解决租赁合同的履行问题？
4. 什么是融资租赁合同？融资租赁合同的特征哪些？
5. 融资租赁合同的各方当事人分别享有什么权利？承担什么义务？
6. 租赁合同与融资租赁合同有哪些区别？

案例分析题

2002年2月2日，北京某租赁公司和山东某电子公司签订塑料打火机生产设备的融资租赁合同。约定租期18个月，每个月交租金60 000元，如承租人电子公司不支付租金，出租人可要求承租人即时付清一部分或全部租金，或径行终止合同，收回租赁物，并由承租人赔偿损失。该合同由某合作公司担保，担保责任为连带责任。租赁设备交付后，承租人电子公司将设备安装在无线电厂，设备投产后，因投产高，产品销路不好，不久即停产。电子公司自第一期租金起就未能按合同约定如数交付。租期届满后，租赁公司向人民法院起诉，要求承租人、担保人偿付租金及迟延利息。承租人、担保人以出租人明知承租人经营不好，无力偿还租金而不收回租赁物，致使损失扩大为由，要求出租人就扩大的损失承担责任。

问：本案应如何处理？

推荐书目

1. 肖学治主编：《融资租赁合同》，中国民主法制出版社 2003 年版。

2. 戚兆岳：《不动产租赁法律制度研究》，法律出版社 2009 年版。

3. 谭秋桂编著：《租赁合同、融资租赁合同实务》，水利水电出版社 2005 年版。

4. 邹川宁主编：《租赁合同、融资租赁合同案例评析》，知识产权出版社 2007 年版。

第十三章　承揽与建设工程合同

第一节　承揽合同

一、承揽合同的概念和特征

《合同法》第 251 条第 1 款规定：“承揽合同是承揽人按照定作人的要求完成工作，交付工作成果，定作人给付报酬的合同。”其中，按照定作人的指示完成一定工作并将工作成果交付给定作人的一方当事人为承揽人，接受工作成果并按照约定向对方给付报酬的一方当事人为定作人。承揽人和定作人可以是法人或其他组织，也可以是自然人。

承揽合同具有以下法律特征：

1. 承揽合同以完成一定工作为目的。承揽合同中承揽人应当按照与定作人约定的标准和要求完成工作；定作人主要目的是取得承揽人完成的工作成果。在承揽合同中，定作人所需要的是承揽人通过自身的劳动而完成的工作成果，而不是承揽人的劳务本身。

2. 承揽人应独立完成合同约定的工作。承揽合同是建立在定作人对承揽人所拥有的特定技能、设备或其他特有条件信任的基础上，具有一定的人身信任关系。承揽人只有以自己的独立工作取得工作成果，才符合承揽合同的本质要求。所以承揽人不得将其主要工作交由其他人来完成，否则应向定作人承担违约责任。经定作人同意，承揽人可以将承揽工作的一部分、但不是主要部分交由第三人完成，承揽人对第三人的工作向定作人承担责任。

3. 承揽合同的标的具有特定性。承揽合同的标的是定作人所要求的，由承揽人独立完成的工作成果，也叫定作物。定作物既可以是有形物，也可以是无形物，但必须是特定的，是定作人特别要求的，由承揽人独立完成的，能够满足定作人特殊需求的特定物。

4. 承揽合同为诺成合同、有偿合同、双务合同、不要式合同。承揽合同，双方当事人意思表示一致即可成立，无须交付定作物或加工物，因此为诺成合同；承揽人要以自己的劳动，按照定作人的特定要求加工定作物，定作人取得承揽人按照其要求所完成的工作成果，应当向承揽人支付约定的报酬，因此，承揽合同为有偿合同；在承揽合同中，承揽人负有按照要求完成特定工作，并将定作物交付定作人的义务，定作人负有向承揽人支付报酬的义务，因此承揽合同为双务合同；承揽合同的订立不需要采用特定形式，因此为不要式合同。

二、承揽合同的分类

依照《合同法》第 251 条第 2 款之规定，"承揽包括加工、定作、修理、复制、测试、检验等工作。"所以，我们依照承揽的工作内容的不同，可以将承揽合同划分为以下几类：

1. 加工合同。所谓加工就是指承揽人以自己的设备、技术和劳力，按照定作人的要求，将定作人提供的原材料加工成符合要求的成品并交付给定作人，定作人接受该成品并向承揽人支付报酬的合同。加工合同中原材料由定作人提供，而不由承揽人自备。加工合同在日常生活中大量存在，比如一企业将另一企业提供的原材料加工成设备的生产性加工，裁缝将顾客提供的面料加工成服装的生活性加工，还有对字画进行装裱的艺术性加工等。

2. 定作合同。定作合同是指承揽人根据定作人的要求，以自己的设备、技术和劳力，自己准备原材料为定作人制成特定产品，定作人接受该产品并向承揽人支付报酬的合同。定作合同在日常生活中也很常见，如家具定作、服装定作等。定作合同与加工合同的区别在于原材料提供人的不同，定作合同中承揽人自备原材料，加工合同由定作人提供原材料。

3. 修理合同。修理合同是指承揽人以自己的设备、技术和劳力为定作人修理已损坏的物品，使其恢复原状，定作人接受该工作成果并向承揽人支付报酬的合同。修理合同的标的既可以是动产，如修理汽车、修理自行车等；也可以是不动产，如修缮房屋。修理时所需的配件既可由承揽人提供，也可由定作人提供。

4. 复制合同。复制合同是指承揽人根据定作人的要求，按照定作人提供的样品，重新制作类似的成品，定作人接受该复制品并向承揽人支付报酬的合同。承揽人依照定作人的不同要求可以采取不同的方式进行复制，如对文稿的复印，对画稿的临摹，对雕像的模仿塑造，照片的翻拍等。比如文物部门为了展出需要，要求承揽人复制文物一份。

5. 测试合同。测试合同是指承揽人根据定作人的要求，以自己的技能、仪器设备以及劳务，对定作人指定的工程或仪器进行测试试验，并将测试试验结果交付给定作人，定作人接受其成果并向承揽人支付报酬的合同。比如对建筑物的抗震检测试验，以确定建筑物的建设施工是否符合设计要求。

6. 检验合同。检验合同是指承揽人按照定作人的要求，以自己的设备、仪器、技术对定作人提出需要检验的事项进行检验，并向定作人提出关于该检验内容相关问题的结论，定作人接受这一结论并向承揽人支付报酬的合同。比如环保执法部门委托某科研机构对特定水体的受污染状况进行检测，提供检验报告，供执法部门参考。

三、承揽人的义务

（一）承揽人完成承揽工作的义务

这是承揽人的主要义务。承揽人应当按照定作人的要求，以自己的技能、设备和劳务，在约定的期限内完成所承揽的工作。这一义务包括三个方面：

1. 承揽人应当以自己的设备、技术和劳力完成主要工作。承揽人的设备、技术和劳力是决定其工作能力的重要因素，也是定作人之所以选择该承揽人完成工作的决定性因素，承揽合同正是建立在定作人对承揽人的信任的基础之上的。这里所讲的主要工作一般是指对工作成果的质量起决定性作用的工作，也就是最能体现承揽人技术优势的那部分工作。主要工作之外的工作被称为辅助工作。承揽人只有以自己的设备、技术和劳力亲自完成主要工作，才能够实现承揽合同的目的。依照《合同法》第253条的规定，承揽人应当以自己的设备、技术和劳力，完成主要工作，但当事人另有约定的除外。承揽人将其承揽的主要工作交由第三人完成的，应当就该第三人完成的工作成果向定作人负责；未经定作人同意的，定作人可以解除合同。由此可见，承揽人的该项义务表现为：①承揽人应当以自己的设备、技术和劳力完成承揽的主要工作。如果承揽合同约定承揽人不得将合同中的任何工作交由第三人完成，那么即使是辅助工作，承揽人也应亲自完成。②承揽人将承揽合同中的主要工作交由第三人完成，必须征得定作人的同意，并由承揽人向定作人承担责任，而不是由工作的实际完成人第三人来承担。③承揽人将承揽合同中的辅助工作交由第三人完成，虽然无需征得定作人的同意，但仍应由承揽人向定作人就该第三人完成的辅助工作成果承担责任。《合同法》第254条规定，承揽人可以将其承揽的辅助工作交由第三人完成。承揽人将其承揽的辅助工作交由第三人完成的，应当就该第三人完成的工作成果向定作人负责。最后，承揽人如果未经定作人的同意，而将承揽合同的主要工作交由第三人完成，定作人享有解除合同的权利。

2. 承揽人要在约定的期限内完成工作。承揽合同如果对履行期限有约定的，承揽人应当遵守约定的期限。承揽合同对履行期限没有明确约定的，承揽人应当依诚信积极履约。在合同订立后，一般即应开始着手工作，不得拖延。除合同另有约定外，承揽合同的承揽人要首先履行合同义务，以自己的工作取得工作成果并交付给定作人之后，才能向定作人请求报酬。因此承揽人不得以定作人未支付报酬为由主张同时履行抗辩权，只能先履行工作义务。如果当事人约定由定作人先预付一部分报酬或约定有合同定金的，则承揽人可以该预付款及定金未交付为由主张同时履行抗辩权。如果合同约定由定作人首先提供材料而定作人并未按时提供，以致承揽人不能按时着手工作的，不能认为承揽人违约。承揽人在着手工作前，发现定作人提供的图纸或技术要求不合理并通知定作人修改的，为此所造成的承揽人延期着手工作的，也同样不应作为承揽人违约处理。承揽人无正当理由未按时着手开始工作的，定作人可以请求其立即着手工作。

3. 承揽人完成的工作成果应符合定作人的特别要求。在承揽合同中，定作人的具体要求是衡量承揽人完成的工作成果是否符合约定的标准，承揽人只有按照合同的要求完成工作才能使合同适当履行。《合同法》第262条规定，承揽人交付的工作成果不符合质量要求的，定作人可以要求承揽人承担修理、重作、减少报酬、赔偿损失等违约责任。由此，对质量的要求可分为两方面加以分析，①定作人在合同中对定作物的质量没有作明确要求，承揽人所完成的定作物的质量应当满足定作物的一般质量要求和承揽人已知的定作人的合同目的要求。比如客户去裁缝铺加工服装，裁缝铺首先要给客户量身体尺寸，所作出的服装除了满足服装的形式要求外，还应使客户穿着合体。②定作人对定作物的质量作出了明确的特别要求。这个特别要求是承揽人通过自己的工作就能完成的，如果承揽人在现有的条件下无法完成，通过他人的协助仍无法完成的，承揽人应当如实告知定作人。定作人执意依此要求订立合同的，承揽人有权拒绝。如定作人中途变更承揽工作的要求，造成承揽人损失的，应当赔偿损失。

（二）承揽人应当使用合同约定的原材料完成工作成果

对承揽合同而言，根据承揽工作性质或者交易习惯，双方当事人可以约定由定作人提供原材料，也可以由承揽人自己准备原材料，并由承揽人对原材料进行加工，以完成合同约定的工作成果。

1. 定作人提供原材料时承揽人的义务。定作人提供原材料的承揽合同叫做加工合同。根据《合同法》第256条的规定，定作人提供材料的，定作人应当按照约定提供材料。承揽人对定作人提供的材料，应当及时检验，发现不符合约定时，应当及时通知定作人更换、补齐或者采取其他补救措施。承揽人不得擅自更换定作人提供的材料，不得更换不需要修理的零部件。根据《合同法》的规定，我们可以将承揽人的该项义务作以下理解。①根据法律的规定，定作人有义务提供的材料只能是承揽工作所必须的原材料，并且只能是主要的原材料，依照惯例应该由承揽人提供的辅助性的材料，不得要求定作人提供，但定作人愿意提供的除外。比如客户去缝纫铺加工服装，缝纫铺不得要求客户同时提供缝纫所需的线。②承揽人应当对定作人所提供的原材料及时进行检验。检验的内容主要包括原材料的数量是否符合合同约定，原材料的质量是否达到了合同约定的要求。承揽人检验发现定作人提供的材料不符合约定时，应及时通知定作人更换、补齐或采取其他补救措施。定作人提供的原材料符合合同约定，承揽人也应当通知定作人予以确认，并立即着手工作。否则造成合同履行迟延的，承揽人要承担责任。承揽人对定作人提供的原材料，负有妥善保管的义务。③承揽人不得擅自更换定作人提供的原材料。定作人提供的原材料符合约定的，定作人应当以该原材料完成工作。承揽人擅自更换原材料的，应当向定作人承担违约责任。④承揽人应当本着诚信合理使用定作人提供的原材料。由于承揽人的原因造成原材料浪费的，承揽人应当承担赔偿责任，造成原材料短缺的，承揽人应当补足。

2. 承揽人提供原材料时承揽人的义务。承揽人提供原材料的承揽合同叫做定作合同。根据《合同法》第255条的规定，承揽人提供材料的，承揽人应当按照约定选用材料，并接受定作人的检验。承揽人的该项义务应作以下理解，首先，在承揽合同中，当事人约定由承揽人提供原材料，并同时约定了提供原材料的数量、质量、时间，承揽人应当按照约定提供。承揽合同只是约定由承揽人提供原材料，但没有约定提供原材料的数量、质量和时间的，承揽人应当根据所承揽工作的性质和定作人对交付工作成果的要求，及时提供原材料。其次，在承揽合同中，当事人对原材料由那一方提供原材料没有作出约定，事后也没有补充约定的，但根据合同条款或交易习惯可确定应由承揽人提供原材料的，承揽人应当及时提供原材料。最后，承揽人提供原材料后，应及时通知定作人检验，并如实提供发票及数量和质量的说明文件。由于承揽人的原因使得原材料不合格的，承揽人应当予以更换，造成迟延的，应当承担违约责任。

（三）接受定作人检验、监督的义务

根据《合同法》第 260 条之规定，承揽人在工作期间，应当接受定作人必要的监督检验。承揽人无正当理由，不得拒绝定作人的检验和监督。定作人在检验监督过程中，发现的承揽人存在违反合同约定的行为，有权要求及时改正，承揽人不得拒绝。

（四）交付工作成果的义务

根据《合同法》第 261 条之规定，承揽人完成工作的，应当向定作人交付工作成果，并提交必要的技术资料和有关质量证明。在承揽合同中，承揽人的主要义务表现为两个方面，①按照定作人的要求完成一定的工作，②在工作完成时将工作成果交付给定作人。根据承揽合同的性质，定作物的所有权属于定作人，承揽人在完成工作时占有工作成果——定作物，这时只有将定作物交付定作人，才能保证定作人对定作物的所有权的实现，进而实现合同目的。为了保证定作人充分实现对定作物的所有权，有些情况下仅有承揽人对物的让渡占有是不够的，特别是对于定作人特别定作的物品而言，还应当提交必要的技术资料和有关质量证明，才能保证定作人正确合理地使用定作物，以实现合同目的。

（五）承揽人的保管义务

根据《合同法》第 265 条之规定，承揽人应当妥善保管定作人提供的材料及完成的工作成果，因保管不善造成毁损、灭失的，应当承担损害赔偿责任。《合同法》的这一规定体现了承揽人的保管义务。首先，承揽人对于定作人依照约定所提供的原材料负有妥善保管的义务；其次，承揽人对于已经完成的工作成果负有保管的义务，因为工作成果的所有权通常情况下是归定作人享有的；最后，如果由于承揽人的保管不当造成原材料或工作成果毁损、灭失的，承揽人应当向定作人承担损害赔偿的责任。

（六）承揽人的保密义务

《合同法》第 266 条规定，承揽人应当按照定作人的要求保守秘密，未经定作人许可，不得留存复制品或者技术资料。从这一法律规定可以看出，承揽人的保密义务包括：首先，定作人在承揽合同中对承揽人的保密义务有明确要求的，承揽人应当按照合同约定的保密范围、方式等履行保密义务；其次，定作人虽然没有在承揽合同中对承揽人的保密义务作出明确的要求，但承揽人依然应当向定作人承担依照诚信原则而产生的必要的保密义务。比如不得将已经得知的定作人的商业秘密泄漏给定作人的竞争对手，不得将已获知的客户的个人隐私随意散布等；最后，即使定作人在承揽合同中没有明确禁止，承揽人仍然不得未经许可留存复制品或者技术资料。承揽人违反上述义务，给定作人造成损失的，应当承担赔偿责任。

（七）承揽人的通知义务

承揽人的通知义务在《合同法》中多次体现。承揽人对定作人提供的材料，应当及时检验，发现不符合约定时，应当及时通知定作人更换、补齐或者采取其他补救措施；承揽人发现定作人提供的图纸或者技术要求不合理的，应当及时通知定作人，等等。

（八）共同承揽人的连带责任

《合同法》第267条规定，共同承揽人对定作人承担连带责任，但当事人另有约定的除外。共同承揽是指由两个或两个以上的承揽人共同完成承揽工作的合同。共同完成承揽工作的人称共同承揽人，共同承揽人共同完成的是合同的主要工作，而不是其中一人完成主要工作，另一人完成辅助工作。共同承揽人可以共同同定作人订立承揽合同，也可由其中一人代表所有共同承揽人与定作人订立承揽合同。无论采用那种方式，定作人对于共同承揽的事实是明知并认可的。在共同承揽合同中，如果交付的工作成果不符合要求，定作人有权要求共同承揽人中的任何一个人承担全部责任。承担责任的承揽人有权利向其他共同承揽人追偿。另外，本条从私法自治的原则出发，允许当事人对共同承揽的责任承担作出约定。无约定或约定不明的，共同承揽人承担连带责任。

四、定作人的义务

（一）定作人向承揽人支付报酬的义务

这是承揽合同中定作人的最主要义务。定作人通过承揽合同，获得了承揽人的工作成果，承揽人付出了劳动，应当获得报酬，这是由双务合同的性质所决定的。事实上，在承揽合同中，定作方除了向承揽方支付报酬之外，由于合同不同的约定，以及履行中出现的其他情况，定作方可能还要向承揽方支付诸如原材料的材料、由于迟延受领而产生的保管费等其他费用。实践中应将这些费用与报酬区分开来。

1. 定作人支付报酬的期限。根据《合同法》第263条之规定，定作人应当按照约定的期限支付报酬。对支付报酬的期限没有约定或者约定不明确的，合同的双方当事人可以协议补充，不能达成补充协议的，按照合同有关条款或者交易习惯确定。仍不能确定的，定作人应当在承揽人交付工

作成果时支付；工作成果部分支付的，定作人应当相应支付。

2. 定作人支付报酬的数额。承揽合同对报酬的数额有约定的，定作人应当依照约定的数额向承揽人支付报酬。承揽合同对报酬的数额没有约定的，应当依照一般交易的标准确定。

3. 定作人迟延支付或不支付报酬的后果。定作人迟延支付报酬的，应当向承揽人支付迟延期间的利息，这是《合同法》的一般规定。对于定作人不支付报酬的法律后果，《合同法》作了明文规定。《合同法》第 264 条规定，定作人未向承揽人支付报酬或者材料费等价款的，承揽人对完成的工作成果享有留置权。由此，承揽人可以通过行使留置权担保其债权的实现。当然留置权作为法定担保方式，它的适用有一定的条件：①定作人无正当理由不履行支付报酬、材料费等费用；②承揽人合法占有本承揽合同项下的工作成果，这个工作成果只能是动产，不动产不能适用留置权。

同时，根据《合同法》的规定，承揽合同的当事人如果在合同中约定承揽人不得留置工作成果的，在工作完成后，承揽人应当依约向定作人交付工作成果。如果定作人未按约定支付报酬和材料费的，承揽人只能要求定作人支付报酬或者材料费以及承担违约责任。

（二）定作人的协助义务

在合同履行中，协助义务是依诚信原则而产生的合同当事人的义务。在承揽合同中，法律对定作人的协助义务作了明确的规定。

1. 关于定作人协助义务的概括规定。《合同法》第 259 条规定，承揽工作需要定作人协助的，定作人有协助的义务。定作人不履行协助义务致使承揽工作不能完成的，承揽人可以催告定作人在合理期限内履行义务，并可以顺延履行期限；定作人逾期不履行的，承揽人可以解除合同。从法律的概括规定可以看出，首先，定作人的协助义务的产生是基于需要，需要包括三部分：①承揽工作的性质，比如承揽粉刷不动产的外墙，定作人应当及时清理墙面的临时附着物、墙下堆积物等；②基于交易习惯，比如去缝纫铺缝制服装应及时提供服装的尺寸；③基于诚实信用原则。所以，只有应该定作人协助的，定作人才有义务协助，承揽人不应将自己应当承担的义务交由定作人履行。其次，应履行协助义务的定作人不履行协助义务的，承揽人有权利催告定作人，并有权顺延履行期限。最后，定作人经催告仍不履行协助义务的，承揽人享有解除合同的权利。这里的解除权产生的前提包括催告在内，未经催告不得行使解除权。

2. 关于定作人协助义务的具体规定。依合同性质应由定作人提供原材料的，定作人应当及时提供。定作人自己提供设计图纸、技术要求或其他技术资料的，或者定作人提供样品的，定作人均应及时、合理提供。

依承揽人的通知，定作人应及时更换、补齐有瑕疵的设计图纸、技术要求或其他技术资料。

定作人的监督检验工作不得妨碍承揽人的正常工作。

此外如定作人应为承揽人提供生活条件、工作环境的，定作人均应依诚实信用原则协力相助。

（三）定作人受领工作成果的义务

受领既是定作人的一项权利，同时依法又是定作人应当履行的义务。《合同法》第261条规定，承揽人完成工作的，应当向定作人交付工作成果，并提交必要的技术资料和有关质量证明。定作人应当验收该工作成果。其实，法律规定的定作人的验收义务是受领的前提，如果定作人经验收合格的，应当受领。定作人拒绝受领工作成果的，应当说明理由，否则应承当逾期受领的违约责任。

定作人在受领工作成果的同时，有义务对工作成果进行验收。但是验收本身并不能作为承揽人免除承担责任的理由。如果完成的工作成果依其性质在短期内难以发现瑕疵，或者是工作成果存在隐蔽瑕疵的，定作人仍可于验收后的合理期限内请求承揽人承担责任。受领工作成果并不能被认为是对于责任追究的放弃。

五、承揽合同的终止

承揽合同与所有合同一样，因适当履行而正常终止。承揽合同的双方当事人可以协议提前终止合同，也可以约定承揽合同的存续期间，期限届满，合同自然终止。

另外，根据承揽合同的法律规定，在承揽合同的终止上有以下两种特殊情况：

1. 定作人任意解除合同。《合同法》第268条规定，定作人可以随时解除承揽合同，造成承揽人损失的，应当赔偿损失。这是法律赋予定作人的特别权利，定作人行使该项权利，应当通知承揽人。

2. 承揽合同因当事人一方严重违反合同，权利人行使解除权解除合同。①承揽人未经定作人同意将承揽合同的主要工作转由第三人完成的，定作人有权解除合同（《合同法》第253条第2款）。②定作人不履行协助义务致使承揽工作不能完成的，承揽人可以催告定作人在合理期限内履行义务，并可以顺延履行期限；定作人在合理的催告期限过后仍不履行协助义务的，承揽人有权解除合同（《合同法》第259条第2款）。

第二节 建设工程合同

一、建设工程合同的概念和特征

建设工程合同，是指承包人进行工程建设，发包人支付价款的合同（《合同法》第269条第1款）。进一步分析可以看出，建设工程合同是建设工程的发包人为完成工程建设任务，与承包人订立的，承包人按照发包人的要求完成一定工作，交付建设工程，并由发包人支付劳动报酬及其他费用的合同。

从某种意义上讲，建设工程合同是一种特殊的承揽合同，它与一般的承揽合同相比，有以下主要特征：

1. 建设工程合同的主体只能是法人。法律对建设工程合同当事人的主体资格是有限制的，必须是法人。发包人一般是建设工程的建设单位，即投资建设工程项目的投资人。根据国家相关法律法规的规定，国有单位投资建设的经营性工程项目，必须依法组建的项目法人，由依法设立的项目法人作为发包人；国有建设单位投资建设的非经营性工程项目，由该建设单位作为发包人。承包人必须是具有建设工程勘察、施工、设计、监理等相关资质的法人。任何法人要进入建设工程领域承包工程项目，必须具备由国家颁发或认可的相应的资质。

2. 建设工程合同的客体是工程。工程包括建筑物以及相关的配套设施，具体包括土木建筑工程、地下设施、管线铺设、设备安装、新建和改扩建、装饰装修等。建设工程投资又被列为固定资产投资，事关千秋万代，所以施工质量上的要求显得特别重要。

3. 建设工程合同具有显著的国家干预性。由于建设工程的标的为不动产，不动产投资具有投资大、周期长的特点，对一个国家的经济和社会的影响较大，所以法律对建设工程合同从订立到履行都规定了很多具体的条件，具有显著的国家干预色彩。

4. 建设工程合同订立程序的特别要求。国家提倡建设工程合同采用招标投标方式订立，对于国家重大建设工程和使用国有资金建设的工程项目，必须实行招标投标方式订立合同。

5. 建设工程合同应当采用书面形式。

二、建设工程合同的分类

根据《合同法》第 269 条第 2 款的规定，依照合同的内容不同，可将建设工程合同划分为：

（一）建设工程勘察合同

建设工程勘察合同是发包人与勘察人就完成建设工程所在位置地理、地质状况的调查工作，并得出调查结论的协议。勘察的目的是为了对建设工地的稳定性和适应性作出地质上的评价，并为地基基础设计提供工程地质资料。勘察工作是一项技术性、专业性很强的工作，必须由具有资质的专业地质单位去完成。

（二）工程设计合同

设计合同实际上包括两个合同，一是初步设计合同，即在建设工程立项阶段，承包人为项目决策提供可行性资料，而与设计人订立的合同；二是施工设计合同，是由承包人与设计人就工程施工进行设计而订立的合同。设计的目的则是为建设工程作合理的总体安排，并制作施工图以及编制设备、材料明细表和施工预算。

（三）工程施工合同

建设工程施工合同，是指建设单位（发包人）与施工单位（承包人）之间，为完成特定的建筑、安装工程任务而明确双方权利义务关系的协议。

施工合同的内容包括工程范围、建设工期、中间交工工程的开工和竣工时间、工程质量、工程造价、技术资料交付时间、材料和设备供应责任、拨款和结算、竣工验收、质量保修范围和质量保证期、双方相互协作等条款（《合同法》第 275 条）。

（四）建设监理合同

建设监理合同是建设工程必须订立的合同，是指建设单位与取得了建设工程监理资质的监理公司或其他监理机构订立的，由监理方对建设工程施工进行全程检查监督，以确保施工企业完全按照设计要求组织施工，保障工程质量的合同。

三、建设工程合同的订立

（一）采用招标投标方式订立建设工程合同的程序

对于一般的建设工程合同，国家提倡采用招标投标方式订立合同。

1. 招标投标方式订立合同应遵循的原则。建设工程的招标投标活动，应当依照有关法律的规定公开、公平、公正进行。所谓公开是指招标投标活动的有关信息要公开，招标人应将建设工程招标信息通过公开方式公开，不得故意隐瞒真实情况。招标投标活动要向全体投标人公开，并允许媒体采访。所谓公平是指招标人应为投标人创造平等竞争的机会，确保每一个投标人真正享有平等的知情权，投标人也要公平竞争，不得采取向招标人行贿等方式进行不正当竞争。所谓公正是指招标人在招标过程中要严格按照公开的招标文件和程序办事，严格按照既定的评标标准定标，公平对待每一位投标人，不得厚此薄彼。

2. 采用招标投标方式订立建设工程合同的程序。根据《招标投标法》的规定，建设工程招标投标主要包括以下几个步骤：

（1）发标。发标是指招标人依照法定程序和方式，发布招标公告，公开招标工程的主要技术要求、主要合同条款、评标的标准和方法及开标、评标、定标的程序和期限等。

（2）开标。招标人在投标截止日期届满后，在招标文件规定的时间、地点，将已收到的标书公开启封，对标书的内容进行查阅。

（3）评标。招标人依照招标文件公布的评标标准和程序对标书进行分析、比较，将符合条件的投标人提交发包人，由发包人选择。

（4）定标。是指工程发包人从招标人提供的合格投标人中最终选定中标者作为工程承包人。

（5）签约。由发包人与中标人按照法律规定订立书面承包合同。

（二）建设工程承包合同的订立

根据《合同法》第272条第1款的规定，建设工程承包合同主要采用两种方式订立：①由发包人就整个建设工程从勘察、设计到施工与承包人签订总承包合同，然后由承包人再根据工程建设需要与不同的承包人分别订立勘察、设计和施工合同，总承包人对整个建设工程负责；②由发包人分别与勘察人、设计人、施工人签订勘察、设计、建筑、安装合同，实行平行发包，承包人分别就各自承包的工程质量负责，所有承包人直接对发包人负责。

（三）建设工程分包合同的订立

建设工程合同是特殊的承揽合同，具有一定的人身信任性，承包人原则上不得将建设工程分包或转包。根据《合同法》第272条第2、3款的规定，允许承包人在符合法定条件的情况下将工程分包，但禁止任何名义的转包行为。

1. 建设工程的分包与转包。建设工程的分包和转包是两个既有密切联系，又有明显区别的概念。建设工程的分包，是指建设工程的总承包人或者勘察人、设计人、施工人经发包人同意，可以依法将其承包的部分工作交由第三人完成的行为。转包是指承包人将其承包的全部建设工程交由第三人完成或者将其承包的全部建设工程肢解以后以分包的名义交由第三人完成的行为。《合同法》禁止任何形式的转包行为。

2. 分包的法定条件。按照《合同法》和《建筑法》的规定，建设工程合同的承包方、勘察人、设计人、施工人与第三人签订分包合同，必须具备以下条件：

（1）分包须经发包人同意。总承包人或者勘察人、设计人、施工人经发包人同意，可以将自己承包的部分工作交由第三人（《合同法》第 272 条第 2 款）。

（2）承包人与分包人就分包工程承担连带责任。第三人就其完成的工作成果与总承包人或者勘察、设计、施工承包人向发包人承担连带责任（《合同法》第 272 条第 2 款）。

（3）建设工程主体结构的施工必须由承包人自行完成（《合同法》第 272 条第 3 款）。

（4）禁止承包人将工程分包给不具备相应资质条件的单位。

（5）禁止分包单位将其承包的工程再分包。

四、建设工程合同发包人的合同义务

（一）发包人的验收义务

发包人的验收义务包括隐蔽工程的验收和竣工验收两个方面。

1. 发包人隐蔽工程的验收义务。根据《合同法》第 278 条的规定，隐蔽工程在隐蔽以前，承包人应当通知发包人检查。发包人没有及时检查的，承包人可以顺延工程日期，并有权要求赔偿停工、窝工等损失。

2. 发包人的竣工验收义务。根据《合同法》第 279 条的规定，建设工程竣工后，发包人应当根据施工图纸及说明书、国家颁发的施工验收规范和质量检验标准及时进行验收。建设工程未经验收或者验收不合格，不得交付使用。

（1）发包人竣工验收的依据。根据《合同法》第 279 条的规定，发包人验收时应遵循的依据有：施工图纸及说明书、国家颁发的施工验收规范和国家颁发的质量检验标准。当然上级主管部门批准的设计纲要、设计文件、设计说明书、招投标文件、工程合同、图纸会审记录、设计修改签证和技术核定单、协作配合协议，以及承包人提供的有关质量保证文件和技术资料等均可以作为验收的依据。

（2）发包人竣工验收的内容。①建设工程是否符合规定的建设工程质量标准；②承包人是否提供了完整的工程技术资料，比如工程所用主要建筑材料、建筑构配件和设备的出厂检验合格证明和进场检验报告，工程建设的技术档案等；③承包人是否有建设工程质量检验书；④工程是否具备国家规定的其他竣工条件。

（二）发包人按约定支付价款并接收建设工程的义务

根据《合同法》第279条的规定，发包人在对建设工程竣工验收合格后，应按合同的约定支付价款，并接受该建设工程。在工程建设的实践中，发包人批准了竣工报告后，承包人应当按照国家有关规定和合同约定的时间、方式向发包人提出结算报告。发包人在收到承包人提交的结算报告后，要及时审核批准。发包人无正当理由拒不办理结算的，应当承担逾期付款的责任。

为了维护承包人的合法权益，《合同法》第286条赋予了承包人在发包人无正当理由拒不支付价款时的优先权，并就承包人优先权实现的时间和方式作了明确的规定。根据法律规定，发包人未按约定支付价款的，承包人可以催告发包人在合理期限内支付价款。发包人在合理期限过后仍不支付价款的，承包人可以与发包人协议将工程折价，也可以申请人民法院将该工程依法拍卖。承包人有权就该工程折价或拍卖的价款优先受偿。按照建设工程的性质不宜折价、拍卖的除外。

（三）发包人的协助义务

建设工程合同中发包人协助义务的履行，是建设工程承包合同得以顺利履行的重要保证。根据法律规定和诚信原则的要求，发包人应当按照法律法规规定或合同的约定及时提供相关材料、设备、场地、资金、资料等。如果发包人未按约定的时间和要求提供原材料、设备的，即构成违约。这里所谓发包人提供场地，是指发包人负责办理正式工程和临时设施所需土地使用权的征用、民房的拆迁、施工用地和障碍物拆除等许可证。发包人应按期完成这些工作，为承包人提供符合合同要求的施工场地，否则构成违约。发包人需按照合同的约定，在开工前或者按施工进度提供建设资金，如果不按照约定时间和支付方式提供建设资金的，需承担相应责任。技术资料是建设工程顺利进行的技术保障。发包人应当按照合同的要求，及时全面地提供相关的技术资料，不得无故拖延或者隐匿，否则应承担违约责任。

五、建设工程合同承包人的合同义务

（一）接受发包人检查、监督的义务

根据《合同法》第277条的规定，发包人在不妨碍承包人正常作业的情况下，可以随时对作业进度、质量进行检查。建设工程的作业进度、质量对发包人的利益影响较大，故承包方有义务接受发包人对工程进度和工程质量的必要的检查、监督，对发包人的检查，承包人应予以支持和协助。如果发包人的检查影响到工程的正常作业，承包方有权在说明理由的基础上予以拒绝。

（二）承包人的通知义务

根据《合同法》第278条的规定，隐蔽工程在隐蔽以前，承包人应当通知发包人检查。隐蔽工程是指地基、电气管线、供水供热管线等需要覆盖、掩盖的工程。由于隐蔽工程在隐蔽后再行检查时，需要重新开挖或掩盖后根本就无法检验。由于隐蔽工程的性质，需要在隐蔽工程作业结束时及时进行检查，而不能等到竣工时与主体工程一并验收。在隐蔽工程隐蔽之前，承包人有义务通知发包人检查，发包人没有及时检查的，承包人可以顺延工程日期，并有权要求赔偿停工、窝工等损失。

（三）承包人的工程质量保证义务

承包人的质量保证义务不因竣工验收合格而消灭，承包人有义务在建设工程交付使用后的合理期限内继续承担质量保证责任。根据《合同法》第282条的规定，因承包人的原因致使建设工程在合理使用期限内造成人身和财产损害的，承包人应当承担损害赔偿责任。根据本条规定，承包人应当承担损害赔偿责任应当符合下列条件：

1. 因承包人的原因引起的建设工程对人身、财产的损害。承包人只对自己行为的后果负责，这也是自己责任原则的必然反映。如果不属于承包人的原因，比如是用户自己使用不当等原因造成人身、财产损害的，承包人不承担责任。如果由于发包人不合理压价，非法接受不具备资质的承包人进行承包的，因此引起质量事故，造成他人人身、财产损害的，发包人也应当承担相应的责任。

2. 根据本条规定，承包人只对因自己原因所造成的人身、财产损害承担赔偿责任。也就是说《合同法》第282条是针对侵权责任而规定的。当然，由于建设工程存在质量缺陷，发包人有权要求承包人承担违约责任，在因质量缺陷造成人身、财产损害的，发包人既可以选择让承包人承担违

约责任，也可以选择让承包人承担侵权责任。这是责任的规范竞合问题。

3. 承包人只对建设工程在合理期限内因质量问题造成的人身、财产损害负责。建设工程是不动产，一般都将长期使用，所以承包人承担责任一定应在一个合理的期限内。"合理使用期限"是承包人对其工作成果——建设工程承担质量责任的责任期间。该合理期间一般自建设工程交付发包人是起算。合理期限的具体测算应根据建筑物结构、使用功能、所处的自然环境等综合判定。

六、违约责任

（一）建设工程合同发包人的违约行为及其责任

1. 发包人未按约定提供相关材料、资料。建设工程合同中，当事人可以对材料和设备的提供作出约定，发包人应当按照合同的约定履行自己提供材料和设备的义务，否则构成违约。

对于建设工程而言，工程建设所需场地应当由发包人提供。发包人应当及时办理正式工程和临时设施所需土地使用权的征用、民房的拆迁、施工用地和障碍物拆除等许可证。发包人未按期完成这些工作的，应承担相应的责任。

发包人应当根据法律和合同的要求，及时全面地提供相关的技术资料，不得无故拖延。

发包人应当按照约定提供工程建设所需资金，否则应承担违约责任。

根据《合同法》第283条的规定，发包人违反上述义务应承担以下责任：①应允许承包人顺延工程日期；②赔偿承包人因停工、窝工等造成的损失。

2. 因发包人的原因致使工程停建、缓建的责任。在建设工程合同履行过程中，发包人应按照约定履行自己的义务，以保证工程建设的顺利进行，如果由于发包人变更工程量、发包人所提供的设计文件等技术资料存在较大错误或发包人变更设计文件、发包人未能按照约定及时提供建设材料、设备或工程进度款、发包人未能及时进行中间工程或隐蔽工程的验收等等原因，造成工程停建、缓建的，发包人应当根据《合同法》第284条的规定采取措施弥补或者减少损失，赔偿承包人因此造成的停工、窝工、倒运、机械设备调迁、材料和构件积压等损失和实际费用。

3. 发包人对勘察人、设计人的责任。工程勘察设计发包人的义务是按照合同约定，按期提供准确的勘察设计资料，及时提供勘察设计人员必需的工作条件。在合同履行中，因发包人自己的原因变更计划或提供的资料不准确，引起勘察人、设计人工作量的非正常增加的，应当承担相应的责任。根据《合同法》第285条的规定，因发包人变更计划，提供的资料不准确，或者未按照期限提供必需的勘察、设计工作条件而造成勘察、设计的返工、停工或者修改设计，发包人应当按照勘察人、设计人实际消耗的工作量增付费用。

4. 发包人未按约定付款的责任。发包人无正当理由未按约定支付价款的，应当在承包人催告后的合理期限内支付，逾期仍不支付的，《合同法》第286条赋予了承包人就该工程折价或拍卖，并就该工程折价或拍卖的价款优先受偿的权利。

5. 发包人将未经竣工验收或竣工验收不合格的工程交付使用的责任。根据《合同法》第279条的规定，建设工程必须经竣工验收合格后方可交付使用；没有经过竣工验收或者竣工验收确定为不合格的建设工程，不得交付使用。如果发包人违反规定将建设工程交付使用的，应当承担相应责任。

（二）建设工程合同承包人的违约行为及其责任

1. 勘察人、设计人的违约责任。

（1）勘察人、设计人的违约责任的构成要件。根据《合同法》第280条的规定，勘察人、设计人的违约责任的构成须具备两个要件：①勘察、设计的质量不符合法律法规和合同的要求，或者勘察、设计工作未按约定期间完成并提交最终勘察、设计文件；②勘察人、设计人的违约行为给发包人造成了损失。这与《合同法》总则关于违约责任的一般构成要件不同，勘察人、设计人的违约责任的构成除了勘察人、设计人有违约行为之外，给发包人造成的实际损失是不可缺少的要件。

（2）勘察人、设计人违约责任的承担方式。根据《合同法》第280条的规定，勘察人、设计人的违约责任的承担方式有两种：①实际履行，继续完善勘察、设计；②赔偿损失。赔偿损失的方式除了直接就发包人的损失予以赔偿外，法律还规定了通过减收或者免收勘察、设计费的方式予以间接赔偿。

2. 建设工程施工人的违约责任。

根据《合同法》第281条的规定，因施工人的原因致使建设工程质量不符合约定的，发包人有权要求施工人在合理期限内无偿修理或者返工、改建。经过修理或者返工、改建后，造成逾期交付的，施工人应当承担违约责任。

这里所谓工程质量不符合要求，是指土建工程、设备安装、水、电、气、排给风管道以及其他辅助设施，没有按照施工规范、设计要求和合同约定完成。因施工人的原因致使工程质量不符合要求的，法律赋予发包人要求施工人在合理期限内无偿修理或者返工、改建的权利，施工人应当应发包人的要求承担在合理期限内无偿修理或者返工、改建的责任。由于修理、返工、改建造成工程延期交付的，施工人还应当承担逾期交付的违约责任。

 案例分析

（一）承揽合同

【案情介绍】A公司计划制作的《X》节目，《X》定位为与"性"和"情"有关的节目，揭示了中国公众普遍存在的性心理和性社会问题，但由于内容过于敏感，电视节目《X》被国家广电总局通知停止播出。为制作该节目，2004年11月3日，A公司与B公司签订协议，约定由B公司承接《X》样片的舞美设计及制作，保证达到A公司认可之效果图效果。同年11月8日，B公司完成了《X》样片的舞美设计制作及全部搭景工作，A公司并未提出异议。在《X》样片实际拍摄过程中，A公司认为B公司制作的三扇门不符合制作节目要求，遂自行更换了三扇道具门。嗣后，A公司以B公司完成的舞美设计及制作未达到要求，制作的三扇门高度不够，造成部分接受采访的当事人信息暴露，使节目无法通过审批，不能及时播放获得收益为由，拒付承揽费。B公司起诉到一审法院，要求A公司支付相关费用。

【问题】

1. 承揽合同是否有效？

2. 该合同中B公司交付的工作成果是否符合合同约定的要求？

3. A公司拒付承揽费的理由能否成立？

4. A公司和B公司各应承担什么责任？

【分析】1. 承揽合同是指承揽人按照定作人的要求完成工作，交付工作成果，定作人给付报酬的合同。本案中，双方当事人就《X》样片舞美及制景的承揽协议达成一致合同成立并生效。

2. 合同中约定的验收标准仅为承揽方B公司承接的《X》样片的舞美设计及制作保证达到定作方A公司认可的效果图效果。B公司完成《X》样片的舞美设计制作和布景工作后，A公司在节目拍摄前并未对B公司交

付的工作成果提出异议，应视为其认可 B 公司交付的工作成果。也就是 B 公司交付的工作成果符合合同约定的要求。

3. B 公司的工作成果已经由 A 公司予以默认。在《X》样片实际拍摄过程中，A 公司认为 B 公司制作的三扇门不符合制作节目要求，遂自行更换了三扇道具门。这是 A 公司随后自己的更换行为与 B 公司无关。虽然该节目不能通过有关部门的审批，但不能影响加工费的支付，并且《X》不能通过审批的原因主要是《X》定位为与"性"和"情"有关的节目，揭示了中国公众普遍存在的性心理和性社会问题，其由于内容过于敏感，因此被通知停播。所以拒付承揽费理由不能成立。

4. B 公司的承揽成果是符合该合同的因此不承担责任。A 公司在接受该工作成果后，不管其是否完全使用，其均应当按照合同约定在付清款项，逾期支付即构成违约。因此 A 公司应承担违约责任。

（二）建设合同

【案情介绍】2003 年 7 月 25 日，A（没有相应资质及安全生产条件）与 X 建筑安装公司项目经理 B 签订郑州市布瑞克帝湖花园小区 15 号楼主体包工承包合同书一份，合同约定：X 建筑安装公司将 15 号楼主体结构内所有内容，包括钢筋制作绑扎、模板制作、安装与拆除，砖砌体、空心板安装与灌缝及阳台结构等交付 A 施工。同年 11 月，A 以每天 20 元的工钱将其同乡 C 雇佣到郑州市布瑞克帝湖花园小区 15 号楼工地打圈梁。2003 年 12 月 27 日凌晨 3 时，C 在六楼拆除搭在圈梁上的架子时，从六楼不慎摔下，造成右胫骨平台骨折、右腓骨小头骨折。C 受伤后，作为工程发包单位 X 建筑安装公司对此不管不问，并声称与施工队订有生死合同，工伤事故一律由施工队负责，至今对 C 的医疗费用未付分文。2004 年 7 月 22 日，C 向郑州市中原区人民法院提起诉讼，要求 A 及 X 建筑安装公司赔偿其各项费用共计 37 854.78 元。

【问题】

1. A 与 C 之间是什么法律关系？

2. X 建筑安装公司与 C 之间是何法律关系？

3. A 与 X 建筑安装公司对 C 承担什么责任？

【分析】

1. C 被 A 雇佣后，双方已形成了事实上的劳务雇佣关系。雇佣关系是指受雇人向雇用人提供劳务，雇用人支付相应报酬形成权利义务关系。本案中 A 以每天 20 元的工钱将其同乡 C 雇佣到郑州市布瑞克帝湖花园小区

15 号楼工地打圈梁。C 向 A 提供劳务，A 支付 C 相应报酬，显然 A 与 C 之间成立了雇佣关系。

2. X 建筑安装公司与 C 之间不存在直接的法律权利义务关系，但存在间接的法律关系。A 与 X 建筑安装公司是发包人和承包人的关系，A 与 C 是劳务雇佣关系。X 建筑安装公司与 C 之间不存在直接的法律关系，但其作为承包人施工队的一员与其存在间接的法律关系。

3. 雇员在从事雇佣活动中遭受人身损害，雇主应当承担赔偿责任。因此 A 对雇员 C 在劳动过程中受到的人身损害，应当承担赔偿责任。X 建筑安装公司明知接受分包任务的雇主 A 没有相应资质及安全生产条件，仍将郑州市布瑞克帝湖花园小区 15 号楼工程主体分包由其施工，根据 2004 年 5 月 1 日起实施的《最高人民法院关于审理人身损害赔偿案件适用法律若干问题的解释》第 11 条第 2 款"雇员在从事雇佣活动中因安全生产事故遭受人身损害，发包方、分包人知道或者应当知道接受发包或者分包业务的雇主没有相应资质或者安全生产条件的，应当与雇主承担连带赔偿责任"的规定，其应与雇主承担连带赔偿责任。其声称的与施工队订有生死合同，工伤事故一律由施工队负责，违反法律强制性规定故无效，仍应承担连带赔偿责任。

思考题

1. 试述承揽合同的概念和特征。
2. 简述定作人的义务。
3. 简述承揽人的义务。
4. 请分析建设工程合同的法律特征。
5. 简述建设工程合同的分类。
6. 简述建设工程合同承包人的义务。

案例分析题

1. 某单位的一部汽车因交通事故导致损坏，于是将该汽车拖至某汽车修理厂修理，双方签订修理合同，约定汽车修理厂在 5 个工作日内完成对汽车的修理并对损坏部位进行喷漆，修理费用共计为 4000 元。并约定在汽车修理厂交付修好的汽车时一次性交付上述费用。到期后，该单位派人去汽车修理厂提车，并称由于单位出纳外出，修理费过几天再付。汽车修理厂的负责人见对方不愿付费，遂让员工将该汽车扣留，称什么时候给钱，什么时候将车开走。双方争执不下，汽车运输公司遂起诉至人民法院。

问：汽车修理厂能否扣留所修汽车，为什么？

2. 2000 年 2 月，甲建筑公司与乙校就乙校教学楼建设工程签订建设工程承包合同。合同约定：甲建筑公司承担乙校教学楼建设的土建、主体及简易装修工程；承包方式按预算定额包工包料，竣工后办理工程结算。合同签订后，甲方按合同的约定如期完成了该教学楼工程项目的全部建设。竣工验收后，乙校由于资金困难，无法支付剩余工程款 500 万元。

问：

（1）乙校在本合同中负有那些义务？

（2）乙校的行为是否工程违约？甲建筑公司能否就乙校的行为提起诉讼？

 推荐书目

1. 石兰太：《承揽合同》，中国民主法制出版社 2003 年版。

2. 谢鸿飞：《承揽合同》，法律出版社 1999 年版。

3. 奚晓明主编：《建设工程合同纠纷》，法律出版社 2010 年版。

4. 李启明主编：《土木工程合同管理》，东南大学出版社 2008 年版。

第十四章 技术合同

第一节 技术合同概述

一、技术合同的概念和特征

（一）技术合同的概念

技术是人类根据生产经验和科学原理而形成的各种技能和工艺操作方法，是一种科学财富。随着科学技术的发展，它对社会发展和经济建设的推动作用越来越大，极大地满足了人们不断增长的物质和精神需要。而对技术进行交换，是市场经济发展的必然要求。技术权利成为与物权、债权并列的一种重要权利。因此，技术合同成为《合同法》分则中规定的一种重要有名合同。

《合同法》第 322 条规定："技术合同是当事人就技术开发、转让、咨询或者服务订立的确立相互之间权利和义务的合同。"

对于《合同法》规定的技术合同的概念，可以从以下几个方面理解：

1. 技术合同是作为平等主体的自然人、法人和其他组织之间的协议。所谓"平等主体"是指合同当事人之间的法律地位平等，各方当事人都必须在法律规定的范围内进行民事活动，均没有超越法律规定和合同约定的特权。同时，这也说明技术合同主体的广泛性，自然人、法人和其他组织均可以成为技术合同的主体。

2. 技术合同是关于民事权利和义务的协议。《合同法》调整的是当事人之间设立、变更、终止民事权利义务关系的协议。技术合同的内容主要是因为科技成果以及知识产权所产生的经济权利和精神权利的关系，是关于技术开发、技术转让、技术咨询和技术服务等方面的民事关系，同样属于民事关系的范畴。

（二）技术合同的特征

技术合同与一般合同不同，它产生于特定的技术开发、技术转让、技术咨询和技术服务等技术活动中，是一种特殊的合同。它具有如下法律特征：

1. 技术合同的标的是技术成果，是一种无形财产。技术合同的标的是技术成果，它是凝聚人类智慧的创造性脑力劳动的产物。该技术成果可以是现存的技术成果，也可以是尚未存在的、将来开发的技术成果，或者与技术开发有关的辅助性行为成果。由于任何人有权自由取得、应用公有技术，所以，只有专利技术和技术秘密才可以成为技术合同的标的，才可以作为商品进行交换。同时，虽然技术载体是有形物，但技术是一种无形财产，技术本身没有具体形态，只能通过当事人的语言方式等表示技术具体的内容、范围和要求等，并对关键词语作出具体解释从而进行界定。

2. 技术商品的价格计算没有统一、现成的标准。一般商品交易合同根据成本加合理的利润确定商品价格，而技术商品价格的计算方法和支付方式要复杂得多，需要由当事人根据市场需要、经济效益、成本高低、风险责任、同类技术的状况等因素协商确定。

3. 技术合同的履行具有特殊性。技术合同的履行不同于商品交易合同中的"交货"，其实质是技术许可，即一方允许另一方在一定条件下使用其所拥有的技术，技术合同的履行常常涉及与技术有关的其他权利的归属，如发明权、科技成果权、技术秘密使用权、转让权等。因此，技术合同不但要受到合同法的约束，而且还要受到民法、知识产权法等法律制度的规范。同时，一般合同的履行普遍适用实际履行的原则，但是，由于技术合同标的的不确定性、技术开发的风险等因素，不宜强调实际履行的原则。

4. 技术合同是双务、有偿合同。技术合同的双方当事人都承担相应的义务和享受相应的权利，一方要承担进行技术开发、转让、咨询或者服务的义务，同时享有获取价款或者报酬的权利；而另一方则要承担支付报酬或者技术转让费的义务，享受取得技术成果的合法权利，故技术合同为双务、有偿合同。

（三）技术合同的类型

根据不同标准，技术合同可以分成不同的类型。

根据订立合同的不同主体，可以将技术合同分为国内技术合同和涉外技术合同；根据技术合同的不同内容，可将技术合同分为技术开发合同（包括委托开发合同和合作开发合同）、技术转让合同（包括专利权转让合同、专利申请权转让合同、技术秘密转让合同、专利实施许可合同）、技术咨询合同、技术服务合同、技术中介合同和技术培训合同等。

二、技术合同的订立原则

技术合同的订立，首先要遵循法律、法规，遵守自愿、平等、公平、诚实信用和维护公共秩序以及社会公德等民事法律原则。

《合同法》第323条规定："订立技术合同，应当有利于科学技术的进步，加速科学技术成果的转化、应用和推广。"因此，技术合同的订立，还应当遵守如下原则：

1. 有利于科学技术进步的原则。科学技术是生产力，且是第一生产力，科学技术的发展必然推动生产力的发展。《合同法》再次确立了技术市场应当遵循的原则，对于规范技术交易行为、维护技术交易秩序、保护技术交易各方当事人的合法权益，从而推动生产力的发展，具有重要的意义。

2. 加速科技成果应用和推广的原则。科技成果的价值在于技术的应用和推广，只有应用和推广，科技成果才能转化为生产力，这就需要将科技成果与生产实践、经济建设相结合。而技术合同就是将科技成果与生产实践和经济建设相结合的纽带。《合同法》规范技术合同的目的，就是为了促进科学技术向生产力的转化，使科技成果得到进一步的应用和推广。反之，根据《合同法》第329条的规定，非法垄断技术、妨碍技术进步或者侵害他人技术成果的技术合同无效。这就从另一个方面体现了加速科技成果应用和推广的原则。

三、技术合同的一般条款

《合同法》第12条规定，合同内容由当事人约定，并列出了一般包括的条款，该条的规定能够适用于技术合同。但是技术合同是一种以无形财产—技术成果为标的的合同，与其他合同相比，具有自己的特点，为此，《合同法》第324条在重申技术合同的内容由当事人约定的同时，就技术合同的一般条款作了专门规定，它包括：

（一）项目名称

项目名称即技术标的的名称，它包括技术标的的性质、类别等，是区别不同类型技术合同的标志。项目名称要反映合同的技术特征和法律特征，因此，要用简明、规范的专业技术用语确定项目名称。

（二）标的的内容、范围和要求

此条款为技术合同的中心条款，是体现当事人权利义务的主要内容，既是确定当事人权利义务的主要依据，也是将来确定当事人是否履行合同的依据。该条款要确切表明技术合同的类型、技术范围、具体任务、技术参数、技术条件等。不同类型的技术合同,其标的的内容、范围和要求是不同的。例如,技术开发合同标的的内容是约定要完成开发的技术成果,技术转让合同的标的是合同约定转让的特定技术成果。

(三)履行的计划、进度、期限、地点、地域和方式

履行的计划和进度表明当事人履行技术合同的真实性和科学性。合同的履行期限包括合同的有效期、合同的签订日和合同的完成日。履行地点是指当事人约定的履行义务的具体地点和场所。履行方式是指用什么样的方法、手段完成技术合同所约定的技术指标和经济指标。有多种履行方式的,应明确具体的履行方式。这些约定对于合同的及时履行,监督、检查合同的履行具有十分重要的意义。同时,这些内容约定的是否明确具体,可以作为能否认定违约的重要依据。

(四)技术情报和技术资料保密

该条款是关于技术情报和资料保密公开性、限制性的约定。当事人在订立合同以前,可以就技术情报和技术资料的交换达成保密协议,即使技术合同达不成协议也不影响保密协议的效力。当事人还可以约定合同终止后的一定时间内、一定地域内,一方或者双方对有关的技术情报和技术资料的保密义务,要注意列明保密的资料、样品、数据、信息和其他秘密事项的清单。对于涉及国家安全和重大利益的需要保密的技术合同,要载明国家秘密事项的范围、密级和保密期限以及各方的责任。

(五)风险责任的承担

技术合同主要是技术开发合同和技术转让合同。由于受现有科学知识、技术水平或者实验条件的限制,有可能发生无法预见、无法防止和无法克服的困难,当事人虽然经过努力,也无法避免技术开发工作的部分或者全部失败或者合同不能完全履行。这就需要规定风险责任的承担问题。该条款要约定风险的范围、风险的承担以及分担的份额等内容。本条款在技术开发合同中特别重要。

(六)技术成果的归属和收益的分成办法

技术成果的概念是一个法律概念,是指利用科学技术知识、经验、信息作出的产品、工艺、材料及其改进等技术方案。技术成果的归属和收益分成涉及到双方的技术权益和经济利益,必须在合同中约定技术成果权利的归属、成果的使用、转让以及收益的确定、分配方式、方法等。在技术转让合同中要注意约定对转让技术改进后技术成果的分享问题。

（七）验收标准和方式

验收标准和方式是指当事人完成合同约定的任务后，所应达到的技术和经济指标及其鉴定方式，它是合同验收的依据。该条款要载明验收项目、验收方式、验收的经济技术指标、验收所采取的评价、鉴定以及其他考核办法。

（八）价款、报酬或者使用费及其支付方式

技术合同的价款、报酬是指转让专利权和专利申请权的价款，以及技术开发（主要指委托开发）、技术咨询、技术服务的报酬和专利实施许可、技术秘密转让的使用费。技术合同的报酬或价款没有统一、现成的标准，只能由当事人根据市场的需要、成本的高低、经济利益、同类技术状况、风险的大小等因素协商确定。技术合同价款、报酬或者使用费的支付方式由当事人约定，可以采用一次总算、一次总付或者一次总算分期支付的方式，也可以采取提成支付或者提成支付附加预付入门费的方式。约定提成支付的，可以按照产品价格、实施专利和技术秘密后新增的产值、利润或者产品销售额的一定比例提成，也可以按照约定的其他方式计算。提成支付的比例可以采用固定比例、逐年递增比例或者逐年递减比例。约定提成支付的，当事人应当在合同中约定查阅有关会计账目的办法。

（九）违约金或者损害赔偿的计算方法

当事人应当确定是否约定违约金，针对什么违约行为规定违约金，违约金的比例或者数额多少，约定违约金与赔偿金的关系，违法合同造成的损失如何计算等。

（十）解决争议的方法

法律规定的解决争议的方法有许多种，双方可以约定采用协商、调解、仲裁、诉讼等方法解决纠纷。

（十一）名词和术语的解释

技术合同的专业性比较强，涉及到的一些术语往往比较抽象、容易产生歧义，为此，需要对合同的一些关键词和术语、概念进行解释，避免误解或留下漏洞。有时也可以对冗长的表述约定简称，使合同的表述简洁。

另外，《合同法》第324条第2款规定："与履行合同有关的技术背景资料、可行性论证和技术评价报告、项目任务书和计划书、技术标准、技术规范、原始设计和工艺文件，以及其他技术文档，按照当事人的约定可以作为合同的组成部分。"该条第3款规定："技术合同涉及专利的，应当注明发明创造的名称、专利申请人和专利权人、申请日期、申请号、专利号以及专利权的有效期限。"

上述第 2 款和第 3 款规定的内容，一般称为合同的附件部分，属于履行主合同的辅助性资料，当事人若约定附件为合同的组成部分，则与合同的条款一样具有法律效力。若当事人没有约定，作为技术合同主义务而产生的附随义务，当事人也应当提供这些资料。

四、技术合同中技术成果相关权利的归属

（一）职务技术成果经济权利的归属

根据《合同法》第 326 条第 2 款的规定，职务技术成果是执行法人或者其他组织的工作任务，或者主要是利用本法人或其他组织的物质条件所完成的技术成果。所谓"执行法人或者其他组织的任务"主要是指以下三种情况：①在职人员承担本法人或者其他组织科学研究和技术开发课题完成的成果。②在职人员履行本岗位职责所完成的技术成果。所谓"本岗位职责"包括法人或者其他组织指定的科研课题以外的直接属于其工作范围以内的工作以及本单位交办的业务范围以外的其他任务。③退休、离休、调动工作人员在离开原法人或者其他组织一年内，继续担任原单位的科学研究和技术开发课题或履行原岗位的职责所完成的课题。所谓"主要利用本单位的物质条件"是指主要利用本单位的资金、设备、器材和未公开的技术情报和资料。判断是否属于"主要利用本单位的物质条件"，要看利用的物质技术资料对开发出的技术成果是否必不可少，是否利用了本单位没有对外公开的技术资料。当然，如果利用了本单位的物质条件，依照约定偿还了资金或者交纳了使用费，属于借用或者租赁的性质，不能认为属于利用本单位的物质条件。

职务技术成果的经济权利，是指使用、转让职务技术成果所得经济效益的财产权利。《合同法》第 326 条规定："职务技术成果的使用权、转让权属于法人或者其他组织的，法人或者其他组织可以就该项职务技术成果订立技术合同。法人或者其他组织应当从使用和转让该项职务技术成果所取得收益中提取一定的比例，对完成该项职务技术成果的个人给予奖励或者报酬。法人或者其他组织订立技术合同转让职务技术成果时，职务技术成果的完成人享有以同等条件优先受让的权利。"

从上述规定可以看出，职务技术成果因为凝聚了法人或者其他组织的科学决策、群众的智慧和经验，法人或者其他组织投入了人力、物力、财力，所以法人或者其他组织对于职务技术成果具有经济权利，有权使用、转让。同时，由于完成职务技术成果的人付出了辛勤的劳动，应当获得奖

励或者报酬，并且在法人或者其他组织转让该技术成果时，完成人有优先受让的权利。

（二）非职务技术成果经济权利的归属

非职务技术成果是指职务技术成果以外的成果，即技术成果的完成人主要不是执行法人或者其他组织的工作任务或者利用本法人或者其他组织的物质条件，而是自行研究开发完成的成果。非职务技术成果应当具备以下两个条件：

1. 该技术成果不是完成人所在单位的科学研究和技术开发课题，也不是完成人的岗位职责。

2. 完成人完成该技术不是利用本单位的资金、材料、设备、技术资料等物质条件。

由于非职务技术成果是个人投入了大量人力、物力、财力、智力等，因此，非职务技术成果的经济权利属于完成人。根据《合同法》第 327 条的规定，非职务技术成果的使用权、转让权属于完成技术成果的个人，完成技术成果的个人可以就该项非职务技术成果订立技术合同。其他人未经完成人的同意，均不得使用该技术成果。

（三）技术成果精神权利的归属

技术成果的精神权利是指技术成果的完成人对于发现、发明、科技成果等成果的署名、获得奖励权利归谁拥有的问题，该权利属于人身权的一个组成部分。要特别注意：①在此的"技术成果"包括职务技术成果和非职务技术成果；②技术成果的完成人是指对技术成果单独或者共同作出创造性贡献的人，不包括那些仅仅提供资金、设备、材料、实验条件的人以及其他的管理、辅助人员。

《合同法》第 328 条规定："完成技术成果的个人有在有关技术成果文件上写明自己是技术成果完成者的权利和取得荣誉证书、奖励的权利。"所谓"技术成果文件"是指专利申请书、科学技术奖励申请书、科技成果登记书等确认完成人身份和授予荣誉的证书和文件。所谓"荣誉证书"是指完成人从特定组织获得的一种专门化和定性化的积极评价的证书。所谓"奖励"是指有关专门机关对技术完成人员给予的一种特质的鼓励，与《合同法》第 326 条所说的"奖励"的含义不同。

由于技术成果精神权利属于人身权的一个组成部分，与人身不可分离，无论是职务技术成果还是非职务技术成果，在使用、转让时，完成人的署名权以及获得奖励权都不能改变，也不能转让。权利主体以外的任何人，均不得侵犯、妨碍完成人的精神权利，都负有不得侵犯上述权利的义务。

第二节 技术开发合同

一、技术开发合同的概念和特征

（一）技术开发合同的概念

《合同法》第 330 条规定，技术开发合同是指当事人之间就新技术、新产品、新工艺或者新材料及其系统的研究开发所订立的合同。要准确掌握技术开发合同的概念，应注意以下几点：

1. 技术开发是指将科学研究成果或者已有的新知识、新技术应用于生产实践的创造性劳动。技术开发的过程就是从研究或者试制开始，到新产品大批量生产结束的过程。

2. 新技术、新产品、新工艺或者新材料及其系统是指在订立技术开发合同时尚未掌握的技术、产品、工艺、材料及其系统技术方案，技术没有创新的现有产品改型、工艺变更、材料配方的调整等不属于新技术开发。这就要求技术开发合同的标的具有技术创新的成分和技术进步的特征。同时，合同标的的技术创新又是相对的，仅仅要求作为合同标的的技术是当事人订立合同时没有掌握的技术，一般不要求将来开发的技术是世界一流或者国内首创。

3. 所谓"研究开发"是指科学研究和技术开发，是根据经济建设的需要，运用科学知识，通过新的发现、发明，开发新技术、新产品、运用新工艺、研制新材料的及其系统等技术活动方案。为了加快技术创新，《合同法》把科技成果的转化也纳入技术开发合同的范畴，使技术开发合同包括了技术创新的全部过程，更完整准确地反映了创新规律。

（二）技术开发合同的特征

1. 技术开发合同的成果具有创造性。技术开发合同的成果不是在合同签订以前就已经解决的技术方案，而是研究开发方根据合同的要求，通过长期创造性劳动而取得的新技术成果，它需要当事人研究开发、经过艰难的创造性劳动才能完成，是人们解决尚未解决或者未完全解决的问题，研制、改进不存在或者不完善的东西，一个不断探索、创造的过程。一切利用现有技术进行服务或者转移的活动，均不属于技术开发。

2. 技术开发合同的标的具有新颖性。"新颖性"的含义与专利发明所要求的新颖性不同，它包括两个方面：①指技术的标的是他人或者前人未知的技术，它可以是世界范围内的新项目，也可以是国内或者地区或者行业内的新项目；②指在订立合同时，研究开发方尚未掌握的技术，必须经过研究开发方的艰苦努力和创造性劳动，才能获得的技术。

3. 技术开发合同的风险责任大。技术开发合同签订后，经过研究开发方的努力，可能取得合同所约定的、预期的技术成果，也可能花费了大量资金后，遇到了无法克服的技术困难，不能取得约定的技术成果，研究开发以失败而告终。因此，在技术开发合同履行中，当事人要承担的风险责任较大。

4. 技术开发合同是双务、有偿和要式合同。首先，技术开发合同是双方的法律行为，不论是委托开发合同还是合作开发合同，当事人均互享一定权利、互负一定义务，属于双务合同。其次，技术开发合同当事人享受权利还要支付一定的代价，故为有偿合同。最后，技术开发合同是一种要式合同，根据《合同法》第330条第3款的规定，技术开发合同应当采用书面形式，而不能采用口头的形式。

二、委托开发合同

（一）委托开发合同的概念

委托开发合同是指研究开发人根据委托人的要求完成研究开发工作，委托人接受研究开发成果并且支付报酬的合同，其双方当事人是委托人和研究开发人。委托开发合同的标的是脑力劳动的创造性成果，不是研究开发人的脑力劳动本身，而且委托开发合同往往由委托人独立承担风险，这是委托开发合同与一般承揽合同的区别。同时，研究开发人以自己的名义、劳务和技术独立工作，与一般的委托合同不同。

（二）委托人的主要义务和违约责任

1. 按照合同约定向研究开发人支付研究开发经费和报酬。研究开发经费是研究开发工作所需要的成本，包括设备费、器材费、实验费、安装调试费、技术资料费以及研究开发的其他费用。总之，除合同约定外，研究开发的所有费用，都应当由委托人支付。研究开发报酬是指研究开发成果的使用费和研究开发人员的补贴。它不同于研究开发经费，它是委托人取得技术成果后，按照合同向研究开发人支付的款项。该报酬可以单列，也可以包括在研究开发经费中。同时，该费用可以在订立合同之后、研究开发之前支付，也允许当事人约定分批支付或者在交付工作成果之后支付。

2. 提供技术资料、原始数据，完成协作事项。委托开发合同是创造性的脑力劳动，而一切创造性劳动都要在一定技术基础上进行。委托人提供研究开发的技术资料、原始数据，完成协作事项，是研究开发人完成研究开发任务的基本保证。

3. 按期接受研究开发成果。委托人接受研究开发成果，表明委托人对研究开发成果的认可。合同可以约定以下一种或者几种方法接受研究开发人提交的成果：接受产品设计、工艺规程、原料配方、图纸论文、报告等技术文件；接受计算机软件、样品、样机、成套设备等。在接受成果时，委托人应当及时组织有关专家进行鉴定和评价，对技术成果进行验收。

4. 委托人违反合同应承担的违约责任。《合同法》第 333 条规定，委托人违反约定造成研究开发工作停滞、延误或者失败的，应当承担违约责任。根据该条规定，委托人承担违约责任，必须符合下列条件：①委托人必须有违约行为。具体来说，委托人的违约行为表现在如下几个方面：不支付或者没有完全支付研究开发经费或者报酬；未按照约定提供技术资料、原始数据；未按照约定完成协作事项；未按照约定接受研究开发技术成果。②委托人的违约行为造成研究开发工作停滞、延误或者失败。③委托人的违约行为与研究开发工作的停滞、延误或者失败具有因果关系。

（三）研究开发人的主要义务和违约责任

1. 制定和实施研究计划。研究开发是一项复杂和科学性相当强的工作，要完成开发任务，必须制定研究开发计划。研究开发计划是指导研究开发人实现合同确定目标的指导性文件，是研究开发任务实现的具体步骤和方法，也是研究开发人完成任务的首要条件和义务。研究开发人要制定、实施开发计划的过程，应当接受委托人的监督检查。研究开发计划一般应当包括以下内容：项目名称；研究开发的目标和主要任务；技术基础及条件；国内外研究概况；存在的问题；需要的主要设备和材料；研究、实验的方法和技术进度；经费预算和经费总额；承担单位和参与研究的主要技术专家和科技人员；应当达到的技术水平；社会经济效益；技术的推广和应用等。

2. 合理使用研究开发经费。从准备工作开始，直到新技术成果的交付使用，研究开发人的一切创造活动都要使用资金，无论是包干使用还是按照实际使用支付经费，都必须合理使用经费，以最低的成本获得最大的经济效益。要专款专用、精打细算，在不妨碍研究开发的情况下，接受委托

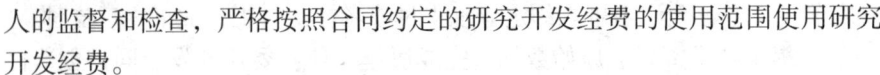

人的监督和检查，严格按照合同约定的研究开发经费的使用范围使用研究开发经费。

3. 按期完成研究开发任务，交付研究开发成果。这是研究开发人最基本的任务，也是委托人订立委托开发合同的主要目的。研究开发人要按照合同约定的期限完成技术开发任务，不得无故拖延。同时，要及时向委托人交付技术成果。所谓技术成果是指作为合同标的的技术成果和与之密切相关的技术成果。当事人可以约定采用以下一种或者几种方式交付技术成果：工艺规程、产品设计、材料配方和其他图纸、论文报告等技术文件；磁带、磁盘、多媒体光盘、计算机软件及数据库；动、植物新品种、微生物菌种；成套技术设备或者样机、样品。研究开发人应保证这些技术开发成果和技术资料的真实、完整、正确、充分，以保证委托人能够实际应用研究开发成果。

4. 提供有关的技术资料和必要的技术指导，帮助委托人掌握研究开发成果。委托人签订合同的目的，是为了实际应用研究开发的技术成果。由于委托人没有实际参与技术开发的具体工作，对于开发成果的许多技术问题不了解，就需要研究开发人提供技术资料和具体的指导培训技术人员，使委托人尽快掌握新技术，迅速取得经济效益。另外，当事人在合同中还可以约定，研究开发人还负有以下义务：提供技术咨询、提供该技术新的发展资料，协助制定有关的操作、工艺规程等。

5. 研究开发人的违约责任。《合同法》第 334 条规定，"研究开发人违反约定造成研究开发工作停滞、延误或者失败的，应当承担违约责任。"根据该条规定，研究开发人承担违约责任的条件有三个：①研究开发人违反约定。从实践来看，研究开发人的违约行为具体表现为：未制定或者按期制定研究开发计划；未按期实施研究开发计划；挪用研究开发经费；未按期完成研究开发计划；未按期交付研究开发成果；未按期提供技术资料和必要的技术指导；完成的研究开发工作不符合合同的约定等。②研究开发人的违约行为造成研究开发工作停滞、延误或者失败。③研究开发人的违约行为与研究工作的停滞、延误或者失败具有因果关系。研究开发人具体应当承担的违约责任，适用《合同法》第七章的规定。

（四）委托开发技术成果的分享与归属

《合同法》第 339 条规定："委托开发完成的发明创造，除当事人另有约定的以外，申请专利的权利属于研究开发人。研究开发人取得专利申请权的，委托人可以免费实施该专利。研究开发人转让专利申请权的，委托人享有以同等条件优先受让的权利。"据此规定，委托开发合同所产生的发明创造的申请权以及专利权的归属，包括两种情况：

1. 协议分享技术成果。在此种情况下，充分尊重当事人的意思自治，按照合同的约定执行。当事人可以约定委托开发技术专利申请权属于委托人，也可以约定属于研究开发人，还可以约定属于双方共有。如当事人约定专利申请权共有，按照一般共有关系处理。

2. 技术开发合同未对专利申请权的归属作出约定。在此情况下，委托开发产生的发明创造专利申请权属于研究开发人，但是委托人有权免费实施该专利。研究开发人转让其专利申请权的，委托人有权优先受让专利申请权。

关于委托开发中技术秘密的归属，根据《合同法》第 341 条的规定，委托开发完成的技术秘密成果的使用权、转让权以及利益的分配办法，由当事人约定。没有约定或者约定不明确的，依照《合同法》第 61 条的规定即达成补充协议或者补充协议无法达成时按照合同条款或者交易习惯确定，仍然不能确定的，当事人均有使用和转让的权利。但委托开发的研究开发人不得在向委托人研究交付开发成果之前，将研究开发成果转让给第三人。

三、合作开发合同

（一）合作开发合同的概念

合作开发合同是指两个或者两个以上自然人、法人或者其他组织关于共同投资、共同进行技术研究开发、共担风险、共享研究开发成果所订立的合同。合作开发合同与委托开发合同的区别在于：①合作开发的当事人共同进行研究开发工作，而委托开发合同只有研究开发人进行研究开发工作。②合作开发合同的当事人都必须具有一定的技术开发能力，提供一定的技术设备和科技人员等，而委托开发合同的研究开发人才具有研究开发的人员、设备和条件。③合作开发合同的当事人共享技术开发成果，而委托开发合同一般是委托人享有技术开发的成果，研究开发人只是为了取得报酬。

（二）合作开发合同各方当事人的义务

《合同法》第 335 条规定，合作开发合同当事人应当按照约定进行投资，包括以技术进行投资、分工参与研究开发工作；协作配合研究开发工作。由于合作开发合同是以开发一定的新技术为共同目的，共同投资、共同研究、共担风险、共享开发成果，因此，不存在相对的当事人。根据本条的规定，合作开发合同的当事人负有以下义务：

1. 按照约定进行投资，包括以技术进行投资。共同投资是合作开发合同当事人的义务之一，它既是当事人的合作内容和分享合作开发研究成果的前提，也是合作开发合同的一个重要特征。因此，合作开发合同必须是双方共同投资，不是一方投资。从实践来看，合作开发合同的投资方式可以表现为资金、设备、场地、材料、实验条件、技术情报资料、非专利技术成果、计算机软件版权、发明创造专利等。在采用资金以外方式进行投资时，应当进行评估、折算成相应的金额，以便明确双方在投资中所占的比例。在技术投资折价时，既要防止以次充好、作价过高，又要规定如果发生产权纠纷，以技术出资的一方承担全部责任。

2. 按照约定分工参与研究开发工作。合作开发合同的当事人必须按照约定参与研究开发工作，这是当事人的基本义务，也是合作开发合同区别于委托开发合同的最重要特征。参与研究开发工作是指按照合同约定的计划和分工分别或者共同承担设计、工艺、实验、试制等研究开发工作，直到完成研究开发项目。具体来说，有三种方式：①由各方派出技术人员组成课题组按照计划共同参加全部研究开发工作；②各方派出技术人员组成课题组后，根据各自的优势，分别进行部分研究开发工作；③各方按照协议分别承担研究开发的某一部分的工作。要特别注意，在合作开发研究中，每一方所完成的开发工作，对于其他各方所进行的研究来说，都相当重要，关系到研究开发项目的成败，都必须认真履行。

3. 协作配合研究开发工作。由于合作开发以双方共同投资和共同研究开发为基础，在研究开发中，各方的协作配合是取得研究开发成果的关键。有时合作开发内容涉及的面比较广，需要各方的积极配合、协调、帮助才能完成工作。在一些比较复杂的合作开发中，往往还成立联合协调机构，并约定该机构的人员组成、职能、工作程序等内容，以便协调处理研究开发中可以遇到的重大协作问题，最终实现开发目的。从实践情况来看，合作开发的分工协作通常有三种方式：①分工型分工协作，即一方当事人的研究达到一定目标后，再由另一方当事人在此基础上继续进行研究，直至完成工作；②当事人各方共同参与到同一项目的研究、分析、实验等活动，在合作开发的全部过程中始终成为一体；③将前两种方式相结合，成立联合协调机构，对研究开发中的重大问题进行分工、协调、组织、指挥，从而保证研究开发的进行。

（三）合作开发合同当事人的违约责任

《合同法》第336条规定：“合作开发合同的当事人违反约定造成研究开发工作停滞、延误或者失败的，应当承担违约责任。”从该条的内容来看，承担违约责任的条件有三个：

1. 合作开发人有违约行为。违约行为主要表现在：不按照合同约定进行投资或者出资不足；不按照合同约定参与研究开发工作或者参与工作不及时；或者未按照合同约定协作配合研究开发工作。

2. 合作开发人的违约行为造成了研究开发工作的停滞、延误或者失败。

3. 合作开发人的违约行为与研究开发工作的停滞、延误或者失败具有因果关系。

根据上述规定，合作开发人对自己的违约行为，应当承担违约责任。具体承担的责任，适用《合同法》第七章的规定。

（四）合作开发技术成果的分享与归属

合作开发合同技术成果的分享与归属除了遵守《合同法》关于技术合同技术成果归属的规定以外，根据《合同法》第340、341条的规定，还要遵守如下原则：

1. 合作开发完成的发明创造，除了当事人另有约定的以外，申请专利的权利属于合作开发的当事人共有。合同当事人合作开发的目的是为了获取新的技术成果，合同各方对于技术成果的获得都投入了资金、技术等，都进行了创造性劳动，因此，对于该技术成果都有权分享。合作开发当事人对于技术成果的权利属于共有的关系，相当于《物权法》中的共同共有关系。虽然该共同共有的标的物是无形财产，但是，当事人对其仍然拥有控制、使用、收益和处分的权利。在此，要特别注意，法律并不禁止当事人在合同中约定技术成果的归属。从实践情况来看，当事人可以采用以下四种方式约定：①约定研究开发成果的专利申请权归一方所有，享有申请权的一方将由此取得的利益向其他当事人补偿　②约定向合同以外的第三人转让研究开发成果时，应当取得合作各方的、商一致，并分享转让所得的利益；③约定技术成果的分享份额以及各自享有的专利申请权；④约定一方对于开发技术成果享有独占使用权或转让权，但该当事人应同时向其他各方当事人支付约定的价金。

2. 当事人一方转让其共有专利申请权的，其他各方享有以同等条件优先受让的权利。该优先受让权的基础是合同各方当事人共同投资并且完成

了具体的科研任务，也是民法共有关系中当事人应当具有的权利。

3. 合作开发的当事人一方声明放弃其共有的专利申请权的，可以由另一方当事人单独申请或者由其他各方共同申请。专利申请权为财产权，而财产权依法可以转让，也可以放弃。在权利放弃后，其他共有人就享有了全部技术成果的专利申请权。

4. 申请人取得专利权的，放弃专利申请权的一方可以免费实施该专利。当事人虽然放弃了专利申请权，但是可能仍然控制着未申请专利的技术成果，按照专利法上的先用权，可以免费使用该专利，同时，根据民法的公平合理原则，放弃专利申请权的人为技术成果付出了劳动，也有权使用该专利。

5. 开发当事人一方不同意申请专利的，另一方或者其他各方不得申请专利。法律之所以如此规定，是因为合作开发当事人对于开发的技术成果具有共有权利，依据民法理论，对于共有物的处分应当协商一致，专利的申请也应当如此。而且，技术成果处于秘密状态还是公开状态（为公众所知），对于当事人的利益存在明显的影响，如果技术成果处于秘密的状态，对于想申请专利的一方仍然可以技术秘密转让获利，对其利益影响不大。

6. 对于合作开发完成的技术秘密成果使用权、转让权以及利益的分配办法，与委托开发合同中技术秘密的分享与归属相同。

四、技术开发合同风险的承担

技术开发合同风险是指在技术成果研究开发过程中，虽经当事人主观努力，但由于受到现有科学知识、水平和各方面条件的限制，出现了无法预见、无法防止和无法克服的技术困难，导致技术研究开发工作全部或者部分失败而引起的财产责任。由于技术开发工作存在探索性的风险，是对于未知技术的探索，不是对已知技术的研究，因此，当事人必然要冒很大的风险，就必须明确技术开发风险的负担、风险出现后当事人的义务和责任等问题。根据《合同法》第338条的规定，技术开发合同中风险按照以下原则负担：

1. 约定承担。当事人在签订技术开发合同时，应就研究开发的风险问题作出明确的约定。具体来说，可以约定一方或者几方承担，也可以约定由当事人分担。当事人最好事先约定风险责任的承担，如无事先约定，可达成补充协议。

2. 合理分担。在当事人就风险责任的负担没有约定或者约定不明确时，由当事人合理分担。所谓合理分担并非平均分担，要充分考虑技术开发的合同标的、价金、风险承担程度、风险给各方造成的具体损失、双方的财产状况等情况，确定风险分担的比例。

3. 通知义务的履行和扩大损失的承担。当事人一方在履行合同过程中，出现了无法克服的技术困难，有可能导致研究开发的失败或者部分失败时，应当及时通知另一方并采取适当措施减少损失。没有及时通知并采取适当措施，致使损失扩大的，应当就扩大的损失承担责任。

五、技术开发合同的特别解除条件

技术开发合同的解除是指技术合同签订以后，没有履行或者履行完毕以前，当事人依照法律规定或者合同约定提前终止合同的行为。由于技术开发活动不是重复性的劳动，是一种创新的技术活动，如果作为技术开发合同标的的技术已经由他人公开，当事人再继续履行合同已经没有必要。因此，《合同法》第337条规定："因作为技术开发合同标的的技术已经由他人公开，致使技术开发合同的履行没有意义的，当事人可以解除合同。"

在此要注意三点：①出现技术开发合同标的技术已经由他人公开的情形时，当事人可以解除合同，也可以不解除合同，并非必须解除合同。因为当事人可能再提出一个有别于已经公开的合同标的的新技术方案，这种新方案，可以通过合同的变更予以确认。②在此种情况下解除合同的，除当事人另有约定以外，由此导致的经济损失，由当事人合理负担。③技术合同还可因为当事人协商一致、一方违约、不可抗力、技术开发中的风险导致失败等原因而解除。

 第三节 **技术转让合同**

一、技术转让合同的概念、特征和种类

技术转让合同是指一方当事人将一定的技术商品交给另一方当事人，而另一方当事人接受这一技术商品并支付约定价款或者费用的书面协议。其中，交付技术商品的当事人称为让与人，接受技术商品的当事人称为受让人。同时，技术转让合同为要式合同，必须采用书面的形式。

技术转让合同是最基本的技术合同。在市场经济条件下，技术成果是独立存在的知识形态商品，而技术转让已经成为科学技术知识传播、扩散、推广、应用的基本形式，是推动科技进步、促进经济、社会发展的有利工具。技术转让合同具有以下法律特征：

（一）技术转让合同的标的是双方约定的现有技术成果

技术转让的标的不是普通的物质商品，而是作为无形资产的技术成果。同时，技术转让的标的是现有的、特定化的技术成果，不是尚待开发的技术成果，该技术成果在转让时已经现实存在，能够为某人独占或不具有公开性并且在生产中能够产生经济效益。技术转让合同的标的有两类：一是专利技术，二是技术秘密即非专利技术。

（二）技术转让合同转让的是技术成果的所有权或者使用权，但不包括精神权利

对于受让方来说，订立技术转让合同的目的，是为了取得技术所有权或使用权，利用取得的技术，创造出较高经济效益。对于让与人来说，为了取得价款或者报酬，转让技术成果的所有权后，对于该技术成果不再具有处分权；在转让使用权后，让与人对于该技术仍然具有处分权以及依照约定取得使用费的权利。同时，技术转让合同涉及的权属转让只能是经济权利，不包括精神权利。

（三）技术转让合同的内容与履行的本质是技术权益的实现

各种技术转让合同内容虽然有所差别，但一般是围绕专利权、专利申请权、专利实施许可、技术秘密权益的转移等而进行的。在合同中，让与人履行交付相关技术的义务，取得了与其付出劳动和其他投入相应的经济权利；受让人履行支付相关费用的义务，从而获得技术成果，实现技术成果的转化。

（四）技术转让合同的履行期限相对较长

由于技术转让合同的标的是一种知识性、经验性很强的技术商品，履行期限的长短，往往直接关系到当事人的经济利益。合同的有效期一般比较长，使受让人有更多的吸收、消化和掌握技术的时间，也可以使让与人取得相对多的经济利益。

（五）技术转让合同不得限制技术竞争和发展

《合同法》第343条规定，技术转让合同可以约定让与人与受让人实施专利或者使用技术秘密的范围，但不得限制技术竞争和技术发展。如果在技术转让合同中故意限制技术的竞争和发展，将违反技术合同订立的基本原则。

根据不同标准，技术转让合同可以分为不同种类。按照国家对转让当事人管辖权的不同，技术转让合同可以分为国际技术转让合同和国内技术

转让合同；按照是否将转让的技术商品化即是否支付转让报酬，技术转让合同可以分为有偿技术转让合同和无偿技术转让合同；按照转让对象权利化的程度，技术转让合同可以分为专利转让合同和技术秘密转让合同；再详细划分，技术转让合同可以分为：专利权转让合同、专利申请权转让合同、技术秘密转让合同和专利实施许可合同。

二、技术转让合同的法律效力

技术转让合同法律效力是指技术转让合同生效后产生的权利义务内容。由于技术合同属于双务合同，具有权利义务的对应性，在此仅从义务的角度阐述技术合同的法律效力。同时，由于技术合同存在不同形式的转让合同，其一般意义上的法律效力包括：

（一）让与人的义务

1. 保证自己是所提供技术的合法拥有者。技术转让合同是关于技术成果所有权或者使用权转移的协议，其法律后果是让与人的技术所有权或者使用权转让给受让人，若让与人不是所转让技术的合法所有者，则该技术转让合同无效。在签订合同时，要特别注意让与人是否是所转让技术的合法拥有者。如让与人故意以他人的技术订立技术转让合同，因此造成受让人经济损失的，应当赔偿受让人的经济损失。

2. 保证所提供的技术完整、无误、有效，并能够达到约定目标。所谓完整、无误是指让与人保证自己所提供的技术与合同的约定完全一致，并不存在缺陷。所谓有效是指让与人对所转让技术的权利是有效存在的。所谓能够达到约定的目标，是指让与人要保证所转让技术的技术性能，如果没有达到约定目的，让与人要承担违约责任。

3. 让与人未按照约定转让技术的，应当返还部分或者全部技术使用费，并应当承担违约责任。让与人未按照合同约定转让技术包括以下情形：转让的技术存在严重缺陷；让与人没有转让技术或者所转让的技术仅仅是合同约定的一个组成部分，使合同约定的目的不能实现；让与人没有提供技术资料和技术指导或者技术资料、技术指导不完全。具备上述情形之一，让与人要返还全部或者部分使用费，具体的返还比例，由双方当事人约定。

（二）受让人的义务

1. 保密的义务。《合同法》第350条规定："技术转让合同的受让人应当按照约定的范围和期限，对让与人提供的技术中尚未公开的秘密部分，承担保密义务。"在技术转让合同中，最需要保密、最有价值的部分是专有技术的技术资料。因为专有技术具有以下特点：①这些技术是尚未取得专利权的非专利知识；②具有实用性和可转让性；③具有保密性；④不受知识产权法的保护。让与人为了保护自身的利益，往往在谈判初期就达成有关保密协议，就保密范围、保密对象、保密期和违反保密协议的违约责任等进行约定。

2. 按照约定支付使用费。技术转让合同属于有偿合同，支付使用费是受让人获取技术所有权或者使用权应付出的代价，因此，受让人应当严格按照合同的约定支付使用费。《合同法》第352条规定："受让人未按照约定支付使用费的，应当补交使用费并按照约定支付违约金；不补交使用费或者支付违约金的，应当停止实施专利或者使用技术秘密，交还技术资料，承担违约责任；实施专利或者技术秘密超越约定的范围的，未经让与人同意擅自许可第三人实施该专利或者使用该技术秘密的，应当停止违约行为，承担违约责任；违反约定的保密义务的，应当承担违约责任。"

3. 按照合同约定的期限和范围使用受让的技术。合同约定受让人必须在一定期限内使用的技术，在约定期限届满后，应当停止使用所转让技术。同时，在合同约定必须在特定范围内使用的技术，受让人不得扩大使用范围，更不得再擅自转让，否则，要承担违约责任。

（三）技术转让合同后续改进技术成果的权益的分享办法

所谓后续改进技术，是指在技术转让合同有效期内，合同一方或者双方当事人对于作为合同标的的专利技术或者技术秘密所进行的革新和改良。当事人之间通过技术转让，实现了现有技术转移和科技成果的应用和推广。同时，为各方当事人在原有技术基础上继续进行技术开发创造了条件。由于后续技术是在原有转让技术的基础上产生的，对于该技术成果的分享，《合同法》第354条规定："当事人可以按照互利的原则，在技术转让合同中约定实施专利、使用技术秘密后续改进的技术成果的分享办法。没有约定或者约定不明的，依照本法第61条仍然不能确定的，一方后续改进的技术成果，其他各方无权分享。"根据该条的规定，后续技术成果的分享应遵循以下原则：

1. 意思自治原则。意思自治原则是指当事人根据自己的意志约定后续改进技术成果的归属。科学研究是我国《宪法》赋予公民、法人的民事权利，技术转让合同的让与人和受让人都有利用技术转让合同标的继续进行发明、改造和创新的权利。对于后续改进的技术，当事人应当按照权利、义务相一致的原则，约定彼此免费或者有偿提供后续改进的情报、信息和资料，并按照优惠条件向对方转让或者许可对方使用、实施后续技术。这不但可以加速技术的应用和推广，还有利于提高技术合同的效益。

2. 当事人没有约定或者约定不明的，按照《合同法》第 61 条的规定仍然不能确定的，按照谁投入谁受益的原则，后续改进的技术成果属于完成该后续改进技术的一方，一方当事人不得对于另一方当事人的技术改进和发展成果请求独立或者排他实施许可的权利。

三、专利权转让合同

专利权转让合同是指专利权人即让与人将其发明创造专利的所有权（或者持有权）转让给受让人，受让人支付约定价款的合同。专利权转让合同所要转让的是专利所有权或者持有权，转让后，受让人即成为专利权人。专利权转让合同的标的专利权。

（一）专利权转让合同的主要条款

专利权转让合同除了包括技术合同的一般条款外，还应当包括以下条款：

1. 项目名称，即记载专利权转让合同或者某项发明、实用新型或者外观设计转让合同。

2. 发明创造名称及其内容，是指用简洁专业术语表述发明创造的名称、所属的专业技术领域、技术状况和发明创造的实质特征等。

3. 专利申请日、专利申请号、专利号、专利有效期等。所谓专利申请日是指专利局收到专利申请文件的日期，如果是邮寄的，以从邮局寄出的邮戳日为申请日。所谓申请号是指专利局受理申请时的流水号。所谓专利号是指专利授权后专利局对该专利所编的号码。专利权有效期是指专利权具有法律效力的期限。根据我国法律规定，发明专利的有效期为 20 年，实用新型和外观设计的有效期是 10 年。

4. 专利实施许可情况。专利实施许可情况是指有的专利许可合同是在让与人已经与第三人订立专利许可合同或者自己已经实施专利的情况下进行专利权转让。此时，合同应当载明已经订立的专利实施合同权利义务如何转移以及让与人是否继续实施该专利的内容。专利权转让合同成立后，在该合同成立以前已经订立并正在履行的专利实施许可合同让与人与第三人之间就该专利实施许可所发生的权利和义务关系应当由受让人承受，当然，这种权利与义务的转移，要征得第三人的同意。如果让与人在转让合同成立后继续使用该专利，可以约定让与人在已经实施或者准备实施的规模上继续使用专利，并免交使用费或者支付约定的使用费。

5. 技术情报和技术资料的清单。技术情报和技术资料的清单条款至少应当包括发明说明书、附图以及该领域一般技术人员能够实施发明创造所必须的技术资料，有的还包括技术秘密。

6. 价款及其支付方式。该条款应当规定专利权转让的价款总额及结算办法，既可以一次总付，也可以一次总算、分期支付结算。

7. 违约金或者赔偿额的计算方法。该条款要明确规定让与人违反合同应当承担的违约责任和赔偿损失的计算方法。由于违约所造成损失的计算相当困难，一般以约定违约金为宜。

8. 争议的解决方法。是指当事人约定的在发生争议时，是通过仲裁解决还是通过司法解决的条款。当事人可以在合同中写明仲裁机构的名称、仲裁事项、仲裁规则等有关事项。当事人也可以约定发生纠纷时案件的管辖法院。

（二）专利权转让合同的法律效力

专利权转让合同的法律效力是指专利权转让合同生效后产生的权利义务关系的内容。由于专利权转让合同属于双务合同，具有权利义务的对应性，在此仅从义务的角度阐述专利权转让合同的法律效力。专利权转让合同的法律效力主要表现在：

1. 让与人的义务。

（1）让与人要保证自己是所转让技术的合法拥有者，并且保证转让专利技术的内容完整、无误、有效，能够达到约定的目标，即让与人有权处分该技术成果。同时，让与人要保证：专利申请以前，自己没有使用或者以任何方式公开该发明；不得冒充他人的专利号或者谎称其专利为专利局批准的事实。

（2）依照合同约定将专利权转交给受让人。要履行该项义务，让与人要按照合同的约定办理专利移交手续，并提供相应的技术资料，进行必要的技术指导，但是，合同没有约定必须提供技术资料和技术指导的除外。

根据《合同法》第351条的规定，让与人的违约责任是：让与人未按照约定转让技术的，应当返还部分或者全部使用费，并应当承担违约责任；实施专利超越约定范围的，违反约定擅自许可第三人实施该项专利的，应当停止违约行为，承担违约责任；违反约定的保密义务的，应当承担违约责任。同时，若受让人按照合同约定实施专利而侵害他人合法权益的，除合同有约定外，由让与人承担违约责任。

2. 受让人的义务。

（1）按照合同约定的期限和方式支付专利权转让使用费。这是专利权转让合同让与人转让专利权的目的。

（2）按照约定办理专利移交的有关手续，接受专利。

根据《合同法》第352条的规定，受让人的违约责任是：受让人未按照约定支付使用费的，应当补交使用费并按照约定支付违约金；不补交使用费或者支付违约金的，应当停止实施专利，交还技术资料，承担违约责任；实施专利超越约定的范围的，未经让与人同意擅自许可第三人实施该专利的，应当停止违约行为，承担违约责任；违反约定的保密义务的，应当承担违约责任。同时，受让人取得专利权后，不得侵害原发明人的人身权利。

四、专利申请权转让合同

专利申请权转让合同是当事人双方约定，一方将技术成果的专利申请权及其将来取得的专利权转让给他方，他方为此支付价款的合同。转让专利申请权的一方为让与人，接受对方专利权申请权转让的一方为受让人。专利申请权转让合同是针对特定发明创造的专利权而言的，在专利申请权转让后，受让人就获得了对于该发明创造申请专利的权利，一旦专利申请获得批准，该申请人即成为专利权人。专利申请权转让合同的标的是专利申请权。

（一）专利申请权转让合同的主要条款

专利申请权转让合同的条款，除了技术合同的一般条款外，主要包括以下条款：

1. 项目名称。该条款要载明合同的性质属于专利申请权转让合同，同时，要用简洁的语言表明是发明、实用新型或者外观设计专利申请权转让合同，表明具体的项目。

2. 发明创造的名称和内容。即用准确、简洁、概括的语言表述发明、实用新型或者外观设计的名称、该技术所属的专业领域、现有的技术状况和该发明创造的实质特征。

3. 发明创造的性质。即该发明创造是发明、实用新型还是外观设计，是职务发明还是非职务发明，是委托开发的技术还是合作开发的技术等。

4. 技术情报和资料的清单。该条款应包括发明说明书、附图以及该领域一般技术人员实施该发明创造所必需的其他技术资料。

5. 专利申请被驳回的责任。该条款要载明专利申请因为让与人或者受让人的原因被驳回时，当事人应当承担的责任。专利申请被驳回的原因有许多，例如：该发明创造缺乏实用性、新颖性和创造性；发明创造违反法律或者社会公共道德；该发明创造不属于授予专利的范畴；专利申请文件有严重缺陷等。当事人应当在合同中就专利申请被驳回时的责任承担加以规定。如果合同没有规定，除了侵犯他人专利权、专利申请权等知识产权以外，让与人对于专利申请被驳回的结果不承担责任。在专利申请被驳回时，受让人无权请求返还价款。

6. 价款及其支付方式。

7. 违约金或者赔偿金额的计算方法。

8. 争议的解决方法。

（二）专利申请权转让合同的法律效力

专利申请权转让合同的法律效力是指专利权申请权转让合同生效后所产生的权利义务关系的内容。专利权转让合同属于双务合同，具有权利义务的对应性，当事人的主要义务是：

1. 让与人的义务。

（1）按照合同约定将发明创造的专利申请权移交给受让人，并提供申请专利和实施发明创造所需的技术资料和情报，使该专业的一般专业人员能够实施该发明创造。专利申请转让合同一经成立，原专利权申请人不再享有该权利。

（2）让与人要保证自己是所提供发明创造的合法拥有者，保证所提供的技术完整、无误、有效，并能够达到约定的目标。

根据《合同法》第351条的规定，让与人未按照约定转让技术的，应当返还部分或者全部技术使用费，并应当承担违约责任；违反约定的保密义务的，应当承担保密责任。

2. 受让人的义务。

（1）按照合同约定支付价款。

（2）按照约定办理专利申请权移交的有关手续。

根据《合同法》第352条的规定，受让人未按照约定支付价款的，应当补交并按照约定支付违约金；违反约定的保密义务的，应当承担保密责任。

五、技术秘密转让合同

技术秘密转让合同，是指一方向对方转让技术秘密使用权，而使用技术秘密的一方给付价款的合同。技术秘密也称为非专利技术或者专有技术，是指未向社会公开、从事生产经营活动所必须的并且可以通过秘密方式进行转让的技术知识、操作方法、工艺程序、管理经验和其他知识、信息。这些技术秘密往往具有新颖性、实用性、秘密性，同时可以进行技术转让。转让技术秘密的当事人称为让与人，接受技术秘密的当事人称为受让人。技术秘密转让合同的标的是技术秘密。技术秘密转让合同与专利权转让合同不同，专利权转让合同同时要受《合同法》和《专利法》的支配，而技术秘密转让仅仅受《合同法》的支配，通过《合同法》对技术秘密转让合同当事人的权利义务进行规范。

我国目前技术转让合同中，大部分属于技术秘密转让合同，它所涉及的技术领域广阔，转让的许多技术具有竞争力。

（一）技术秘密转让合同的主要条款

根据技术秘密的交易习惯，技术秘密转让合同一般包括以下条款：

1. 项目名称，是指某项技术秘密转让合同。

2. 技术秘密成果名称、内容，是指技术秘密成果的专业名称、所属的技术领域以及技术秘密的实质特征等。

3. 使用许可的范围，是指转让技术秘密的使用地区、方式、目的和作用等。

4. 技术秘密成果的控制、管理，是指双方约定技术秘密成果接触人的范围和保密制度、管理规范等内容。

5. 让与人的保密责任，是指让与人向受让人承诺使用、转让该技术秘密所承担的责任。

通过对让与人的使用、转让技术秘密的不同限制，可以形成不同的使用许可，例如是排他使用许可还是普通使用许可以及独占使用许可，受让人是否有权再转让等，该条款对双方利益的影响至关重要，一定要规定明确详细。

6. 受让人的保密责任，是指受让人使用、转让技术秘密需要承担的保密义务以及违反保密义务应当承担的责任。

7. 技术服务的内容，是指为了使受让人掌握技术秘密，让与人应当提供的技术服务和技术指导的项目、内容以及期限的约定。

8. 验收标准及其方式，是指为了验证技术秘密成果使用后的效果而约定的验收项目、验收标准以及验收方式等内容，以便确定让与人提供的技术资料、技术服务、技术指导是否符合约定，技术秘密成果使用后，是否达到约定的经济指标等。

9. 使用费及其支付方式，是指约定技术秘密使用费的数额及其支付方式。要约定使用费是一次总付还是一次总算分期支付，是提成支付还是入门费加提成支付。同时要约定查阅有关账目的办法。从实践情况来看，许多合同采用了入门费加提成费的支付方式，即让与人向受让人交付技术资料时，受让人向让与人支付约定使用费，然后，按照使用该技术秘密所产生的利润、产值、产品销售额等提取一定的比例。这种方式之所以得到采用，是因为它使双方当事人都规避了一定的风险：如果采用一次总付方式，一旦技术秘密使用后达不到约定效果，受让人要承担较大的风险；若完全采用提成支付的方式，最终达不到合同约定的经济指标，让与人可能得不到任何报酬，而技术秘密使用后达不到经济指标的原因是各种各样的，这样让与人又承担了更多的风险。因此，采用入门费加提成支付的方式，较为合理地分担了风险。

10. 违约金或者赔偿金额的损失计算方法。

11. 后续改进成果的提供和分享，是指技术秘密使用许可后，让与人以及受让人对转让的技术秘密进行改进和革新后，是否向对方提供，是否按照互惠互利原则免费或者有偿向对方提供的内容。

12. 争议的解决办法。

13. 名词和术语的解释，是指对于技术秘密所使用的关键词和特定术语进行界定，用简称来界定相关的繁琐事项，这既可以避免专业术语歧义、误解而发生争议，也可以使合同的表达简洁。

（二）技术秘密转让合同的法律效力

技术秘密转让合同的法律效力是指技术秘密转让合同生效后产生的权利义务关系的内容。技术秘密转让合同属于双务合同，具有权利义务的对应性，当事人的主要义务是：

1. 让与人的义务

（1）提供技术资料，进行技术指导。技术秘密权利的享有，依靠的是事实上的占有，为了使受让人顺利地使用技术秘密，让与人必须提供相关技术资料，并进行必要技术指导。

（2）保证技术的实用性、可靠性。让与人转让的技术应当是成熟的，属于能够应用于生产实践的技术。所谓技术的成熟是指在充分研究开发基础上完成的技术，并且具备了商品化开发的可能。法律专门规定让与人这一义务，是因为技术秘密不像专利技术那样要由专利管理机关和社会公众进行审查，容易使人怀疑技术的实用性和可靠性。

（3）承担保密义务。技术秘密转让合同的标的是处于秘密状态的技术，一旦公开，不但对于让与人会造成损害，对于受让人也会造成损害，因此，让与人对技术秘密也有保密的义务。

另外，技术秘密转让合同可以分为独占许可、普通许可和排他许可等，因为合同性质不同，让与人承担的义务也存在差别。如果该技术秘密多次转让，让与人应当如实向受让人说明情况，以便受让人决定是否签订合同以及转让费数额等。让与人还应当保证自己是所转让技术秘密的合法所有者，而且在订立合同时尚未被他人申请专利权，否则，由此引起的侵权责任，由让与人承担，受让人有权解除合同，由此造成的损失，由双方合理分担。

《合同法》第 351 条规定，让与人未按照约定转让技术的，应当返还部分或者全部使用费，并应当承担违约责任；使用技术秘密超越约定的范围的，违反约定擅自许可第三人实施该项技术秘密的，应当停止违约行为，承担违约责任；违反约定的保密义务的，应当承担违约责任。

2. 受让人的义务。

（1）按照合同约定使用技术。在双方约定范围内使用技术，既是受让人的权利，也是受让人的义务。技术秘密可以无限期的存在，因此，合同中要约定技术秘密的使用期限，否则，受让人可以无限期地使用。当然，在合理条件下，让与人可以解除合同。

（2）按照合同约定支付使用费。受让人的主要义务是支付使用费，这也是让与人转让技术秘密的目的。

（3）承担保密义务。受让人通过技术秘密转让合同知悉了技术秘密，而技术秘密的权利是通过秘密状态占有实现的，因此，受让人和让与人一样，具有保密义务，不得故意或者过失地泄露技术。若第三人从受让人处获得了技术秘密，除非受让人能够证明已经采取了充分保密措施不能阻止以外，受让人要承担泄密责任。

根据《合同法》第 352 条的规定，受让人未按照约定支付使用费的，应当补交使用费并按照约定支付违约金；不补交使用费或者支付违约金的，应当停止使用技术秘密，交还技术资料，承担违约责任；使用技术秘密超越约定范围的，未经让与人同意擅自许可第三人使用技术秘密的，应当停止违约行为，承担违约责任；违反约定的保密义务的，应当承担违约责任。

六、专利实施许可合同

专利实施许可合同也称专利许可合同，是指专利权人或者其授权的人许可另一方当事人在约定范围内使用其专利技术，并由另一方支付使用费的合同。专利实施许可合同与专利权转让合同不同，专利实施许可合同是转让专利使用权的合同，专利权转让合同是转让专利所有权的合同。专利实施许可合同也不同于专利申请权转让合同，专利申请权转让合同转让的是技术成果的专利申请权及其期待的专利权，而专利实施许可合同仅仅涉及专利的使用权。专利实施许可合同中的专利权人或者其授权的人称为让与人，经过让与人的许可而使用让与人专利的人称为受让人。

（一）专利实施许可合同的主要条款

1. 项目名称。该条款要表明是某发明、实用新型、外观设计的专利实施许可合同。

2. 发明创造的名称和内容。该条款要载明发明创造的名称、所属的专业技术领域以及本发明创造的实质特征等。

3. 实施许可的范围。该条款要约定受让人实施专利的期限、地区、方式、目的和作用，该专利实施许可是普通实施许可还是独占实施许可或者排他实施许可，受让人是否有权再转让许可使用的技术等。

4. 专利申请号、申请日、专利号和专利有效期等。

5. 技术情报资料及其保密事项。该条款要约定让与人向受让人提供发明创造所必要的技术资料，确定需要保密的技术情报资料的内容。

6. 技术服务的内容。该条款约定让与人进行技术指导和技术服务的项目、内容、期限和派出专业技术人员的数量等。

7. 验收标准和验收方式。专利实施许可的验收一般包括以下内容：①有关发明的文件、技术资料、样品是否齐全、是否符合约定；②提供的技术服务技术指导是否符合合同约定；③专利实施后是否达到约定的技术指标。

8. 使用费及其支付方式。

9. 违约金或损失赔偿额的计算方法。

10. 后续改进成果的提供与分享。

11. 争议的解决办法。

12. 有关名词和术语的解释。

（二）专利实施许可合同的法律效力

专利实施许可合同的法律效力是指专利实施许可合同生效后产生的权

利义务关系的内容。由于专利实施许可合同属于双务合同，具有权利义务的对应性，当事人的主要义务是：

1. 让与人的义务。

（1）按照约定许可受让人实施专利。受让人订立专利实施许可合同的目的是为了使用专利权人的专利技术，因此，作为专利权人的让与人具有积极配合的义务。当事人可以在合同中约定专利权的使用地区、使用期限、使用方式等内容。同时，让与人还要向受让人说明转让专利权的真实和完整程度，如果当事人对于专利技术性能作了约定，专利权人应当保证其能够达到合同目的。另外，如果合同属于排他性专利实施许可合同，让与人不能将一定范围内的使用权出让给受让人以外的第三人；如果是独占专利许可实施合同，让与人和第三人在一定范围内均不得实施该专利。若是普通专利实施许可合同，让与人可以在一定范围内使用该专利，让与人也可以许可第三人在该范围内使用。

（2）向受让人交付实施专利有关技术资料。让与人要向受让人提供图纸、设计方案、情报和其他实施专利所需的技术资料。如还涉及技术秘密转让，还需要签订技术秘密转让合同。

（3）按照合同约定提供必要技术指导。让与人要协助受让人实施专利技术，解决受让人实施专利过程中出现的技术问题，协助受让人进行设备安装、调试以及培训技术人员等。

另外，让与人还有义务维持专利的有效性，按时缴纳专利年费，在存在专利先用权、强制实施许可的情况下，有义务告知受让人。

根据《合同法》第351条的规定，让与人未按照约定转让技术的，应当返还部分或者全部使用费，并应当承担违约责任；实施专利超越约定的范围的，违反约定擅自许可第三人实施该项专利的，应当停止违约行为，承担违约责任；违反约定的保密义务的，应当承担违约责任。

2. 受让人的义务。

（1）按照合同约定实施专利技术。受让人在约定范围内使用专利技术，既是权利也是义务。在采用提成支付方式时，如果受让人不履行实施专利义务，将对让与人造成损害。因此，受让人应当按照约定的使用方式、使用地区和使用期限使用技术，将专利技术投入生产，在合同约定的范围内生产专利产品并作相应的推销工作等。同时，受让人不得许可合同以外的第三人使用该专利，以免影响让与人的经济利益。如果受让人通过联营或者委托他人生产，不应当视为许可第三人使用技术，因为受让人并非必须在自己企业实施专利技术，除非合同中有明确的规定。

（2）按照约定支付使用费。让与人签订专利实施许可合同的主要目的是为了收取使用费，受让人的主要义务也是支付使用费。

（3）承担保密义务。在专利实施许可过程中，往往还进行技术秘密转让，由于技术秘密权利是通过秘密占有而实现的，因此，受让人负有保密义务。

根据《合同法》第352条的规定，受让人未按照约定支付使用费的，应当补交使用费并按照约定支付违约金；不补交使用费或者支付违约金的，应当停止实施专利，交还技术资料，承担违约责任；实施专利超越约定的范围的，未经让与人同意擅自许可第三人实施专利的，应当停止违约行为，承担违约责任；违反约定的保密义务的，应当承担违约责任。

第四节 技术咨询合同与技术服务合同

一、技术咨询合同

（一）技术咨询合同的概念

技术咨询合同是指一方当事人运用自己的专业知识、经验、技术和信息等，为另一方当事人就特定技术项目提供可行性论证、技术预测、专题技术调查、分析评价报告、解答技术询问等智力服务工作，接受咨询成果的一方支付报酬的合同。其中，提供咨询服务的一方为受托人，接受上述服务并支付报酬的当事人为委托人。技术咨询合同的标的是受托人对于委托人的特定技术项目提供可行性论证、技术预测、专题技术调查、分析评价报告等咨询行为。

（二）技术咨询合同的法律特征

1. 技术咨询合同是双务、有偿、诺成、不要式合同。技术咨询合同当事人互负义务，故技术咨询合同属于双务合同；技术咨询合同的一方提供技术咨询，另一方接受咨询的成果并支付约定价金，因此，技术咨询合同又属于有偿合同；技术咨询合同当事人的意思表示一致合同即告成立，故为诺成合同；技术咨询合同的形式可以是口头的形式，也可以是书面形式或者其他形式，故又属于不要式合同。

2. 技术咨询合同的标的具有特定性。技术咨询合同的目的是受托人就

特定技术项目为委托人提供可行性论证、技术预测、专题技术调查、分析评价报告等。所谓"可行性论证",是指对于某特定技术项目的可能性、先进性、经济效益进行计算、分析和评价,确定技术是否可行、成功以及如何取得最大经济效益的一种科学方法。所谓"技术预测",是指对于技术项目、技术应用能否成功、技术项目的效果、技术项目与市场所需新产品的联系以及技术的社会影响等进行的咨询服务活动。所谓"专题调查",是指受托人根据委托人咨询项目的技术要求进行的专题材料、数据的考察收集工作。所谓"分析评估报告",是指对咨询的技术项目进行分析、计算、评估、比较的书面文字报告。

3. 技术咨询合同主体构成的特定性。技术咨询合同委托人就技术项目的有关问题向具有丰富知识和经验的人才或者专门机构提出咨询,由受托人提出意见、建议和决策方案。因此,技术合同咨询的受托人是知识和经验比较丰富、能够对于咨询问题进行解答、提出建议和方案的专门机构或者专门人才。

(三)技术咨询合同的法律效力

技术咨询合同的法律效力是指合同生效后当事人的权利和义务的内容。由于技术咨询合同属于双务合同,具有权利义务的对应性,当事人的主要义务是:

1. 委托人的义务。

(1)按照合同约定说明咨询的问题,并提供技术背景、技术资料和数据等。所谓"说明咨询的问题"是指委托人要说明是进行可行性论证、专题技术调查还是技术预测,要说明解决的问题,具体的工作要求和达到的标准等。要求委托人提供技术背景、资料的目的,也是为了让受托人更多地了解咨询问题的实际情况,避免资料方面出现问题而影响咨询问题的解决。委托人提供的这些技术背景、资料和数据,不仅要全面及时,还要真实、准确。

(2)按时接受受托人的工作成果,并按约定支付报酬。获得报酬是受托人订立合同的目的,委托人的主要义务也是支付报酬。作为对受托人咨询成果的肯定,委托人要按时接受咨询工作成果。同时,咨询合同属于有偿合同,委托人要按照合同约定支付报酬。合同中一般约定使用费的计算方法、支付方式和支付期限等。

另外,委托人还有以下义务:未经委托人同意,不得利用、发表咨询报告和意见,不得将咨询报告擅自让与他人,要按照合同约定承担保密的义务。

根据《合同法》第 359 条的规定，委托人未按照约定提供必要的资料和数据，影响工作进度和质量，不接受或者逾期接受工作成果的，支付的报酬不得追回，未支付的报酬应当支付。技术咨询合同的委托人按照受托人符合约定要求的咨询报告和意见作出决策所造成的损失，由委托人承担，但当事人另有约定的除外。

2. 受托人的义务。

（1）按照约定完成咨询报告或者解答问题。技术咨询合同中委托人的主要目的是获得咨询报告或者咨询问题得到解答，因此，受托人的主要义务是按照约定的期限完成咨询报告或者解答问题。技术咨询工作具有鲜明的针对性和实用性，要在全面考虑的基础上，抓住问题的核心，为决策者提供解决实际问题的实际方案。为了履行该义务，受托人应当向委托人提供全面可靠的信息资料。

（2）提出的咨询报告应当达到约定的要求。咨询报告达到合同约定的要求，才能体现咨询工作的实际价值，从而实现委托人的目的。咨询报告要达到约定的要求，就要保持独立性、客观性和公正性，实事求是，服从真理。

此外，受托人还要负担维护委托人经济、技术利益的义务，在合同有效期内，受托人就同类技术项目与委托人的竞争单位订立技术咨询合同的，需征得委托人的同意。同时，不得擅自引用、发表咨询项目的技术背景和资料。

根据《合同法》第 359 条第 2 款的规定，技术咨询合同的受托人未按期提出咨询报告或者提出的咨询报告不符合约定的，应当承担减收或者免收报酬等违约责任。

二、技术服务合同

（一）技术服务合同的概念

技术服务合同是指当事人一方以技术知识为另一方解决特定技术问题所订立的合同，不包括建设工程合同和承揽合同。技术服务合同中以自己的技术知识为另一方解决特定技术问题的人是受托人，接受工作成果并且支付报酬的人是委托人。技术服务合同的标的是受托人对于委托人的特定技术问题提供技术服务的行为。

技术咨询和技术服务都是一方当事人运用自己所掌握的技术知识、信息，为另一方当事人的技术问题提供技术服务，但是二者存在明显的区别：①技术咨询仅仅是为委托人的决策提供参考性意见和方案，不从事具体的技术工作；技术服务合同不仅要向委托人传授技术知识、经验，还要为委托人解决某一特定的技术问题；②技术咨询合同是按照合同约定的条件向委托人提供参考性的咨询、报告、意见，一般不承担决策失误造成损失的责任；技术服务合同受托人为委托人完成的工作成果，要对实施结果承担责任；③技术咨询合同一般发生在研究开发技术成果和技术项目实施之前；技术服务则发生在研究开发成果和技术项目实施之后。

此外，技术服务合同之所以不包括建设工程合同和承揽合同，是因为技术服务合同与这两类合同存在明显的差别。虽然这两类合同履行中涉及大量的技术问题，但是这两类合同具有自己独特的法律特征，不属于技术服务合同。就建设工程合同来说，具有严格的计划性，必须严格按照国家规定的程序执行，合同的履行要受到国家的严格监督，而技术服务合同不具备这些特征。就承揽合同来说，技术服务合同的目的是通过解决特定的技术问题，实现利用科学技术为经济生活服务的目的。而承揽合同定作人只要取得合同约定的工作成果就达到了目的，当事人之间没有传递技术知识的愿望。同时，要特别注意，技术服务合同虽然不包括建设工程合同和承揽合同，但并不意味着这两类合同履行中不存在技术服务，例如，就建设项目的投产验收、测试和分析而与受托人订立的合同，就是技术服务合同。

（二）技术服务合同的法律特征

1. 技术服务合同的主体构成具有特定性。技术服务合同具有智力密集性的特征，因而受让人必须是掌握一定专业知识的技术人员，这些人员具有特定的知识、经验和技能，具有解决特定技术问题的能力。

2. 技术服务内容的特殊性。技术服务的内容是解决特定的技术问题，这些技术问题通常不包括专利技术和技术秘密，实践中大量出现的是日常反复运用的现有技术或公有技术。技术服务的范围包括为改进产品结构、改进工艺流程、降低产品成本、提供产品质量和提高效益等诸多技术问题。因此，技术服务合同标的的具体范围一般包括：设计服务；工艺服务；计算机技术应用服务；特定技术项目的信息加工、分析、检索；技术培训、技术中介等。

（三）技术服务合同的法律效力

技术服务合同的法律效力是指技术服务合同生效后产生的权利义务关系的内容。由于技术服务合同属于双务合同，具有权利义务的对应性，当事人的主要义务是：

1. 委托人的义务。

（1）按照合同约定为技术服务提供条件、完成配合事项。该义务是受托人利用自己的技术知识为委托人解决特定技术问题的重要条件。

（2）接受工作成果并支付工作报酬。委托人接受工作成果是对受托人工作成果的肯定，而收取报酬是受托人订立合同的主要目的。

根据《合同法》第 362 条第 1 款的规定，技术服务合同的委托人不履行合同义务或者履行合同义务不符合约定，影响工作进度和质量，不接受或者逾期接受工作成果的，支付的报酬不得追回，未支付的报酬应当支付。

2. 受托人的义务。

（1）按照合同约定完成服务项目，解决技术问题、保证工作质量。这是委托人订立合同的目的，也是受托人的主要义务。

（2）传授解决问题的知识。技术服务合同中，不但要解决技术问题，还要传授与解决技术问题有关的技术知识、经验和信息。

根据《合同法》第 362 条第 2 款的规定，技术服务合同的受托人未按照合同约定完成服务工作的，应当承担免收报酬等违约责任。

三、技术咨询合同和技术服务合同履行中新技术成果的归属问题

所谓新技术成果，是指当事人在履行合同义务以外派生完成的技术成果或者后续改进的技术成果。对于该新技术成果的归属，《合同法》第 363 条规定，在技术咨询合同、技术服务合同履行过程中，受托人利用委托人提供的技术资料和工作条件完成的新的技术成果，属于受托人。委托人利用受托人的工作成果完成的新的技术成果，属于委托人。当事人另有约定的，按照其约定。

法律之所以如此规定，是因为技术资料和技术条件不能直接产生技术成果，技术成果是发明创造人不断的反复的创造的脑力劳动的结果，其权利应当属于发明创造人，对方也不能依据合同对于新技术成果主张权利。但是，发明创造人的技术成果毕竟是在对方技术资料、工作成果的基础上取得的，因此，该条又规定，当事人另有约定的，按照其约定，体现了契约自由的原则。

 案例分析

（一）技术转让合同

【案情介绍】2009 年 3 月，A 公司与 B 公司签订技术转让合同。合同规定：A 公司向 B 公司转让 Z47－16 型螺控多功位联合机（"大张嘴"）技术，B 公司向 A 公司支付技术转让费人民币 9 万元，支付形式是 B 公司按每台销售额 2.5% 比例支付技术转让费直到销售 10 台为止。合同签订后，A 公司向 B 公司提供技术图纸 8 套。B 公司拿到图纸后，未书面提出异议。上述技术在转让过程中，A 公司和 B 公司曾共同对图纸进行过实质性的修改和补充。随后 B 公司据此图纸，生产了 3 台 Z47－16 型螺控多功位联合机并已销售且按每台以 36 万元价格售出。但是，B 公司以图纸有缺陷为由，迟迟不支付技术转让费。故 A 公司请求 B 公司支付 3 台的技术转让费 2.7 万元，并继续履行合同。B 公司则认为：A 公司与其所签技术转让合同属实，但 A 公司提供的技术图纸有明显缺陷，部分技术不具备实用性和可靠性，致使 B 公司受到损失，要求法院驳回原告的请求。

【问题】

1. 作为受让方的抗辩事由是否成立？

2. B 公司应当承担怎样的责任？

【分析】

1. 不能成立。考虑被告的抗辩事由能否成立，需要注意两方面的内容：①被告的抗辩事由是否属于法律上能够成立的抗辩事由；②如果该抗辩事由在法律上能够成立，则要考虑该抗辩事由是否确实存在。在本案中，B 公司的提出抗辩事由是由于原告提供的技术缺乏实用性、可靠性，有明显缺陷，因此不能支付转让费。在法律上该抗辩事由是成立的，因为《合同法》第 347 条规定"技术秘密转让合同的让与人应当按照约定提供技术资料，进行技术指导，保证技术的实用性、可靠性，承担保密义务。"但是该抗辩事由在事实上不存在。从已查明的事实看，A 公司向 B 公司提供 Z47－16 型螺控多功位联合机技术，虽图纸有误差和不完善之处，但经双方及时修改和补充，A 公司所转让的技术得到了实施，B 公司生产并销售了螺控多功位联合机，B 公司按合同约定得到了预期的效果，A 公司已履行了合同约定的义务，B 公司提出的 A 公司所转让的技术不具有实用性、可靠性的理由不能成立。

2.《合同法》第 352 条规定受让人未按照约定支付使用费的，应当补

交使用费并按照约定支付违约金；不补交使用费或者支付违约金的，应当停止实施专利或者使用技术秘密，交还技术资料，承担违约责任；另外根据《技术合同法》第41条第1项的规定，受让方违反合同的，应当承担下列责任：未按照合同约定支付使用费的，应当补交使用费并按照合同约定支付违约金；不补交使用费或者支付违约金的，必须停止实施专利或者使用非专利技术，交还技术资料，支付违约金或者赔偿损失。可见B公司要承担的责任首先是补交使用费并支付违约金。在没有补交使用费或者支付违约金的前提下就要停止实施专利等。

（二）技术开发合同

【案情介绍】2001年1月18日，大地科技公司（"甲方"）与张永（"乙方"）签订《设计、制造、组装、调试胶膜开口机协议》，双方约定：甲方委托乙方按照甲方提出的技术要求，设计、制造、组装、调试"开口机"，甲方投入"开口机"的全部费用是65 000元，其中乙方的酬金为15 000元，材料费（含加工费）为5000元，在确保质量的前提下，材料费结余部分也作为乙方的酬金；技术设计完成甲方付5000元，"开口机"组装调试、并经过2吨（热熔胶膜）产品的测试，甲方支付剩余酬金及材料费结余部分；"开口机"所需要材料费用待费用发生时，乙方通知甲方，随时分批交货；乙方应于2001年4月底前完成"开口机"的安装调试；协议有效期5年。双方约定运行"开口机"测试的胶膜必须开口，并明确了测试胶膜应开口的个数、位置等方面的具体要求。

2001年6月14日，双方对于已进行的工作进行了讨论，并形成纪要确认：截至2001年4月25日，甲方已经支出材料费及酬金共计56 534.55元；约定乙方必须于2001年7月1日前使"开口机"达到约定的要求，并负担此后所需费用。2001年8月11日，双方签订补充协议，约定：乙方应于同年8月20日前完成工作，并负担"开口机"改造和调试的费用；"开口机"测试完成的开口机膜应以甲方提供的胶膜为参考标样，且能够达到成批生产的要求；乙方应对配合其工作的刘某予以一定的经济补偿。甲方将已经开口的胶膜标样及图纸交付乙方，但是，双方未封存该胶膜标样。2001年8月17日，双方进行胶膜开口测试，测试的胶膜未达到2吨的标准，双方也未对测试后的胶膜样品进行封存。

2001年9月15日，大地科技公司向法院提起诉讼，其诉讼请求是：第一，解除两个协议；第二，判决张永赔偿经济损失56 534.55元；第三，诉讼费用由张永负担。

2002 年 5 月 22 日，在一审法院主持下，双方现场运行"开口机"对约 1 米的胶膜进行开口测试。乙方认为虽然"开口机"上的铝板被甲方颠倒安装影响了测试的效果，但某一段膜胶片段已经达到理想效果，符合合同约定的标准，并且提出"开口机上的铝板正常安装且机器调试至理想状态时，完成的膜胶能够达到该片段的效果。甲方则提出该胶膜片段不符合约定的标准。法院对于该胶膜片段进行了封存，普通人直观可见该胶膜片段只有切痕，未实际开口。

现双方认可购买的材料除了已经用在乙方组装"开口机"上的以外，尚闲置部分材料。

【问题】

1. 张永的行为是否构成违约？如果违约，应当承担什么责任？

2. 如果张永的行为违约，是否导致合同的解除？

3. 已经设计、组装的设备和闲置的部分材料应当如何处理？

【分析】大地科技公司与张永签订的《设计、制造、组装、调试胶膜开口机协议》及其补充协议确立了委托开发的技术开发法律关系。签订这两个协议是双方的真实意思表示，协议的内容也不违反法律规定，因此，该协议对双方具有法律约束力。

1. 关于张永的行为是否违约的问题。重点要看张永设计、组装的"开口机"是否在约定的时间完成并且达到合同约定的标准。补充协议约定，张永要在 2001 年 8 月 20 日前完成工作，而在 2001 年 8 月 17 日双方进行的开口胶膜测试中，测试的胶膜未达到 2 吨的标准。2002 年 5 月 22 日的测试中，普通人直观可见该胶膜片段只有切痕，并未实际开口。因此，可以认定张永设计、组装、调试的"开口机"不能生产出符合约定的开口胶膜，其行为已构成违约，应当赔偿大地科技公司经济损失 56 534.55 元。

2. 关于张永的违约行为是否导致两个协议的解除问题。合同的解除是指合同有效成立后，在具备合同解除条件时，因为当事人一方或者双方的意思表示使合同关系自始消灭或者将来消灭的行为。合同的解除分违约定解除和法定解除两种。本案中，当事人没有在合同约定解除权，在纠纷发生后也没能达成解除的协议，只能适用法定解除权。

大地科技公司与张永签订合同的目的，是为了得到一台能够完成开口、开口方式符合双方约定的设备。从法院主持的对于胶膜开口机的测试来看，张永完成的设备根本不能开口，更谈不上符合合同约定的完成 2 吨标准，影响了大地科技公司所追求的目的。对张永违约行为导致的大地科技公司合同目的的丧失，根据《合同法》第94条第4项的规定，大地科技公司有权要求解除合同，法院对于该诉讼请求也应当支持。

3. 关于已经设计、组装的设备，由于该设备不符合双方约定的开发成果，张永应承担赔偿大地科技公司经济损失的违约责任，该设备和闲置的材料应由张永自行处理。

思考题

1. 技术合同的法律特征有哪些？
2. 职务技术成果与非职务技术成果有哪些区别？
3. 试比较委托开发合同和合作开发合同的差异。
4. 技术转让合同的法律特征有哪些？
5. 专利权转让合同与专利申请权转让合同有何不同？
6. 技术咨询合同与技术服务合同有哪些区别？

案例分析题

王东拥有"爪式转子真空泵"、"单级爪式转子真空泵"和"双级爪式转子真空泵"3项技术。2002年10月25日，王东受聘到某科技公司工作。同年11月7日，王东与该科技公司签订了《非专利技术转让书》。2002年12月6日，王东与该科技公司签订了一份《聘用协议》，双方约定：科技公司赠与王东该公司35%的股份，王东将其拥有的3项非专利技术赠与科技公司；在该科技公司存续期间，王东不得在该公司之外或者非以该公司名义从事真空行业的研究、开发、生产和指导工作；在该公司成立后的8年内，王东不得调离该公司，也不得辞职；科技公司向王东提供工资、奖金、劳动保险等福利待遇；科技公司保证支付给王东人民币20万元，并分期为王东支付了购房款20多万元。

协议签订后，王东将其拥有的3项非专利技术依约转让给了该公司，但是该公司迄今未按照约定将公司35%的股份转让给王东。2003年11月，王东离开该科技公司。王东在该科技公司期间除了领取工资以外，另以"代付房款"和"备用金"的名义数次向公司借款共计203 428元人民币。对此款项，王东称属于聘用协议中约定的非专利技术转让费用，科技公司理应支付，而科技公司称王东只能按照聘用协议领取工资，上述款项属于王东向科技公司的私人借款，应当归还。双方就此发生争执。

问：

1. 如何认定《聘用技术》的法律性质？

2. 三项非专利技术是有偿转让还是无偿赠与？

3. 如何认定非专利技术转让协议的法律效力？

推荐书目

1. 程永顺主编：《技术合同判例》，知识产权出版社 2010 年版。

2. 蒋志培主编：《技术合同司法解释的理解与适用》，科技文献出版社 2007 年版。

第十五章　运输、保管与仓储合同

第一节　运输合同

一、运输合同概述

（一）运输合同的概念和特征

运输合同，又称运送合同，是指承运人将旅客或者货物从起运地点运输到约定地点，旅客、托运人或者收货人支付票款或者运输费用的合同。在运输合同中，将旅客或货物运送到约定地点的人是承运人；将自己或他人的货物交付于承运人并交付运费的人为托运人；从承运人处接收货物的人为收货人。运输合同具有以下特征：

1. 运输合同的标的是承运人的运送行为。运输合同的承运人应实施的是将旅客或货物运送到目的地的行为，因此，其标的是运送行为，旅客和货物只是被运送的对象。

2. 运输合同为双务、有偿合同。在运输合同中，承运人负有将旅客或货物运送到约定地点的义务，旅客或托运人负有按规定支付票款或运费的义务，双方当事人互享权利、互负义务，因此运输合同属于双务、有偿合同。但运输合同也有无偿的情况，如运送救济品或运送身高未达一定高度的小孩，即属免费运输。

3. 运输合同一般为诺成合同。运输合同一般只要当事人就合同的主要条款意思表示一致，合同即成立。

4. 运输合同多为格式合同。即运输合同多为承运人提供为了重复使用而预先拟定的格式条款，在订立合同时旅客或托运人只有同意或不同意的权利。客票、货运单、提单等由专门机构统一印制。当然，运输合同一般为格式合同，这并不排除有的运输合同不采用格式合同的形式，而由双方协商订立。

（二）运输合同分类

运输合同范围广泛，种类繁多，采用不同的标准，可对运输合同作不同的分类：

1. 以运输的对象不同为标准，可将运输合同分为旅客运输合同和货物运输合同。

2. 以运输工具不同为标准，运输合同可分为铁路运输合同、公路运输合同、航空运输合同、水上运输合同、海上运输合同等。

3. 以承运人的多少为标准，运输合同可分为单一运输合同和联合运输合同。

（三）运输合同承运人的强制订约义务

一般情况下，合同的订立应遵循自愿原则，他人无权干涉。但为了平衡作为弱者的社会公众与往往处于垄断经营地位的公用事业单位的利益，各个国家和地区的法律常常对这类合同的自由订立进行干预。《合同法》第289条规定，从事公共运输的承运人不得拒绝旅客、托运人通常、合理的运输要求。该条限制了承运人可以自由承诺或不承诺的选择权利，为从事公共运输的承运人设定了强制性订约义务。公共运输与社会大众的生活密不可分，人们须臾不可离开公共运输，而公共运输往往是垄断性行业，如果承运人拒绝与旅客或托运人订约，那么，旅客或托运人的目的就无法达到。因此，法律为从事公共运输的承运人设定了强制性订约的义务。

（四）承运人的义务

1. 承运人在约定期间或者合理期间内将旅客、货物安全运输到约定地点。这是承运人的基本义务。运输期间是指将旅客或货物运送到目的地所需的时间。承运人按照运输合同约定的期间履行其义务或在合理的期间履行运送义务，是合同的适当履行。承运人不能在约定期间和合理期间履行运送义务的，将承担相应的违约责任。承运人还负有将旅客、货物安全运输到目的地的义务。承运人应当将旅客、货物安全运输到约定地点。约定地点是运输合同中明确规定的、托运人指定的、承运人认可的运输目的地。在旅客所持有的各种票证上，或承运人填发的运输单据、提货单据上，均明确载明了客货的到达地点。承运人应将客货运送到约定地点，否则，旅客或托运人或收货人的运输目的无法实现。承运人不履行按约定地点运送客货义务，对所造成的损害，应负担违约责任。同时，承运人将货物运送到约定地点后，还负有将货物交付给合同载明或指示交付的收货人的义务。如果承运人交付对象错误，托运人的运输目的落空，对所造成的损失，承运人需承担相应责任。所谓安全运输是承运人对运送对象有保护、保管的义务。在客运合同中，承运人应采取一切必要措施避免对旅客人

身、健康造成损害或者导致旅客死亡，否则，除法律另有规定外，承运人应承担损害赔偿责任。在货同中，承运人负有保管义务。承运人自从托运人处受领托运货物后，即负妥善保管义务，否则，承运人对在运输中的货物的毁损灭失承担赔偿损失的责任。

2. 承运人应当按照约定的或者通常的运输路线运送旅客、货物到约定地点。运输路线是承运人承担运输业务所需经过的路线。合同当事人约定了运输路线的，承运人应按照约定的路线履行义务；没有约定运输路线的，应按照通常的路线运输，所谓"通常的运输路线"，应具体情况具体分析。铁路、公路运输，其起始点、终点站、经停地点都有明确规定，承运人按照规定的路线运输即是"通常的运输路线"。没有约定，也没有规定的，按照交通习惯，应选择线路较短又安全的路线运输。运输路线的选择，影响着客货的运输时间，故承运人负有按照约定的路线或通常的运输路线将旅客、货物运输到约定地点的义务。

（五）旅客、托运人或收货人的义务

支付票款或运费是旅客、托运人或者收货人的主要义务。旅客、托运人或者收货人应当按照约定支付票款或者运费。承运人未按照通常的路线运输增加票款或者运费的，旅客、托运人或者收货人可以拒绝支付增加部分的票款或者运费。另外，客货运输中的杂费，旅客、托运人或收货人也应按照约定交付。

二、客运合同

（一）客运合同的概念和特征

客运合同，即旅客运输合同，是当事人双方约定承运人将旅客及其行李安全运输到目的地，旅客为此支付运费的协议。客运合同为运输合同的一种，除具有运输合同的一般特征外，还具有如下法律特征：

1. 客运合同的标的为运输旅客的行为。客运合同是旅客与承运人之间关于运输旅客的协议，客运合同的目的是承运人按时将旅客及其行李安全送达到目的地，因此，客运合同的标的即为运输旅客的行为。

2. 客运合同为格式合同。客运合同采用票证形式，客票是旅客运输合同的书面形式。《合同法》第 293 条规定："客运合同自承运人向旅客交付客票时成立，但当事人另有约定或者另有交易习惯的除外。"因此，一般情况下，客运合同自承运人向旅客交付客票时成立；当事人有约定的，合同自约定的成立时间成立；另有交易习惯的，依交易习惯确定合同成立的时间。

（二）旅客的义务

1. 旅客有持有效客票乘运的义务。客运合同是双务、有偿合同，承运人履行运输义务，旅客支付相应对价，客票是旅客已支付运输费用、履行了义务的书面凭证，是承运人收到旅客承运费用的收据。客票并非旅客运输合同的书面形式，但它却是证明旅客运输合同的惟一凭证，也是旅客乘运的惟一凭证。因此，无论采用哪一种运输方式，旅客均须凭有效客票才能承运，除特别情形外，不能无票乘运。旅客无票乘运、超程乘运、越级乘运或者持失效客票乘运的，应当补交票款，承运人可以按照规定加收票款。旅客不交付票款的，承运人可以拒绝运输。

2. 旅客有限量携带行李的义务。旅客在运输中应当按照约定的限量携带行李。超过限量携带行李的，应当办理托运手续。

3. 旅客有不随身携带或者在行李中夹带违禁物品的义务。旅客不得随身携带或者在行李中夹带易燃、易爆、有毒、有腐蚀性、有放射性以及有可能危及运输工具上人身和财产安全的危险物品或者其他违禁物品。旅客违反规定的，承运人可以将违禁物品卸下、销毁或者送交有关部门。旅客坚持携带或者夹带违禁物品的，承运人应当拒绝运输。

（二）承运人的义务

1. 承运人的告知义务。承运人应当向旅客及时告知有关不能正常运输的重要事由和安全运输应当注意的事项。告知义务是承运人运送义务的一项附随义务。所谓有关不能正常运输的重要事项，是指因承运人的原因或天气等原因使运输时间迟延，或运输合同所约定的车次、航班取消等影响旅客按约定时间到达目的地的事项。所谓安全运输应当注意的事项，是指在运输中为保障旅客的人身、财产安全，需要提醒旅客注意的事项。

2. 承运人有按照客票载明的时间和班次运输旅客的义务。客票是证明旅客运输合同有效成立的书面凭证，客票上所载明的时间、班次经承运人和旅客双方当事人意思表示一致，从而成为合同内容的重要组成部分，对此，双方均应按约定履行。承运人只有按客票载明的时间、班次运输，才属于全面、适当地履行了合同。对于承运人未按客票载明的时间和班次进行运输的，构成迟延运输，旅客有权要求安排改乘其他班次或者退票。

3. 承运人在运输过程中的救助义务。承运人在运输过程中，应当尽力救助患有急病、分娩、遇险的旅客。如果承运人对患有急病、分娩、遇险的旅客不予救助，应当承担赔偿损失的责任。

4. 承运人的安全运送义务。运输合同生效后，承运人负有将旅客安全送达目的地的义务，即在运输中承运人应保证旅客的人身安全。承运人对运输过程中旅客的伤亡，应承担损害赔偿责任。但伤亡是旅客自身健康原因造成的或者承运人证明伤亡是旅客故意、重大过失造成的除外。承运人对旅客伤亡的赔偿责任及其免责事由的适用，不仅适用于正常购票乘车的旅客，也适用于按照规定免票、持优待票或者经承运人许可搭乘的无票旅客。承运人负有安全运输旅客自带物品的义务。在运输过程中旅客自带物品毁损、灭失，承运人有过错的，应当承担损害赔偿责任。

（四）客运合同的变更和解除

1. 因旅客自身原因导致的变更或解除。旅客运输合同成立后，旅客因自己的原因不能按照客票记载的时间乘坐的，可以在约定的时间内办理变更或者退票手续。此为客运合同的变更或解除。逾期办理的，承运人可以不退票款，并不再承担运输义务。此种变更或解除为自愿变更或解除。

2. 因承运人的原因导致的变更或解除。因承运人的原因导致的客运合同变更或解除，为非自愿的变更或解除，主要包括两种情况：①因承运人的迟延运输导致的变更或解除。承运人应当按照客票载明的时间和班次运输旅客。承运人迟延运输的，应当根据旅客的要求安排改乘其他班次或者退票。②承运人擅自变更运输工具引起的合同变更。在客运合同订立后，承运人单方变更运输工具的，是一种违约行为。承运人擅自变更运输工具而降低服务标准的，旅客有权要求退票或者减收票款；提高服务标准的，不应当向旅客加收票款。

三、货运合同

（一）货运合同的概念和特征

货运合同是指承运人将托运人交付运输的货物运送到约定地点，托运人支付运费的合同。货运合同为运输合同的一种，除具有运输合同的一般特征外，还具有以下特征：

1. 货运合同往往涉及第三人。货运合同由托运人与承运人双方订立，托运人与承运人为合同的当事人，但托运人既可以为自己的利益托运货物，也可以为第三人的利益托运货物。托运人既可以以自己为收货人，也可以以第三人为收货人。在第三人为收货人的情况下，收货人虽不是订立合同的当事人，但却是合同的利害关系人。在此情况下的货运合同即属于为第三人利益订立的合同。

2. 货运合同以承运人将货物交付给收货人为履行完毕。货运合同与客运合同一样，均是以承运人的运输行为为标的的。但是，客运合同中承运人将旅客运输到目的地义务即履行完毕；而货运合同中，承运人将货物运输到目的地，其义务并没有完结，只有将货物交付给收货人后，其义务才履行完毕。

（二）托运人的义务

1. 如实申报的义务。托运人在将货物交付运输时，有对法律规定或当事人约定的事项进行如实申报的义务。托运人应当向承运人准确表明收货人的名称或者姓名或者凭指示的收货人，货物的名称、性质、重量、数量，收货地点等有关货物运输的必要情况。因托运人申报不实或者遗漏重要情况，造成承运人损失的，托运人应当承担损害赔偿责任。

2. 托运人有按规定向承运人提交审批、检验等文件的义务。在货物运输中，根据运输货物的种类、性质及国家的计划安排等，有的货物的运输需要得到有关部门的批准，有的货物运输需要先经过有关机关的检验方可进行运输。货物运输需要办理审批、检验手续的，托运人应将办理完有关手续的文件提交承运人。

3. 托运人的包装义务。合同中对包装方式有约定的，托运人应按照约定方式包装货物。对包装方式没有约定或者约定不明确时，可以协议补充，不能达成补充协议的，按照合同有关条款或者交易习惯确定；仍不能确定的，应当按照通用的方式包装，没有通用方式的，应当采取足以保护标的物的包装方式。所谓按照通用的方式包装，是指按照某种运输工具运输某种货物的惯常方式包装。所谓足以保护货物的包装方式，是指足以保证货物在运输过程中不致发生损坏、散失、渗漏等情形的包装方式。托运人违反约定的包装方式的，或者不按通用的包装方式或足以保护运输货物的包装方式而交付运输的，承运人有权拒绝运输。

4. 托运人托运危险物品时的义务。托运人托运易燃、易爆、有毒、有腐蚀性、有放射性等危险物品的，应当按照国家有关危险物品运输的规定对危险物品妥善包装，作出危险物标志和标签，并将有关危险物品的名称、性质和防范措施的书面材料提交承运人。托运人违反规定的，承运人可以拒绝运输，也可以采取相应措施以避免损失的发生，因此产生的费用由托运人承担。

5. 支付运费、保管费以及其他运输费用的义务。在承运人全部、正确履行运输义务的情况下，托运人或者收货人有按照规定支付运费、保管费以及其他运输费用的义务。托运人或者收货人不支付运费、保管费以及其他运输费用的，承运人对相应的运输货物享有留置权，但当事人另有约定的除外。货物在运输过程中因不可抗力灭失，未收取运费的，承运人不得要求支付运费；已收取运费的，托运人可以要求返还。

（三）承运人的义务

1. 安全运输义务。承运人应依照合同约定，将托运人交付的货物安全运输至约定地点。运输过程中，货物毁损、灭失的，承运人应承担损害赔偿责任。货物的毁损、灭失的赔偿额，当事人有约定的，按照其约定；没有约定或者约定不明确，当事人可以协议补充，不能达成补充协议的，按照合同有关条款或者交易习惯确定。仍不能确定的，按照交付或者应当交付时货物到达地的市场价格计算。法律、行政法规对赔偿额的计算方法和赔偿限额另有规定的，依照其规定。如果承运人证明货物的毁损、灭失是因不可抗力、货物本身的自然性质或者合理损耗以及托运人、收货人的过错造成的，不承担损害赔偿责任。

2. 承运人的通知义务。货物运输到达后，承运人负有及时通知收货人的义务。当然，承运人只有在知道或应当知道收货人的通讯地址或联系方法的情况下，方负有上述通知义务，如果因为托运人或收货人的原因，如托运人在运单上填写的收货人名称、地址不准确，或者收货人更换了填写地址或联系方式而未告知承运人的，承运人免除上述通知义务。

（四）收货人的义务

1. 及时提货的义务。收货人虽然没有直接参与货物运输合同的签订，但受承运人、托运方双方签订的货物运输合同约束，收货人应当及时提货，收货人逾期提货的，应当向承包人支付保管费等费用。收货人不明或者收货人无正当理由拒绝受领货物，承运人可以提存货物。承运人提存运输的货物后，运输合同关系即告消灭，该货物毁损、灭失的风险由收货人承担。提存期间，货物的孳息归收货人所有，提存期间所支付的费用也由收货人承担。

2. 支付托运人未付或者少付的运费以及其他费用。一般情况下，运费由托运人在发站向承运人支付，但如果合同约定由收货人在到站支付或者托运人未支付的，收货人应支付。在运输中发生的其他费用，应由收货人支付的，收货人也必须支付。

3. 收货人有在一定期限内检验货物的义务。货物运交收货人后，收货人负有对货物及时进行验收的义务。收货人提货时应当按照约定的期限检验货物。对检验货物的期限没有约定或者约定不明确，当事人可以协议补充，不能达成补充协议的，按照合同有关条款或者交易习惯确定。仍不能确定的，应当在合理期限内检验货物。收货人在约定的期限或者合理期限内对货物的数量、毁损等未提出异议的，视为承运人已经按照运输单证的记载交付的初步证据。

（五）货运合同的变更或解除

托运人或货物凭证持有人可以请求货物运输合同中如下具体内容的变更或解除：

1. 要求解除合同，由承运人中止运输、返还货物。

2. 要求承运人变更到达地。

3. 要求承运人将货物交给其他收货人，即变更收货人。托运人并非可随时要求变更或解除运输合同，其请求变更或解除货物运输合同的时间应是在承运人将货物交付收货人之前。如果承运人已将货物交付收货人，则货物运输合同已履行完毕，失去了变更和解除的必要和可能。对承运人因变更和解除所遭受的损失，托运人负有赔偿责任。

四、联运合同

（一）联运合同的概念

联合运输合同，简称联运合同，是指当事人约定由两个或两个以上的承运人通过衔接运送，用同一凭证将货物运送到指定地点，托运人支付运输费用而订立的协议。联运合同包括单式联运合同和多式联运合同。

（二）单式联运合同

所谓单式联运合同，是指当事人约定由两个或两个以上承运人以同一种运输方式将货物运至约定地点，托运人支付运费的货物运输合同。两个以上承运人以同一运输方式联运的，与托运人订立合同的承运人应当对全程运输承担责任。损失发生在某一运输区段的，与托运人订立合同的承运人和该区段的承运人承担连带责任。

（三）多式联运合同

所谓多式联运合同是指多式联运经营人与托运人订立的，约定以两种或者两种以上的不同运输方式，使用同一运输凭证将货物运输至约定地点的货物运输合同。多式联运是近十年来迅速发展起来的、实行"一次托运、一次收费、一票到底、一次保险、全程负责"的"一条龙"服务的综合性运输，多式联运合同是该种交易形式的法律体现。多式联运合同中应注意以下问题：

1. 多式联运单据。多式联运经营人收到托运人交付的货物时，应当签发多式联运单据。多式联运单据是确认当事人权利、义务的重要依据，也是确定当事人联运合同关系的凭证，并且对于多式联运的全程运输具有指示作用。多式联运单据可以是可转让单据，也可以是不可转让单据。单据是否可转让，托运人享有选择权。因托运人托运货物时的过错造成多式联运经营人损失的，即使托运人已经转让多式联运单据，托运人仍然应当承担损害赔偿责任。

2. 责任承担。多式联运经营人负责履行或者组织履行多式联运合同，对全程运输享有承运人的权利，承担承运人的义务。因此，经营人享有全程运输的全部权利，包括收取运输费用，托运人违约时请求赔偿等；同时，经营人也需向托运人履行全部义务和承担全部责任。各实际承运人在运送中造成迟延或者旅客或货物的损害时，由经营人负责赔偿。多式联运经营人可以与参加多式联运的各区段承运人就多式联运合同的各区段运输约定相互之间的责任，但该约定不影响多式联运的经营人对全程运输承担的义务。货物的毁损、灭失发生于多式联运的某一运输区段的，多式联运的经营人的赔偿责任和责任限额，适用调整该区段运输方式的有关法律规定。货物的毁损、灭失发生的运输区段不能确定的，依照规定承担损害赔偿责任。

第二节　保管合同

一、保管合同的概念和特征

保管合同，又称寄托合同、寄存合同，它是指双方当事人约定一方当事人保管另一方当事人交付的物品，并返还该物的合同。其中保管物品的一方为保管人，或称受寄托人，其所保管的物品为保管物，交付物品请求保管的一方为寄存人或寄托人。

保管合同具有以下法律特征：

1. 保管合同为实践合同。保管合同的成立，不仅要有当事人双方的意思表示一致，而且要有寄托人将保管物交付于保管人的事实。也就是说，除非另有约定，寄托人交付保管物是保管合同成立的要件，因此，保管合同为实践合同，而非诺成合同。

2. 保管合同为不要式合同。保管合同只要有保管物的实际交付，合同即告成立，法律和行政法规上并不要求当事人采取何种特定形式，因此，保管合同为不要式合同。

3. 保管合同可以是有偿的，也可以是无偿的。当事人也可以约定为保管而给付报酬，保管合同为有偿合同；也可以约定保管合同为无偿。《合同法》第 366 条规定："寄存人应当按照约定向保管人支付保管费。当事人对保管费没有约定或者约定不明确，依照本法第 61 条的规定仍不能确定的，保管是无偿的。"

4. 保管合同以物品的保管为目的，以保管行为为标的。保管合同订立的直接目的是由保管人保管物品，保管合同的标的是保管人的保管行为，保管寄存人交付其保管的物品是保管人的主要义务。保管合同的这一特征使其与借用、租赁、承揽、运输等合同区分开来。在这些合同中，也会发生当事人一方负担保管义务的情形，但这些合同中，保管义务并非该方当事人的主合同义务。

5. 保管合同移转标的物的占有。保管合同为实践合同，以标的物移交给保管人为成立要件。但保管合同不以保管人获得物品的所有权或使用权为目的，保管合同并不发生保管物的所有权或使用权转移，因此，除当事人另有约定外，保管人不得使用或者许可他人使用保管物。但因物品为保管人保管，保管人得取得对保管物的占有，否则，保管人无法履行保管义务。

6. 保管合同为双务合同还是单务合同，学者中有不同的观点：一种观点认为，在无偿保管中，保管合同为单务合同；在有偿保管中，保管合同为双务合同。另一种观点认为，保管合同就是双务合同，而不以保管的有偿、无偿为转移。我们同意后一种观点。因为即使在无偿的保管中，寄存人仍须负担支付保管人为保管所支出的必要费用的义务。可见，双务合同与单务合同区分的标准并不在于合同是否有偿，而在于合同的双方当事人在享有合同权利的同时，是否也负担一定的给付义务。

二、保管合同的效力

（一）保管人的义务

1. 给付保管凭证的义务。寄存人向保管人交付保管物的，保管人应当给付保管凭证，但另有交易习惯的除外。保管凭证的给付，并非保管合同的成立要件，也非保管合同的书面形式，仅是证明保管合同关系存在的凭证。

2. 保管保管物的义务。

（1）妥善保管保管物的义务。在保管合同中，保管保管物是保管人依保管合同应负的主要义务，保管人对保管物的保管应尽相当的注意。一般说来，在无偿的保管合同中，保管人故意或有重大过失时，应对保管物的毁损、灭失负赔偿责任；在保管合同为有偿时，保管人应尽善良管理人的注意，即应负抽象轻过失的责任。当事人可以约定保管方法和场所。当事人约定了保管方法和场所的，除紧急情况或者为了维护寄存人利益的以外，不得擅自改变。保管人违反保管合同中的妥善保管义务，致使保管物毁损、灭失的，保管人应承担损害赔偿责任。保管合同是无偿的，保管人证明自己没有重大过失的，不承担损害赔偿责任。

(2) 亲自保管保管物的义务。保管人须亲自为保管行为，除当事人另有约定外，不得将保管物转交给他人保管。所谓亲自保管，包括保管人自己保管，也包括履行辅助人辅助保管，辅助人的行为同于保管人的行为。保管人擅自将保管物转交第三人保管的，对保管物造成损失的，应负损害赔偿责任。

(3) 不得使用或许可他人使用保管物的义务。保管人有权占有保管物，但不得使用保管物，也不能让第三人使用，但经寄存人同意或基于保管物的性质必须使用（亦即保管物的使用属于保管方法的一部分）的情形除外。如果保管人未经寄存人同意，其使用也不为保管物的性质所必要，擅自使用保管物或者让第三人使用保管物的，应向寄存人支付报酬。报酬的数额可比照租金标准计算，保管物为金钱的，保管人应自使用之日起支付利息。

3. 危险通知义务。所谓危险通知，是指在出现寄存人寄存的保管物因第三人或自然原因可能会灭失的危险情形时，保管人应通知当事人。依据诚实信用原则，在保管物受到意外毁损灭失或者保管物的危险程度增大时，保管人也应及时将有关情况通知寄存人。《合同法》第 373 条规定："第三人对保管物主张权利的，除依法对保管物采取保全或者执行的以外，保管人应当履行向寄存人返还保管物的义务。第三人对保管人提起诉讼或者对保管物申请扣押的，保管人应当及时通知寄存人。"

4. 返还保管物的义务。在保管合同期限届满或者寄存人提前领取保管物时，保管人应及时返还保管物。合同没有约定保管期间的，寄存人可以随时要求领取保管物，保管人也可以随时要求寄存人领取保管物，但应当给寄存人必要的领取保管物的准备时间。保管合同约定保管期间的，则保管人无特别事由不得要求寄存人提前领取保管物。所谓特别事由是指不可抗力或者其他保管人无能力进行保管的情形。寄存人可以在期限届满前随时要求返还，因此给保管人造成损失的，寄存人应予以赔偿。保管人返还的物品应为原物，原物有孳息的，保管人还应返还保管期间原物的孳息。保管人保管货币的，可以返还相同种类、数量的货币；保管其他可替代物的，可以按照约定返还相同种类、品质、数量的物品。第三人对保管物主张权利，除依法对保管物采取保全或者执行的以外，保管人仍应向寄存人履行返还保管物的义务。

（二）寄存人的义务

1. 支付保管费和偿还必要费用的义务。保管合同为有偿时，寄存人应当按照约定向保管人支付保管费，该保管费为保管人为保管行为的报酬。当事人对保管费没有约定或者约定不明的，保管合同为无偿合同。在无偿保管中，寄存人无给付报酬的义务。但保管人因保管保管物所支出的必要费用，寄托人应予以偿还。寄存人未按照约定支付保管费以及其他费用的，保管人对保管物享有留置权，但当事人另有约定的除外。关于保管费用的支付期限，当事人有约定的，从约定；无约定的或者约定不明的，依《合同法》第61条的规定仍不能确定的，寄存人应当在领取保管物时同时支付。

2. 告知义务。寄存人交付的保管物有瑕疵或者按照保管物的性质需要采取特殊保管措施的，寄存人应当将有关情况告知保管人。寄存人未告知，致使保管物受损失的，保管人不承担损害赔偿责任；保管人因此受到损害的，除保管人知道或应当知道并且未采取补救措施的以外，寄存人应当承担赔偿责任。其中所谓保管物本身的瑕疵，是指保管物自身存有破坏性缺陷的情形。所谓保管物本身的性质，是指保管物为易燃、易爆、有毒、有放射性等危险物品或易腐物品的情形。

3. 声明义务。当寄存人寄存的物品为货币、有价证券或者其他贵重物品时，应向保管人履行声明义务，并由保管人验收或封存。寄存人未声明的，该物品毁损、灭失后，保管人可以按照一般物品予以赔偿。

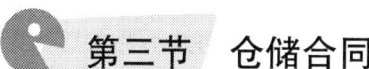 **第三节　仓储合同**

一、仓储合同的概念和特征

仓储合同，又称仓储保管合同，是指当事人双方约定由保管人为存货人保管储存的货物，存货人为此支付报酬的合同。该合同在性质上属商事合同。仓储合同具有以下法律特征：

1. 保管人须为有仓储设备并专门从事仓储保管业务的主体。这是仓储合同主体上的重要特征。仓储合同的保管人应当具备一定的资格，即具有仓储设备，专门从事仓储保管业务。所谓仓储设备是指能够满足储藏和保管物品需要的设施，既包括有房屋、有锁之门等外在表征的设备，也包括可供堆放木材、石料等原材料的地面。所谓专事仓储保管业务，是指经过仓储营业登记专营或兼营仓储保管业务。

2. 仓储物必须为动产。在仓储合同中，存货人交付保管人保管的只能是动产，存货人不能以不动产为保管对象而订立仓储合同。

3. 仓储合同的标的是保管人向他人提供的仓储保管服务。仓储合同是一种提供劳务的合同。其劳务的内容即为保管人为存货人储存货物。

4. 仓储合同为诺成合同。仓储合同不同于保管合同，为诺成合同。这是由仓储合同商事合同的特性决定的。如上所述，仓储合同的保管人是专门从事仓储保管业务的民事主体，其营业的目的就是从仓储保管营业中牟利。正因为保管人的专业性和营利性，在保管的物品入库前，保管人必然会作出一定的履行合同的准备，支出一定的费用。若认定仓储合同为实践合同，就意味着一旦存货人在交付货物前改变交易的意愿，不向保管人交存货物，保管人就其所受到的损失只能依缔约过失责任或侵权责任向存货人主张损害赔偿。这对保管人极为不利。因此，承认仓储合同为诺成合同，有助于使保管人在前述情况下，得基于违约责任主张损害赔偿责任。同时，在仓储合同中存货人一般也为营利性法人，若仓储合同为实践合同，在存货人交存货物前合同不成立，则于其交存货物时若保管人拒绝储存，存货人也不能依违约责任请求损害赔偿，这对存货人也是不利的。

5. 仓储合同为双务、有偿合同、不要式合同。仓储合同的当事人双方于合同成立后互负给付义务。保管人须提供仓储服务，存货人须给付报酬和其他费用，双方的义务具有对应性和对价性，所以，仓储合同为双务、有偿合同。对于仓储合同是否为要式合同，有不同的看法。有的认为仓储合同为要式合同，应当采取书面形式；有的认为仓储合同并不要求具备特定的形式，因而为不要式合同。《合同法》对仓储合同的形式并无明确规定，因此，认定仓储合同为要式合同是没有根据的。虽然仓储合同的保管人在接受储存的货物时应当给付存货人仓单或其他凭证，但开具仓单是保管人合同义务的履行，仓单并非合同的书面形式。所以，仓储合同应为不要式合同。

6. 存货方主张货物已交付或行使返还请求权以仓单为凭证。这是仓储合同的重要特征。仓单是表示一定数量的货物已交付的法律文书，属于有价证券的一种，其性质为记名的物权证券。仓储合同的存货人凭仓单提取储存的货物，存货人或者仓单持有人以背书方式并经保管人签字或盖章，可以将仓单上所载明的物品所有权移转给他人。

二、仓储合同的效力

（一）保管人的义务

1. 给付仓单的义务。存货人交付仓储物的，保管人应当给付仓单。仓单是保管人应存货人的请求而签发的一种有价证券，是提取仓储物的凭证，它应记载下列事项：①存货人的名称或者姓名及住所；②储存货物的品种、数量、质量、包装、件数和标记；③仓储物的损耗标准；④储存场所；⑤储存期间；⑥仓储费；⑦仓储物已经办理保险的，其保险金额、期间以及保险人的名称；⑧仓单的填发人、填发地和填发日期。仓单具有以下性质：①仓单为物品证券。仓单是以给付一定的物品为标的的。②仓单为物权证券。仓单上所载货物的移转，必须移转仓单始生所有权转移的效力。仓单受让人凭借仓单即可证明其对仓储物的所有权。因此，仓单为物权证券。③仓单为要式证券。仓单须经保管人签名或盖章，并必须具备一定的法定记载事项，故为要式证券。④仓单为文义证券。仓单的记载事项决定当事人的权利义务，当事人须依仓单上的记载主张权利义务。⑤仓单为自付证券。仓单是由保管人自己填发的，由自己负担给付义务。仓单上所载明的权利与仓单是不可分离的，因此仓单具有以下两方面的效力：①受领保管物的效力。保管人一经填发仓单，持单人对于保管物的受领，不仅应提示仓单，而且还应缴回仓单；②移转保管物的效力。仓单上所记载的货物，非由货物所有人在仓单上背书，并经保管人签名，不发生所有权转移的效力。仓单的持有人，可以请求保管人将保管的货物分割为数部分，分别填发仓单，同时持有人须交还原仓单。这在学说上称为仓单的分割，其目的是为了便于存货人处分保管物。分割仓单所支出的费用，由存货人支付或偿还。如因仓单损毁或遗失、被盗而灭失，存货人或仓单持有人丧失仓单的，得依我国《民事诉讼法》的规定，通过公示催告程序以确认其权利。

2. 接收、验收义务。保管人应按合同的约定，接收存货人交付储存的仓储物。保管人不能按合同约定的时间、品名（品类）、数量接收仓储物

入库的，应承担违约责任。《合同法》第 384 条规定，保管人在接收存货人交存仓储物入库时，应当按照合同的约定对入库仓储物进行验收。保管人验收时发现入库仓储物与约定不符合的，应当及时通知存货人。保管人未按规定的项目、方法、期限验收或验收不准确的，应承担由此造成的实际损失。保管人验收后，发生仓储物的品种、数量、质量不符合约定的，保管人应当承担损害赔偿责任。

3. 危险通知义务。保管人对入库仓储物发现有变质或者其他损坏的，保管人有义务及时通知存货人或者仓单持有人。保管人对入库仓储物发现有变质或者其他损坏，危及其他仓储物的安全和正常保管的，应当催告存货人或者仓单持有人作出必要的处置。因情况紧急，保管人可以作出必要的处置，但事后应当将该情况及时通知存货人或仓单持有人。

4. 妥善保管义务。保管人应当按照合同约定的储存条件和保管要求，妥善保管保管物。保管人储存易燃、易爆、有毒、有腐蚀性、有放射性等危险物品的，应当具备相应的保管条件，应当按照国家或合同规定的要求操作和储存；在储存保管过程中不得损坏货物的包装物，如因保管或操作不当使包装发生毁损的，保管人应当负责修复或按价赔偿。因保管人保管不善造成仓储物毁损、灭失的，保管人应当承担损害赔偿责任。因仓储物的性质、包装不符合约定或者超过有效仓储期造成仓储物变质、损坏的，保管人不承担损害赔偿责任。

5. 容忍义务。保管人根据存货人或仓单持有人的要求，应当同意其检查仓储物或者提取样品，这就是保管人的容忍义务。

（二）存货人的义务

1. 支付仓储费的义务。仓储合同为有偿合同，除当事人另有约定外，存货人应负担向保管人支付仓储费的义务。

2. 存货人的说明义务。存货人储存易燃、易爆、有毒、有放射性等危险物品或者易变质物品，应当向保管人说明该物品的性质，提供有关资料。存货人违反该义务的，保管人有权拒收该仓储物，也可以采取相应措施以避免损失的发生，因此产生的费用由存货人承担。保管人因接受该货物造成损害的，存货人应承担损害赔偿责任。

3. 提取仓储物的义务。当事人对储存期间没有约定或者约定不明确的，存货人或者仓单持有人可以随时提取仓储物，保管人也可以随时要求存货人或仓单持有人提取仓储物，但应当给予必要的准备时间。合同中约定有储存期间的，存货人或仓单持有人应当按照合同的约定及时提取仓储物。逾期提取的，应当加收仓储费。在仓储合同期限届满前，保管人不得要求返还或要求由存货人或仓单持有人取回保管物。在存货人或仓单持有人要求返还时，保管人不得拒绝返还，但不减收仓储费。存货人或仓单持有人提取货物时须提示仓单并缴回仓单。由于存货人或仓单持有人的原因不能使货物如期出库造成压库时，存货人或仓单持有人应负违约责任。

三、关于仓储合同法律适用的特别规定

仓储合同是由一般的保管合同发展、演变而来，在法律对仓储合同有特别规定时，应适用法律的特别规定，在法律对其未设特别规定时，应适用法律关于一般保管合同的规定。法律关于一般保管合同的规定与法律关于仓储合同的规定，系一般法与特别法的关系。

案例分析

（一）运输合同

【案情介绍】2006 年 10 月 2 日中午，原告阮某从东莞市大朗镇乘被告东莞某客运有限公司莞城至谢岗专线公共汽车赶往黄江镇，购票付款 3 元。乘车途中，有两人用刀划破原告裤口袋欲行窃。原告发觉后与之抗争，车内其他人对此毫无行动。车至莞江镇江海城路段，原告走到车门前要求司机停车。两小偷此时从车后冲上来殴打原告，并用语言警告司机不可多事。司机及乘务员此时均未出声制止或采取报警等积极行动。车停后，原告下车，并于下午 1 时许到莞江镇莞江派出所报案。车行至莞江车站时，两小偷自行下车离去。司机将乘客运至谢岗站后，于下午 2 时许折返莞江派出所报案。同年 10 月 25 日，原告诉至法院，要求被告赔偿医疗费、交通费、误工费以及精神损失费，并承担诉讼费。

【问题】被告东莞某客运有限公司是否应赔偿原告阮某的损失？

【分析】依照《合同法》运输合同的规定，客运合同生效后，承运人负有将旅客安全送达目的地的义务，即在运输中承运人应保证旅客的人身安全。《合同法》第 290 条规定："承运人应当在约定期间或合理期间内将旅客、货物安全运输到约定地点。"第 301 条规定："承运人在运输过程中，应当尽力救助患有急病、分娩、遇险的旅客。"第 302 条规定，承运人对运输过程中旅客的伤亡，应承担损害赔偿责任。但伤亡是旅客自身健康原因造成的或者承运人证明伤亡是旅客故意、重大过失造成的除外。承运人对旅客伤亡的赔偿责任及其免责事由的适用，不仅适用于正常购票乘

车的旅客，也适用于按照规定免票、持优待票或者经承运人许可搭乘的无票旅客。承运人负有安全运输旅客自带物品的义务。在运输过程中旅客自带物品毁损、灭失，承运人有过错的，应当承担损害赔偿责任。

本案中，阮某在公共汽车上遭窃，走到车门前要求司机停车，司机及乘务员此时均未出声制止或采取报警等积极行动，致使两小偷莞江车站下车离去。司机将乘客运至谢岗站后，才于下午2时许折返莞江派出所报案。根据以上事实，可以认定，司乘人员未尽到安全运输义务，致使乘客遭受损失，构成违约，运输公司应当承担赔偿损失的责任。根据《合同法》的规定，违约责任只限于财产责任，不包括精神损害赔偿责任。因此，精神损失赔偿的诉讼请求应不予支持。

（二）保管合同

【案情介绍】甲与乙是邻居。乙原定于5月10日出国探亲1年，于是与甲协商，在乙出国期间甲在其地下室中存放乙的贵重物品并代养乙的宠物，乙付给其保管费2000元。双方订立合同后，甲将其地下室腾出，准备为乙保管物品，此间有人以每月100元的租金租用甲的地下室，甲也未答应。后来，因乙在国外的亲戚工作发生变动，乙至年底也未办理好出国手续，也未与甲商量此事。甲见乙既不付约定的保管费，也不与其协商，十分生气，要求乙付给约定的保管费或者赔偿因乙使其未能出租地下室的损失。乙不同意，双方发生争执，甲诉至法院要求乙履行合同，付给保管费。

【问题】乙未按约定将物品交付甲保管是否构成违约？乙应否履行合同或者赔偿甲的损失？

【分析】甲无权要求乙履行合同、支付保管费，因为甲乙之间的保管合同尚未成立。《合同法》第367条规定："保管合同自保管物交付时成立，但当事人另有约定的除外。"依此规定，保管合同原则上应为实践性合同，只有在当事人有特别约定时，保管合同才为诺成性合同。因此，在当事人有特别约定时，只有当事人达成保管的合意，而没有交付保管物给保管人的，保管合同不成立。本案中，甲、乙之间达成了保管协议，但乙未将保管物交付于甲，保管合同不成立，乙也就不需要履行合同或承担违约责任。但在本案中，因甲相信合同会成立，并且遭受了损失，而乙有过错，甲可以要求乙承担缔约过失责任。

思考题

1. 运输合同的承运人有哪些权利和义务？
2. 简述保管合同的效力。
3. 简述仓储合同的效力。
4. 保管合同与仓储合同有何联系和区别？

 案例分析题

1. 2000 年 4 月，某国家行政机关（以下简称"甲机关"）为调动全局干部职工的工作积极性，丰富干部职工精神文化生活，树立敬业爱岗的精神风貌，以使全局干部职工更好地安心本职工作，决定利用"五一"长假，租用某运输公司（以下简称"乙公司"）小客车一台，组织全局干部职工及家属到外省旅游，并通知愿意旅游的干部职工及家属，于 4 月 30 日凌晨 5 时到单位家属楼前上车，运费由甲机关承担。是日，甲机关干部职工及家属 20 余人乘上甲机关租用乙公司的小客车（超载 2 人），踏上旅行之路，不料途中与相向而行的邻省个体运输户（以下简称"丙运输户"）的油灌车侧面相撞，造成干部职工（以下简称"丁等受害人"）4 人死亡，10 多人受伤，其中数人重伤的重大交通事故，交通队作出道路交通事故责任认定书，认定丙运输户负全部责任，但丙运输户以乙公司小客车会车违章左行且超载，也应承担责任为由，向上级交通队提出复议，后被维持。

试分析：

（1）在本案中，甲机关与丁等受害人是何法律关系？

（2）丁等受害人的伤亡损害，应如何赔偿？

2. 某个体户赵某在前景仓库寄存彩电一批 100 台，价值共计 100 万元。双方商定：仓库自 1999 年 1 月 15 日至 2 月 15 日期间保管，赵某分 3 批取走；2 月 15 日赵某取走最后一批彩电时，支付保管费 2000 元。2 月 15 日，赵某前来取最后一批彩电时，双方为保管费的多少发生争议。赵某认为自己的彩电实际是在 1 月 25 日晚上才入前景仓库，应当少付保管费 250 元。前景仓库拒绝减少保管费，理由是仓库早已为赵某的彩电的到来准备了地方，至于赵某是不是准时进库是赵某自己的事情，与仓库无关。

赵某认为前景仓库位于江边码头，自己又通知了彩电到站的准确时间，前景仓库不可能空着货位。只同意支付 1750 元保管费。前景仓库于是拒绝赵某提取所剩下的彩电。

试分析：

（1）赵某要求减少保管费是否合理？为什么？

（2）前景仓库在赵某拒绝足额支付保管费的情况下是否可以拒绝其提取货物？说明理由。

推荐书目

1. 侯作前、乔宝杰编著：《运输合同实务指南》，知识产权出版社 2003 年版。

2. 刘天铎主编：《赠与合同、保管合同、仓储合同》，中国民主法制出版社 2003 年版。

第十六章　委托、行纪、居间合同

第一节　委托合同

一、委托合同的概念及其特征

委托合同，又称委任合同，是指委托人和受托人约定，由受托人处理委托人事务的合同。委托他方处理事务的人，为委托人；为他方处理事务的人，为受托人。

委托是一种古老的合同，但早期委托和代理没有区别开来，自《德国民法典》才将两者分开。委托合同在现实生活中适用范围广泛。民事主体由于时间、精力、能力的有限，不可能事必躬亲，需要将部分事务交由他人处理。一般来说，只要是不具有人身属性的事务，无论是法律行为还是事实行为，民事主体都可以通过委托合同委托他人处理。

委托合同具有以下法律特征：

1. 委托合同是以为他人处理事务为目的的合同。委托合同的目的是处理或管理委托人的事务。委托合同是一种典型的提供劳务的合同。合同订立后，受托人在委托的权限内所实施的行为，等同于委托人自己的行为。受托人办理受托事务的费用由委托人承担。无论是法律行为，还是事实行为，只要该事项不违背社会公共利益或法律的禁止性规定，不是与委托人人身密不可分的、具有人身性的事务，如婚姻登记等，委托人都可以通过委托合同委托他人处理。在委托方式上，委托人既可以特别委托受托人处理一项事务，也可以特别委托受托人处理数项事务，还可以概括地委托受托人处理一切事务。

2. 委托合同的订立以委托人和受托人之间的相互信任为前提。委托人之所以选定某人作为受托人为其处理事务，是以他对受托人的办事能力和信誉的了解，相信受托人能够处理好委托事物为基本出发点的。而受托人之所以接受委托，也是基于对委托人的了解和信任。没有相互信任和了解，委托合同关系难以成立，即使建立了委托关系，也难以巩固。因而在委托合同关系成立并生效后，如果一方对另一方产生了不信任，可随时解除合同，终止委托关系。

3. 委托合同是诺成合同、不要式合同。委托合同当事人双方意思表示一致，合同即告成立，无需以物的交付或一定行为的完成作为合同成立的要件。因此，委托合同为诺成合同，而非实践合同。委托合同为不要式合同，法律对委托合同的形式没有特别要求，当事人可以根据实际情况选择适当的形式。

4. 委托合同可以是有偿的、也可以是无偿的。在市场经济社会，委托表现为一种交易行为，因此多为有偿的，当事人也可以约定为无偿的。委托合同是有偿还是无偿，由当事人自己约定。

二、委托合同与委托代理的关系

委托合同与委托代理是两个容易混淆的概念。两者的主要区别在于：

1. 委托合同是委托人与受托人之间意思表示一致的协议，确定的是委托人与受托人内部之间的权利义务关系。而委托代理行为是代理人以委托人的名义与第三人进行民事法律行为，产生的法律后果由委托人承担的行为，其确立的权利义务关系由委托人与第三人享有与承担。

2. 委托合同产生于委托人与受托人双方一致的意思表示，委托合同是双方民事法律行为；而委托代理源于委托人单方的委托授权行为委托授权是单方民事法律行为。

3. 委托合同所涉及的事务既可以是法律行为，也可以是事实行为；委托代理的事务只能是法律行为。

三、委托合同的效力

（一）受托人的义务

1. 处理委托事务的义务。

（1）在委托权限内处理委托事务。受托人在处理委托事务时，有一定的权限范围。受托人超越委托权限处理事务给委托人造成损失，应对委托人承担损害赔偿责任。

（2）依委托人的指示处理委托事务的义务。在委托合同中，受托人的基本义务是依委托人的指示处理委托事务，不得擅自变更委托人的指示，否则，应对因此给委托人造成的损失承担赔偿责任。需要变更委托人指示的，应当经委托人同意；因情况紧急，难以和委托人取得联系的，受托人应当妥善处理委托事务，但事后应当将该情况及时报告委托人。如果因受托人的怠于报告而给委托人造成损失的，受托人应负赔偿责任。

（3）亲自处理委托事务的义务。受托人应当亲自处理受托事务。法律上之所以要求受托人亲自处理委托事务，目的在于防止出现受托人有负委托人信任致委托人利益受损的情形。经委托人同意，受托人可以转委托，委托人可以就委托事务直接指示第三人，受托人仅就第三人的选任及其对第三人的指示承担责任。转委托未经同意的，受托人应当对转委托的第三人的行为承担责任，但在紧急情况下受托人为维护委托人的利益需要转委托的除外。转委托，又称复委托，是指受托人经委托人同意，将委托人委托的部分或全部事务转由第三人处理的一种委托形式。在转委托关系中，被委托的第三人叫次受托人。转委托包括以下两种情况：

第一，转委托经委托人同意的。对于由受托人所进行的转委托，委托人可以同意，也可以不同意。委托人同意的，委托人可以就委托事务直接指示转委托的第三人，即次受托人。由次受托人直接就委托事务向委托人负责。委托关系所产生的权利义务在委托人和转委托的第三人之间产生。委托人应向该次受托人支付报酬、发布指示、预付费用、赔偿损失；该次受托人也应对委托人尽力、勤勉地履行义务。同时，受托人也可以向次受托人发布指示。因为受托人对次受托人的选任已经委托人同意，因而受托人仅对次受托人的选任及其对次受托人的指示承担责任。因受托人选任不慎或指示有错误而给委托人造成损失的，受托人应当承担赔偿责任。

第二，转委托未经委托人同意的。受托人所为的转委托未告知委托人或虽告知但委托人未同意的，该转委托的第三人应视为是受托人的履行辅助人。转委托的第三人处理事务的行为，应视为受托人自己的行为。因而，未经同意的转委托，第三人处理事务的行为给委托人造成损失的，应视为是受托人的行为所造成的损失。受托人应对未经同意的转委托的第三人的行为承担责任。但是，在紧急情况下，受托人为了委托人的利益而进行的转委托，应当视为是委托人同意的转委托。所谓紧急情况，是指受托人自己处理委托事务受到阻碍，而委托人将会因该委托事务处理的中断而受损害，且情况紧急，来不及或无法通知委托人的情况。此种情形下的转委托称为紧急的转委托。比如受托人在为委托人与他人签约的前一天突发重病，而该合同对委托人又至关重要，为不损及委托人的利益，受托人委托另外的人去替自己签约。此时，对受托人的这种转委托，应视为委托人同意。受托人仅就其对次受托人的选任和指示承担责任。在有偿的委托合同里，受托人应尽善良管理人的注意义务，若欠缺此注意，即为有过错。对于委托人因此所受的损害，应负赔偿责任。在无偿的委托合同里，受托人仅就故意或重大过失而给委托人造成的损失承担责任。

转委托后，在委托人、受托人、次受托人之间产生以下法律效力：

第一，委托人与次受托人之间就所转委托的事务直接产生委托合同关系。

第二，次受托人处理委托事务的权限范围不能超过原受托人的权限范围。

第三，受托人原则上从原委托合同关系中退出，但由于次受托人是由受托人选任的。所以，受托人对次受托人的选任和指示承担责任。

2. 报告义务。受托人应当按照委托人的要求，报告受托事务的处理情况。受托事务终了或者委托合同终止时，受托人应当报告委托事务的结果，并提交必要的证明文件，如各种账目、收支计算情况等。在委托事务的处理过程中，如果委托人要求受托人履行报告义务，告诉事务处理的状况，受托人应当报告。委托人没有要求受托人汇报，但有报告的必要时，受托人亦应随时汇报。受托人因怠于报告给委托人造成损失的，委托人有权请求受托人赔偿。

3. 移交财产的义务。受托人因处理委托事务所取得的财产，应当转交给委托人。这些财产，包括金钱、物品及其孳息、权利等，不论是以委托人名义取得的，还是以受托人自己名义取得的，也不管是由次受托人取得的，还是由受托人自己在处理事务时直接取得的，受托人均应将其交还给委托人。

4. 共同委托人的连带责任。《合同法》第409条规定："两个以上的受托人共同处理委托事务的，对委托人承担连带责任。"在委托合同关系中，受托人有时不止一个，委托人委托两个或两个以上的受托人共同处理委托事务，若其中一个受托人或数个受托人都违反了受托人的义务，给委托人带来损失的，委托人可以向所有受托人或其中任何一个要求赔偿，即受托人为数个时，相互之间负连带责任。但如其中的一人或数人未与其他受托人协商而实施的行为，损害了委托人利益的，无过错的受托人可以在承担连带责任后向实施行为的受托人行使追偿权。负连带责任的受托人必须是委托人所委托的共同处理委托事务的人，若委托人分别委托不同受托人处理不同事务，则各受托人就各自处理事务向委托人负责，并不发生负连带责任的问题。

（二）委托人的义务

1. 支付费用的义务。不论委托合同是否有偿，委托人都有支付费用的义务。委托人应当向受托人预付处理委托事务的费用。委托人应预付费用的多少以及预付的时间、地点、方式等，应依据委托事务的性质和处理的具体情况而定。预付费用系为委托人利益而使用，并非处理委托事务的对价。受托人为处理委托事务垫付的必要费用，委托人应当偿还该费用及其利息。所谓必要费用，是指处理受托事务不可缺少的费用，如交通费、住宿费、手续费等。

2. 支付报酬的义务。委托合同是有偿的，受托人完成委托事务的，委托人应当向其支付报酬。因不可归责于受托人的事由，委托合同解除或委托事务不能完成的，属委托合同中的风险负担问题，对于此时的风险，《合同法》第405条规定由双方当事人合理负担，即委托人应当向受托人支付相应的报酬。当事人另有约定的，按照约定。

3. 赔偿受托人损失的义务。

（1）委托人对于受托人在处理委托事务中非因自己过错所造成的损失应负赔偿损失的义务。首先，委托人应对自己的委托负责，如因其指示不当或其他过错致使受托人蒙受损失的，委托人应予以赔偿。其次，即使委托人自己没有过错，若受托人因不可归责于自己的事由受到损害时，受托人也得请求委托人赔偿其所受损失。在受托人所受的损害系由第三人的加害行为造成时，受托人既可以向第三人请求赔偿，也可以向委托请求赔偿。受托人可以选择其中之一求偿。

（2）因转委托第三人处理委托事务给受托人造成损失时的赔偿义务。在委托人将所要处理的事务委托给受托人之后，基于信任关系所成立的委托合同关系在受托人同意之时，对双方产生约束力。因而，在一般情况下，委托人不宜再将该委托事务委托给受托人以外的第三人处理。如果委托人欲把委托事务委托给受托人之外的第三人处理，必须经受托人同意。这实际上即是委托合同的协议变更。因合同变更致受托人遭受损失的，受托人可以向委托人要求赔偿损失。

四、特殊委托合同

（一）隐名代理

隐名代理是来自英美法系的一个概念。其关于代理的分类可分为披露委托人的代理和未披露委托人的代理，前者又可分为显名代理和隐名代理。显名代理指代理人既表明为他人代理，又具体指明委托人的姓名；隐名代理虽表明自己为他人代理的身份，但不指出委托人。未披露委托人的代理指代理人既不表明自己为他人代理的身份，也不指明委托人。《合同法》第402条规定："受托人以自己的名义，在委托人的授权范围内与第三人订立的合同，第三人在订立合同时知道受托人与委托人之间的代理关系的，该合同直接约束委托人和第三人，但有确切证据证明该合同只约束受托人和第三人的除外。"此为隐名代理。构成隐名代理的要件为：

1. 受托人向第三人表明了自己的代理人身份并以自己的名义与第三人订立合同。

2. 受托人是在委托人授权的范围内与第三人订立合同。

3. 第三人确知委托人的存在。

（二）未披露委托人的代理

《合同法》第403条规定了未披露委托人的代理中委托人的介入权和第三人的选择权。

1. 委托人的介入权。受托人以自己的名义与第三人订立合同时，第三人不知道受托人与委托人之间的代理关系的，受托人因第三人的原因对委托人不履行义务，受托人应当向委托人披露第三人，委托人因此可以行使受托人对第三人的权利。此为委托人的介入权。委托人介入权的条件：①须是未披露委托人的代理，即受托人以自己的名义与第三人订立合同时，第三人不知道受托人与委托人之间的代理关系的；②须受托人因第三人的原因对委托人不履行义务，而非因自己的原因不履行义务；③须委托人向第三人表明自己的身份，只有表明了自己的身份，才能证明自己对第三人享有权利。但是并非只要受托人披露了第三人，委托人就可以行使介入权。根据《合同法》第403条规定，第三人与受托人订立合同时如果知道该委托人就不会订立合同的，委托人无介入权。委托人行使介入权后，可以行使受托人对第三人享有的合同权利。但第三人可以向委托人主张其对受托人的抗辩权。

2. 第三人的选择权。受托人因委托人的原因对第三人不履行义务，受托人应当向第三人披露委托人，第三人因此可以选择受托人或者选择委托人作为相对人主张其权利，此为第三人的选择权。但第三人一旦行使了选择权，就不得变更选定的相对人。第三人选择向委托人主张权利的，委托人可以向第三人主张其对受托人的抗辩权以及受托人对第三人的抗辩权。如果第三人选择受托人作为相对人，受托人应向委托人转交从第三人取得的财产，受托人因此支出的费用，也可以从委托人处获得补偿。

（三）重复委托

重复委托是指委托人将同一事务先后以两个委托合同委托给两个受托

人。委托合同建立在双方信任的基础上，除非经受托人同意，原则上不允许重复委托。《合同法》第408条规定："委托人经受托人同意，可以在受托人之外委托第三人处理委托事务。因此给受托人造成损失的，受托人可以向委托人要求赔偿。"

（四）共同委托

共同委托是指受托人一方为两人以上，共同接受委托人的委托而为其处理同一委托事务的委托。共同委托与重复委托的区别在于重复委托是将同一事务以两个委托合同委托给两个受托人，存在多个委托关系。共同委托是将同一事务以一个委托合同委托给两个以上受托人，只有一个委托关系，只不过受托人为多数。共同委托的受托人对委托人承担连带责任。

五、委托合同的终止

（一）委托合同终止的原因

委托合同终止的原因包括一般原因和特殊原因。委托合同终止的一般原因是指一般合同共同适用的终止原因。例如，委托事务处理完毕，委托合同履行已不可能，委托合同中约定的合同存续期限届满，合同约定的解除条件成就等。委托合同终止的特殊原因是指导致委托合同终止特有的原因，主要包括以下两种情况：

1. 当事人一方任意解除合同。在委托合同中，合同的当事人双方均享有任意解除权，可任意解除合同。这是因为委托合同以当事人之间的信任关系为前提，而信任关系具有一定的主观任意性。在当事人对对方当事人的信任有所动摇时，应允许其随时解除合同。否则，勉强维持双方之间的关系，将会造成不良后果，影响委托合同订立目的的实现。当然，双方当事人应遵循诚实信用原则的要求，不得滥用此项权利。

2. 当事人一方死亡、丧失民事行为能力或破产，致使委托合同终止。当事人一方死亡、丧失行为能力或破产时，委托合同终止。但当事人另有约定，或根据委托事务的性质不宜终止的除外。受托人死亡、丧失行为能力或者破产，致使委托合同终止的，受托人的继承人、法定代理人或者清算组织应当及时通知委托人。

（二）委托合同例外不终止时的法律后果

1. 受托人继续处理事务的义务。因委托人死亡、丧失民事行为能力或者破产，致使委托合同终止将损害委托人利益的，在委托人的继承人、法定代理人或者清算组织承受委托事务之前，受托人有继续处理受托事务的义务。

2. 受托人的继承人、法定代理人或者清算组织在委托关系终止时采取必要措施的义务。受托人死亡、丧失民事行为能力或者破产，致使委托合同终止，将损害委托人利益的，在委托人作出善后处理之前，受托人的继承人、法定代理人或者清算组织应当采取必要措施。

第二节　行纪合同

一、行纪合同的概念及其特征

行纪合同，是指一方根据他方的委托，以自己的名义为他方从事贸易活动，并收取报酬的合同。其中以自己名义为他方处理事务的，为行纪人；由行纪人为其处理事务，并支付报酬的，为委托人。

行纪合同具有如下法律特征：

1. 行纪人必须是专门从事行纪业务的人。在我国，行纪合同的行纪人既可以是自然人，也可以是法人或其他组织，但只能是经批准经营行纪业务的自然人、法人或其他组织，未经法定手续批准或核准经营行纪业务的自然人、法人和其他组织不得经营行纪业务，不能成为行纪合同的行纪人，这表明行纪人的主体资格要受到限制。

2. 行纪人以自己的名义和费用为委托人办理委托事务。行纪人在为委托人办理委托事务时，须以自己的名义。行纪人在与第三人实施法律行为时，自己即为权利义务主体，由法律行为所产生的权利义务均由行纪人自己享有或承担。行纪人无须提示委托人的姓名，也无须表明自己为委托人而行为的实质。委托人原则上不直接与第三人发生法律关系，不直接就行纪人对第三人的行为承担责任。除当事人另有约定外，行纪人处理委托事务的费用由行纪人承担。

3. 行纪人为委托人的利益办理委托事务。行纪合同的行纪人虽以自己的名义与第三人直接发生法律关系，但并非为自己的利益而活动，行纪行为所产生的权利义务最终应归属于委托人承受，因此，在行纪人与第三人实施法律行为时，应充分考虑到委托人的利益，并将其行为结果交归于委托人。行纪人为委托人所购、售的物品或委托人交给行纪人的价款或行纪人出卖所得价金，虽在行纪人的支配之下，但其所有权归委托人。这些财产除非因行纪人原因而发生毁损、灭失，风险也由委托人承担。

4. 行纪合同的标的是行纪人为委托人进行贸易活动。行纪合同是由行纪人为委托人服务的，但是行纪人所提供的服务不是一般的劳务，而是与第三人为法律行为。该法律行为应为贸易活动。

5. 行纪合同是双务、有偿合同、诺成合同和不要式合同。行纪人负有为他方办理买卖或其他商事交易的义务，而委托人负有给付报酬的义务，双方的权利义务相互对应；同时，行纪人完成事务须收取报酬，因此行纪人提供的服务是有偿服务而不是无偿服务，双方的利益具有对价关系，故行纪合同为双务、有偿合同。行纪合同只需双方当事人之间的意思表示一致即告成立，无须一方当事人为物的交付或特定行为的履行，故为诺成合同。法律行政法规并未要求行纪合同具备特别的形式，因而它是不要式合同。

二、行纪合同与相关法律制度的关系

（一）行纪合同与英美法上的信托制度

英美法上的信托制度，源于英国中世纪的用益物权制度。其所称信托实质上是一种管理财产的法律关系，属于财产法。它是指一方当事人（信托人）将自己的财产（信托财产）的所有权转移于另一方当事人（受托人），受托人负有为第三方（信托受益人）的利益而管理使用信托财产的义务，并在信托关系终止时，将信托财产的所有权复归于信托人。行纪合同与英美法的信托制度的区别在于：①前者为合同关系；后者为财产管理关系，类似于大陆法中的某些他物权制度。②前者有行纪人与委托人双方当事人；后者有信托人、受托人和信托受益人三方当事人。③前者不以财产交付为成立要件，而且委托人的财产所得利益归委托人享有；后者以财产交付给受托人为成立要件，且取得财产所生利益的是受益人而非财产授予人。④二者的法律责任不同。违反行纪合同，应承担违约责任；而英美法的信托制度则有完全不同于合同责任的信托责任。

（二）行纪合同与委托合同

行纪合同和委托合同有一些共同之处，如两者均为提供服务的合同；均以当事人双方的相互信任为前提；委托人都委托他人处理一定事务等。因此，许多国家的立法都明确规定，行纪合同除另有规定的以外，适用委托合同的有关规定。我国《合同法》第 423 条也作了类似规定。行纪合同与委托合同的区别在于：①前者所指的事务是特定的，仅限于买卖、寄售等贸易活动，一般为法律行为；而后者所指的事务既可以是法律行为，也可以是事实行为。②行纪合同中，行纪人只能以自己名义进行活动，行纪人与第三人之间所为的法律行为并不能直接对委托人发生效力；委托合同的受托人处理委托事务，可以以自己名义，也可以以委托人名义，所以受托人与第三人间订立的合同有时可对委托人直接发生效力。③前者为双务有偿合同；后者可以是双务有偿合同，也可以是无偿合同。

（三）行纪合同与承揽合同

行纪合同与承揽合同都属于一方当事人为另一方当事人处理一定事务的合同。但在承揽合同中，承揽人只是完成一定工作并交付工作成果，承揽人完成一定工作的行为性质是事实行为而不属于法律行为；在行纪合同中，行纪行为则属于民事法律行为，并且必须是贸易活动。承揽人无须与第三人发生法律关系；行纪人必须与第三人进行交易。

（四）行纪合同与代理

行纪合同与代理的共同之处在于都可发生三方当事人之间的关系，并且都是为他人利益的行为。但在行纪合同中，行纪人以自己的名义活动，其与第三人订立的合同，直接对自己发生效力；在直接代理中，代理人是以被代理人的名义为民事行为，其与第三人订立的合同，由被代理人直接承受。

三、行纪合同的效力

（一）行纪人的义务

1. 负担行纪费用的义务。行纪费用，是指行纪人在处理委托事务时所支出的费用。《合同法》第415条规定："行纪人处理委托事务支出的费用，由行纪人负担，但当事人另有约定的除外。"行纪费用既包括必要费用，也包括有益费用。其中，寄存费、运送费、代缴的税费等均属必要费用。其他为委托人的利益而支出的费用，为有益费用，例如改换包装费、保险费等。

2. 妥善保管委托物的义务。行纪人占有委托物的，应当妥善保管委托物。行纪合同为有偿合同，因而行纪人对物的保管应尽善良管理人的注意。未尽妥善保管义务而造成保管物的毁损、灭失，行纪人应承担赔偿责任。

3. 合理处分委托物的义务。委托物交付给行纪人时有瑕疵或者容易腐烂、变质的，经委托人同意，行纪人可以处分该物；和委托人不能及时取得联系的，行纪人可以合理处分。

4. 依委托人的指示处理事务的义务。对于委托人所指定的卖出委托物的价格或买入价格，行纪人有遵从指示的义务。行纪人以低于指定价格卖出或者高于指定价格买入的，应当经委托人同意。未经委托人同意，行纪人补偿其差额的，该买卖对委托人发生效力。行纪人以高于指定价格卖出或低于指定价格买入委托物的，可以按照约定增加报酬。没有约定或者约定不明确，双方当事人可以协议补充，不能达成补充协议的，按照合同有关条款或者交易习惯确定，仍不能确定的，该利益属于委托人。委托人对价格有特别指示的，行纪人不得违背该指示卖出或者买入。

5. 行纪人就第三人的履行向委托人承担责任。行纪人与第三人订立合同的，行纪人对该合同享有权利、承担义务。第三人不履行义务致使委托人受到损害的，行纪人应当承担损害赔偿责任，但行纪人与委托人另有约定的除外。

（二）委托人的义务

1. 支付报酬的义务。行纪人完成或者部分完成委托事务的，委托人应当向其支付相应的报酬。所谓报酬，是行纪人为行纪行为的对价，其数额应由双方当事人约定，无约定的，依交易习惯确定。行纪人完成或者部分完成委托事务是行纪人请求支付报酬的前提条件，行纪人仅仅与第三人订立了合同而没有履行合同，不能视为完成委托事务，因而不能请求支付报酬。委托人逾期不支付报酬的，行纪人对委托物享有留置权，但当事人另有约定的除外。

2. 受领或取回委托物的义务。行纪人按照行纪合同的约定为委托人买入委托物的，委托人应当及时受领。经行纪人催告，委托人无正当理由拒绝受领的，行纪人可以提存委托物。委托物不能卖出或者委托人撤回出卖的，经行纪人催告，委托人应该将委托物取回或处分。经行纪人催告后仍不取回或处分该物的，行纪人有权将委托物提存。

（三）行纪人的介入权

行纪人接受委托买卖有市场定价的商品时，除委托人有相反的意思表示的以外，行纪人自己可以作为买受人或出卖人的权利，称为行纪人的介入权，或称行纪人的自约权。行纪人行使介入权的要件，又称介入要件，包括积极要件和消极要件。积极要件是指所受委托买卖的物品须为有市场定价的有价证券或其他商品；消极要件包括：①委托人未作出反对行纪人介入的意思表示；②行纪人尚未对第三人卖出或买进。如果行纪人已对对第三人卖出或买进，则交易的相对人已确定，行纪人已无法介入，只能为委托人的利益妥善行使对第三人的权利，履行对第三人的义务。

行纪人的介入，使委托人和行纪人之间直接产生了买卖合同。民法上

关于买卖合同的规定，均可适用。行纪人行使介入权之后，仍有报酬请求权。委托人应按合同约定付给行纪人报酬。当然，报酬的给付时间应在买卖实行之后，也即由行纪人所介入的买卖的实行是委托人给付报酬的前提。因委托人方面的原因而使买卖合同不能履行的除外。

四、行纪合同的法律适用

如前所述，行纪合同和委托合同有相同之处，也有区别。但与其他各种合同相比较，行纪合同在性质上与委托合同最为接近。它们都是为他人处理委托事务，即为他人提供服务的合同。行纪人和受托人的权利和义务都是基于委托人的委托而产生，都以委托人的信任为前提。因此有的国家立法曾把行纪合同作为委托合同的一种而加以规定。考虑到行纪合同和委托合同的诸多共同之处，我国《合同法》第 423 条明确规定："本章没有规定的，适用委托合同的有关规定。"

第三节　居间合同

一、居间合同的概念及其特征

居间合同，是指双方当事人约定一方为他方报告订立合同的机会或提供订合同的媒介服务，他方给付报酬的合同。报告订约机会或提供交易媒介服务的一方为居间人，给付报酬的一方为委托人。居间合同在我国有悠久历史，我国古代即有"牙行"、"经纪"制度，民间有"跑合"、"掮客"之称。居间在商品流通中起着重要的媒介作用。

居间合同有如下法律特征：

1. 居间合同是一方当事人为他方报告订约机会或提供订约媒介的合同。在居间合同中，居间人为委托人提供服务，但这种服务表现为报告订约的机会或提供订约的媒介。所谓报告订约机会，是指受委托人的委托，寻找及提供可与委托人订立合同的相对人，从而为委托人订约提供机会。所谓提供订约媒介，是指介绍双方当事人订立合同，促进双方交易达成。

2. 居间合同为双务、有偿合同。居间人为委托人提供订约机会或媒介服务，委托人向居间人给付一定报酬，因此，居间合同是双务有偿合同。

3. 居间合同为诺成合同、不要式合同。居间合同只要双方当事人意思表示一致就可成立，所以，居间合同为诺成合同。法律和行政法规也未规定居间合同需采用特定的形式，故为不要式合同。

4. 居间合同委托人一方的给付义务的履行有不确定性。在居间合同中，居间人的活动达到居间目的时，委托人才负给付报酬的义务。而居间人的活动能否达到目的，委托人与第三人之间能否交易成功，有不确定性，不能完全由居间人的意志所决定。因而，委托人是否付给居间人报酬，也是不确定的，附有一定条件。

5. 居间合同的主体具有特殊性。居间活动可以促进交易，繁荣市场，利于社会主义市场经济的发展。但如果居间行为不当，可能会干扰正常经济秩序，造成社会经济秩序混乱。因而，法律对居间人的资格作出规定，只有具备从事居间活动条件的自然人、法人、其他组织才可以为居间人。

二、居间合同与其他类似合同的区别

居间合同与委托合同、行纪合同有联系也有区别。这三种合同都是一方受他方委托为他方办理一定事务的合同，都属于提供服务的合同。但它们之间有着显著的区别。这些区别主要表现在：①居间人仅为委托人报告订约机会，或为订约媒介，并不参与委托人与第三人之间的关系；在委托合同中，受托人以委托人的名义或自己的名义活动，代委托人与第三人订立合同，参与并可决定委托人与第三人之间的关系内容；在行纪合同，行纪人以自己的名义为委托人与第三人完成交易事务，与第三人发生直接的权利义务关系。②居间合同为有偿合同，但居间人只有在有居间结果时才得请求报酬，并且在为订约媒介居间时，可从委托人和其相对人双方取得报酬；委托合同可以是有偿合同，也可以是无偿合同；行纪合同虽为有偿合同，行纪人却仅从委托人一方取得报酬。③居间人没有将处理事务的后果移交给委托人的义务；在委托合同和行纪合同中都有委托人取得事务处理结果的问题。

三、居间合同的效力

（一）居间人的义务

1. 报告订约机会或媒介订约的义务。居间人应当就有关订立合同的事项向委托人如实报告。此项义务是居间人的主要义务，居间人应忠实尽力地履行此项义务。在报告居间中，居间人对于订约事项，应就其所知，据实地报告给委托人。居间人对于相对人而言，并不负有报告委托人有关情况的义务。在媒介居间中，居间人应将有关订约的事项据实报告给各方当事人。无论居间人是同时接受主合同当事人双方的委托，还是仅接受委托人一方委托的，居间人都负有向双方报告的义务。

2. 忠实和尽力的义务。居间合同的居间人在进行居间活动时，应尽忠实义务。《合同法》第 425 条规定："居间人应当就有关订立合同的事项向委托人如实报告。居间人故意隐瞒与订立合同有关的重要事实或者提供虚假情况，损害委托人利益的，不得要求支付报酬并应当承担损害赔偿责任。"

3. 保密义务。居间人在居间中获悉委托人的有关商业秘密以及委托人提供的不宜公开的其他信息，应当依照合同的约定负有保密的义务。

4. 居间活动费用的义务。居间人促成合同成立的，居间合同的费用，由居间人负担。居间人作为居间合同的一方主体，若欲为委托方了解相关的订约信息、商业信息及有关人的资信状况、信誉度、知名度等情况，必定会有一定的费用支出。对于此费用的支出，若委托方和居间人事先没有明确约定由哪一方负担，应当由居间人承担。这是因为在一般情形下，居间人支出的居间活动的费用都已计算在居间报酬内。

（二）委托人的义务

1. 支付报酬的义务。在居间合同中，委托人的主要义务是支付报酬。《合同法》第 426 条规定："居间人促成合同成立的，委托人应当按照约定支付报酬。对居间人的报酬没有约定或者约定不明的，依照本法第 61 条的规定仍不能确定的，根据居间人的劳务合理确定。因居间人提供订立合同的媒介服务而促成合同成立的，由该合同的当事人平均负担居间人的报酬。"

2. 支付必要居间费用的义务。居间人进行居间活动所支出的费用，为居间费用。居间费用一般包含于报酬之中。在居间成功时，即居间人促成合同成立的，居间费用由居间人负担。居间人未促成合同成立的，可以要求委托人支付从事居间活动支出的必要费用。

案例分析

（一）委托合同、居间合同

【案情介绍】2001 年 11 月 1 日，A 设备工程有限公司（下称"A 公司"）与 B 工程设备安装公司（下称"B 公司"）签定协议，约定：A 公司负责跟踪、谈判电梯项目直至签约，B 公司代表 A 公司与 C 电梯公司（下称"C 公司"）签订具体项目代理协议书，并向 C 公司开具相应的代理费发票；A 公司负责跟踪 C 公司付款情况，及时通知 B 公司，以便 B 公司收到每一笔 C 公司支付的具体项目代理费后 3 日内扣除代理费的 10%，其余部分立即付给 A 公司，同时 A 公司开具相应的发票给 B 公司。在协议中双方还约定了电梯的总数量、4 份电梯合同号及相应佣金数额。B 公司在此之前与 C 公司签订了 4 份电梯代销具体项目协议，均载明由 B 公司提供信息并随之促销成功，佣金总金额合计 84 865 元，协议中所载电梯合同号及佣金金额与 A、B 公司的协议中关于电梯的内容完全一致。后因佣金的支付发生纠纷，A 公司将 B 公司诉至法院。

A 公司主张，B 公司与 C 公司之间是居间合同关系，其与 B 公司间系有偿受让居间权利义务的转居间合同关系，因此，B 公司应给付其居间合同酬金。B 公司辩称，A 公司与其是委托关系，其受 A 公司委托代为签订电梯销售居间合同，并根据协议的约定办理了有关事项，但应该收取的代理费至今没有收到，因此请求驳回 A 公司的诉讼请求。

【问题】

1. A 公司与 B 公司是何法律关系？

2. B 公司与 C 公司是何法律关系？

【分析】在本案中，A 公司与 B 公司是委托合同关系；B 公司与 C 公司是居间合同关系。委托合同，是指委托人和受托人约定，由受托人处理委托人事务的合同。委托合同是以为他人处理事务为目的的合同。居间合同，是指双方当事人约定一方为他方报告订立合同的机会或提供订合同的媒介服务，他方给付报酬的合同。这两种合同都是一方受他方委托为他方办理一定事务的合同，都属于提供服务的合同。但它们之间有着显著的区别。这些区别主要表现在：①在委托合同中，受托人以委托人的名义或自己的名义活动，代委托人与第三人订立合同，参与并可决定委托人与第三人之间的关系内容；居间人仅为委托人报告订约机会，或为订约媒介，并不参与委托人与第三人之间的关系。②委托合同可以是有偿合同，也可以是无偿合同；居间合同为有偿合同，但居间人只有在有居间结果时才得请求报酬，并且在为订约媒介居间时，可从委托人和其相对人双方取得报酬；委托合同可以是有偿合同，也可以是无偿合同。③在委托合同和行纪合同中都有委托人取得事务处理结果的问题；居间人没有将处理事务的后果移交给委托人的义务。本案中 B 公司代表 A 公司与 C 公司签订具体项目代理协议书，并向 C 公司开具相应的代理费发票；A 公司负责跟踪 C 公司付款情况，及时通知 B 公司，以便 B 公司收到每一笔 C 公司支付的具体项目代理费后 3 日内扣除代理费的 10%，其余部分立即付给 A 公司，同时 A 公司开具相应的发票给 B 公司。可见 B 公司是接受 A 公司的委托代理其实施法律行为，A 公司向 B 公司支付一定的报酬，因此 A、B 两公司之间的内部法律关系应是委托合同关系。

在 B 公司与 C 公司之间签订的合同中，B 公司提供信息并随之促销成功，佣金总金额合计 84 865 元，即 B 公司只为 C 公司提供订约的信息服务，并从 C 公司处接受一定的报酬，因此 B、C 公司之间应是居间合同关系。

（二）委托人的介入

【案情介绍】甲建筑公司为承建某建设工程，委托乙公司购买 2000 吨钢材，乙公司以自己的名义与丙钢铁公司签订了买卖合同，合同中注明乙公司为甲公司购买，由丙公司直接向甲公司发货，货到后 10 日内付清全部货款。后丙公司按照合同约定的时间，向甲公司供应约定的钢材 2000 吨，同时告知甲付款。因此时钢材价格回落，甲公司以该合同非其所签订为由拒收，并告知丙应向乙索要货款。丙公司要求乙履行合同，乙公司以合同应由甲履行而拒绝。协商无果，丙公司诉至法院，要求甲履行合同，接受钢材，支付货款。

【问题】甲公司是否应履行乙公司以自己的名义为甲公司与丙公司订立的买卖合同？

【分析】甲公司应履行乙公司与丙公司订立的买卖合同，接受钢材，支付货款。《合同法》第 402 条规定："受托人以自己的名义，在委托人的授权范围内与第三人订立的合同，第三人在订立合同时知道受托人与委托人之间的代理关系的，该合同直接约束委托人和第三人，但有确切证据证明该合同只约束受托人和第三人的除外。"依此规定，受托人以自己的名义在授权范围内与第三人订立合同的，第三人在订立合同时知道受托人与委托人之间的代理关系的，委托人就自动介入该合同，直接享有合同中的权利，承担合同中的义务，但有确切证据证明该合同只约束受托人和第三人的，则该合同对委托人没有约束力，委托人不能直接享有合同权利，承担合同义务。

本案中，乙公司以自己的名义代理甲公司与丙公司订立合同，但在订立合同时丙公司知道甲公司与乙公司的代理关系，乙公司订立合同未超越代理权限，也没有确切证据证明该合同仅约束乙公司与丙公司。因此，该合同在甲公司与丙公司之间直接发生效力，甲公司应当接受丙公司发出的钢材，并向丙公司直接支付货款。

思考题

1. 委托合同的受托人有何权利和义务？

2. 什么是隐名代理？有何特点？

3. 试述委托人的介入权和第三人的选择权？

4. 行纪合同与委托合同、居间合同、承揽合同、英美法上的信托合同有何区别？

 案例分析题

1. 王某系某部委转岗干部，某日在朋友聚会上，恰遇新春商贸公司总经理潘某，王某告诉潘某，他有诸多关系，可以给潘某提供生意上的方便，助其订立合同，但须给予一定的好处。潘某当即应允，又对王某说，如其愿意，可提供一批商贸公司的商品，王某可以自己名义以不低于公司指定价格出卖，公司支付报酬。王某见有利可图，也爽快答应了。

问：

（1）王某和潘某及其公司间是否有合同关系？说明理由。

（2）若王某以帮助潘某公司订立合同为名，向潘某公司提供虚假情况，损害其利益的，应承担哪些法律责任？

（3）若王某接受潘某的商品后，以低于公司指定价格出卖，王某并外补偿差额，该买卖对潘某公司是否发生效力？

2. 张某为果农，孙某为贩运水果的个体户。张某与孙某订立一委托合同，委托孙某为其代销其产的水蜜桃。一日，孙某在按张某的要求将桃子运往某市的途中遇车祸身亡。孙某的儿子孙甲得知前去事故发生地处理此事。孙甲到事故现场后发现张某的桃子被摔坏，立即发电报告知张某，但张某于当日未回复，于是孙甲于次日将张某的桃子卖掉，后孙甲接到张某的回话，张某让孙甲另雇车将桃子送往某市，孙甲未予理睬，在处理完事故回来后，将出卖张某水蜜桃的价款交付张某，张某见卖价较低，以孙某未履行合同为由，要求孙甲赔偿损失。孙甲不同意赔偿，认为张某应找肇事者赔偿。双方发生争执。

问：孙甲应否赔偿因其以较低价格出卖水蜜桃而给张某造成的损失？

推荐书目

1. 费安玲主编：《委托、赠与、行纪、居间合同实务》，知识产权出版社 2005 年版。

2. 陈甦编著：《委托合同、行纪合同、居间合同》，法律出版社 2000 年版。

图书在版编目（CIP）数据

合同法 / 吴弘，李集合主编． —2版． —北京：中国政法大学出版社，2011.2
ISBN 978-7-5620-3830-6

Ⅰ．合… Ⅱ．①吴… ②李… Ⅲ．合同法-中国-高等学校:技术学校-教材
Ⅳ.D923.6

中国版本图书馆CIP数据核字(2011)第011544号

书　　名	合同法　HETONGFA
出版发行	中国政法大学出版社
经　　销	全国各地新华书店
承　　印	北京华正印刷有限公司

720mm×960mm　　16开本　　25.25印张　　425千字
2011年2月第2版　　2012年11月第3次印刷
ISBN 978-7-5620-3830-6/D·3790
印　数: 8 001-11 000　　定　价: 32.00元

社　　址	北京市海淀区西土城路25号
电　　话	(010)58908435(编辑部)　58908325(发行部)　58908334(邮购部)
通信地址	北京100088信箱8034分箱　邮政编码 100088
电子信箱	fada.jc@sohu.com(编辑部)
网　　址	http://www.cuplpress.com　（网络实名: 中国政法大学出版社）